项目名称

1. 洛阳师范学院旅游管理国家级一流本科专业建设点
2. 洛阳师范学院旅游管理河南省特色骨干学科
3. 河南省重点研发与推广专项软科学研究重点项目（232400411024）
4. 河南省教师教育课程改革重点项目（2022JSJYZD022）
5. 河南省高等教育学会高等教育研究重点项目(2021SXHLX152）

基地名称

1. 中国旅游研究院县域旅游研究基地
2. 智慧旅游河南省工程技术研究中心
3. 智慧旅游河南省协同创新中心

产教、科教融合与旅游创新创业
教育协同发展

SYNERGETIC DEVELOPMENT BETWEEN INTEGRATION OF
INDUSTRY-EDUCATION, SCIENCE-EDUCATION
AND TOURISM INNOVATION-ENTREPRENEURSHIP EDUCATION

程金龙　等／著

社会科学文献出版社
SOCIAL SCIENCES ACADEMIC PRESS (CHINA)

前　言

　　产教、科教融合是国家教育改革进程中的重要举措，也是未来必然的发展趋势。创新创业教育是高校教学与管理的核心要务，是践行创新人才战略的重要前提。产教、科教融合与旅游创新创业教育协同发展是旅游教育的必然选择、现实需求和前进方向。鉴于此，在教学管理和人才培养实践中，旅游院校需要着力推进创新创业教育在教学与管理体系中的融入，将创新创业教育和产教、科教融合协同起来，建设高质量旅游教育体系，培养高素质旅游专业人才。

　　《产教、科教融合与旅游创新创业教育协同发展》全书共分为十二章，从理论和实践两个层面对产教、科教融合与旅游创新创业教育协同发展进行系统论述。第一章介绍本书的选题背景与研究意义，回顾国内外产教、科教融合与旅游创新创业教育相关领域的研究进展，陈述产教、科教融合与旅游创新创业教育协同发展的理论依据；第二章辨析相关概念，阐释产教、科教融合与旅游创新创业教育协同发展的具体内容、发展基础，指出产教、科教融合与旅游创新创业教育协同发展的现实意义、基本条件、目标设定；第三章厘清了国内和国外产教、科教融合与旅游创新创业教育协同发展的现状、存在的问题，为我国产教、科教融合与旅游创新创业教育协同发展提供借鉴和启示；第四章通过厘清我国产教、科教融合与旅游创新创业教育的政策、市场及协同发展的历史脉络，明确了发展阶段，指明了未来的发展方向；第五至八章内容为产教、科教融合与旅游创新创业教育协同发展的体系构建，讨论了现行创新创业教育体系转型的必要性及挑战，分析了协同发展下旅游创新创业教育师资体系、课程体系、实践体系、

评价体系建设的主体思路、主要内容和实施路径；第九章从不同角度对产教、科教融合与旅游创新创业教育协同发展的动力机制、运行机制和保障机制进行详述，得出其机制模型和内容构成；第十至十二章为案例分析，提炼总结"双一流"建设高校、省属本科高校、高职（高专）院校产教、科教融合与旅游创新创业教育协同发展的实践，介绍基本概况、主要做法和特色亮点，为产教、科教融合与旅游创新创业教育协同发展提供参考依据和经验借鉴。

全书由程金龙提出写作思路、拟定框架结构并负责统稿和组织撰写，由李双协助统稿和书稿校对。开封文化艺术职业学院王露瑶讲师，洛阳师范学院学科教学（地理）硕士研究生史智文，河南大学旅游管理硕士研究生高萍萍、卫慧敏、吴营香，河南科技大学旅游管理硕士研究生李双，河南师范大学农村发展硕士研究生郭琴参与了书稿各章节的撰写工作。全书共分为十二章，第一章由高萍萍、程金龙撰写，第二章由高萍萍、卫慧敏、程金龙撰写，第三章由卫慧敏、程金龙撰写，第四章由李双、程金龙撰写，第五、第八章由吴营香、程金龙撰写，第六、第七章由史智文、程金龙撰写，第九、第十二章由王露瑶、程金龙撰写，第十、第十一章由郭琴、程金龙撰写。

本书得到洛阳师范学院旅游管理河南省特色骨干学科、旅游管理国家级一流本科专业建设点、文旅文创融合发展河南省本科高校课程思政教学团队项目、河南省科技厅重点研发与推广专项（软科学）重点项目（232400411024）、河南省教师教育课程改革研究重点项目（2022JSJYYZD022）、河南省高等教育学会重点项目（2021SXHLX152）、中原英才计划——中原教育教学领军人才项目、河南省教学名师工作室项目的资助，对此表示感谢。此外，本书在撰写过程中，参阅引用了大量国内外学者的相关研究成果，在此深表谢意。

本书既具有较高的理论参考价值，也具有实践借鉴意义，可作为省、市、县（区）文化和旅游管理部门和旅游教育部门相关人员的参考书，也可作为高等院校旅游、休闲等相关专业人员的阅读书。由于笔者水平有限，书中的疏漏和不妥之处在所难免，恳请读者批评指正，以便于本书的进一步修订和完善。

程金龙

2023 年 1 月

目 录

第一章 产教、科教融合与旅游创新创业教育协同发展的背景阐释…… 001

第一节 研究缘起 …………………………………………………… 001

第二节 研究意义 …………………………………………………… 019

第三节 研究述评 …………………………………………………… 023

第四节 理论依据 …………………………………………………… 039

第二章 产教、科教融合与旅游创新创业教育协同发展的内涵解读…… 049

第一节 概念辨析 …………………………………………………… 049

第二节 具体内容 …………………………………………………… 057

第三节 发展基础 …………………………………………………… 067

第四节 现实意义 …………………………………………………… 077

第五节 基本条件 …………………………………………………… 083

第六节 目标设定 …………………………………………………… 088

第三章 产教、科教融合与旅游创新创业教育协同发展的现状分析…… 098

第一节 国内发展 …………………………………………………… 098

第二节 国外发展 …………………………………………………… 112

第四章 产教、科教融合与旅游创新创业教育协同发展的历程演化…… 147

第一节 政策变革 …………………………………………………… 147

第二节　需求演进 ……………………………………………… 157

第三节　协同发展 ……………………………………………… 165

第五章　产教、科教融合与旅游创新创业教育协同发展的

　　　　师资体系建设 ………………………………………… 186

第一节　建设思路 ……………………………………………… 186

第二节　建设内容 ……………………………………………… 192

第三节　实施路径 ……………………………………………… 206

第六章　产教、科教融合与旅游创新创业教育协同发展的

　　　　课程体系建设 ………………………………………… 214

第一节　建设思路 ……………………………………………… 214

第二节　建设内容 ……………………………………………… 221

第三节　实施路径 ……………………………………………… 238

第七章　产教、科教融合与旅游创新创业教育协同发展的

　　　　实践体系建设 ………………………………………… 244

第一节　建设思路 ……………………………………………… 244

第二节　建设内容 ……………………………………………… 253

第三节　实施路径 ……………………………………………… 263

第八章　产教、科教融合与旅游创新创业教育协同发展的

　　　　评价体系建设 ………………………………………… 268

第一节　建设思路 ……………………………………………… 268

第二节　建设内容 ……………………………………………… 278

第三节　实施路径 ……………………………………………… 299

第九章　产教、科教融合与旅游创新创业教育协同发展的

　　　　协同机制建设 ………………………………………… 307

第一节　动力机制 ……………………………………………… 307

第二节　运行机制 ………………………………………………… 315

第三节　保障机制 ………………………………………………… 324

第十章　"双一流"建设高校产教、科教融合与旅游创新创业教育
**　　　　协同发展实践** ………………………………………… 331

第一节　成都理工大学创新创业型旅游人才培养实践 ………… 331

第二节　海南大学旅游人才培养跨越式改革创新实践 ………… 341

第三节　中山大学面向乡村振兴战略的旅游人才培养实践 …… 349

第四节　暨南大学旅游产业化背景下高素质人才培养创新实践 …… 357

第十一章　省属本科高校产教、科教融合与旅游创新创业教育
**　　　　　协同发展实践** ……………………………………… 365

第一节　四川旅游学院双创教育探索实践 ……………………… 365

第二节　河北经贸大学"新旅游"创新型人才培养实践 ……… 372

第三节　洛阳师范学院国家战略需求导向旅游人才培养实践 … 379

第四节　湖南工程学院旅游管理专业创新型人才培养实践 …… 385

第五节　福建农林大学安溪茶学院校地合作办学实践 ………… 390

第十二章　高职（高专）院校产教、科教融合与旅游创新创业教育
**　　　　　协同发展实践** ……………………………………… 396

第一节　浙江旅游职业学院旅游双创人才联合培养实践 ……… 396

第二节　南京旅游职业学院旅游双创教育体系构建实践 ……… 406

第三节　河南职业技术学院旅游双创实践平台搭建实践 ……… 415

参考文献 ………………………………………………………… 425

第一章
产教、科教融合与旅游创新创业教育协同发展的背景阐释

习近平总书记指出，创新是引领发展的第一动力；抓创新就是抓发展，谋创新就是谋未来。[①] 而实现创新发展，关键在于人才培养。高校的根本任务是培养人才。如何培养出符合时代要求的创新型人才，是高校改革与发展面临的重大课题。作为创新型旅游人才培养的重要基地，高校需要积极推动产教、科教融合与旅游创新创业教育深度协同发展，通过与地方政府、行业企业、科研院所等的战略合作，为旅游人才培养提供实习实训场所。这有助于提升旅游人才培养质量，也有助于我国实现从旅游大国到旅游强国的转变。

第一节　研究缘起

产教、科教融合是人才培养与产业企业、科学研究的相互结合、相互融合和螺旋式互促共进。产教融合侧重于培养师生开展应用实践的能力，科教融合侧重于培养师生开展应用研究的能力。创新创业教育是深化产教融合、科教融合和促进学生就业创业的重要载体。通过产教、科教双融合的人才培养方式，厘清高校创新创业教育组织运行的内在逻辑与关键因素，

---

① 《焦点访谈：领航中国 走创新发展之路》，"国际在线"百家号，2022 年 9 月 10 日，https：//baijiahao. baidu. com/s？ id = 1743549399971233108&wfr = spider&for = pc。

是培养学以致知、学以致用、学用统一、学用融合、学用相长的高素质应用型创新创业人才的前提。

一　政策背景

（一）国家相关部门出台文件支持协同发展

产教融合是教育部门与产业部门等多个参与主体相互配合的一种教育活动。产教融合一词，最早出现在 2014 年《国务院关于加快发展现代职业教育的决定》的文件中，最初是为了解决职业教育中人才培养与社会经济发展需求不对称问题而制定的一项政策。产教融合在发展的初期主要是校企合作，即学校采取与企业合作的方式，有针对性地为企业培养人才，人才培养注重实用性与实效性。但校企合作的主体在实际操作中更多时候是"校"，企业参与职业教育的积极性不高。其后，随着教育事业的发展，2017 年底，国务院办公厅发布《关于深化产教融合的若干意见》，该意见提出深化产教融合，实施"引企入教"改革，将产教融合应用领域拓宽至基础教育、职业教育、高等教育。产教融合教学模式强调的不仅是教育问题，还有产业问题，关注教育服务区域社会经济发展问题。产教融合须以真实的行业生产为前提进行专业实践教学，同时，生产又必须与教学紧密结合，形成依托专业发展产业、以产业发展促进专业建设的良性循环，使人才培养真正适应市场的需要。在国家政策的推动下，产教融合对我国人才培养、教育发展和产业升级的意义开始逐渐凸显。一方面，站在产业体系和创新体系建设的角度，它们对融合发展模式的创新和复合型人才的培养提出了新的需求；另一方面，站在教育的角度，其内涵发展的核心是教育内容，是课程、教师、机制、学科等教育全要素的创新，这一切都离不开产教融合人才培养模式和融合发展机制的创新。

我国传统的高等教育深受苏联大学模式的影响，实行科教分离政策。20世纪 50 年代，中国高等教育体系创建初期，实行"全面学苏"政策，效仿苏联高等教育和科学研究相互分离的体制。导致的结果是，人才培养是大学唯一的任务，科学研究则由独立设置的科研院所承担。改革开放后，随着国家的发展，高等学校科学研究水平不断提升，但高等教育的思想和理念并没有随之发生变革。在高等教育思想的顶层，教育仍被视为以传授知识为主的活动，科学研究更多的是定位在提高教师的科研能力和学术水平上，对人才培养的直接作用并不明显。[①] 20 世纪末，随着我国"科学技术是第一生产力"和"科教兴国"战略的提出，科教融合逐渐受到关注，尤其为研究型大学所重视，并将之视为人才培养的重要手段和途径。21 世纪以来，我国科教融合进入重要的战略机遇期，呈现前所未有的发展势头。2010年 7 月 29 日，《国家中长期教育改革和发展规划纲要（2010—2020 年）》指出，高等教育要推动科教融合。2011 年 4 月 24 日，胡锦涛同志在清华大学建校 100 周年大会上提出，"全面提高高等教育质量，必须大力增强科学研究能力……以高水平科学研究支撑高质量高等教育"。2015 年 10 月 24 日，国务院颁布《统筹推进世界一流大学和一流学科建设总体方案》，强调"加快推进人才培养模式改革，推进科教协同育人，完善高水平科研支撑拔尖创新人才培养机制"。2017 年 9 月 24 日，中共中央办公厅、国务院办公厅颁布《关于深化教育体制机制改革的意见》，再次强调"深入推进协同育人，促进协同培养人才制度化。要深化科研体制改革，坚持以高水平的科研支撑高质量的人才培养"。2018 年 8 月 8 日，教育部、财政部、国家发展改革委三部门印发的《关于高等学校加快"双一流"建设的指导意见》强调，强化科研育人，结合国家重点、重大科技计划任务，建立科教融合、相互促进的协同培养机制，促进知识学习与科学研究、能力培养的有机结合。

1989 年联合国教科文组织召开的"面向 21 世纪教育国际研讨会"首次将创业教育誉为"第三本教育护照"，突出了创业教育的重要地位以及对学生发展的特殊意义。2010 年 5 月 4 日，教育部发布的《关于大力推进高等学校创新创业教育和大学生自主创业工作的意见》强调，要大力推进高等学校创新创业教育工作。随着我国经济的发展，创新创业教育在提升就业者综合素质、培养开拓性品质方面的作用日益凸显。自李克强总理在 2014

---

① 李爱民、马海泉：《科教融合高校必须解决的时代命题》，《中国教育报》2012 年 10 月 26 日，第 6 版。

年夏季达沃斯论坛上提出"大众创业、万众创新"以来，创新创业教育作为一种符合时代发展趋势、迎合主流精神、适应国家和经济发展模式的教学理念，成为新的教育改革的尝试和实践。2015 年 5 月 4 日，国务院办公厅发布的《关于深化高等学校创新创业教育改革的实施意见》要求，"到2020 年建立健全课堂教学、自主学习、结合实践、指导帮扶、文化引领融为一体的高校创新创业教育体系"。2016 年 5 月 19 日，中共中央、国务院印发的《国家创新驱动发展战略纲要》提出，"推动创客文化进学校，设立创新创业课程，开展品牌性创客活动，鼓励学生动手、实践、创业"。2016年 10 月 26 日，人力资源和社会保障部、教育部联合发布《关于实施高校毕业生就业创业促进计划的通知》，提出"把创新创业教育作为教育改革的突破口，指导高校将创新创业教育融入人才培养全过程，开发开好创新创业教育课程，制定学分转换、弹性学制、保留学籍休学创业等措施，开展各类创业实践活动，增强大学生创新精神、创业意识和创新创业能力"。2017年 2 月 6 日，国务院印发《"十三五"促进就业规划》，强调"引导高校开展创业创新训练计划，激发大学生创业创新动力"。这为我国下一步的教育改革指引了方向，也使创新创业教育在我国教育体系中的地位得到了进一步提升。2017 年 8 月 15 日，习近平总书记给第三届中国"互联网＋"大学生创新创业大赛"青年红色筑梦之旅"的大学生回信，对高等教育战线全面落实立德树人的根本任务、深入推进创新创业教育改革、努力培养德才兼备的有为人才提出了明确要求。2019 年 10 月 10 日，教育部高等教育司发布的《创新创业教育汇聚中国新动能》指出，"创新创业教育作为高校人才培养模式的新探索，是高等教育主动适应、积极回应时代呼唤的创新、发展和升华，将直接影响甚至引领未来世界高等教育发展"。作为提升学生综合素质、培养学生创新创业能力的主要途径，创新创业教育对社会经济繁荣以及学生个人发展都具有重要的战略意义。在社会与市场的需求之下，培养具有创新创业能力的专业型人才，成为目前深化教育改革的核心内容。[①] 由

---

① 吕吉勇、刘宇飞、陈德明等：《基于社会需求视角下的大学生创新创业能力培养的探索与实践——以哈尔滨体育学院运动科学与健康系为例》，《哈尔滨体育学院学报》2015 年第 2 期。

此可见，我国高等教育的下一步改革不再以就业为单一导向，而是将创新创业作为学生发展的重要方向，高等教育改革与创新创业的结合必将更加紧密，以培养社会需要的优质人才。

改革开放以来，旅游业迅速发展，这也使旅游教育有了很好的发展。我国丰富的旅游资源吸引着海内外的旅游者，在旅游业快速发展的今天，对旅游人才的需求日益增大。旅游教育是旅游人才的重要培养途径，也是中国旅游业可持续发展的根本动力和保障。旅游业已是"国家战略性支柱产业"的现实倒逼旅游教育追求高科技和高品质、寻求创新，以培养更多高层次、复合型、创新型、应用型人才。高校最有利的资源就是专业技术支撑和专业科研成果，在校大学生开展创新创业活动能否成功，关键在于如何对专业技术进行创新、对专业科研成果进行转化。① 产教、科教融合与旅游创新创业教育的协同发展是活跃青年大学生创新思维和创新能力的着力点，是提升高校创新创业教育绩效的重要抓手。高校要将创新创业教育渗透至专业教育的全过程，依托专业实践激发专业教师和青年大学生的创新创业活力。

（二）各地方政府积极行动推动协同发展

产教、科教融合与旅游创新创业教育的协同发展需要政府统筹规划、企业主动参与、高校教学改革、社会组织供需对接，从而推动其从发展理念走向制度供给落地。各地政府积极行动，聚焦协同发展水平不高、分工协作不够、体制机制不顺等关键环节，产教、科教融合与旅游创新创业教育迎来空前的重要机遇期和政策发力期。

例如，浙江省推进高等教育布局与区域发展战略对接，向重点产业园区集中，建设一批集产学研创于一体的重点实验室、工程技术中心、企业技术中心、产教融合协同创新基地。江苏省实施产学研协同创新行动计划，支持企业与学校、科研机构围绕产业关键技术、核心工艺和共性问题开展协同创新，共同组建技术研究平台与产业技术创新战略联盟。湖南省支持

---

① 刘振中：《高校创新创业教育与专业教育的深度融合——基于 L 学院旅游管理专业的思考》，《教育理论与实践》2018 年第 33 期。

行业企业、学校、科研院所围绕产业关键技术、核心工艺和共性问题开展协同创新，合作组建专业化众创空间和科技企业孵化器等产学研综合体，培育和发展更多的科技型中小微企业和高新技术企业，加快应用基础研究成果向产业技术市场转移转化。湖北省推动高校和科研院所完善科技成果转化组织体系，推动科教和产业深度融合发展，鼓励高校和科研院所与龙头企业等加强合作，共同承担国家重大科技项目，组建技术创新联盟，联合建设科技创新平台，促进创新链与产业链融合发展，协同推进拔尖创新人才培养、关键技术攻关和重大科技成果转化。河北省坚持分类发展，推动普通本科高校向应用技术型高校转型，提升服务地方经济社会发展能力；坚持全面提升，探索组建学科联盟，提升高等教育发展水平；加强平台和科研队伍建设，提升高校科技创新和成果转化能力。河南省加快郑州大学、河南大学"双一流"建设，创建一批国家级创新平台，支持高等学校建设高水平的重点实验室、工程（技术）研究中心等创新创业平台，推动产学研深度融合。

二　市场背景

（一）产教、科教融合与旅游创新创业教育协同发展是教育改革的必然要求

随着中国经济的发展，越来越多居民的生活达到小康水平，居民可支配收入稳步增长，居民旅游消费支出、出行频次不断上升。2019 年，我国国内旅游人次 60.06 亿，旅游总收入 6.63 万亿元；[①] 2021 年，受疫情影响，国内旅游人次 32.46 亿，国内旅游总收入 2.92 万亿元。[②] 旅游业作为劳动密集型产业，其就业率贡献度在不断提升，旅游乘数效应较为显著，辐射关联带动 110 多个产业的发展。

---

①　《中华人民共和国文化和旅游部 2019 年文化和旅游发展统计公报》，文化和旅游部官网，2020 年 6 月 20 日，https://zwgk.mct.gov.cn/zfxxgkml/tjxx/202012/t20201204_906491.html。

②　《中华人民共和国文化和旅游部 2021 年文化和旅游发展统计公报》，文化和旅游部官网，2022 年 6 月 29 日，https://zwgk.mct.gov.cn/zfxxgkml/tjxx/202206/t20220629_934328.html。

旅游产业转型升级、供给侧结构性改革和需求端引导迫在眉睫，而促进旅游市场供需平衡的核心环节——旅游人才，尤其是高素质、专业化的人才严重不足。当前，我国高校旅游专业的毕业生技能及素养尚不能完全满足和适应旅游人才的市场诉求，旅游教育未能充分发挥引导学生就业适岗的作用。高校旅游教育是旅游人才供给的重要来源，其培养的旅游人才素质的高低，在一定程度上决定了旅游产业转型升级是否能够顺利实现。高校旅游教育发展，与旅游经济相比相对落后，培养出来的人才难以匹配旅游产业结构性调整的需要，人才的专业素养还有很大提升空间，仍存在办学条件相对落后、发展机制不够健全、师资力量相对薄弱、现代化教学手段相对较少、与行业合作模式单一及合作内容流于表面等问题，不利于高素质旅游人才的培养。同时，这也反映出产教、科教融合与旅游创新创业教育协同发展提升的空间较大。中国旅游业已经进入高质量发展阶段，旅游教育改革势在必行。

（二）产教、科教融合与旅游创新创业教育协同发展是人才培养的关键环节

以"互联网+旅游"为代表的新业态快速发展，推动了生产方式、服务方式、管理模式的创新，丰富了产品功能，拓展了旅游消费空间。中国旅游研究院发布的报告预测，未来5年，我国有望形成年均百亿旅游人次和10万亿元消费规模的国内游大市场。[①] 旅游人才除需拥有系统的专业知识外，更需具备探究意识、科学精神和实践能力，这无疑对旅游人才培养提出了更高的目标和要求。高校作为人才培养的关键阵地，需根据时代需求进行人才培养模式的创新，以培养更多专业知识扎实、科研能力较强的创新型人才，满足旅游业发展对高素质人才的需要。

近年来，部分"双一流"高校不断地摸索产教、科教融合与创新创业人才培养的新模式，并取得显著成效。省属本科高校、高职（高专）院校作为创新型人才培养的主要力量，因受生源、师资、理念与制度等因素影

---

① 《互联网+，带来出游新体验》，"中国青年报"百家号，2021年3月24日，https://baijia-hao. baidu. com/s？id=1695084914279744983&wfr=spider&for=pc。

响，产教、科教融合与创新创业人才培养的成效并不显著。即使有些大学已逐渐意识到产教、科教融合与创新创业教育协同发展的重要性，并致力于在人才培养模式改革方面进行探索与实践，但在具体实践中，因受传统人才培养模式的影响，仍存在培养模式固化单一、培养学生"千人一面"、学生学习主观能动性难以被激发以及师生互动较少等问题，这是现阶段高素质人才"供求不匹配"的主要原因。省属本科高校、高职（高专）院校作为区域内高等教育的"领头羊"，为满足地方社会经济发展的人才需要，应积极探索产教、科教融合与创新创业人才培养的新模式。结合办学特色和办学定位，发挥地域、学科优势，深入探索各具特色的产教、科教融合与创新创业人才培养的路径、模式，是当前各类高校亟须探究的重要课题。

（三）产教、科教融合与旅游创新创业教育协同发展是实现就业的现实需要

当前，社会就业形势严峻，旅游专业的就业率也不容乐观，大学生可通过自主创业缓解就业压力。为引导大学生多渠道就业，国家与地方政府颁布了很多优惠政策。不过，就当前实际状况而言，大学生毕业以后进行自主创业的并不是很多，导致这种状况的主要原因是，大学生对这些政策不了解，也不重视。要关注旅游专业学生产业意识、科研意识、创新意识与能力的培养，积极宣扬帮扶政策，使每个人知晓政策、了解政策、善用政策，促使越来越多的旅游专业大学生毕业后投入自主创新创业活动中。这样的话，一方面，可以提升就业率；另一方面，可以让更多高层次的专业人才进入旅游行业，以此来带动整个行业的快速、稳定发展。

在旅游业快速增长的同时，越来越多的组织和个人进入这个行业寻找机会，投资意向越发强烈，这也使本身综合性就很强的旅游业迎来更多创新创业机会。受新冠疫情的影响，旅游行业的创新创业现状反映不出该有的水平，依旧有着巨大的发展空间。就旅游专业而言，能够进入本行业就业的毕业生相对较少，行业内就业率较低。就算是毕业以后进入本行业，两年后还继续从事本职工作的毕业生比例低于30%。较低的行业内就业率

与较高的流失率意味着旅游就业与学生所学专业严重不符。所以，在旅游行业加强产教、科教融合与创新创业教育协同发展是高质量就业的现实需要。

三　实践背景

（一）产教、科教融合与创新创业教育推行政策多样化

随着我国产业结构的转型升级和经济增长方式的持续转变，产教、科教融合与创新创业教育协同发展已成为我国现代教育体系的重要组成部分和推动现代教育发展的重要途径，成为推动我国教育改革发展的重要抓手，符合经济新常态下社会经济发展对教育发展和教育体系建设的趋势要求。产教、科教融合与创新创业教育协同发展，既需要吸收借鉴发达国家的成功经验，又需要契合我国教育发展的具体国情，一经提出，便得到政策上的大力支持。

在国家政策的指引下，多个地方因地制宜地推出相关实施方案。例如，青岛市印发《青岛市科教产融合园区建设方案（2021—2023年）》，强化科技创新对经济社会发展的支撑引领作用，推动高校科技成果转移转化，培育发展高新技术产业。2021年，广州市发布《广州市建设国家产教融合型城市试点方案》，根据该方案，广州市将依托广深港、广珠澳科技创新走廊，建设广州产教融合发展轴，构建"一轴三区多支点"产教融合发展的空间布局。2021年12月，上海市发布《上海市深化产教融合协同育人行动计划（2021—2025年）》，计划提出的目标包括三方面：一是支撑上海国家级产教融合型城市建设，形成国内产教融合协同育人的示范高地；二是依托上海产业和教育高端人才集聚优势，打造国内外协同育人优质资源的汇聚中心；三是推动行业企业主动参与协同育人的体制机制不断完善，建设国内有影响力的协同育人创新平台。各地系列政策的出台持续推动创新创业教育体系的改革发展，助推创新创业教育以更高的精度、更高的效率和更高的质量向着科教、产教融合方向发展，持续强化创新创业育人实效与经济社会发展赋能。

（二）产教、科教融合与创新创业教育实践模式多样化

目前产教、科教融合与创新创业教育的实践模式多种多样。对高校而言，产教、科教融合与创新创业教育是人才培养的长期战略和主导模式。只有不断推进产教、科教融合与创新创业教育协同发展，顺应国家经济结构调整和经济发展方式转变，深度融入地方主导产业，服务地方社会经济发展，高校的专业才能办出特色、办出水平，才能更好地发展壮大。产教、科教融合与创新创业教育协同发展，对培养大批高素质专业人才、提升高校发展水平、促进我国高度教育的健康发展、服务行业企业转型升级和国家经济结构的调整等方面具有十分显著的作用，能助力我国从制造业大国变为制造业强国，从"中国制造"变为"中国创造"。

由教育部高等教育司联合中国高教学会产学研合作教育分会主编、高等教育出版社出版的《必由之路：高等职业教育产学研结合操作指南》概述了9种产教融合模式："订单式"人才培养模式、"2＋1"人才培养模式、"学工交替"人才培养模式、全方位合作教育模式、"实训—科研—就业"一体化合作教育模式、"双定生"人才培养模式、"工学结合、校企双向介入"人才培养模式、"结合地方经济全面合作"模式、"以企业为主"的合作办学模式。① 就产教融合而言，专业融合是基础，教学融合是重点，师资融合是关键。产教融合本身不是目的，目的是提升人才培养质量和行业企业生产效率。因此，产教融合并不意味着学校和行业企业要在组织上融为一体，而是要在业务上相互补充和融合。对于高校来说，就是做好五个对接：专业与产业对接、学校与企业对接、课程内容与职业标准对接、教学过程与生产过程对接、学历证书与职业资格证书对接。

关于科教融合的实践模式，不同时期、不同学者、不同院校有着不同的理解和实践。总结起来大致可分为三个层面：一是科技主管部门和教育主管部门的结合，两者在顶层设计方面推动科技创新体系和高等教育体系在体制、机制方面实现融合；二是科研机构和教育机构的结合，大学是学

---

① 教育部高等教育司、中国高教学会产学研合作教育分会主编《必由之路：高等职业教育产学研结合操作指南》，高等教育出版社，2004，第7页。

科体系、科研体系和教育培养体系的整合，很多科研机构同时具有科研和教育两项功能，两者在各自职责基础上，有着较为频繁的交流和互动，相互补充、协同创新、协同育人；三是高校内部科研活动和教学活动之间的融合，即围绕创新能力和育人质量提升的目标，高校科技创新与创新型人才培养之间的融合互动。齐勇和王崇臣在《科教融合视域下拔尖创新人才培养模式的实践与探索》中提出"四融一制本硕贯通式"拔尖创新人才培养新模式，即"强化顶层设计，融入人才培养方案；重构育人模式，融入课堂教学体系；构建支撑体系，融入教学科研团队；树立鲜明导向，融入教学考核评估"的科教融合育人机制，推行科教融合育人导师责任制，组建金字塔式本硕协同育人团队。[①]

现阶段，随着我国创新创业教育如火如荼地发展，各种模式处在不断探索中，各类院校根据自身实际探索出适合自身特色的创新创业教育模式（见表 1-1）。不难发现，每个学校的创新创业教育模式基本上是通过汇集政府、企业和学校自身三方力量，通过理论课程讲授、第二课堂教育、实践平台训练、创新创业赛事磨炼、创新创业园区基地孵化等方式，全方位激发学生创新创业意识、培养学生创新创业精神，以提升学生创新创业能力。另外，根据创新创业教育对象的不同，也可以把创新创业教育的培养模式划分为聚焦式和发散式两种（见表 1-2）。聚焦式培养模式强调对具有强烈创新创业意愿的学生开展专门化的创新训练和创新创业教育，教育内容呈现高度的系统化和专业化特征；或者针对具有一定产业化潜力的创业项目，提供创业辅导和创业支持，强调创新创业教育的深度。发散式培养模式强调创新创业教育是一种普及式教育，全体学生都需要经历创新创业教育，强调创新创业教育的广度。[②]

① 齐勇、王崇臣：《科教融合视域下拔尖创新人才培养模式的实践与探索》，《北京教育（高教）》2017 年第 Z1 期。

② 黎青青、王珍珍：《创新创业教育综述：内涵、模式、问题与解决路径》，《创新与创业教育》2019 年第 1 期。

表 1－1　代表性院校创新创业教育模式

院校	模式	具体做法
清华大学深圳研究生院	"大学—政府—企业"创新创业教育生态网模式①	学校：办学条件、师资力量、培养创新意识，打造资源共享与创新创业平台； 政府：政策、资金、场地等方面的支持； 企业：搭建平台，促进成果转化，提供服务支持
浙江大学	"全链条式"创新创业教育体系； "五位一体"创新创业教育路径； "六创"协同创业教育系统②	以"IBE"为特色，与专业教育融合，与国际教育衔接，以创新成果转化为依托的创新创业教育，以创业意识激发、创业技能提升、创业项目优化、创业融资对接、创业团队孵化等环节为核心的"全链条式"创新创业教育体系； 探索通识教育、辅修学位、国际合作、模拟实践、基地孵化"五位一体"的创新创业教育路径； 构建创意、创新、创造、创业、创投、创富"六创"协同的创业教育系统
大连大学	"三层次、四平台"创新创业教育模式③	"三层次"课程建设指全校公共课层次、专业课层次、精英班课程层次； "四平台"实践体系建设指工作室平台、大创项目平台、学科竞赛平台、创业实践平台
燕山大学	"一体两翼三结合"创新创业教育体系④	"一体"指"应用型创新创业人才培养"综合体系； "两翼"指专业知识培养体系和创新创业能力培养体系； "三结合"指创业教育与创业实践结合，创新创业指导服务与创新创业项目结合，政策扶持与创新创业平台建设结合
重庆工商大学	四力导向、四轮驱动O2O活动链仿真创新创业模式⑤	以分析力、创造力、领导力和创业力四种能力的培养为导向；以校企合作催化、基地平台孵化、学科专业孕育、科研成果转化四轮驱动；O2O活动链仿真包括市场进课堂、多主体驱动、多模式实验、多角色演练、多板块对接、全过程培养
云南农业大学	"三融合、五驱动"创新创业教育模式⑥	课内与课外融合，教学与科研融合，校内与校外融合；以创新创业理念驱动教学改革，以高原特色产业驱动学校特色创业，以创业平台建设驱动创新成果转化，以创新创业成果驱动精准扶贫，以基层创业驱动地方发展
河南工业大学	"四位一体"创新创业模式⑦	依靠三支队伍，为大学生创业提供专业化指导；扶持三类项目，为大学生创业提供层次化支持；统筹三个平台，为大学生创业提供分级化管理；建好三类基地，为大学生创业提供实战化训练

续表

院校	模式	具体做法
内蒙古大学	"五位一体"创新创业教育模式⑧	修订培养方案，丰富创新创业教育内容；健全课程体系，挖掘创新创业教育资源；改进教学方法，实施教师教学模式改革；坚持制度创新，激发学生创新创业活力；强化实践环节，增强学生创新实践体验
山西警官职业学院	工学结合的创新创业教育模式⑨	校行融合，探索创新创业教育实践模式；工学结合，推行"课岗融通"的课程改革；项目导向，在专业课教学中融入创新创业教育内容；专兼结合，加强创新创业"双师型"教师队伍建设
聊城职业技术学院	"政、校、生、企"多维协同的创新创业教育模式⑩	政府：制定者和引导者，政策、资金扶持； 学校：实践者，开设课程，建设创业平台、孵化基地、科技园； 学生：受益者和实施者，创办项目和开办企业； 企业：创新创业的载体，以利润回馈学校、奉献社会

资料来源：①马永斌、柏喆《大学创新创业教育的实践模式研究与探索》，《清华大学教育研究》2015 年第 6 期；②林伟连、吴伟《以"IBE"为特色的全链条式创新创业教育体系构建——浙江大学创新创业教育与人才培养实践》，《高等工程教育研究》2017 年第 5 期；③李玉光、王谢勇《大连大学"三层次、四平台"创新创业教育模式》，《中国高校科技》2017 年第 Z1 期；④冯智恩《浅议高校创新创业教育体系构建——以燕山大学"一体两翼三结合"创新创业教育体系为例》，《教育探索》2016 年第 7 期；⑤李虹《四力导向、四轮驱动 O2O 活动链仿真的创新创业教育体系探究》，《现代教育技术》2017 年第 5 期；⑥吴伯志、唐滢、葛长荣等《"三融合、五驱动"创新创业教育模式建构与探索》，《中国高等教育》2017 年第 18 期；⑦李建锋《构建"四位一体"工作格局，努力培养创新创业型优秀人才——河南工业大学创业教育工作纪实》，《河南教育（高教）》2015 年第 10 期；⑧王志平、衣翠珊、王树彬《构建"五位一体"创新创业教育新体系——内蒙古大学创新创业教育改革的探索与实践》，《中国大学教学》2017 年第 6 期；⑨高世洪、许文海、曹璟《工学结合的高职创新创业教育模式探索——以山西警官职业学院为例》，《教育理论与实践》2015 年第 27 期；⑩张蕾、王凤芹《"政、校、生、企"多维协同的创新创业教育模式研究》，《中国职业技术教育》2017 年第 28 期。

表 1-2　创新创业教育培养模式分类

模式	类别	依托的重要条件
聚焦式	科研项目孵化模式	科研项目孵化
	政产学研用合作模式	政府行为支持，金融机构支持，中介机构支持
发散式	专业实践模式	实验室平台，企业平台，模拟平台，竞赛平台
	综合模式	自上而下的顶层设计，自下而上的共同作用

资料来源：黎青青、王珍珍《创新创业教育综述：内涵、模式、问题与解决路径》，《创新与创业教育》2019 年第 1 期。

四 学术背景

根据知网等相关平台数据，以产教融合为主题的文献发表量在 2007～ 2022 年的 16 年间呈持续上升趋势，由 2007 年的 2 篇增加到 2022 年的 2093 篇（见图 1－1）。从研究文献发表数量的变化趋势可以看出，2013 年和 2017 年是产教融合研究变化的两个关键节点。这主要是因为，2013 年我国首次明确用"产教融合"替代之前的"产学结合"，产教融合正式进入我国教育的语言体系中。因此，2013 年之后产教融合迅速成为研究热点。而 2017 年，国务院办公厅发布了《关于深化产教融合的若干意见》，提出用 10 年时间完成应用型人才的供给侧改革，实现人才供给与产业需求的统一。许多学者认为，该意见是我国产教融合进入更深层次的标志，并以此为依据，将我国产教融合发展阶段划分为 1.0 时代和 2.0 时代。产教融合的研究学科集中在职业教育、高等教育（见图 1－2）。

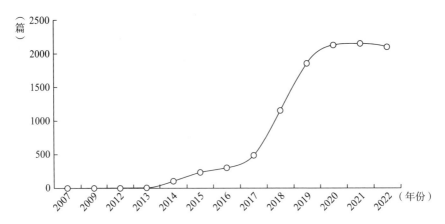

图 1－1　2007～2022 年知网以产教融合为主题的文献发表趋势

注：2008 年无相关论文发表。

资料来源：知网发文量统计分析。

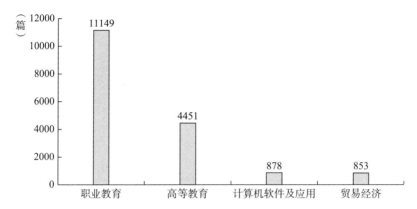

图 1 - 2　2007 ~ 2022 年知网产教融合主要研究学科的文献数

资料来源：知网发文学科统计分析。

以科教融合为主题的文献发表量在 1994 ~ 2021 年的 28 年间也是呈持续上升趋势，由 1994 年的 1 篇增加到 2021 年的 305 篇（见图 1 - 3），以科教融合主题的文献最多，其次是人才培养（见图 1 - 4）；科教融合的研究学科主要集中在高等教育（见图 1 - 5）。

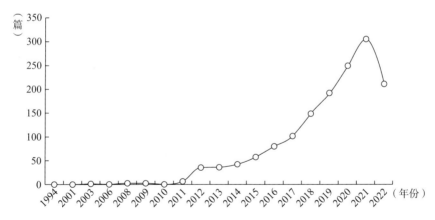

图 1 - 3　1994 ~ 2022 年知网以科教融合为主题的文献发表趋势

资料来源：知网发文量统计分析。

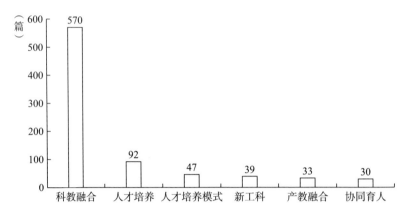

图 1－4　1994～2022 年知网科教融合主要主题的文献数

资料来源：知网发文主要主题统计分析。

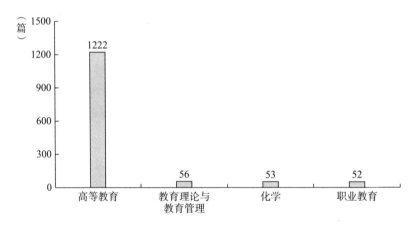

图 1－5　1994～2022 年知网科教融合主要研究学科的文献数

资料来源：知网发文学科统计分析。

关于科教融合的关键节点，高等学校创新能力提升计划（即"2011 计划"）的实施以及 2012 年中国科学院和教育部印发的《科教结合协同育人行动计划》，带起了科教融合的研究热度。2016 年，国家"十三五"规划明确提出"推进科教融合发展""支持一批高水平大学和科研院所组建跨学科、综合交叉的科研团队"，使科教融合成为热点研究话题。2021 年国家"十四五"规划和 2035 年远景目标纲要等一系列国家规划和战略部署对我国科教融合创新发展提出了新的历史使命、时代要求和发展方向，使科教融合的研究进入井喷之年。

以创新创业教育为主题的文献发表量在 2012～2021 年的 10 年间先升后降，在 2019 年达到高峰，发表文献数为 5416 篇（见图 1－6）。以创新创业教育主题的文献最多，其次是创新创业（见图 1－7）。创新创业教育的研究

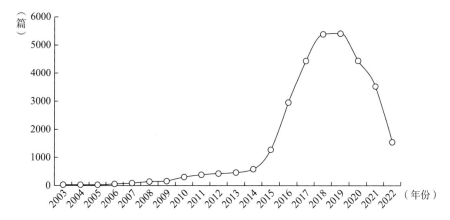

图 1－6 2003～2022 年知网以创新创业教育为主题的文献发表趋势
资料来源：知网发文量统计分析。

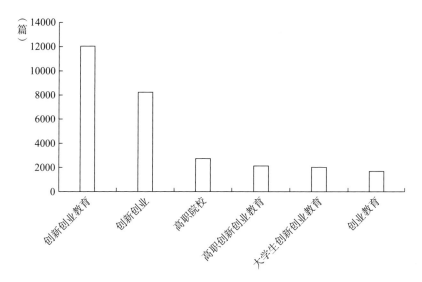

图 1－7 2003～2022 年知网创新创业教育主要主题的文献数
资料来源：知网发文主要主题统计分析。

学科主要集中在高等教育、职业教育（见图 1 – 8）。以创新创业教育为主题的文献发表量变化趋势和以旅游创新创业教育为主题的文献发表量变化趋势是相同的（见图 1 – 9）。旅游创新创业教育的研究学科主要集中在旅游、高等教育（见图 1 – 10）。

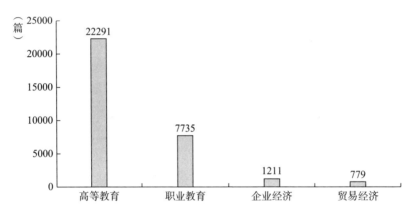

图 1 – 8　2003 ~ 2022 年知网创新创业教育主要研究学科的文献数
资料来源：知网发文学科统计分析。

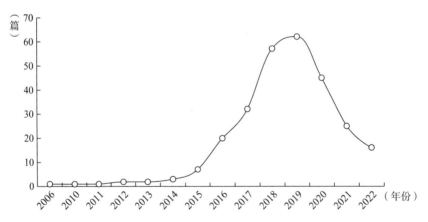

图 1 – 9　2006 ~ 2022 年知网以旅游创新创业教育为主题的文献发表趋势
资料来源：知网发文量统计分析。

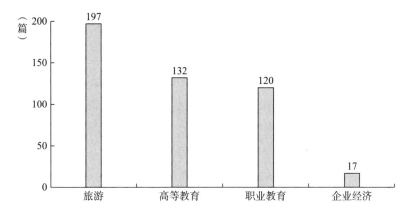

图1-10 2006~2022年知网旅游创新创业教育主要研究学科的文献数
资料来源：知网发文学科统计分析。

由上述分析可知，2015~2017年是创新创业的关键节点。2015年，由上海交通大学、复旦大学等高校联合组成的上海高校创新创业教育联盟成立，由政府、企业、高校共同出资33亿元的天津大学宣怀学院正式挂牌成立，创客教育基地联盟成立暨创客教育生态系统构建高端论坛活动在清华大学i. Center成功举办，等等，引导创新创业发展朝着集成化、专业化方向更好发展。2016年，"创青春"上海青年创新创业大赛暨"创业浦东"第五届全球青年科技创新大赛颁奖典礼在中国金融信息中心举行，这场从2016年5月就开始启动的项目共汇集海内外2000多个团队，极大地提升了创新创业的影响力。

第二节 研究意义

在社会快速发展的背景下，高等教育面对的是更加错综复杂的机遇和挑战。做好产教、科教融合与创新创业教育协同发展工作，能为高等教育的革新和发展打下坚实基础。通过全面汲取和借鉴典型融合教育模式的经验，企业、政府、学校与老师、学生产生更多的同频互动，不断加大、挖掘与提升产教和科教融合力度、创新创业深度与高等教育的发展质量。

一　深化产教、科教融合与创新创业教育协同发展，有利于提升师生的专业素养

产教、科教融合是高校提升科技创新和社会服务能力、提供高质量教育的有效途径，能极大地促进高校、科研机构的建设与高质量发展。目前，高校一些教师的教育观念较为陈旧，认为自身的职责就是将知识传授给学生，至于学生能否将知识用于实践就要看他的个人能力，自己概不负责。这种重理论、轻实践的教学理念和教学模式令学生普遍缺少较强的工作能力和创新力，只掌握了书本知识。还有一些教师认为，大学是专门进行学术研究的场所，应集中精力钻研理论，减少与外界的联系，做好"分内事"。此外，在教师评价机制导向下，部分教师更注重科学研究而忽视教书育人、科技成果转化，出现重科研轻教学、重成果数量轻成果转化的情况。在"共同利益、开放办学、融合发展"理念指引下，学校通过深化产教、科教融合，重视创新创业教育，为广大教师特别是专业课教师拓展知识、提高业务能力提供了条件和机会。在教学实践和科学研究中，学生在教师的指导下，把学到的书本知识运用到实践中，加深对知识的理解，提升应用知识和解决实际问题的能力，增强创造、创新、创业的意识。

二　深化产教、科教融合与创新创业教育协同发展，有利于推动人才培养理念变革

"十四五"期间，推进产教、科教融合与创新创业教育协同发展，培养高层次紧缺人才，是新时代赋予教育的一项重要使命。推进产教、科教融合，既要充分发挥企业的创新主体作用，又要紧密对接经济社会对人才的需求，让高校学生成为基础研究的主力军和重大科技突破的生力军。在这一过程中，高校要特别重视对学生科学精神、创新能力、批判性思维的培养。随着新一轮科技革命及产业革命的到来，社会对高层次人才的需求越发紧迫。作为培养人才的摇篮，各高校应牢牢把握战略机遇，因势而谋、应势而动，创新产教、科教融合培养模式，提高创新创业意识，打造人才培养新格局，增强核心竞争力。产教、科教融合，是在人才培养过程中育

人方法的融合、产业与教育的融合，是培养满足工作岗位需要的复合型人才的有效方法，在教学实践中已经被证实具有增强学生实践能力的作用。科教的重心在于提升师生理论知识水平，产教的重心则在于提升师生的实践能力。将产教与科教二者融合，可以达到促进学生学以致用、学做统一、理论与实践相长的效果，进而培养出适应社会职业岗位需要的应用型人才。教师和学生作为教学活动中的两个主体，应该充分认识产业和社会需求，以知识应用和创新为目标，寻找产教、科教融合人才培养模式的入手点，利用教学、科研以及成果转化这三个基本手段，实现培养高素质人才的教育目标，使高校毕业生能够更好地适应社会经济结构调整及产业改革的要求。

三　深化产教、科教融合与创新创业教育协同发展，有利于高校基本职能的发挥

产教、科教融合与创新创业教育协同发展，强调转变学生就业观念，提高学生创新科研意识，增强学生创新创业能力，这是高校产教、科教融合与创新创业教育的意义所在。新时代，高校被赋予了三大职能，分别是育人、科研及社会服务。育人是学校最基本的职能，也是发挥其他职能的基础，科研是育人的重要保障，将二者相结合才能实现服务社会的目标。其实，高校三大职能的发挥都有一个共同的出发点，那就是培养能够建设社会、促进产业发展的人才。实施"科教+产教"融合人才培养模式的基点就是教育、科研及成果转化。高校通过教学和科研的形式来培养人才，最终的成果转化是人才培养的间接形式，同样至关重要。从根本上来看，"科教+产教"融合肯定了上述三点在高校人才培养模式中的基本作用。学生的理论与实践学习成果受教师知识水平的影响较大，而科研活动是教师主动补充新知识、更新个人知识结构的行为，能够为教学带来更多新思路和新素材，对学生的发展意义重大。教学与科研融合，将打破教师在教学水平上的局限，使校内教育知识范围被拓宽，丰富学生的学习体验和知识积累，从而有效提升其创新创业能力、实践就业能力。教师开展的科学研究要与当地经济发展紧密联系，在教学过程中做到以实际为基准，从产业需

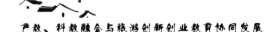

求出发，有针对性地进行人才培养。这使学生可以将科研知识转化成服务社会的技术、技能和产品，适应产业发展和就业的需要。

四 深化产教、科教融合与创新创业教育协同发展，是释放高校科教资源优势的有效途径

释放高校科教资源，形成围绕产业链打造学科链、根据学科链布局创新链、立足创新链反哺产业链的"产业—学科—创新"循环模式，通过改进专业课程内容、优化专业结构和完善专业培养方向，形成特色鲜明、实用性强的应用型、复合型专业群，实现产业、学科、创新三者协调发展。一是在科技成果转化中把创新型人才放在首位。在校企合作的实际工作中，创新型人才熟悉具体技术，能够吸收、消化和发展新成果，这对科技成果的转化有事半功倍的作用。二是高校将科研与人才培养紧密结合起来，在开展科技创新的过程中培养应用型人才。人才的成长靠教育，培养人才的创新能力是科技成果转化的关键环节。将高校科教资源转化为人力资源，并通过人力资源带动社会科技创新和发展，是释放高校科教资源优势的有效途径。三是加强高校与企业在人才培养方面的合作。校企人才培养不应仅局限于学生生产实践或"订单式"的培养模式，还要让学生参与科研，尤其是参与横向课题的研究，使学生不仅能掌握科技成果转化的项目，还能掌握科技开发、创新、转化的方法。在横向课题完成后，参与课题的学生就可以去急需该项科技成果的企业工作，这大大增强了人才培养的针对性，使科技创新与人才培养形成相互促进的机制。可以说，用专业对接产业，通过学科建设实现高校科教资源的转化，并把高校科技创新能力与具体行业、社会发展有效结合起来，在更好地服务地方经济社会发展的同时，也明确了高校办学特色，增强了学校的综合实力。

五 深化产教、科教融合与创新创业教育协同发展，是政校行企多方主体协同育人的关键举措

引入多主体知识、技术、管理与资本要素，以需求为导向，针对产业特性、人才培养、创新研发、资源优化等方面，构建契合地方产业发展的

教学科研平台、协同育人的公共实践平台、创新创业的研发孵化平台，打造"教研—育人—双创"多层次合作平台，为提升企业核心竞争力、实现经济社会高质量发展提供智力支持和技术支撑。其一，打造契合地方产业发展的教学科研平台。高等教育紧跟市场和产业发展步伐，打造与地方产业转型升级和技术创新配套的专业设置、课程体系、教学模块、科研平台和人才培养机制。高校在教学科研中融入行业技术需求，构建教学科研平台，共同开展技术攻关和研究；建立与地方产业发展导向和产业结构调整相适应的专业，实现学校学科群、专业链与地方产业集群、产业链的对接，服务地方发展战略。其二，打造协同育人的公共实践平台。政校企共同建设公共实践平台，围绕地方产业转型发展，紧贴企业生产过程、管理规范与高校学生实习实践的需求，兼顾政府、企业和学校三方，相互协调，由企业负责平台的运行与管理。平台除承担学校实践教学、学生实习实训和师资培养等公益性安排外，也可面向社会提供岗位技能培训、技术交流等延伸性服务。其三，共建创新创业的研发孵化平台。研发孵化平台要精准定位功能和服务目标，对接重点产业，避开激烈的"同质化"竞争；整合升级现有的大学科技园、工程技术研发中心和大学生创业园等资源，吸引金融、创投、风投、服务等社会机构参与建设，打造具有地方高等教育和产业特色的创新创业研发孵化平台。此外，设立专项课题，鼓励在校师生和企业科研工作人员组建创新创业团队，充分利用平台开展科技创新、创业孵化以及技术转移等工作，满足企业技术创新需求。

第三节　研究述评

本节旨在对产教融合、科教融合、创新创业教育的相关理论进行梳理与评价，为其与旅游专业的融合发展研究奠定基础。

一　国外研究综述

（一）产教融合

国外关于产教融合的研究，主要集中于产教融合的影响因素、存在的

问题和对策建议等方面。

国外学者对产教融合影响因素的研究存在较大差异。Santoro 和 Chakrabar-ti、Chang 研究发现，职业学校的自身条件是影响产教融合的主要因素。[1] 学校的专业设置、师资水平、院校的执行力等都会影响学校对产教融合信息的捕捉和理解，进而影响产教融合的实施动力。Siegel 等、Brodkey 认为，企业是影响产教融合的关键因素，一般以短期盈利为目的的企业合作意愿不高，倘若学校与此类企业合作，很可能不利于学生的发展。[2] Lindelöf 和 Löfsten 指出，尽管产教融合建立在职业学校与企业发展的需求之上，但仍需国家对之进行干预，方能保证产教融合模式的有效运行。[3] Knudsen 认为，产教融合受学校自身、企业和政府三方面因素的共同影响。[4]

在产教融合存在的问题和对策建议上，Billett 等、Tsukamoto 研究发现，一些企业由于不确定学生的专业水平能否符合要求，参与产教融合的积极性不高。[5] 应建立各行业的专门指导委员会，对社会岗位进行预测，并参与学校的专业设置与教学模式设置等重大问题的决策。Emad-ud-din 和 Ansari、Fien 等研究发现，高职院校所开设的课程与企业要求不相符，导致学生在企业

① Michael D. Santoro, A. K. Chakrabarti, "Firm Size and Technology Centrality in Industry-University Interactions," *Research Policy* 31 (2002); Y. Austin Chang, "Phase Diagram Calculations in Teaching, Research, and Industry," *Metallurgical and Materials Transactions A* 37 (2006).

② Donald S. Siegel, David A. Waldman et al., "Commercial Knowledge Transfers from Universities to Firms: Improving the Effectiveness of University-Industry Collaboration," *The Journal of High Technology Management Research* 14 (2003); Amy C. Brodkey, "The Role of the Pharmaceutical Industry in Teaching Psychopharmacology: A Growing Problem," *Academic Psychiatry* 29 (2005).

③ Peter Lindelöf, H. Löfsten, "Proximity as a Resource Base for Competitive Advantage: University-Industry Links for Technology Transfer," *The Journal of Technology Transfer* 29 (2004).

④ Harald Knudsen, *Higher Education in a Sustainable Society* (Switzerland: Springer International Publishing, 2015), pp. 147 – 175.

⑤ Stenphen Billett, A. Clemans, T. Seddon, *Forming, Developing and Sustaining Social Partnerships* (NCVER, 2005), p. 15; Kumiko Tsukamoto, "The Interconnection between Australian's International Education Industry and Its Skilled Migration Programs," *Education across Borders* 51 (2009).

中需花大量时间进行磨合。[①] 高职院校与企业联合办学，有利于学校获取企业支持，根据企业要求调整专业设置和教学模式，有利于提高人才培养质量。Yager 等、Cole、Laine 等提出，学校应该根据自身的优势专业，创办与专业相对应的产业，并依托校办产业，为教师和学生提供实验基地与实习岗位。[②]

国外产教融合人才培养机制的典型模式有：德国"双元制"模式、美国"合作教育"模式、英国"三明治"教育模式以及澳大利亚"TAFE"模式等。

（二）科教融合

国外关于科教融合的研究，主要集中于科教融合的内在机理、存在的问题和原因分析等方面。

就科教融合的内在机理而言，美国教育家博耶针对美国大学中科研与教学的对立关系以及本科人才培养职能受到忽视的现状，根据已有对"学术"的理解，重构了关于其的认知，从大学层面出发打破科研与教学对立的局面。[③] 博耶认为学术不仅是对知识的探究，还要对其进行整合、应用和教学，因此，科研与教学均是学术活动的表现形式，探究知识后将其转化为教学内容，教授知识中继续探究知识，二者之间有较强的内在联系，均是大学教学活动（见图 1-11）。

在科教融合存在的问题和原因分析方面，我们通过对现有外文文献的梳理发现，当前国外科教融合人才培养中普遍存在科研与教学关系对立、

---

①　Muhammad Emad-ud-din, S. J. Ansari, "Impact of University Education on Software Quality Skillset of HR in Software Outsourcing Industry of Pakistan," in Magued Iskander, ed., *Innovations in E-learning, Instruction Technology, Assessment, and Engineering Education* (Springer Netherlands, 2007), pp. 351-354; John Fien, Rupert Maclean, Man Gon Park, *The Role of Partnerships Industry Skills Councils and Training Package* (Springer Netherlands, 2009), pp. 279-293.

②　Joel Yager, J. J. Silverman, M. H. Rapaport, "Adapting to Decreased Industry Support of CME: Lifelong Education in an 'Industry-Lite' World," *Academic Psychiatry* 35 (2011); David R. Cole, *Educational Life-Forms: Deleuzian Teaching and Learning Practice* (Sense Publishers, 2011), pp. 109-121; Kari Laine, M. Leino, P. Pulkkinen, "Open Innovation between Higher Education and Industry," *Journal of the Knowledge Economy* 6 (2015).

③　潘金林、龚放：《博耶的学术生态观与高等学校的学术定位》，《教书育人》2010 年第 3 期。

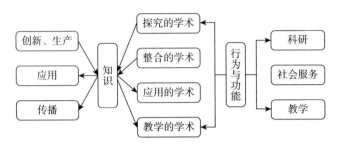

图 1-11 国外科教融合内在机制

教师的积极性不高等问题。许多学者针对大学中科研与教学的关系、教师投入教学的积极性等问题进行了深入研究。Gopaul 等以加拿大某高校为例，认为大部分教师对科研和教学都有兴趣，但是 54% 以上的受访者更倾向于科研。①

出现这些问题的原因有以下四点。一是政府政策导向的影响。在美国，联邦政府鼓励全职教师更多地投入研究而不是教学。由于国家政策研究和现代化治理的不断变化，效率、效益和产出导向的文化变得越来越重要，据此，有学者提出这些不断变化的制度环境打破了科研与教学两种活动的平衡。二是学生研究性学习动机。有学者通过研究学习动机与学习成效的关系，发现前者正向影响学生学习成效。三是教师引导作用。学者 Hoffman 等探究教师是否会影响学生课堂学习的动力，结果发现，教师引导下的学生学习过程更高效，学习成效明显优于教师不在场时。② 四是利益主体目标的一致性。Siegel 等研究发现，高校内部人才培养各参与主体在利益目标上不一致，这是影响人才培养成效的主要原因。③

---

① Bryan Gopaul, G. A. Jones, J. Weinrib et al., "The Academic Profession in Canada: Perceptions of Canadian University Faculty about Research and Teaching," *Canadian Journal of Higher Education* 46 (2016).

② Miriam Hoffman, Joanne E. Wilkinson, Jin Xu, John Wiecha, "The Perceived Effects of Faculty Presence vs. Absence on Small-Group Learning and Group dynamics: A Quasi-Experimental Study," *BMC Medical Education* 14 (2014).

③ Donald S. Siegel, David A. Waldman et al., "Commercial Knowledge Transfers from Universities to Firms: Improving the Effectiveness of University-Industry Collaboration," *The Journal of High Technology Management Research* 14 (2003).

　　国外科教融合人才培养模式的典型有洪堡模式、吉尔曼模式、博耶模式。直至今天，上述模式仍受到学界的高度重视。

　　德国教育家威廉·冯·洪堡提出把科研和教学统一的思想。他认为在学习探索过程中，教师与学生是互帮互助的伙伴关系，即教师进行科研活动并且利用最新成果，同时鼓励学生参与教师的科研活动。美国学者吉尔曼对洪堡原则进行了本土化的创新。通过创办研究生院，吉尔曼将其界定为一所以科研为中心的大学。在这里，教师的科研活动成为一种教学模式，而学生的科研活动成为一种学习模式。把科研－教学－学习联结体从本科教育上移到研究生教育。针对美国大学教学与科研关系持续紧张的状态，博耶发展了洪堡"科研与教学相结合"的理念，提出了"教学即学术"的理论，把科研－教学－学习的联结体又重新引入本科教育。学者戴静对此的看法是"从洪堡的科研与教学相结合理念到吉尔曼在研究生院中实施洪堡原则，最后到博耶创立的以科教融合重建本科教育理论这一过程，表面上看是绕了一大圈又回到起点，其实质和研究背景都有所不同。洪堡原则是基于培养'完人'的人文主义理想提出来的，吉尔曼和博耶的理论则是在功利主义科研观兴起的背景下对洪堡理想所做的实用主义处理"。①

　　总结科教融合人才培养模式的研究，主要包括以下四点。第一，构建学术共同体。吉尔曼在肯定洪堡思想的基础上，将科研－教学－学习联结体建立在研究生教育上，通过开展学术讲座、学术研讨会等活动，有效激发教师和学生的探究意识，构建"教－学－研"学术共同体。第二，科研评价中包含教学改革相关指标。在科研评价中纳入教学相关指标，如教改相关的项目和论文等，可以增强教师教学改革的动力。第三，研究性学习的教学方法。学生研究性学习主要体现在将研究成果、方法、思路、经验知识等转化为教学资源，培养学生的批判性思维和科研精神，提升对知识的探究和运用能力，将科研过程融入教学过程，引导学生系统参与科学研究等。第四，优化师资队伍。科研、教学和学习一体化中心以人才培养为

---

① 戴静：《科教融合视角下的农业院校大学生创新能力培养研究——基于武汉某农业高校的实证调查》，硕士学位论文，华中农业大学，2014，第 35 页。

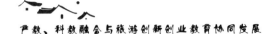

杠杆，培养优质的师资，使其具备实施和改进教学实践的能力。

（三）创新创业教育

国外关于创新创业教育的研究，主要集中于创新创业教育的影响因素、实施策略与专业融合等方面。

关于创新创业教育的影响因素，从 20 世纪 60 年代开始，Wilken、McClelland 等人结合创业理论与创业者人格特征，探讨了创业者与非创业者之间在成就需求、自主需求、决策要求、欲望等方面的差异，探索创新创业教育影响因素；Sarasvathy 明确了目标导向逻辑和手段导向逻辑两个概念，指出大多数成功创业者的创业行为由手段导向逻辑来引导；Gartner 认为对创业行为有影响的因素主要包括个体本身的特质、组织、过程和环境等，通过各个变量之间的相互影响来研究影响创业活动的因素。[1]

关于创新创业教育实施策略，较为权威的是德鲁克在《创新与创业精神》一书中针对创新创业提出的相应策略，可总结为专业化、日常化、可计量化。[2] 专业化可理解为"专注和集中投入"——在确定创新方向后，选择成功率和利润率都较高的方向，投入大量资金和人才，专注该方向发展。我们一直强调"二八法则"，创新创业也是如此。创新风险率和失败率极高，但这不能成为停滞不前的理由，一定要调动人员、时间、资金和精力去创新，因为这既是未来，也是现在。日常化是将双创精神融入日常生活——通过定期的管理层会议和一线员工会议了解目前动向，建立相应制度，鼓励员工创新，对目标和进度进行定期反馈。创新不是空想，是实践。创新不仅仅是高层的工作，更需要基层员工一点一滴的努力，因此提出的所有制度只有一个目的，即务求将创新激情融入每一位员工的日常生活中。可计量化是衡量创新创业的成果。一方面要通过各项数据指标考察创新项目的执行状况和盈利状况；另一方面要通过制度建设、目标管理和激励手段鼓励创新。

国外普遍将双创教育与专业的融合视为双创教育实施的重点，Gibb 结

---

① 付佩、文超：《创新创业教育国内外研究综述》，《科技资讯》2018 年第 7 期。

② 〔美〕彼得·F. 德鲁克：《创新与创业精神》，张炜译，上海人民出版社，2002，第 56 页。

合欧美双创教育的模式与发展需求，强调双创教育未来的重点就是如何更好地与专业相融合。[①] 而如何将创新思想、创业意识和创业技术融入专业教育，是培养拥有创新能力和创业能力的专业型人才的重要问题。[②] 国外创新创业教育与专业的融合，从教育实践方面来说，主要有两种途径：一种是单独设立创新创业的学位项目，在创新创业教育中融合部分专业技术培养的内容；另一种是将创新创业教育内容嵌入专业课程中，形成包含创新创业的新型专业教育。

国外对创新教育与创业教育的研究由来已久，在美国、日本、英国等发达国家已较为成熟，大部分已形成各具特色的创新创业教育体系，国外创新创业教育典型见表 1 - 3。通过纵向与横向的比较，美国和德国的创新创业教育可以分为四个阶段：萌芽阶段、探索阶段、发展阶段和成熟阶段。它们的现代创新创业教育始于 20 世纪 50 年代，到目前为止，已经经历了这四个完整阶段，体系相对成熟和完善。

表 1 - 3　国外创新创业教育典型

国家	政策措施	主要内容
美国	立法支持	对创新创业教育进行立法，内容涵盖了鼓励非营利性机构与企业合作转化科研成果、促进美国的技术专业和专利研发以及专利研发机构与企业之间人员和技术的交流与合作等多方面
	资金支持	SBIR（小企业创新研究计划）——鼓励有创新能力的小企业参与联邦政府的研究与开发工作
	采购支持	《联邦采购条例》明文规定要给予不同规模项目中的创新创业中小企业最大的照顾
	创业孵化器建设	创业孵化器帮助初创企业成长及获得融资，为初创企业提供各类支持，包括场地支持、路演培训、法律和税务知识培训以及与风险投资对接等

----

① Allan Gibb, "Entrepreneurship: Unique Solutions for Unique Environments. Is It Possible to A-chieve This with the Existing Paradigm?," *International Journal of Entrepreneurship Education* 5 (2007).

② Jerome A. Katz, "The Chronology and Intellectual Trajectory of American Entrepreneurship Education: 1876 - 1999," *Journal of Business Venturing* 18 (2003).

续表

国家	政策措施	主要内容
加拿大	加拿大青年创业基金会	由联邦政府注资成立，为有创业梦想的青年毕业生提供资金资助
	创业课程的引进及推广	加拿大各地方政府出台多种措施支持联邦政府创业课程的引进以及推广，帮助小型企业中心指导和培训本土企业家
	EXIST——科学创新创业计划	其目标在于在学校内形成独立的企业文化，增强企业意识，并提升科技指向型与科学基础型创新创业的数量和质量
德国	新高科技战略	2014年9月，德国联邦政府出台了新的高科技战略，重点在于改善创新的整体环境，促进经济社会的发展，目标则是增强德国创新力量
	"双轨制"教育模式	德国的职业学校实行"双轨制"教育——职业教育在企业进行，理论教育在学校进行，理论与实践相结合，培养既具有专业理论知识又具有专业技术和技能的高素质人才
英国	"全球创业观察"（GEM）项目	研究全球创业活动态势和变化、发掘国家或地区创业活动的驱动力、研究创业与经济增长之间的作用机制和评估国家创业政策的研究项目
	"创业精英计划项目"（IEEP）	通过培养创业教育者的专业技能，培养在未来创业教育领域中的领导者
日本	法规支持体系	《科学技术基本法》等法规
	"集体运作"模式	企业和社会组织、政府、学校紧密结合，共同推进创新创业教育

资料来源：笔者根据有关资料整理。

二 国内研究综述

（一）产教融合

国内关于产教融合的研究主要集中在产教融合的动力和机制、存在的问题和解决策略等方面。

国内部分学者认为产教融合的动力主要来自共同的利益、内在的变革和外部经济社会发展的驱动。高飞和姚志刚指出，从本质来看，产教间的关联性、社会与经济的和谐发展和对效益最大化的追求应是产教融合发展的内在动力；从实践来看，产教融合的动力主要是技术创新与改革、企业追求核心竞争力和竞争合作压力、学校培养技术技能人才和提升社会服务能力、区域经济发展。[①] 贺星岳等指出产教融合的动力是利益驱动、优势互

---

① 高飞、姚志刚：《产教融合的动力与互动机制研究》，《淮南职业技术学院学报》2014年第6期。

补、政策推进和发展需求等因素的综合作用，激励院校、行业协会、企业、科研机构在政府的影响下和市场的需求下产生合作意愿。其中，企业参与产教融合最直接的动力是市场需求的驱动，科研机构参与产教融合的动力包括经济利益、科研活动价值、学术水平和社会地位，行业协会的动力主要是推动本行业良性发展，政府和院校的动力是最大限度地提供人才公共产品。[1] 贺耀敏和丁建石指出，产教融合的运行机制包括动力机制、互动机制和激励补偿机制[2]，其具体关系见图 1 – 12。周劲松和温宇建议从引导机制和约束机制两方面建立动力机制，引导机制包括建立课题项目和资助机制，约束机制包括完善供给制度、知识产权转让和就业准入约束。[3]

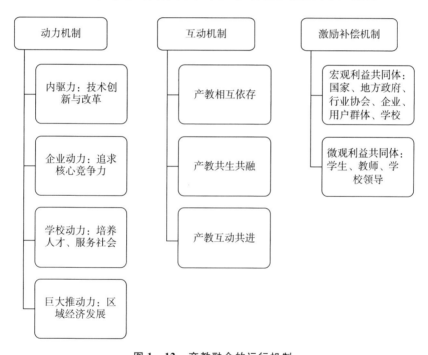

图 1 – 12　产教融合的运行机制

①　贺星岳等：《现代高职的产教融合范式》，浙江大学出版社，2015，第 78～79 页。
②　贺耀敏、丁建石主编《职业教育十大热点问题》，中国人民大学出版社，2015，第 64～67 页。
③　周劲松、温宇：《区域职业教育产教结合的政策需求与机制创新》，《职业技术教育》2010 年第 10 期。

目前来看，产教融合主要存在政府缺位、经费短缺、合作模式单一、合作不深入、企业参与动力不足、"双师型"师资队伍建设滞后、质量保障体系和评估体系不健全等问题。周劲松和温宇指出产教融合面临的问题有：企业积极性有限，产教融合的层次和深度不够；资源整合困难，产教融合模式单一；政策支持体系不健全，产教融合动力不足；市场发育不良，产教融合壁垒重重。[1] 曹丹指出我国应用型本科高校的产教融合存在的问题有：合作不稳定，融合渠道不畅通；合作模式单一，合作内容不深入；合作对象的选择存在误区；校企合作的经费难以保障；"双师型"师资队伍建设滞后；质量保障体系和评估体系的缺位；等等。[2] 和震认为产教融合存在的问题是：政府与市场的边界模糊，行业指导能力缺失，企业作为育人主体的作用和责任缺失，职业院校校企合作育人和研发的制度尚未到位，学生实习活动性质错位。[3] 贺耀敏和丁建石指出，产教融合既面临缺乏政府约束机制、经费保障机制和质量保障与评估体系等管理机制问题，也面临合作模式单一、合作内容不深入、"双师型"师资队伍建设滞后、实践过程中"企业冷"、院校对企业吸引力不够等实践问题。[4]

关于产教融合存在的问题，我们可以从政府、院校、行业企业、办学模式、合作方式、平台建设、法律、体制机制创新等方面予以解决。杨善江指出，产教融合的成效取决于教育与产业在结合点合作的广度、深度和力度。[5] 秦斌认为，促进产教融合，一方面要通过服务区域产业、改革办学模式、优化运行环境、搭建研究平台等措施创新和拓宽融合路径，另一方面要创建和完善集团化办学制度、沟通协调机制、激励补偿机制、质量评

① 周劲松、温宇：《区域职业教育产教结合的政策需求与机制创新》，《职业技术教育》2010年第10期。
② 曹丹：《从"校企合作"到"产教融合"——应用型本科高校推进产教深度融合的困惑与思考》，《天中学刊》2015年第1期。
③ 和震：《建立现代职业教育治理体系 推动产教融合制度创新》，《中国职业技术教育》2014年第21期。
④ 贺耀敏、丁建石主编《职业教育十大热点问题》，中国人民大学出版社，2015，第68~73页。
⑤ 杨善江：《产教融合：产业深度转型下现代职业教育发展的必由之路》，《教育与职业》2014年第33期。

价机制等相关机制。^① 陈年友等认为产教融合的实现，一是实现土地、劳动力、技术等生产要素的整合，二是校企之间通过契约合作形成战略联盟。^② 王丹中和赵佩华指出，推进产教融合的策略有：发挥政府调控和协调作用，形成关系形态多元的产教联合体；创新和完善产教融合管理机制，保障产教融合的顺利进行；依托科技园、产业园等园区，推进人才培养与社会服务同步转型；建立多元化的产教融合模式，实现人才培养集约化、集团化。^③ 和震提出，要从建立现代职业教育治理体系的高度开展职业教育产教融合、校企合作制度的顶层设计；国家应该同时从教育领域和经济领域实施产教融合、校企合作制度创新；坚持校企合作分类建设，探索差异化校企合作政策；政府与市场各尽其能，促进产教融合。^④ 曹丹认为，应用型高校开展产教融合，要走出产教融合的认识误区，健全产教融合的体制机制，创新合作模式，深化合作内容，借鉴国外经验。^⑤ 在推进产教融合的策略和措施中，机制创新的作用尤为重要。周劲松和温宇建议要建立并完善产教融合的社会协调机制、动力机制和保障机制，推进产教融合互利共赢。^⑥ 罗汝珍认为，构建产教融合机制须以技术为切入点，搭建产学研三位一体的技术平台，遵循企业化的管理机制、产业化的运营机制、价值主导的评价机制、市场导向的进退机制和行业协会负责的人才流动机制。^⑦ 杨运鑫等提出，产教深度融合需创建和完善相关的统筹督导机制、法规保障机制、激

①　秦斌：《产教深度融合是现代职业教育发展的重要方向》，《广西日报》2014年8月5日，第11版。
②　陈年友、周常青、吴祝平：《产教融合的内涵与实现途径》，《中国高校科技》2014年第8期。
③　王丹中、赵佩华：《产教融合视阈下高职院校协同育人机制探索》，《中国高等教育》2014年第21期。
④　和震：《建立现代职业教育治理体系　推动产教融合制度创新》，《中国职业技术教育》2014年第21期。
⑤　曹丹：《从"校企合作"到"产教融合"——应用型本科高校推进产教深度融合的困惑与思考》，《天中学刊》2015年第1期。
⑥　周劲松、温宇：《区域职业教育产教结合的政策需求与机制创新》，《职业技术教育》2010年第10期。
⑦　罗汝珍：《市场经济背景下高等职业教育产教融合机制研究》，《教育与职业》2014年第21期。

励补偿机制、多元配置机制、协调联动机制和质量评价机制等。[1] 黄远飞通过考察广州技工院校现代产业系的产教融合经验提出，推动产教融合，必须发挥政府主导作用，建立健全"校企合作""产校联动"机制；扩大职业院校及其下属系（部）的办学自主权，鼓励其创新治理结构与发展机制；进一步完善中国现代职业教育在产教融合方面的法律规制。[2] 孔宝根提出，可以通过建立企业科技指导员制度，让教师入企担任企业科技指导员，帮助小微企业实现经济转型升级，同时通过开展学生生产性实习活动的方式，实现产教融合。[3] 王辉研究发现，校企协作"项目群"有力地推进了美国社区学院系统应用技术强化进程，为其产教融合发展道路奠定了根基。[4] 校企协作"项目群"对我国现代高等职业教育体系建设也颇具借鉴意义。

此外，季跃东、潘玲珍、王晓麟还对产教融合中高职的创业教育机制、教师专业发展、图书馆服务转型等方面做了探索。[5]

（二）科教融合

国内对科教融合的研究主要集中在科教融合人才培养的内在机制、存在的问题和解决策略等方面。

国内关于科教融合人才培养内在机制的研究较少，我们通过分析可以看出，科研活动与教学活动相融合，极大程度地促进了现代大学的快速发展。从国内科教融合人才培养内在机制的相关研究看，主要体现在其科研育人性和教学学术性。一是科研育人性。2012 年，教育部出台了《关于全

---

① 杨运鑫、罗频频、陈鹏：《职业教育产教深度融合机制创新研究》，《职业技术教育》2014 年第 4 期。

② 黄远飞：《产教融合办学模式的制度创新与启示——基于广州技工院校现代产业系的考察》，《湖南农业大学学报》（社会科学版）2015 年第 2 期。

③ 孔宝根：《企业科技指导员制度：深化职业教育产教融合的新路径》，《教育发展研究》2015 年第 3 期。

④ 王辉：《校企协作助推产教融合：美国社区学院校企协作"项目群"的兴起》，《高等教育研究》2015 年第 3 期。

⑤ 季跃东：《基于产教融合的高职创业教育机制研究》，《现代教育管理》2015 年第 1 期；潘玲珍：《基于产教融合的高职教师专业发展研究》，《高等工程教育研究》2015 年第 2 期；王晓麟：《产教融合和校企合作背景下高职院校图书馆服务转型》，《图书情报工作》2014 年第 10 期。

面提高高等教育质量的若干意见》，在其中的"创新人才培养模式"里具体提出"促进科研与教学互动，及时把科研成果转化为教学内容，重点实验室、研究基地等向学生开放。支持本专科生参与科研活动，早进课题、早进实验室、早进团队"等指标要求。① 二是教学学术性。2020 年 8 月 4 日，清华大学在《秉持科教融合核心理念 培养高层次拔尖创新人才》中强调，"教学也是学术。学术不仅限于科研，一切与促进教学有关的研究都可以被认为是学术活动。教师要把科研和教学都作为自己的核心工作，把育人落实在科研、教学的全过程"。② 教学学术是大学教师专业发展的核心。王永斌指出，教学也是学术，回归教学学术，是提升教师专业成长性的必由之路。③

　　科教融合人才培养模式存在以下问题。第一，政府"下放自主办学权"未贯彻落实。在政府管辖过程中，大学自主办学权力不够，诸多人才培养改革措施的实施受政府影响较大。而大学最关键的职能是根据地方经济发展需求，培养符合需求的人才，因此应及时把握社会经济发展对人才的需求，不断调整人才培养方案，而政府过多的行政干预会阻碍大学科教融合人才培养模式的实施。第二，教学内容陈旧，方式单一。当前大多数本科教学仍以"传统灌输式""教师单方面讲授式"课堂为主，科研融入课堂情况较差，且学生参与科研训练的经历较少。这样的教学方式不适应科教融合人才培养的需求，缺乏实践性、互动性，忽略探索性学习。第三，课程体系建设乏力，考核方式单一。一是大学普遍不够重视学科之间的渗透与合作。专业课程仅围绕本专业知识展开且知识陈旧，导致学生所掌握知识的广度和深度不够，思考问题的视角单一，视野狭窄。二是学生评价体系深受应试教育、专业教育思维束缚，即使目前大学普遍强调实践学分、过

---

① 《教育部关于全面提高高等教育质量的若干意见》，教育部网站，2012 年 3 月 16 日，http：//www. moe. gov. cn/srcsite/A08/s7056/201203/t20120316_146673. html。

② 《秉持科教融合核心理念 培养高层次拔尖创新人才》，教育部网站，2020 年 8 月 4 日，http：//www. moe. gov. cn/jyb_xwfb/xw_zt/moe_357/jyzt_2020n/2020_zt15/huiyi/jiaoliu/fanyan/202008/t20200813_477875. html。

③ 王永斌：《教学也是学术》，《文摘报》2020 年 3 月 12 日，第 6 版。

程性评价，然而在最终的评价中仍以期末考核成绩为主，且评价标准以专业知识的识记为主；教师绩效评价以学术和科研为导向，为获得更好的待遇和职业发展前景，教师往往将大量时间和精力投入项目申请、论文发表上，对主要的育人工作投入较少。

新中国成立后，大学的科学技术定位更加明确，理工科大学的中心任务就是培养科学技术人才。基于这种定位，科技资源与教学资源、科技水平与教学水平始终紧密互动。综合不同大学科学技术的实力状况，这些大学大体可以区分为四种类型（见图1-13）。因此，从宏观角度来看，政府应该重视政策导向作用，防止文化冲突影响政策，正视政策评估的困难。

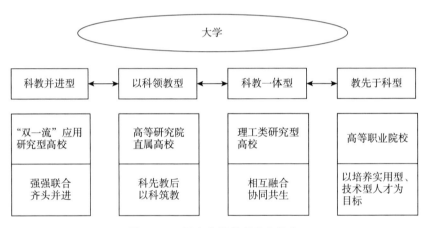

图1-13　国内大学科教融合状态

首先，政府应通过政策环境支持，加大对科教融合人才培养的财政投入和政策倾斜力度。其次，搭建学校与学校、学校与科研机构以及学校与企业的协同育人平台，对各参与协同培养的主体给予一定的鼓励和支持。一是学校通过制度激励推动科教融合人才培养。在学校层面，制度激励主要通过促进校内多方主体对人才培养愿景和培养方案的认同与努力来实现；在师生层面，制度激励通过引导、评价和奖励等制度安排，激发教师教学改革和学生研究性学习的积极性。二是提升大学师资实力。一方面，打通科研人员与大学教师的双向流动平台，吸引一大批优秀科学家进入专业师资队伍；另一方面，在教师提升学术水平的同时，鼓励教师探索教学改革。

最后，以学生为中心，构建研究性学习、探究式学习和参与科研训练之间的联动机制，着力于提升人才培养质量；开展研究性教学，教师通过构建启发式、互动式和专题式的探究式课堂，加强师生之间的课堂互动。

（三）创新创业教育

国内关于创新创业教育的研究主要集中在创新创业教育的影响因素、存在的问题和对策建议等方面。

就创新创业教育的影响因素而言，其包含主观与客观、内部与外部多种因素，覆盖范围非常广泛。基于这四类因素，林燕茵等提出"专创融合、科创融合、产创融合、思创融合"四创融合培育机制。[1] 一是专业能力。高校硬实力[2]、高校对创新创业教育的理念和定位[3]是创新创业意识和能力的重要影响因素。高校的专业课程教育和创新创业教育都是培养大学生创新创业意识和能力的重要基石，教师资源、教学资源的建设和与时俱进的课程体系建设在很大程度上影响着当代大学生的创新创业意识和能力。二是科技运用能力。目前，我国高校的创业孵化基地存在实效性不强的现象，具体表现为高校孵化基地的作用有限，部分大学生的创业积极性不高，大多数创业项目存在层次低、技术含量低、创新思维不够的问题，甚至有相当一部分创业项目对新技术、新思维的应用极其有限。三是社会环境。政策宣传力度[4]、社会支持程度[5]、创业环境等因素影响着当代大学生创新创业意识和能力的培育。政府发布的各种关于创新创业的政策，如创业贷款优惠、补助补贴、专项基金等，积极引导和鼓励着大学生正确地提升自身

---

① 林燕茵、陈昕、谢嘉泳、杨湛欣：《大学生创新创业教育存在的问题、影响因素及对策》，《太原城市职业技术学院学报》2022 年第 9 期。

② 何康、邓晓、柳和生等：《大学生创新创业意识培养路径探寻》，《东华理工大学学报》（社会科学版）2017 年第 4 期。

③ 王占仁：《创新创业教育的核心要义与周边关系论析》，《国家教育行政学院学报》2018 年第 1 期。

④ 王章豹、黄驰、李杨：《理工科大学生创新创业意识和创新创业教育满意度测评及分析——基于 H 大学的调查数据》，《南京航空航天大学学报》（社会科学版）2019 年第 2 期。

⑤ 何康、邓晓、柳和生等：《大学生创新创业意识培养路径探寻》，《东华理工大学学报》（社会科学版）2017 年第 4 期。

的创新创业能力，广泛的政策宣传和具体到位的政策落地有助于激发大学生创新创业兴趣，调动其积极性，同时吸引更多学生加入创业中来。另外，对大学生友好的营商环境和多样化的融资渠道对培养大学生创新创业意识和能力起到巨大的支持作用。四是思想素养。创业意识不仅受到高校教育实力、实践平台、社会环境等客观因素的影响，同样也受到个人主观层面因素的影响，如个人对创业的兴趣、预期、态度、参与度、个人积极性。其中，个人对创业的兴趣、动机、预期、态度等都对个人积极性和参与度有重要的影响。

我国大学生创新创业教育起步较晚，尚处于初级发展阶段，在高校创新创业教育、社会环境以及学生自身因素方面都不可避免地存在各种问题。一是高校创新创业教育存在理论与实践割裂的现象。近年来，虽然双创教育在我国高校得到了大力发展，但理论与实践尚存在一定程度的割裂。高校普遍将双创课程作为拓展课，大部分落实在理论讲授上，校园双创实践甚少。[①] 二是科技服务差异与学生双创实践直接相关。科技服务受区域发展影响，高校科技园的规模、科技资源丰富度发展不均，园内大学生创业数量与所在高校的影响力和知名度直接相关。[②] 同时，科技服务机构对大学生创新创业的服务功能未明确，对学生创新性的服务不到位，不利于学生创新创业实践。[③] 三是学生个人对创新创业积极性不高。在人才招录方面，企业单位大多看重学历、毕业学校等显性学业指标，轻视双创实践能力，在此背景下，学生易受影响，双创实践被忽视。[④] 根据麦可思研究院《2019 年中国大学生就业报告》，2019 年应届毕业生中有创业意愿的占 50% 左右，但是毕业后真正创业的只有 1.5%，远远低于发达国家的 20% ~ 30% 的创业

① 关旭：《大学生创新创业现状研究》，《商业文化》2021 年第 20 期。
② 沈重耳、涂晶、徐亮：《中国大学科技园创新创业教育现状分析》，《科技风》2018 年第 16 期。
③ 马芳财、胡玉华、沈吉雨等：《大学生创新创业科技服务机构现状及标准化建设研究》，《质量探索》2018 年第 6 期。
④ 韩瑞平、乔彪、孙玉伟：《基于国外创新创业视角下我国高等学校大学生创新创业教育研究》，《内蒙古农业大学学报》（社会科学版）2020 年第 3 期。

率，并且创业成功的案例较少。①

解决创新创业教育过程中出现的问题，需要根据所学专业采取不同的策略。以旅游专业为例，一是将创新创业教育融入专业课程，培养学生的创新思维能力。在专业课程的教学过程中，注重专业教学内容与创新创业项目的交叉融合，培养学生启发式、发散式思维，对传统专业课程的考核方式进行变革。通过设计有启发性的实验项目，培养学生的创新创业意识和能力，对专业课程知识内容进行拓展，引导学生以课程的内容模块，积极申报各类各级科研课题，发表与课程内容相关的学术论文，树立科研成果产出的目标导向，激发学生的学习能动性，实现从被动接受教师讲授内容向学生带着疑问自主学习的方式转变。二是以学科竞赛引导课程教学改革，提高学生理论应用能力。旅游专业行业应用实践性较强，课程内容与行业接触紧密，需要注重培养学生应用专业理论知识解决行业实践问题的能力，如组织指导学生参与旅游类导游技能大赛、酒店类中餐宴会摆台等全国大赛，及时将课程所学知识应用于行业经营管理决策中。三是指导学生申请创新创业项目，提高学生科研创新能力。在旅游专业学生中进行创新创业宣传教育，鼓励和指导学生积极申报各级大学生创新创业训练项目。学生通过创新创业项目申报书的写作、中期检查、项目实施、项目验收等环节，提高自身的创新创意、创业实践等能力。

第四节 理论依据

产教、科教融合与旅游创新创业教育协同发展符合经济社会发展趋势，也符合旅游业在面对自身发展瓶颈和外界各种压力困境时的发展规律。产教、科教融合与旅游创新创业教育协同发展要想克服阻碍、高质量发展，必须具有一定的科学理论基础，这些科学理论基础指导着产教、科教融合与旅游创新创业教育如何协同发展。产教、科教融合与旅游创新创业教育协同发展，反过来践行着、丰富着这些科学理论。

---

① 王兴：《大学生创新创业教育改革探讨》，《现代商贸工业》2019年第36期。

一 协同理论

（一）协同理论的起源

协同理论也称作协同学理论，是自 20 世纪 70 年代以来在多学科研究基础上逐渐形成和发展起来的一门新兴学科，是系统科学的重要分支理论。"协同学"一词起源于希腊文，意为"协调合作之学"[①]，是一门关于系统中各子系统之间相互竞争、相互合作的科学。协同理论是由斯图加特大学教授、著名物理学家赫尔曼·哈肯（Hermann Haken）创立的新兴综合性学科理论。[②] 1971 年，哈肯提出协同的概念。1976 年，他又系统地论述了协同理论，发表了《协同学导论》，还著有《高等协同学》等。

协同理论主要研究远离平衡态的开放系统，在与外界有物质或能量交换的情况下，如何通过自己内部协同作用，自发地出现时间、空间和功能上的有序结构。协同理论以现代科学的最新成果——系统论、信息论、控制论、突变论等为基础，吸取了结构耗散理论的大量营养，采用统计学和动力学相结合的方法，通过对不同领域的分析，提出了多维空间理论，建立了一整套的数学模型和处理方案，在从微观到宏观的过渡上，描述了各种系统和现象中从无序到有序转变的共同规律。

（二）协同理论的内容

协同理论认为，整个环境中的各个系统间存在相互影响而又相互合作的关系，而在自然界以及人类社会中，又可以分为有序和无序的两种现象。无序是混乱，有序是协同，两者在一定情况下可以相互转换，这是一种普遍存在的规律，其主要包括协同效应、伺服原理、自组织原理三个重要概念。

1. 协同效应

协同效应作为协同理论中的一个重要观点，原指一种物理化学现象，

---

① 〔德〕赫尔曼·哈肯：《协同学——大自然构成的奥秘》，凌复华译，上海译文出版社，2013，第 5 页。

② 〔德〕赫尔曼·哈肯：《高等协同学》，郭治安译，科学出版社，1989，第 10 页。

又称增效作用，指多种成分混合或调配在一起所产生的作用大于单独应用时二者的总和，即"1＋1＞2"的效应，后被广泛地运用到其他学科的研究当中，尤其是在管理学、经济学等社会科学领域。在协同学中，协同效应是指构成宏观整体系统的各子系统之间相互竞争、相互影响、相互合作所产生的总和大于这些因素单独地、彼此分开地发挥效应之和。[①] 要获得协同效应，必须由各元素或各分系统发挥功能和优势，共同指向同一目标，这个过程伴随竞争和协同。在研究产教、科教融合与旅游创新创业教育协同发展的问题上，协同效应是调节产教融合、科教融合、创新创业教育、旅游专业教育等诸多关系的理想结果。

2. 伺服原理

伺服原理又称作支配原理。这一原理指出，大量物理系统和非物理系统通过不稳定性可以自发形成空间结构、时间结构或时空结构。当这些系统接近不稳定点时，系统的动力学和突现结构通常由少数几个集体变量即所谓序参量决定，而系统其他变量的行为则由这些序参量规定。

序参量是一种宏观变量，是描述系统宏观模式或宏观有序度的参量。根据事物或系统协同的内在机制，事物或系统之间要摆脱无序或混沌状态，向协同或有序状态进行转变，最关键的是要形成序参量。在条件变化过程中，系统的其他因素在环境变化过程中逐渐被弱化并趋于零，最终某一因素取得支配地位，从而形成由该因素支配的集体行为，这个过程就是序参量的形成过程。[②] 通常情况下，系统的形成不止有一个序参量，往往有多个序参量，通过序参量间的竞争和协同，最终只有一个或少数几个序参量取得主导地位。序参量具有双重作用（也称"两面性"）：一方面，序参量是系统内部大量子系统集体运动的产物；另一方面，序参量一旦形成，便支配子系统，进而控制或主宰系统的整体演化过程。

---

① 夏晓婷：《协同学理论视阈下的大型活动组织研究——以上海市大型活动组织为案例的研究》，硕士学位论文，上海交通大学，2013，第 5 页。

② 孙建：《论协同育人视角下高校思想政治工作机制及实践反思》，《学校党建与思想教育》2014 年第 24 期。

序参量是由单个部分的协作产生的，反过来，序参量又支配各个部分的行为，即序参量支配各个部分。系统在演化过程中，在接近状态变化的临界点时，其内部的各子系统或各参量存在两种变量，即快变量和慢变量。快变量随时间变化很快，以指数形式迅速缩短弛豫时间，由于变化太快，以至于还未对系统施加影响就消失或变化了。慢变量随时间变化很慢，到达新的稳定态弛豫时间很长，由于变化相对缓慢，慢变量就成了支配和主宰系统演化的序参量。① 因此，支配原理就是慢变量支配快变量，进而决定系统的演化进程。支配原理在协同学中起着核心作用。支配原理并非万能，它有自己的适用范围。当出现混沌时，支配原理将有可能失效。

3. 自组织原理

自组织原理是协同理论中的重要原理之一，是 20 世纪 60 年代末出现的一种系统理论，其研究的目的是分析复杂系统自组织有序状态的形成与发展机制，即系统怎样从混沌无序的初态向稳定有序的终态演化的过程和规律。其基本定义为在没有外部指令条件下，系统内部各子系统之间能自行按照某种规则形成一定的结构或功能的自组织现象，即系统自动地从无序变为有序、由低级走向高级。② 根据自组织原理的内容，我们认为系统由无序向有序演化必须具备几个基本条件。

一是开放性。能够产生自组织现象的系统一定是一个开放的系统。只有通过与外界进行信息、资源、能量的交换，系统才能实现稳定和有序。

二是非平衡性。开放的系统必定处于一个非平衡状态，而系统内的各个区域能量的分布也应是不平衡的。

三是协同性。系统的各个子系统之间应存在非线性的相互作用，这种相互作用能够产生协同动作，促使系统由无序转向有序。

（三）协同理论的运用

协同理论是一种普遍适用的基本原理，人们能够利用它来理解极不相

---

① 孙玲：《协同学理论方法及应用研究》，硕士学位论文，哈尔滨工程大学，2009，第 11～16 页。
② 刘菊、戴军、解月光：《自组织理论及其教育研究应用前景探析》，《远程教育杂志》2012年第 1 期。

同的系统在宏观尺度上所经历的质变，因此得到了广泛应用。在产教、科教融合与旅游创新创业教育协同发展的研究问题上，协同理论提供了重要的理论基础与指导意义。如在产教、科教融合与旅游创新创业教育协同发展的影响因素分析中，协同理论担当了协同氛围、协同网络、协同绩效、协同机制等因素的理论基础。

二 利益相关者理论

（一）利益相关者理论的起源

传统的企业管理强调股东利益至上，在强化股东利益的同时，难免会忽视其他利益主体的要求，因此才有了利益相关者理论的研究。早在1959年潘罗斯（Penrose）在出版的《企业成长理论》中提出了"企业是人力资产和人际关系的集合"的观念，这为利益相关者理论研究奠定了基础。1963年，斯坦福大学的研究明确提出了利益相关者的定义，即"利益相关者是这样一些团体，没有其支持，组织就不可能生存"。之后，瑞安曼（Eric Rhenman）提出了比较全面的定义，"利益相关者依靠企业来实现其个人目标，而企业也依靠他们来维持生存"，这一定义将利益相关者理论的研究又提高了一个层次，从此，利益相关者理论成为学者研究的重点。

学者们不断提出新的利益相关者的定义，其中最具代表性的是爱德华·弗里曼的研究。1984年，爱德华·弗里曼出版了《战略管理：利益相关者方法》，明确提出了利益相关者理论，即"能够影响一个组织目标的实现，或者受到一个组织实现其目标过程影响的所有个体和群体"。该理论的提出进一步改变了过去股东利益至上、经济利润是一切的观念。该理论认为，任何一个企业的发展都离不开各利益相关者的投入或参与，企业追求的是利益相关者的整体利益，而不仅仅是某些主体的利益。

（二）利益相关者理论的内容

利益相关者包括企业的股东、债权人、雇员、消费者、供应商等交易伙伴，也包括政府部门、本地居民、本地社区、媒体、环保组织等的压力集团，甚至包括自然环境、人类后代等受到企业经营活动直接或间接影响的客体。这些利益相关者与企业的生存和发展密切相关（见图 1 – 14），他们有的分担了企业的经营风险，有的为企业的经营活动付出了代价，有的对企业进行监督和制约，企业的经营决策必须考虑他们的利益或接受他们的约束。从这个意义讲，企业是一种智力和管理专业化投资的制度安排，企业的生存和发展依赖企业对各利益相关者利益要求回应的质量，而不仅仅取决于股东。这一企业管理思想从理论上阐述了企业绩效评价和管理的中心，为其后的绩效评价理论奠定了基础。

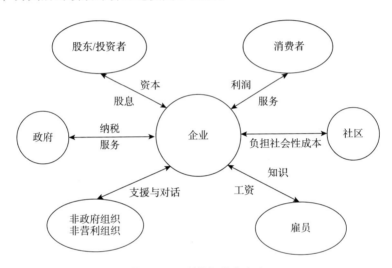

图 1 – 14　利益相关者内容

经济学家们发现，采用弗里曼的界定方法，在进行利益相关者理论的实证研究和应用推广时几乎寸步难行；将所有广义的利益相关者看成一个整体进行研究，也无法得出令人信服的结论；他们意识到企业的生存和繁荣离不开利益相关者的支持，但利益相关者可以从多个角度进行细分，不同类型的利益相关者对企业管理决策的影响以及被企业活动影响的程度是不一样的。

1. 多锥细分法

20 世纪 90 年代中期，国内外很多专家和学者采用多锥细分法从不同角度对利益相关者进行了划分。

弗里曼认为，利益相关者由于所拥有的资源不同，会对企业产生不同影响。他从三个方面对利益相关者进行了细分：一是持有公司股票的一类人，如董事会成员、经理人员等，被称为所有权利益相关者；二是与公司有经济往来的相关群体，如员工、债权人、内部服务机构、雇员、消费者、供应商、竞争者、地方社区、管理机构等，被称为经济依赖性利益相关者；三是与公司在社会利益上有关系的利益相关者，如政府机关、媒体以及特殊群体等，被称为社会利益相关者。

Frederick 从利益相关者对企业产生影响的方式来划分，将其分为直接和间接的利益相关者。直接的利益相关者就是直接与企业发生市场交易关系的利益相关者，主要包括股东、企业员工、债权人、供应商、零售商、消费商、竞争者等；间接的利益相关者是与企业发生非市场关系的利益相关者，如中央政府、地方政府、外国政府、社会活动团体、媒体、一般公众等。①

Charkham 按照相关群体是否与企业存在合同关系，将利益相关者分为契约型和公众型利益相关者两种。②

Wheeler 和 Maria 从相关群体是否具备社会性以及与企业的关系是否直接由真实的人来建立两个角度，比较全面地将利益相关者分为四类：一是主要的社会利益相关者，他们具备社会性和直接参与性两个特征；二是次要的社会利益相关者，他们通过社会性的活动与企业形成间接关系，如政府、社会团体、竞争对手等；三是主要的非社会利益相关者，他们对企业有直接的影响，却不作用于具体的人，如自然环境等；四是次要的非社会利益相关者，他们不与企业建立直接的联系，也不作用于具体的人，如环境压力集团、动物利益集团等。③

---

① W. C. Frederick, *Business and Society, Corporate Strategy, Public Policy, Ethics* (6th Ed) (McGraw-Hill Book Co. , 1988).

② J. Charkham, "Corporate Governance: Lessons from Abroad," *European Business Journal* 4 (1992).

③ D. Wheeler, S. Maria, "Including the Stakeholders: The Business Case," *Long Range Planning* 31 (1998).

2. 米切尔评分法

米切尔评分法是由美国学者 Mitchell 和 Wood 于 1997 年提出来的。[①] 他们将利益相关者的界定与分类结合起来，首先认为，企业所有的利益相关者必须至少具备以下三种属性中的一种：合法性、权力性以及紧迫性。依据他们从这三个方面对利益相关者进行的评分，将企业的利益相关者分为三种类型。一是确定型利益相关者，拥有合法性、权力性和紧迫性三种属性。此类利益相关者是企业首要关注和密切联系的对象，包括股东、雇员和顾客。二是预期型利益相关者，拥有三种属性中的任意两种，如投资者、政府部门、媒体、社会组织等。三是潜在型利益相关者，具备三种属性中的一种。

米切尔评分法能够用于判断和界定企业的利益相关者，操作起来比较简单，是利益相关者理论的一大进步。

（三）利益相关者理论的应用

在由政府、企业、院校和行业协会组成的组织系统中，各方利益诉求不同，在组织关系中既相互影响又具有一定的独立性，任一个体在追求自身利益时都具有合理性，而各个参与主体的行为最终会影响组织系统的深化效果，因此，如何充分考虑各利益主体的利益诉求并找到平衡点是推动组织系统协同发展的关键。将利益相关者理论作为重要分析工具之一，可以从另一个角度理解产教、科教融合与旅游创新创业教育协同发展过程中出现的问题，帮助理解各方合作关系中隐含的利益需求，找到利益的平衡点，从而给出推进产教、科教融合与旅游创新创业教育深度发展的对策，引导协同发展进入更高的层次。如利益相关者理论在分析影响产教、科教融合与旅游创新创业教育协同网络的因素问题上起到了指导作用。

三　三螺旋理论

三螺旋理论在西方国家已经得到了广泛的应用，随着社会经济的发展，

---

① A. Mitchell, D. Wood, "Toward a Theory of Stakeholder Identification and Salience: Defining the Principle of Whom and What Really Counts," *Academy of Management Review* 22 (1997).

产业对创新创业人才的需求不断增加，政府对创新能力和创业能力的重视程度也不断提高，促使高校、产业、政府之间的关系更加密切。政府在高校、产业之间起着协调作用，为高校和产业提供政策、资金支持，协同进行技术创新活动，培养创新创业人才。三螺旋理论即是构建一种呈螺旋状的创新模式，学校、政府、企业三者之间既相互独立又相互协作，共同创建新的创新环境，实现利益最大化。三螺旋理论是目前研究产教、科教融合与旅游创新创业教育发展问题最合适的系统理论之一。

（一）三螺旋理论的起源

三螺旋理论是美国社会学家亨利·埃茨科威兹和荷兰经济学者罗伊特·雷德斯多夫在总结美国公路和硅谷的经验的基础上产生的，两人合作将生物学中有关三螺旋的原理应用到产学研合作模式中，提出了三螺旋创新理论，用以研究政府—大学—产业之间的关系，并称之为"三螺旋模式"。1995 年，Leydesdorff 在 "The Triple Helix—University-Industry-Government Relations：A Laboratory for Knowledge-Based Economic Development" 一文中，对"产学研三重螺旋"理论做了进一步的推广和发展。[①]

（二）三螺旋理论的内容

三螺旋理论认为，在知识经济社会内部，政府、企业与大学是相互独立、相互联系、相互作用的三个核心社会机构，它们根据市场要求而联合起来，三种力量交叉影响，呈螺旋上升的趋势，也称为三螺旋关系。三螺旋理论不同于传统的官产学研合作，其最终目标是探索大学、企业、政府的协同合作，实现资源、信息的最大化利用，形成创新、育人的长效动力机制。三螺旋理论中，高校、企业、政府是构成三螺旋模式的三个重要因素。三螺旋理论强调高校、政府、企业三个创新主体，联合起来建立互惠互利的关系，协同发展。这一理论可以运用到高校创新创业人才培养的工作当中，高校创新创业人才培养需要政府、企业、高校的通力合作，三者在创新创业人才培养中各尽其职、相互推动，共同培养创新创业型人才。

---

① L. Leydesdorff，"The Triple Helix—University-Industry-Government Relations：A Laboratory for Knowledge-Based Economic Development，" *Glycoconjugate Journal* 14（1995）.

政府、企业、高校三螺旋相互作用的模型如图 1 – 15 所示，而其阴影部分就是政府、企业、高校在创新创业人才培养中的合力作用，阴影部分越大，表明其协作程度越大，越有助于创新创业型人才的培养。

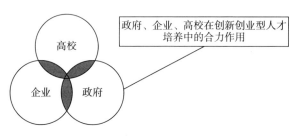

图 1 – 15　政府、企业、高校三螺旋相互作用模型

三螺旋理论是指学校、企业、政府以某种共同利益为目的，在一定的组织和制度保障下，使三者呈螺旋状上升，实现资源共享，达成各自的目的。三螺旋理论是一种创新型模式，其创新主体是政府、企业、高校。在三螺旋模型重叠模式中，政府、高校、企业在保持各自独立身份的同时，又表现出各自的一些特征和能力。三个主体如同螺旋上升的螺旋线一样交叉、互动、重叠、融合，形成不同的关联模式和组织结构，从而推动整个创新活动的螺旋式上升。

（三）三螺旋理论的应用

目前，高校旅游专业产教、科教融合深度不够及创新创业意识不强正是制约旅游专业高质量发展的重要瓶颈。三螺旋理论在产教、科教融合与旅游创新创业教育协同发展中的运用表现为两个方面：一方面，由于旅游业的发展，政府对旅游生产、技术创新的重视程度不断提升，高校和产科研机构的关系日益密切，客观上要求加强高校和产科研机构之间的关系；另一方面，高校为了进一步增强知识溢出效应，维持可持续发展的高校—产科研机构—政府关系，主观上也在不断增强高校和产科研机构之间的联系。在高校、产科研机构、政府共同努力的情况下，各要素越发融合，关系越发紧密，最终形成一个深度融合的、相互支持的、跨区域合作的协同发展三螺旋结构。

第二章
产教、科教融合与旅游创新创业教育协同发展的内涵解读

随着社会经济发展要求的不断提升，社会对当代大学生的能力要求更高，大学生需要具备较强的专业素养，才能满足产业发展的创新能力要求。传统教学模式对大学生的创新创业能力重视不足，不仅限制了大学生自身的职业发展，也影响了行业的发展水平。产教融合是产业发展与教学相融合的教育模式，能为高校提供更符合现实需要的大学生培养模式和平台，也能为产业转型升级提供人才支持。科教融合是提高人才培养质量的重要举措，是实现创新人才协同培养的现代化高等教育形式，是打造创新型国家的强有力保障。创新创业教育组织是深化高校产教、科教融合和促进学生就业创业的重要载体。我国创新创业教育组织运行是政策推动下的一种制度设计，具有显著的本土化、区域化特征，厘清产教、科教融合与创新创业教育协调发展的内在逻辑与关键因素，是提升其运行效率和质量的前提，也是深化高校产教融合、科教融合，实现校企协同育人的关键举措。

第一节 概念辨析

构建产教、科教融合与创新创业教育协同发展机制，是高校基于政府政策，结合行业、企业力量，创新办学机制，全面提高人才培养质量的重要举措，是我国建设创新型国家一系列战略举措的重要组成部分，可以为

国家推动创新驱动发展战略提供智力支持和人才支撑；可以推进高等教育综合改革，建立适合社会发展、产业企业需求和学生成长发展需要的教育发展体系；可以为企业培养更多的专业型、创新型人才，助力企业在创新中实现可持续发展；可以激发和树立广大学生创新、创造、创业的激情和志向，培养创新创业能力。

一　产教融合概述

（一）产教融合的概念

产教融合萌芽于我国的职业教学活动，第一次明确提出是在1995年江苏无锡技工学校的教学改革方案中，此时的"产"与"教"分别指代产品和生产实习教学，与当下所言的"产"（产业行业）与"教"（教育）相比，存在较大的范围落差。在官方，教育部最早于2011年在《关于加快发展面向农村的职业教育的意见》中提出"促进产教深度合作"的要求，这一概念逐渐演化为产教融合。

国内学者对产教融合的概念观点不一。罗汝珍认为，产教融合是一种产、学、研"三位一体"的融合模式，不仅具备教育和企业生产的多种功能，还具备随时应对产业结构调整和参与市场竞争的能力，是在学校、企业、行业以及社会相关部门的不同程度参与下形成的一种新的社会组织形式，肩负着推动高等职业教育改革和社会经济发展的重任。[①] 杨善江认为，笼统来讲，产教融合是产业系统与教育系统相互融合而形成的有机整体；具体来讲，产教融合是教育部门（主要是院校）与产业部门（行业、企业）在社会范围内，充分依托各自的优势资源，以互信和合约为基础，以服务经济转型和满足需求为出发点，以协同育人为核心，以合作共赢为动力，以校企合作为主线，以项目合作、技术转移以及共同开发为载体，以文化共融为支撑的产业部门、教育部门内部及两部门之间各要素的优化组合和

---

① 罗汝珍：《市场经济背景下高等职业教育产教融合机制研究》，《教育与职业》2014年第21期。

高度融合，各参与主体相互配合的一种经济教育活动方式。① 有学者根据《国务院关于加快发展现代职业教育的决定》提出，产教融合的基本要求是实现五个对接：专业设置与产业需求对接、课程内容与职业标准对接、教学过程与生产过程对接、毕业证书与职业资格证书对接、职业教育与终身学习对接。②

（二）产教融合的内涵

目前对产教融合的内涵理解主要有以下两种。一种观点认为，产教融合就是校企合作。孔宝根认为，产教融合是指育人过程中生产与教学的融合，包括两个方面：一是教育教学过程与生产工作过程的融合，是育人方式上的融合；二是教育教学内容与生产技术技能的融合，是育人内容上的融合。③ 从知网文献平台的检索结果看，2010 年之前关于产教融合（产教结合）的研究，多数把产教结合和校企合作作为可替换的近义概念，刘春生和柴彦辉的研究④便是此类。另一种观点以周劲松和温宇⑤为代表，认为产教融合有两层意义：第一层是宏观层面的产业与教育的互动融合，第二层是微观层面的生产活动与教育教学活动的对接融合。

国家文件对产教融合的解释，比较强调宏观层面（第一层）的教育发展与产业升级之间的衔接。例如，《国务院关于加快发展现代职业教育的决定》对产教融合的要求是，"同步规划职业教育与经济社会发展，协调推进人力资源开发与技术进步，推动教育教学改革与产业转型升级衔接配套"。《现代职业教育体系建设规划（2014—2020 年）》将产教融合解释为"专业

---

① 杨善江：《产教融合：产业深度转型下现代职业教育发展的必由之路》，《教育与职业》2014年第 33 期。

② 高飞、姚志刚：《产教融合的动力与互动机制研究》，《淮南职业技术学院学报》2014 年第6 期。

③ 孔宝根：《企业科技指导员制度：深化职业教育产教融合的新路径》，《教育发展研究》2015年第 3 期。

④ 刘春生、柴彦辉：《德国与日本企业参与职业教育态度的变迁及对我国产教结合的启示》，《比较教育研究》2005 年第 7 期。

⑤ 周劲松、温宇：《区域职业教育产教结合的政策需求与机制创新》，《职业技术教育》2010年第 10 期。

设置与产业需求、课程内容与职业标准、教学过程与生产过程对接，实现职业教育与技术进步和生产方式变革以及社会公共服务相适应，促进经济提质增效升级"。

此外，许多研究者指出，产教融合不同于产教结合或产教合作，"融合"是指几种不同的事物合成一体①，比"结合""合作"立意更高，更强调"产"和"教"彼此之间的联系、互动、和谐②。

（三）产教融合的特征

产教融合的主要特征是跨界性、互利性、合作性和复杂性。杨善江指出，产教融合具有双主体性（双主体指产业和院校）、跨界性（教育、产业、政府和社会的联合）、互利性、动态性、知识性（实现知识的流动与增值）、层次性（包括宏观的国家和地区关于产教融合的方略设计、中观的教育部门与产业部门的相互适应和配合、微观的教育教学过程和企业生产过程的衔接与统一）六个基本特征。③ 罗汝珍认为，高等职业教育的产教融合具有多功能复合型、需求导向、多主体管理以及产业化等特点。④

二　科教融合概述

（一）科教融合的概念

根据对现有文献的梳理，当前学界有关科教融合概念界定的研究较多，主要形成以下观点。首先，广义的科教融合是科技事业与教育事业的相互结合，以教育促进科学，以科学引领教育，形成协同发展的局面。⑤　其次，狭义的科教融合强调寓教于研。在人才培养模式的实施中，科教融合不仅

① 曹丹：《从"校企合作"到"产教融合"——应用型本科高校推进产教深度融合的困惑与思考》，《天中学刊》2015年第1期。
② 杨善江：《产教融合：产业深度转型下现代职业教育发展的必由之路》，《教育与职业》2014年第33期。
③ 杨善江：《产教融合：产业深度转型下现代职业教育发展的必由之路》，《教育与职业》2014年第33期。
④ 罗汝珍：《市场经济背景下高等职业教育产教融合机制研究》，《教育与职业》2014年第21期。
⑤ 张飞龙、于苗苗、马永红：《科教融合概念再构及研究生教育治理》，《中国高教研究》2020年第11期。

是指在课堂中加入科研元素，更强调教师在教学过程中对学生的启发和引导作用。将科教融合人才培养理念落实到课堂教学中，在讲授基础知识的基础上，开展以探究为导向的文献、案例研读和专题训练；教师在教学中，从问题导向出发，融合引导式、互动式等多种方式，培养学生的批判精神和科研精神。[①] 基于此，科教融合指以培养满足区域创新发展需求的人才为前提，教学与科研在内容上、方式上和过程中相互融合，使学生在教师的启发、引导下，通过课堂研究性学习和参与科研训练，培养问题意识、创新思维、批判精神以及创新能力，从而成为高素质、复合型人才。

（二）科教融合的内涵

科教融合的本质是以高校为依托，以学生和教师为载体，以学生为中心，将知识的产生、传播、传承和创新有机结合起来。关于科教融合的内涵，有研究者提出了广义和狭义两种解释。狭义的科教融合是将高等教育的科研事业和教学活动有机融合在一起，同时提高大学的科研综合水平和教学质量，达到创新型人才培养的目的。而广义的科教融合是指国家政策方面的科技事业与教育事业的相互促进、耦合发展，其主要体现在三个方面：一是科教部门之间的融合度，即科技主管部门和教育主管部门协作；二是科教机构之间的融合度，即高等院校和科研院所协作；三是科教活动之间的融合度，即科研活动和教育活动融合，将科研结果转化为优质的现代精品教学资源，提高教育价值和质量，实现全面育人。这种解释似乎更加系统和全面。

（三）科教融合的特征

科教融合的主要特征是系统性、多元性和复杂性，有以下五种具体表现。一是教学与科研的关系为弱相关，科研成果突出的教师在教学上的表现不一定好，同时，随着教师职称的上升，二者间的关系会变得越来越弱。二是教学与科研间的相互影响大体上是积极的，且科研对教学的促进作用要远远大于教学对科研的促进作用。三是教学和科研之间存在一定的共生

[①] 王荣明、陈学慧、牛珩、范玉妹：《科教融合理念下的创新人才培养》，《中国高等教育》2018 年第 10 期。

关系，两者之间有三个层次的连接关系，包括切实的连接、无形的连接和院系层面的氛围连接。四是相对于女性教师而言，男性教师更倾向于研究。相对于小型院校而言，大型院校的教师更倾向于研究。五是教学和科研之间存在一定的紧张关系，那些科研成果突出的教师把大部分的时间和精力花在了科研上面，他们承担了较少的教学任务，很少和学生交流，导致教学与科研之间存在许多不一致。

三 旅游创新创业教育概述

（一）旅游创新创业教育的概念

创新创业教育诞生于 20 世纪 40 年代，70 年代后期在欧美等发达国家迅速兴起，其理念是在创业教育的基础上延伸而来的，思想起源于约瑟夫·熊彼特（Joseph Schumpeter）的《创新创业理论》。[1] 目前得到普遍认同的定义是 1991 年在东京创业创新教育国际会议中提出的，其认为创新创业教育应将培养具备创新意识、创新技能和热衷于丰富自身创业理论的高素质人才作为创新创业教育理论的教育目标。[2] 创新创业教育的定义于 2010年教育部颁布的《关于大力推进高等学校创新创业教育和大学生自主创业工作的意见》中得以确定，其被界定为培养最具有开创性个性的人，包括首创精神、冒险精神、创业能力、独立工作能力以及技术、社交和管理技能的培养。[3] 双创教育是基于创新教育与创业教育，结合我国的实际国情以及教育经验总结出的理论。创新创业教育融合了创新教育与创业教育，是对创新教育与创业教育的继承与超越[4]，对促进经济发展、满足社会需求、达成我国战略发展需要起到了重要作用。

旅游创新创业教育就是旅游专业与创新创业相融合，随着我国进入新时代，国民对美好生活的向往不再仅仅局限于物质上的追求，传统的旅游

① 〔美〕约瑟夫·熊彼特：《经济发展理论》，何畏等译，商务印书馆，1990，第 73 ~ 74 页。
② 王希：《高校创新创业教育与专业教育融合路径研究——以 H 大学为例》，硕士学位论文，河北大学，2019，第 23 页。
③ 王贤芳、孟克：《论高校创新创业教育体系之重构》，《教育教学论坛》2012 年第 2 期。
④ 石国亮：《时代推展出来的大学生创新创业教育》，《思想教育研究》2010 年第 10 期。

资源与旅游形式已不能满足大众的需求，社会、文化与经济的发展将进入一个新的阶段，此阶段旅游业的发展需要改革和创新，这一转变的过程需要大量具有开创精神与创新能力的人才，实施创新创业教育是实现这一目标最直接也是最有效的路径之一。

（二）旅游创新创业教育的内涵

创新创业教育是1989年联合国教科文组织提出的一个全新的教育理念。目前，对创新创业教育的内涵没有清晰的界定，一些学者认为创新创业教育就是创新教育或者创业教育，另一些学者则认为创新创业教育是创新教育和创业教育的融合。张彦认为，创新创业教育是一种素质教育，创新是创业的根本，创业是"表"，创新是"里"。创新更多的是思维层面的创造，是指勇于创新，敢于冒险尝试的态度与精神；而创业更多的是行动层面的创造，是指在各个领域中开创新的事业以及新的岗位。创业的核心内容是创新，创新为创业提供了可能性，两者相互依赖，互相影响。[①] 张澍军和王占仁认为，创新创业教育是一个复合概念，是由"创新"、"创业"和"教育"三个要素组合而成的，创新创业教育蕴含着一种新的教育理论、教育机制和教育实践，是一种以培养学生的创新精神、创业意识和创业能力为目的的教育理念和教育模式。[②] 鞠志宇等认为，创新创业教育是培养学生的创新创业意识、创业精神和开创性个性，分阶段分层次地培养创新思维、锻炼创业能力的教育。[③] 李晓红认为，创新创业教育是一种整合多种教育理念的全新教育理念，包括创新教育、创业教育、素质教育、职业教育等，目的是培养学生创造新的事业、工作岗位的能力，使高校毕业生能够自主创业、灵活就业。[④]

---

① 张彦：《高校创新创业教育的观念辨析与战略思考》，《中国高等教育》2010年第23期。

② 张澍军、王占仁：《作为理念和模式的创新创业教育》，《光明日报》2013年3月14日，第11版。

③ 鞠志宇、陈新华等：《应用型本科高校创新创业教育课程体系的构建》，《创新与创业教育》2015年第1期。

④ 李晓红：《我国高职院校创新创业教育发展的现状、问题与对策》，《中国管理信息化》2012年第5期。

旅游创新创业教育的内涵是以专业为基础，激发学生学习兴趣，提升学生的专业能力，为学生提供更多的就业选择，使其对未来拥有更加合理的规划。旅游创新创业教育更注重素质的培养，拓宽学生知识面，使学生不仅仅局限于专业知识的学习，更能拥有跨学科多领域的思维方式与知识储备。

（三）旅游创新创业教育的特征

旅游创新创业教育的主要特征是综合性、创新性和针对性，是旅游类专业与创新创业的融合教育。创新创业教育由"创新"与"创业"两个要素组成。创新教育强调培养学生的创新意识、创新思维、创新精神，以及培养其独立思考的能力，提出新的观点并实践；创业教育强调培养学生的创业意识、创业实践操作能力，从思维层面转到实践层面。旅游创新创业教育注重使学生从被动接受学习转变为主动探索学习，在旅游领域开发新事物，进行创业活动。

四　产教、科教融合与旅游创新创业教育协同发展概述

（一）产教、科教融合与旅游创新创业教育协同发展的概念

产教、科教融合与旅游创新创业教育协同发展并不是一个单纯词，而是合成词，目前知网、万方等各大研究平台并没有对其做出深入研究，因此，本节根据前文产教融合、科教融合、旅游创新创业教育的概述，总结出产教、科教融合与旅游创新创业教育协同发展的概念，即院校旅游专业与产业部门（行业、企业）、科研机构（单位、院所）在社会范围内，依托各自的平台和资源，以旅游业高质量发展为出发点，以培养满足旅游业高质量发展需求的人才为核心，以创新创业为动力，相互之间实现各要素优化组合、高度融合、主动配合的一种经济教育活动方式。

（二）产教、科教融合与旅游创新创业教育协同发展的内涵

产教、科教融合与旅游创新创业教育协同发展是培养旅游业高质量发展所需人才的基本途径，是实现建设旅游强国目标的关键所在。其主要内涵有三点：一是产教、科教与创新创业教育之间关系密切、相互渗透、相

互融合，每一项都不是一个独立的个体；二是产教、科教与创新创业教育和旅游专业融合发展的过程是相互补充、相互促进、相互成就的，共同助力旅游专业高质量发展；三是产教、科教与创新创业教育和不同专业融合发展有不同的方式方法，与旅游专业融合发展的过程是符合旅游专业的发展规律和市场变化趋势的，遵循特色原则、市场原则。

（三）产教、科教融合与旅游创新创业教育协同发展的特征

产教、科教融合与旅游创新创业教育协同发展的主要特征是政策性、复杂性、多样性和实践性。国家已将产教、科教融合与创新创业上升为国家战略，并出台了多项政策支持产教、科教融合与创新创业教育，大力提倡产教、科教融合与创新创业教育和学科专业协同发展。产教、科教融合与旅游创新创业教育的协同发展，涉及多元主体、多种因素、多维评价等，执行过程较为复杂。在学习国外产教、科教融合与创新创业教育协同发展经验基础上，国内实践方式逐渐得到落实，并呈现多样化、个性化的发展趋势。

第二节 具体内容

当前，我国旅游业人才的教育供给和产业需求在结构、质量、水平上还不能完全适应。深化产教、科教融合与旅游创新创业教育协同发展成为推进旅游人才和旅游业人力资源供给侧结构性改革的一项非常迫切的任务，而深化产教、科教融合与旅游创新创业教育协同发展需要关注发展体系的构成要素、基本类型、影响因素等方面。

一 构成要素

要素是构成组织的必要因素和最基本单位。产教、科教融合与旅游创新创业教育协同发展不深、不快、质量不高，其中一个重要原因就是它的要素没有有机融合。因此，各相关主体在深化体制机制改革的同时，要努力提高自身素质，抓住关键环节，加大各要素的融合力度。

产教、科教融合与旅游创新创业教育协同发展体系的基本构成要素包括政府、教育系统、产业系统、科研系统四个，这四个基本要素不是彼此孤立的存在，而是相互关联、多维互动的有机整体。我们借鉴美国社会学家亨利·埃茨科威兹和荷兰经济学者罗伊特·雷德斯多夫教授提出的三螺旋理论，把产业系统、科研系统归为产科研系统，可以为分析产教、科教融合与旅游创新创业教育协同发展体系的构成要素及彼此互动关系提供一个崭新的框架。三螺旋理论认为，"大学—企业—政府"三者在保持自己原有的身份和作用之外，都表现出其他二者的一些功能，通过彼此间相互促进与联系，促使代表三者的每根螺旋线都能获得更大的能量，从而进一步相互合作、相互作用，支持在其他螺旋线里产生创新，以形成持续创新流，并使三者获得共同发展。[①] 这一理论超越了以往学者们提出的两两之间的双螺旋关系，强调"大学—企业—政府"三者是典型的合作关系，客观地解释了三者的相对独立和彼此作用的本质。政府、教育系统、产科研系统是产教、科教融合与旅游创新创业教育协同发展体系的重要组成要素，每个组成要素都是一个异质主体，都具有互动自反的创新溢出效应，即它们既承担自身的主要职责，也履行其他要素在合作中的职能，三者构成一个产教、科教融合与旅游创新创业教育协同发展三螺旋互动模型，建立一种彼此互惠、三角互动关系，三者相互叠加、相互影响，最终形成同向的创新动力（见图 2-1）。

在图 2-1 创新型三螺旋运行演示模型中，用三个圆形分别表示产教、科教融合与旅游创新创业教育协同发展体系三种要素的三条螺旋，图形中交叉重叠部分代表多方互动、集成产生的产教、科教融合与旅游创新创业教育协同发展的叠加效果。这个模型通过政策、资源、人才、知识、设备、设施、技术、科技等关键要素的合理参与，激发各要素方的参与热情，形成良好的要素互动，促进模型合理有效的运转。

具体来看，政府需要承担自身的行政治理职责，确保三者形成稳定的

---

① 叶正飞：《基于产教融合的地方高校创新创业教育共同体构建研究》，《高等工程教育研究》2019 年第 3 期。

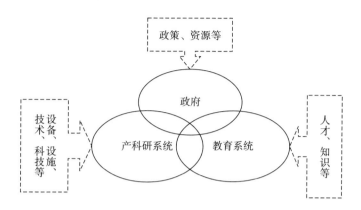

图 2 - 1　政府、教育系统、产科研系统三螺旋互动模型
资料来源：笔者根据三螺旋模型自制。

相互作用和合作关系，还要通过政策制定和资源统筹等措施来改善外部发展环境，支持教育系统和产科研系统创新发展。教育系统作为新知识、新技术的来源和高端技术技能人才的重要供给方，要发挥自身的人才资源等优势，服务产科研系统的创新升级。产科研系统是进行技术生产与科研成果转化的主力军，承担着供给产品和服务社会的责任，同时还需要通过知识、资本、技术、科技等方式对接教育系统，提升人才培养质量。因此，政府、教育系统、产科研系统集成为一个具有创新驱动力的命运共同体，形成一个三螺旋创新场域，为产教、科教融合与旅游创新创业教育协同发展提供持续的创新源流。

二　基本类型

根据产教、科教融合与旅游创新创业教育协同发展的内涵和要素构成，我们可将产教、科教融合与旅游创新创业教育协同发展体系分为政府主导型发展体系、学校主导型发展体系、产业主导型发展体系、科研主导型发展体系四大类型。

（一）政府主导型发展体系

政府主导型发展体系，即政府在顶层设计方面深化产科研体制改革，推行以高校旅游专业人才为主体、市场需求为导向的创新创业政策体系，

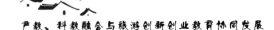
以推动产教、科教融合与旅游创新创业教育协同发展。产教、科教融合与创新创业教育协同发展是深化经济体制改革的一项重要内容，在宏观层面能推动经济增长方式由要素驱动向创新驱动转变，在微观层面能实现企业、高校和科研院所等产学研主体的深度融合，形成创新合力。

（二）学校主导型发展体系

学校主导型发展体系是基于高校旅游专业人才培养的视角，高校内部的产教、科教融合与创新创业教育协同发展，是指以旅游专业创新创业型人才培养为目标，使产科研与教学在形式和内容上相互渗透的人才培养的新路径。在高校构建旅游专业创新创业型人才培养的新模式中，其主要有两条路径：一是搭建以教师为主体的产科研育人通道，通过积极参与生产与科研，持续把生产技术化及科研成果知识化、学术化，为教学提供源源不断的新素材、新资源；二是开拓以学生为主体的产科教融合育人途径，通过学生积极参与教师、学校的产科研项目，不断提升学生的创新精神、创业意识、科学精神、专业精神和社会责任感。

（三）产业主导型发展体系

产业主导型发展体系有三种类型：一是产业独立举办或与教育界联合举办职业教育、学历教育或职业培训，如建立产业学院、现代学徒制或新型学徒制专业等，既包括企业独立办学，又包括混合所有制、股份制企业办学，如美国通用电气公司于1956年建立克劳顿管理学院，三一重工建立湖南三一工业职业技术学院，等等；二是产业参与到院校旅游专业教育教学活动中，旅游专业教育教学活动主要是接收学生旅游专业实习以及参与制定教学标准、开发课程和教材、质量保障与评价、合作建立工作室、订单班、实施 1 + X 证书（学历证书 + 职业技能等级证书）制度试点、共建产科教融合实训基地等；三是产业与院校合作开发旅游网络课程、旅游微课、旅游专业教学机器人、帮学 App 等。

（四）科研主导型发展体系

科研主导型发展体系有两种类型：一是在科研单位内部充分发挥科研单位的教育功能、产业功能，使旅游专业人才朝着高技术、高科技、创新创业的方向发展；二是以科研单位为主导，科研单位与教育机构相结合，很多科研单位同时具有科研和教育两项功能，而教育机构是学科体系、科研体系和教育培养体系的整合，两者在各自职责的基础上有着较为频繁的交流和互动，相互补充、协同创新、协同育人。

三　影响因素

产教、科教融合与旅游创新创业教育协同发展的影响因素有很多，本节简要介绍主要的四种影响因素：协同氛围、协同网络、协同绩效、协同机制（见图 2 - 2）。

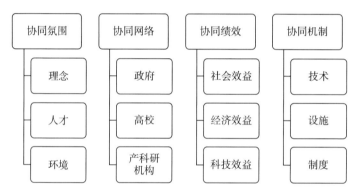

图 2 - 2　产教、科教融合与旅游创新创业教育协同发展的影响因素

（一）协同氛围

在一个需要相互协同工作的团队中，成员有足够的默契和凝聚力，很大程度决定了团队能朝着一个共同目标前进，努力解决各种错综复杂的问题。这种默契和凝聚力就是团队氛围。产教、科教融合与旅游创新创业教育协同发展氛围是指产教融合、科教融合、创新创业教育与旅游专业在协同发展过程中有这样的默契与凝聚力。

1. 理念

"产教融合、科教融汇"是习近平总书记在党的二十大报告"办好人民满意的教育"部分的重要表述。当前，世界已进入创新空前活跃、合作成为趋势的大科学时代，依托产科研机构和研究型大学，将产科研原始创新、高水平队伍凝聚与创新人才培养密切结合、协同发展，不断突破世界专业科技前沿、培养会聚高端人才，已成为包括中国在内的世界许多国家加快推进创新型国家建设的战略选择和政策取向。面对不断变化调整的经济环境，新一轮科技创新和产业革命蓄势待发，科技创新、产业革命与教育相结合，探索产教、科教融合与创新创业教育协同发展的新模式意义重大。目前，产科研企事业单位与高校在发挥各自优势、合作培养创新创业型旅游专业人才方面进行了一些积极探索，取得了一定成效，但这些探索还没有形成规模和整体合力，无法产生比较强大的示范效应，特别是不同创新系统间存在的体制性壁垒尚需进一步被打破。

2. 人才

发展是第一要务，人才是第一资源。旅游事业、产业的兴旺，人才是第一位的。旅游业经济的发展主要取决于人的质量，而不仅仅是自然资源的丰瘠或资本存量的多寡。旅游人才资本投资是生产性投资，根本目的是提高旅游人才资本的质量，促进旅游人才资本的合理配置使用。现代旅游业竞争的高级形式是人才的竞争，培养造就一支德才兼备的旅游从业人员队伍是建设旅游强国的前提条件之一，也是提高旅游核心竞争力的基本要素之一。因此，面对旅游业紧缺高端人才的局面，通过产教、科教融合与旅游创新创业教育协同发展培养高端人才，建好旅游队伍，既是旅游业贯彻科学发展观的本质要求，也是提升旅游业素质的决定因素。

3. 环境

无论是国家政策环境，如党的二十大报告在以往实践基础上创造性地提出职普融通、产教融合、科教融汇，配合"职教二十条""提质培优"行动计划的2022年新修订的《职业教育法》等一系列政策法律，还是产科研企事业单位营造的市场环境，如2022联想创新科技大会智慧教育分论坛以科技助力职业教育数字化转型，湖北工程职业学院与人本集团联合创立重大装备轴承工程创新中心，都在说明我国产教、科教融合与创新创业教育协同发展环境已经成熟，正是可以深耕细作的时候。

（二）协同网络

历史制度主义特别关注制度在不同的社会成员或者社会组织中分配权

力的状况,关注这种权力分配是均衡的还是非均衡的,关注不同的利益相关者及不同的社会组织的不同行动选择,以及不同的行动选择是如何形成均衡的利益分配或者非均衡的利益分配的。因此,我们可依据利益相关者理论,分析影响产教、科教融合与旅游创新创业教育协同网络的因素有哪些。

在产教、科教融合与创新创业教育协同发展制度的演化与变迁中,其利益相关者包括政府、企业、工会、高校、行业协会等。当然,并不是说这些利益相关者都存在于每个具体国家的产教、科教融合与创新创业教育协同发展制度中,不同国家的利益相关者会有所差异,但主要的利益相关者不会缺席,包括政府、高校、产科研机构,他们的利益诉求及其利益冲突成为产教、科教融合与创新创业教育协同发展制度的影响因素。

1. 政府

政府推动协同发展主要有两方面的原因。其一,政府将产教、科教融合与创新创业教育协同发展作为国家创新体系的一部分,推动产教、科教融合与创新创业教育协同发展以提高国家的创新能力。其二,政府认为,学生参与协同发展能够提高生存能力,减少社会问题,有利于社会稳定、经济发展。产教、科教融合与创新创业教育协同发展能够使学生获得一种中间技能,这种技能能够提高经济绩效。在对理论和实践的学习方面,产教、科教融合与创新创业教育协同发展比全日制职业教育和单纯的企业培训、科学研究效果更好。产教、科教融合与创新创业教育协同发展在早期的市场经历中有更好的结果,尤其是在就业率方面。

2. 高校

高校的利益诉求比较明显,一般而言,学校与产科研机构合作,一方面是为了获得机构的资金支持、资源设备支持等,另一方面是为了更好地培养学生,为学生寻找实习场所、就业单位。经历过合作教育的学生能够提前做出职业和教育选择,合作教育能够帮助学生顺利达到他们的职业目标。学生参与合作教育,能够获得更多人生经历,他们加入工作领域,并

看到在工作领域中的人们如何交流、如何处理冲突。① 这是学校参与协同发展的主要原因之一。

3. 产科研机构

产科研机构的利益诉求一般有三种。一是获取收益。产科研机构参与协同发展是希望获得更好的技术工人或科研人员，提高生产效率和研发质量，希望这是一个收益大于成本的过程。二是获取自身匮乏的资源。产科研机构与学校的合作缘于二者是异质性资源的拥有者，产科研机构赖以生存与发展的人力资源由学校培养和提供，产科研机构技术转型升级、新科技的应用在一定程度上也依赖学校培养的专业人才。三是提高产科研机构的竞争力。从更宏观的动态能力的角度分析产科研机构参与协同发展的利益诉求发现，有的产科研机构不只关注具体的技术、科研、人才，这只是短期收益，机构文化、创新能力、机构形象、综合竞争力等长期收益的提高更重要。

（三）协同绩效

绩效是一种管理学概念，指成绩与成效的综合，是一定时期内工作行为、方式、结果及其产生的客观影响。在企业等组织中，绩效通常被用于评定员工工作完成情况、职责履行程度和成长情况等。协同绩效即在产教、科教融合与旅游创新创业教育这个组织中，每个要素特定时间内的可描述的实施行为和可衡量的实施结果，以及结合要素过去的成绩和影响，指导其改进完善，从而预计该要素在未来特定时间内所能取得的成绩和成效的总和。产教、科教融合与旅游创新创业教育协同发展绩效，主要表现在三个方面。

1. 社会效益

我国人才教育供给与产科研需求还不能完全适应，人才供需结构性矛盾凸显。以产科研机构人才需求为导向，改变高校在招生、培养、就业三个方面的分裂状态，调整人才培养模式，深化产教、科教融合与旅游创新

---

① Kathleen K. Abowitz, "Democratic Communities and Business/Education 'Partnerships' in Secondary Education," *The Urban Review* 32 (2000).

创业教育协同发展，成为推进人力资源供给侧结构性改革的迫切要求，对新形势下全面提高教育质量、扩大就业创业、推进经济转型升级、培育经济发展新动能具有重要意义。实践教学一直是高校旅游人才培养中的薄弱环节。长期以来，高校旅游专业教学重理论轻实践，造成学生实践经验不足，所学的理论无法有效指导实践。协同发展中，学生能够在机构中得到充分的实践学习机会，能够强化和检验理论知识学习的有效性，不仅拓宽了学生的认知范围，而且还能够提升学生的旅游专业应用技能，准确树立专业目标，明确就业或创业方向，产生良好的社会效益。

2. 经济效益

产教、科教融合与旅游创新创业教育协同发展有助于我国经济抵御疫情影响，保证旅游市场的持续繁荣发展。疫情之下，线下旅游业受到冲击，却催生了业界"云旅游"新思路，如南京城墙中华门景区的讲解员，一边穿梭于古老的瓮城景区，一边通过直播平台与大家分享城墙背后的历史，吸引了30多万人次在线观看。旅游业经过多年的市场化洗礼，属于较早转型适应线上运营沟通新模式的行业产业。可以预见，疫情之后，智慧文旅将更受行业重视，人们对智慧防灾、大数据预测、虚拟现实体验等的研究也将进一步深入，虚拟和现实也将更进一步融合，这可能会改变未来旅游业获得收入的基本方式。

3. 科技效益

科学技术是第一生产力，最深刻地揭示了科技效益的本质问题。提高科技效益，就是提高科学技术成果转化为生产力的比例、速度和效果等。高度重视创新驱动是旅游业高质量发展的内在要求，旅游业亟须从资源、资本等初级要素驱动向高技术、高素质人力资本驱动转变，加快推动新技术在旅游领域的应用普及，同时要用新技术改造传统酒店、景区、饭店等业态，为传统产业赋能。在产教、科教融合与旅游创新创业教育协同发展的大背景下，"旅游＋"发展理念深入人心，智慧旅游在旅游业的应用如火如荼。疫情给旅游业带来了前所未有的挑战，凸显了创新科技对旅游业发展的重要性。依靠创新体制机制、应用先进技术、线上线下双管齐下等措施，旅游业的发展趋势大幅回升。

（四）协同机制

协同机制是一种不同主体之间相互协调、共同完成任务、达成使命的机制。协同机制之所以重要，是因为协同的特殊功能。静态地看，协同就是不同部门、不同领域的行为主体发挥功能互补、资源整合的作用，从而形成一个整体并发挥系统功能；动态地看，不同行为主体之间通过协同能够减少摩擦、协调行动，发挥系统整体功能放大与优化的作用。从氛围角度看，不同主体之间的良好协同行为能够形成相互理解、相互支持配合的融洽和谐环境。产教、科教融合与旅游创新创业教育协同发展机制需要各要素的积极参与和配合，各要素从不同视角、不同层面相互理解、彼此配合，形成共同促进旅游行业高质量发展的良好氛围与合力。

1. 技术

旅游专业技术可分为产业技术和科学技术两大类，产业技术是指旅游产业生产运营所依赖的能力，主要解决旅游业中出现的实际问题；科学技术是指旅游专业与未知的领域打交道所依赖的能力，主要解决旅游专业的理论问题，其进展、突破等都是难以预料的。产教、科教融合与旅游创新创业教育协同发展为旅游业带来可靠的生产技术和前沿科技，在旅游业发展过程中将发挥关键作用。以生产技术、信息技术、通信技术、高速交通等为代表的关键共性技术的发展将大大提升旅游行业现代化水平，改变旅游活动的组织方式、服务形式、组织架构，推动旅游商业模式创新、产品和业态创新，并由此形成新的劳动分工和职业岗位，提高旅游行业生产效率和公共管理服务效能。

2. 设施

产教、科教融合与旅游创新创业教育协同发展的设施主要是指高校旅游专业在产教、科教融合与创新创业协同发展过程中可以利用的平台、设施设备等，如实训中心、实训室、技能鉴定办公室、创新创业工作室，是为产教、科教融合与旅游创新创业教育协同发展保驾护航的物质基础。2021年3月，《中华人民共和国国民经济和社会发展第十四个五年规划和2035年远景目标纲要》指出，"建设一批公共实训基地和产教融合基地，推动培训资源共建共享"。同年 4 月，全国职业教育大会对职教领域实践技能的培养做出了新指示，要求建好用好各类实训基地，让学生在实际劳动中增长才智、提升技能。

3. 制度

产教、科教融合与旅游创新创业教育协同发展同样需要各要素的制度支持。《关于深化产教融合的若干意见》从国家治理的角度开展系统化的制度设计，将产教融合上升为国家教育改革和人才开发整体制度安排，突出了产教融合在统筹推进教育改革和旅游人才开发中的关键作用。科教融合作为现代大学理念的组成部分，其制度化源于四个要素，即学术探究的过程、大学理念的认知、组织架构的耦合和教学学术的遵循。对于高校而言，不同要素的协同发展有助于丰富高校旅游专业教育的资源，直接影响旅游专业教育的质量，但多要素参与，也意味着旅游专业教育的管理难度显著提升。为防止出现低效合作、教育资源浪费的现象，高校通过提升旅游专业制度建设水平，可以保障多要素协同发展的有效性。

第三节　发展基础

随着旅游业的迅猛发展，我国的旅游教育也随之蓬勃兴盛。2022 年北京冬奥会成功落下帷幕，让中国又一次被世界瞩目，中国旅游业的地位得到迅速提升，也使旅游业对旅游人才产生了更大的需求，对我国旅游教育提出更高的要求。在我国旅游教育体系中，旅游高等教育是中高级管理人才的主要培养方式，肩负着培养既有系统的理论知识又有实践能力的中高级管理人才的任务。[①] 虽然我国旅游高等院校每年都在不断地扩大招生，每年都有大批量的旅游院校毕业生，但还是满足不了我国旅游市场对人才的需求，存在"供需错位"的现象。由此，旅游教育面临着挑战，肩负着培

---

① 原哲：《基于旅游人才市场需求下的旅游高等教育改革研究》，硕士学位论文，辽宁师范大学，2010，第 4 页。

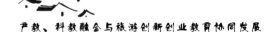

养适应旅游人才市场需求的高素质人才的重任，旅游教育改革迫在眉睫。

一 政府层面的教育现代化对人才培养提出了新要求

新时代提出新要求。2019 年 2 月，《中国教育现代化 2035》及《加快推进教育现代化实施方案（2018—2022 年)》先后颁布。这是中国特色社会主义进入新时代，党中央、国务院在科教与人才培养领域作出的重大战略部署，是贯彻落实党的十九大精神和全国教育大会精神、加快教育现代化的重要举措。《中国教育现代化 2035》对标新时代中国特色社会主义建设战略安排，参照联合国《2030 年可持续发展议程》，在国家现代化和建设人类命运共同体的全局中考虑我国教育定位，将教育现代化的核心要求定位为全面落实立德树人根本任务，形成高水平人才培养体系。《加快推进教育现代化实施方案（2018—2022 年)》对未来中国教育给出了明确定位与新的要求，即立德树人是基础工程，职业教育加强产教融合、高等教育推动内涵发展，构建服务全民的终身学习体系，是落实人才强国战略的重要举措。这一定位是"十四五"期间我国旅游教育的总体背景。在此背景下，旅游创新创业教育作为旅游教育中的重要一环，成为衔接院校与企业、教研与科研的重要途径。

二 行业层面的文旅融合为旅游教育发展提供新动能

新要求激发新动能。2018 年 4 月，国务院批准组建的文化和旅游部正式挂牌，其目标是"增强和彰显文化自信，提高国家文化软实力，推动中华文化传播和革命精神传承"。2018 年 10 月 8 日，中共中央办公厅、国务院办公厅出台《关于加强文物保护利用改革的若干意见》，提出大力推进文物合理利用，推动文物工作融入现代社会、融入生产生活。2018 年 11 月 13日，文化和旅游部、财政部联合下发的《关于在文化领域推广政府和社会资本合作模式的指导意见》强调，"促进文化和旅游……领域深度融合发展的文化项目"，以"推动中华优秀传统文化创造性转化、创新性发展，继承革命文化，发展社会主义先进文化"。文化与旅游融合成为文化和旅游部门践行文化自信建设的重要举措。在过去四年的实践中，文化和旅游业逐步融合，并不断呈现新技术应用、新模式运营、新业态呈现的趋势。这些趋势可能成为"十四五"期间我国旅游教育发展的新动能。具体到旅游创新创业教育而言，文旅融合激发出的新动能推动了旅游和其他产业的积极融合，使产业结构不断优化，促进新行业、新岗位的形成，出现了诸如研学旅行指导师等新兴职业，以创业带动就业，这在一定程度上拓宽了学生的就业面，使学生的实践能力以及综合能力得到了很大提高，从而更好地满足企业对人才的需求，更好地促进"产学研"对接。

三 社会层面的外部环境多变给旅游教育带来新挑战

新动能带来新挑战。目前，我国旅游教育主要面临外部需求不足和内部动能不强两方面问题。外部需求不足主要包括两个方面：一是早期人口红利和快速城镇化导致旅游服务业人才供给过剩而工资过低，旅游行业对毕业生缺乏吸引力；二是过去 10 年资本运作与地产运营模式盛行，导致旅游业泡沫化发展，资本精英受追捧，而潜心进行品质管理的专业人才缺乏上升空间。内部动能不强也包括两个方面：一是旅游学科知识体系不成熟，导致旅游教育知识体系内省能力不强；二是旅游学科地位不高，导致旅游教育师资竞争力不强和提升空间受限。过去 40 多年，旅游业作为我国最早开放的产业和最深度融入全球化体系的产业，给中国旅游教育带来了积极影响。随着全球化形势的不确定性风险增加，无论是我国旅游人口的流动，还是旅游资本的流动，都将面临极大的不确定性，旅游业发展环境必然会受到相应影响，旅游教育也必然需要对大环境进行响应。这将是"十四五"期间我国旅游教育所处国际环境的基本状态。[①] 面对百年未有之大变局，旅游创新创业教育更应因时而动、顺势而为，加强对学生的创新思维、创业精神、实践能力和综合能力的培养，增强学生的职业认同感，这样才能适应社会发展的需求，并做到个人的可持续发展。

---

① 张朝枝：《"十四五"时期旅游教育基本背景及其发展路径思考》，《旅游学刊》2020 年第 6 期。

四 企业层面对旅游人才技能和素养提出了新期待

杨丽婷在 2018 年对 24 家旅游企业进行了调查，涉及企业区域分布较为广泛，基本涵盖了全国一、二线城市中旅游业较为发达的地区，调查对象包括市级文化旅游委、旅行社、旅游度假村、旅游景区、旅游规划公司、酒店等，其中，旅游企业涵盖了多种所有制形式，如国有企业、民营企业、合资企业、独资企业等。在被调查的企业中，12.5% 是 20 人以下的企业，29.2% 是 20~50 人的企业，4.2% 是 50~100 人的企业，54.2% 是 100 人及以上的企业，其中 29.2% 的企业成立时间在 5 年以内，16.7% 的企业成立时间在 5~10 年，54.2% 的企业成立时间在 10 年及以上。在这些企业当中，大部分是大中型企业，而且成立的时间很久，企业发展很成熟，因此，对此次调查来说，其结果可信度很高。[①]

（一）招聘方式分析

随着互联网技术的发展，旅游企业招聘人才的方式逐渐多元化。从图 2 - 3 可以看出，目前旅游企业招聘方式最为普遍的是网络招聘（33.3%），即

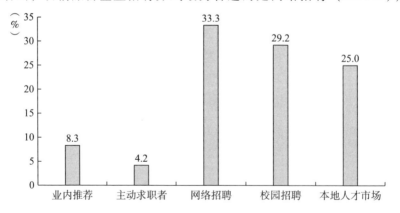

图 2 - 3 旅游企业招聘方式

资料来源：杨丽婷《基于校企联盟的高校旅游管理专业创新创业人才培养模式研究》，硕士学位论文，沈阳师范大学，2018，第 34 页。

---

① 杨丽婷：《基于校企联盟的高校旅游管理专业创新创业人才培养模式研究》，硕士学位论文，沈阳师范大学，2018，第 33~38 页。

企业在招聘网站上发送岗位需求，有意者投送简历，等待应聘。其他方式有校园招聘（29.2%）、本地人才市场（25.0%）、业内推荐（8.3%）、主动求职者（4.2%）等。因此，学生应该及时了解招聘信息，通过多种途径寻找更合适的工作岗位，学校也应该积极引导学生对招聘渠道的关注。

（二）能力结构分析

1. 学历水平

旅游业是劳动密集型产业，就业门槛相对较低，需要的人才不光要有理论知识，还要有实践操作能力，甚至在一定程度上，实践操作能力重于理论知识。调查可知，目前旅游企业中员工的学历大多数是本科学历（58.30%），大专（高职）占 20.83%，中专（高中）占 12.50%，而硕士只占 4.20%（见表 2－1）。因此，旅游高校要更加注重对学生实践操作能力的培养。

表 2－1　学历水平

单位：%

类别	占比	排序
硕士	4.20	4
本科	58.30	1
大专（高职）	20.83	2
中专（高中）	12.50	3
高中以下	4.17	5

资料来源：杨丽婷《基于校企联盟的高校旅游管理专业创新创业人才培养模式研究》，硕士学位论文，沈阳师范大学，2018，第35页。

2. 职业素质

素质教育是目前我国高校教育的重点，职业素质作为素质教育的一部分，是当代社会对人才评价与聘用的一个重要标志。[1] 由表 2－2 可知，旅

---

[1]　王月：《北京市体育休闲旅游人才需求现状及人才培养的研究》，硕士学位论文，北京体育大学，2011，第30页。

游企业对旅游人才素质要求从高到低依次是心理素质、职业素养、创新素质、人文素质、服务意识及态度、创意素质、身体素质。一方面，旅游行业是服务行业，因此要求从业人员具有良好的心理素质、职业道德素养、服务意识等；另一方面，旅游行业是为旅游者服务，旅游者需要有好的旅游体验，愉悦身心，因此要求从业者要有创新素质、创意素质，不断开发新的旅游产品满足旅游者的需求。

表 2 - 2　职业素质

单位：%

类别	占比	排序
创新素质	75.00	3
创意素质	62.50	6
身体素质	58.30	7
心理素质	83.30	1
人文素质	70.80	4
职业素养	79.20	2
服务意识及态度	66.70	5

资料来源：杨丽婷《基于校企联盟的高校旅游管理专业创新创业人才培养模式研究》，硕士学位论文，沈阳师范大学，2018，第 37 页。

3. 能力要求

旅游企业综合性强，自然需要多层次复合型人才。从表 2 - 3 可以看出，旅游企业在招聘时对员工的能力要求从高到低依次是创新能力（62.50%）、沟通能力（58.30%）、学习能力（45.80%）、专业知识（45.20%）、职业道德与责任感（41.70%）、适应能力（33.30%）、团队意识（25.00%）、个人形象（16.70%）。由此得知，旅游企业最为看重的是员工的创新能力、沟通能力、学习能力等，旅游企业的选择为旅游高校人才培养指明了方向。因此，在旅游类人才教育教学培养的过程中，高校要以此为目标，有针对性地培养人才，适应旅游业的发展需要。

表 2 - 3 能力要求

单位：%

类别	占比	排序
职业道德与责任感	41.70	5
专业知识	45.20	4
团队意识	25.00	7
沟通能力	58.30	2
创新能力	62.50	1
适应能力	33.30	6
学习能力	45.80	3
个人形象	16.70	8

资料来源：杨丽婷《基于校企联盟的高校旅游管理专业创新创业人才培养模式研究》，硕士学位论文，沈阳师范大学，2018，第36页。

4. 知识结构

旅游业涉及面广，也注定了旅游人才需要具备全方位多元化的知识储备。由表2-4可以看出旅游企业对旅游人才知识储备的要求。首先，最为重要的是了解旅游相关领域知识（75.00%）。旅游业覆盖范围广，包括吃、住、行、游、购、娱六大板块，甚至更多，因此，旅游专业学生需要了解的知识也很多。其次，还要了解旅游业发展趋势（66.67%），只有充分了解了旅游业的发展趋势，才能更好地服务旅游业。最后，国内外人文地理知识（58.33%）、多种语言（58.33%）、旅游专业知识（50.00%）、国际贸易相关知识（20.83%）的占比也相对较高，这是因为随着旅游业的发展趋于国际化，对语言、国内外人文地理知识和国际贸易相关知识的了解必不可少。从这一方面可以看出，旅游业不再仅仅需要"专才"，更需要有着完备知识体系架构的"通才"。

表 2 - 4 知识结构

单位：%

类别	占比	排序
旅游业发展趋势	66.67	2

续表

类别	占比	排序
国内外人文地理知识	58.33	3
旅游专业知识	50.00	5
旅游相关领域知识	75.00	1
多种语言	58.33	3
国际贸易相关知识	20.83	6

资料来源：杨丽婷《基于校企联盟的高校旅游管理专业创新创业人才培养模式研究》，硕士学位论文，沈阳师范大学，2018，第36页。

5. 工作能力

由于旅游业发展链条相对较长，旅游人才在具备一定知识素养的基础上，更要养成一定的工作能力，才能学以致用，从而应对瞬息万变的行业动态。由表2-5可知，旅游企业对旅游人才的工作能力要求从高到低依次是创新能力（75.00%），多语言沟通能力（70.83%），终身学习能力（70.83%），资料收集、整合能力（66.67%），应变能力（62.50%），涉外能力（58.33%），媒体营销能力（54.20%），适应环境能力（50.00%），多样化服务能力（45.83%），自主创业能力（41.67%），理论运用能力（33.33%）。旅游企业认为，学生最重要的不是理论知识的学习能力，而是创新能力、人际沟通能力、应变能力。企业之所以看重这些能力，是因为旅游业的特殊性质。

表2-5 工作能力

单位：%

类别	占比	排序
多语言沟通能力	70.83	2
涉外能力	58.33	6
创新能力	75.00	1
资料收集、整合能力	66.67	4
终身学习能力	70.83	2
自主创业能力	41.67	10

类别	占比	排序
媒体营销能力	54.20	7
多样化服务能力	45.83	9
理论运用能力	33.33	11
适应环境能力	50.00	8
应变能力	62.50	5

资料来源：杨丽婷《基于校企联盟的高校旅游管理专业创新创业人才培养模式研究》，硕士学位论文，沈阳师范大学，2018，第37页。

6. 实践能力

知识储备、能力素养是基础，实践能力是检验人才的重要尺度。从表2-6可以看出，20.80%的企业要求旅游专业学生具有假期实习经历，45.80%的企业要求学生有半年左右的实习经历，25.00%的企业要求学生有一年左右的实习经历，还有8.40%的企业对学生的实习经历没有要求。这说明旅游企业对人才的要求是在注重理论知识的同时，具备一定的实践能力，能更快地适应自己的工作岗位需求。

表 2-6 实践能力

单位：%

类别	占比	排序
假期实习经历	20.80	3
半年左右的实习经历	45.80	1
一年左右的实习经历	25.00	2
无实习经历	8.40	4

资料来源：杨丽婷《基于校企联盟的高校旅游管理专业创新创业人才培养模式研究》，硕士学位论文，沈阳师范大学，2018，第35页。

五 高校层面学校育人与企业用人合作孕育新成果

近年来，国家出台的《中国教育现代化2035》《教育领域中央与地方财政事权和支出责任划分改革方案》等政策文件对"强化应用型人才培养"

"健全有利于科技创新的机制""完善多渠道教育经费投入机制"提出了明确要求，深入推进产教、科教融合是落实国家教育发展规划的重要举措。第一，推进产教、科教融合是强化应用型人才培养的基本途径。应用型人才是兼具扎实专业知识和较强实践能力的专业人才。高校要进一步推进产教、科教融合，利用企业优势来弥补学校的不足，使学生深度参与企业生产实践过程，在实习实训中促进学生实践能力的提升。第二，推进产教、科教融合是加快科技创新步伐的重要方式。科技创新发展的关键在人才，基础在教育。全面加快科技创新步伐，需进一步激发师生创新潜能、推进高校自主创新，将更多高校科技创新成果转化为经济社会发展的强大推动力。而在这个过程中，大力推进科教联动、产教融合，充分激发行业企业的科技创新推动力，显得尤为重要。第三，推进产教、科教融合是拓展学校资源空间的理性选择。随着我国教育事业的快速发展和教育投入机制改革的持续深化，进一步挖掘社会潜力、提高非公共财政经费比例成为影响教育改革成败的重要因素。全面深化产教融合，促进校企资源的优化组合、有机融合，将企业生产资源转化为学校教育资源，能极大地拓展高等院校的办学资源空间，增强办学实力。

六　学生层面职业教育的重要性得到社会广泛认可

党的十八大以来，由于经济结构转型对新型产业工人的巨大需求，以及职业教育综合改革的内在要求，职业教育"低人一等"的局面发生了根本性改变。《国家职业教育改革实施方案》明确指出，"职业教育和普通教育是两种不同的教育类型，具有同等重要的地位"，这是我国在国家层面以文件形式为职业教育"正名"。[①] 职业教育作为一种教育类型，具有跨界合作、异质整合和重构互补的特质，既强调合作主体的跨界合作，又强调合作内容的异质整合，同时注重合作方式的重构互补。比如，学校与政府部门、产业界、行业协会、企业及国际组织等组织机构的合作属于跨界合作；

---

① 李玮炜、贺定修：《"双高计划"背景下高职产教融合的基础、需求与路径》，《中国职业技术教育》2019 年第 30 期。

校企合作中"学生与学徒""教师与师傅""教室与车间""教学与生产"等具有异质性的合作内容的二次整合，促使合作内容在跨界合作中相互促进、互为补充；在合作方式上，学校与合作方依托各自的优势和特色，重构新型的混合所有制、现代学徒制等合作方式，有利于强强联合、优势互补。跨界合作、异质整合、重构互补三大特质成为职业教育的底色，越发为社会所认同。2019 年，经教育部批准，全国首批 15 所高职院校由"职业学院"更名为"职业大学"，由专科教育提升为本科教育，并在 2019 年面向全国开始招收职业教育类型本科生。职业院校"升本"后仍保留"职业"两字，这在全国范围内尚属首次，体现了推进职业教育的强大国家意志。尤其是 2019 年"高职百万扩招"政策的出台，为数以亿计的高中毕业生、退役军人、下岗职工和农民工提供了素质提升的机会，职业教育的底色将被进一步擦亮。

第四节　现实意义

产教融合、科教融合是国家教育改革进程中的重要举措，也是未来发展的必然趋势。现阶段，基于各种现实因素影响，旅游创新创业教育存在人才培养定位不明确、实践教学缺少企业参与、师资力量薄弱等诸多问题。随着社会对旅游管理专业毕业生的职业及实践能力要求越来越高，产教融合、科教融合已成为各大院校的重要改革方向。[①]

一　深化高等院校教育教学改革的需要

旅游管理类专业作为一个独立的本科专业大类，目前专业的教学内容离"系统的专业化理论学习和训练"要求还有一定的差距，主要表现为专业的课程体系相对松散、专业课程的理论性还不够强。[②] 以本科专业的课程

---

① 韩巍：《产教融合背景下旅游管理专业教学改革探索——评〈旅游管理概论〉》，《科技管理研究》2022 年第 2 期。
② 严旭阳：《旅游教育的困境和旅游学科的使命》，《旅游学刊》2022 年第 4 期。

体系为例，除公共类课程之外，旅游管理类专业主要依托经济学、管理学等其他学科的基础课程，如微观经济学、管理学等，学科基础课程比较薄弱，属于旅游学科的基础课程是旅游学概论。成熟的经济类专业往往以微观经济学、计量经济学等相对成熟的课程作为基础课程，旅游管理类专业与经济类专业的差距还不小。

国内各大旅游类相关院校以 2010 年教育部出台的《关于大力推进高等学校创新创业教育和大学生自主创业工作的意见》和 2015 年国务院印发的《关于大力推进大众创业万众创新若干政策措施的意见》等多个文件为基础，将创新创业教育作为教育改革的工作重心之一。通过逐步建立和完善创新创业教育体系以及创新创业课程体系等措施，推进高校创新创业工作的顺利实施。在进行人才培养过程中，各类院校不仅要注重对学生专业技能和专业能力的培养，同时也要注重对学生的整体素养和人生观、价值观与职业精神、创业精神的培养，这正符合双创教育的内涵。因此，创新创业教育不是一门单独的课程，它需要与所有课程有机融合才能成功实施，这就要求院校自身要进行科学合理的教学改革。[①]

产教融合是助推旅游创新创业教育发展的必然选择。产教融合于 2014 年首次在国家层面文件《国务院关于加快发展现代职业教育的决定》中出现，被用于职业教育，后来逐渐被应用于本科教育和研究生教育中。2015 年，《统筹推进世界一流大学和一流学科建设总体方案》强调"深化产教融合，将一流大学和一流学科建设与推动经济社会发展紧密结合，着力提高高校对产业转型升级的贡献率"，对高等教育和"双一流"建设提出深化产教融合的明确要求。2016 年，《关于深化人才发展体制机制改革的意见》进一步明确要求"建立产教融合、校企合作的技术技能人才培养模式"。2017 年，国务院将深化产教融合列入年度深化经济体制改革重点工作。党的十九大报告强调"着力加快建设实体经济、科技创新、现代金融、人力资源协同发展的产业体系"，"深化产教融合、校企合作"。深化产教融合是推进

---

① 张红：《高职院校"双创"教育现状及对策研究》，硕士学位论文，河北师范大学，2020，第 25 页。

人才和人力资源供给侧结构性改革的一项非常迫切的任务。2021 年 9 月 28 日，习近平总书记在中央人才工作会议上指出，"发挥用人主体在人才培养、引进、使用中的积极作用"，"发挥国家实验室、国家科研机构、高水平研究型大学、科技领军企业的国家队作用……围绕国家重点领域、重点产业，组织产学研协同攻关"，"必须调动好高校和企业两个积极性……实现产学研深度融合"，产科教、产学研深度融合正式被提上议程。由此可见，产教融合、科教融合已成为高等学校加强高层次创新人才培养的一项重要方针，是国家统筹推进教育改革的重要制度安排。

二　解决高校人才培养供需错位问题的需要

改革开放以来，旅游业快速发展成为我国国民经济的重点产业，但旅游专业人才培养供给侧却出现了与行业实际需求脱节，旅游专业教学与旅游企业技术标准、能力培训脱节的问题，即出现了人才需求与人才培养之间的结构性矛盾。[①] 2013 年，党的十八届三中全会首次提出"产教融合"概念，为解决旅游专业人才培养供给侧结构性矛盾提供了良策。但由于旅游专业教学，特别是实践教学与旅游企业的结合在多个方面存在问题，产教融合流于形式，不够深入。自 2017 年国务院办公厅发布《关于深化产教融合的若干意见》后，产教融合在高校学科建设，特别是在应用型人才培养方面成为一种主流思路。校企合作，"学校是龙头，企业是基础"；产教融合，"产业是支撑，教学是核心"。[②] 产教融合要求校企双方通过学校对接行业、行业联合学校、校企职责共担，建立起相应的教学管理与运行机制，尤其是要改革实践教学方式，以实现应用型人才培养的目标。[③]

随着创新型国家和科技强国建设、创新驱动发展战略的实施，科教融合得到全社会更大程度的重视和推进。《统筹推进世界一流大学和一流学科

[①]　蓝洁：《职业教育治理体系与治理能力现代化的框架》，《中国职业技术教育》2014 年第 20 期。

[②]　马世洪：《以供给侧改革破解大学生就业市场结构性矛盾》，《中国高等教育》2016 年第 10 期。

[③]　王哲英、邱克强：《产教融合协同创新的育人机制研究》，《中国市场》2019 年第 19 期；杨丽芳、卢卫中：《深化产教融合 校企协同育人——混合所有制二级学院的探索与实践》，《中国高校科技》2019 年第 Z1 期。

建设总体方案》指出："加快推进人才培养模式改革，推进科教协同育人，完善高水平科研支撑拔尖创新人才培养机制。"科教融合是将人才培养、科学研究、社会服务、文化传承与创新、国际交流合作等五大现代大学基本职能有机融合的重要形式，是高校培养符合国家需求的创新型、复合型、应用型人才的有效路径，也是促进"双一流"高校建设和高校高质量内涵发展的重要手段。①

纵观我国旅游管理专业办学历程，人才培养体系大多为中、高职教育层次，对人才的培养目标局限于较为单一的岗位、工种，局限于技能操作的熟练度，而对职业和行业的全局性视野、创新发展能力、可持续学习能力并未做出要求。这些素质和能力恰恰是旅游专业高层次人才培养的目标，且其实践教学应与该目标相适应。② 但就目前发展状况来看，供给端与需求端人才培养层次尚不匹配，产教、科教融合战略越发成为高校旅游创新创业教育发展的现实需求。

三 提升学生专业素养和实践能力的需要

接受高等教育，可以看作大学生对人生未来所做的人力资源投资。从国家统计数据来看，在全社会十九大行业的平均工资排序中，住宿和餐饮业（十九大行业中典型的旅游类行业）长期处于倒数第二名的位置，仅高于农林牧渔业。旅游类行业的岗位平均工资不具优势，而旅游类本科教育的内在质量和水平又未能使其本科毕业生具备相对其他专业本科毕业生更强的职业竞争能力和更高的劳动力边际产出。因此，从机会成本的角度来看，旅游类本科专业的吸引力不强、毕业生行业留存率低的现象背后具有一定的内在规律性。③

我国正面临"实现中华民族伟大复兴的战略全局"和"世界百年未有

---

① 刘开振、刘海峰、殷伟等：《新时代高校科教融合创新育人的着力点》，《中国高校科技》2019 年第 S1 期。

② 龚琳、芦惠、李想：《基于产教融合的旅游管理专业酒店实习问题研究》，《实验技术与管理》2020 年第 1 期。

③ 严旭阳：《旅游教育的困境和旅游学科的使命》，《旅游学刊》2022 年第 4 期。

之大变局"两个大局，新一轮科技革命和产业变革正在全球范围内蔓延，新兴产业对创新型、实践型高层次人才的需求日益高涨。这就迫切要求学校开门办学，将教育向社会延伸，推进校企协同育人，创新人才培养模式，发挥教育对产业转型升级的支撑和引领作用。党的十九大报告指出："建设教育强国是中华民族伟大复兴的基础工程，必须把教育事业放在优先位置，深化教育改革，加快教育现代化，办好人民满意的教育。"当前，我国已进入高等教育普及化阶段，处于建设现代教育体系的攻坚期和关键期。引入企业参与办学，发挥行业协会和社会第三方作用，促进办学主体多元化，是高校深化产教融合，推进"管办评"分离和"放管服"改革，加快教育治理模式转变，促进治理结构现代化的改革方向。高等学校应当在"两个大局"的时代背景下，审视和创新学生教育模式，唯有如此，才能担负起支撑强国建设目标的使命责任。[①]

近年来，我国经济迅速发展，政治以及社会、文化各个方面得以提升，国内高等教育也逐渐朝着大众化、平民化的方向发展，大学生毕业人数呈现逐年递增的趋势。据教育部数据统计，2021 届高校毕业生规模为 909 万人，同比增加 35 万人，2022 届高校毕业生规模为 1076 万人，同比增加 167 万人。各类院校贯彻和落实创新创业教育工作，将其运用于教育和管理中，可以培养学生的实践能力以及综合能力，从而满足企业对人才的需求，真正发挥高校推动地方经济发展的作用。从产业发展的角度来看，创新创业教育能够使产业结构不断优化，促进新行业、新岗位的形成，以创业带动就业，为毕业生提供更多的就业机会。

四　现代产业与教育深度融合的现实需求

现代产业与教育的融合需求，既是产业自身发展的内在需求，也是产业与教育在新时代背景下适应经济发展方式转变、现代产业体系建设和人的全面发展的要求。现代产业的健康发展离不开职业教育培养的人才。当

[①]　王树国：《深度推进产教融合 协同育人创新工程——西安交通大学"百千万卓越工程人才培养项目"的探索与实践》，《学位与研究生教育》2022 年第 7 期。

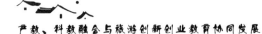
前我国经济处于传统增长动能衰减和转向高质量发展"双碰头"阶段，迫切需要通过新旧动能转换加快产业转型升级步伐，助力经济中高速增长和高质量发展。①

美国当代教育家德里克·博克（Derek Bok）认为，加强企业和大学之间密切联系的方法，一是避免轻视实用性研究，二是大学应该主动参与企业发展。很长一段时间以来，产业界和教育界作为技术创新服务的两大主要阵营，融合度不太高。自我国加入世界贸易组织以来，许多企业面临来自全球同行业的竞争压力。由于自身技术创新和研发服务能力有限，企业开始将目光投向高校，对高校的研究成果表现出浓厚的兴趣，一方面，采取资助的方式，委托高校对某个领域或某项技术进行研究；另一方面，与高校共建实验室、工程中心等研究机构，组建研究团队，对某项技术进行联合攻坚。高等院校在与企业合作中逐渐意识到，要通过外部的需求促进内部科研人员创新，释放学校科技创新的活力，同时也为学校自身的科研成果走向应用提供了通道。在互惠互利的双向刺激下，产学研合作不断走向深入。

企业的社会责任包括经济、法律、伦理、环境、社区等。其中，教育责任是企业社会责任的重要内容。产科教融合、校企合作是企业参与职业教育的主要形式，其首要动因除了经济利益诉求，还有对社会责任的价值认同。企业通过校企合作、产科教融合培养所需人才，能促进人才供需对接，实现产业和教育的互利共赢。对此，各国政府很早就达成了共识。英国政府规定，年度工资总额超过 300 万英镑的企业需缴纳学徒税（apprenticeship levy），承担学徒制培养任务的企业可获得政府学徒税补贴。在德国"双元制"中，超过 70% 的学徒在企业中学习。在瑞士，75% 的企业会向职业院校提供带薪学徒岗位。② 我国《公司法》也明文规定，公司需要承担社

---

① 李玮炜、贺定修：《"双高计划"背景下高职产教融合的基础、需求与路径》，《中国职业技术教育》2019 年第 30 期。

② 李玮炜、贺定修：《"双高计划"背景下高职产教融合的基础、需求与路径》，《中国职业技术教育》2019 年第 30 期。

会责任。新时代，随着产科教融合的不断深化，产业参与职业教育的积极性和责任感得到提升，促成了产科教融合型企业的诞生。《建设产教融合型企业实施办法（试行）》《国家职业教育改革实施方案》等政策的出台将大大提高企业参与教育的积极性，形成企业参与产科教融合的经济利益和社会责任双驱动。

第五节 基本条件

旅游创新创业教育与产教、科教融合协同发展是当今时代发展的必然要求，它们之间的协调发展，对提高教育水平、提升学生综合素质和能力具有重要的作用。由于旅游创新创业教育和产教、科教融合之间的社会背景和根本目的存在相关性，所以，它们具有实现协同发展的基本条件。

一 建立多元教师引进和专业发展机制

西方古典大学时期，知识生产和知识传播由不同机构承担。大学主要从事知识传播活动，知识生产活动由大学之外的机构（如皇家学会）承担。1810 年，柏林大学的建立标志着现代大学的崛起，其中的一个突出特点就是科学研究进入大学并实现体制化。现代大学是教学与科研相结合的知识场所，大学教师兼具科研和教学两项职责，是融通科研与教学的关键。从此，学科知识的探究性与专业知识的普及性通过大学组织进行融合，现代大学呈现"学科专业课程一体化"的图景。在理想状态下，大学通过体系化的构建将学科的特性与专业的特性进行统合，用一流的科研支撑一流的本科教学，并将两种主要的学术活动以教师为载体进行融合，从而激发每一名高校教师的教学活力，让从事教学与科研的教师重新审视知识在大学组织中生产和流动的过程，形成科研与教学有效融合、相互支撑的局面。德国和美国大学的经验表明，通过高水平的科学研究支撑高校人才培养已成为全面提高高等教育质量的关键。[1]

---

[1] 钟秉林：《推进大学科教融合 努力培养创新型人才》，《中国大学教学》2012 年第 5 期。

科研是现代大学人才培养的基本方式。在追求高深学问的大学组织内部，同时存在科学研究与教育教学两种基本活动，这是大学现代性的重要体现。在现代大学组织内部，科学研究是追求和发现知识的活动，需要追求客观和实证知识、克服主观偏见的理性精神。这也恰恰与指向人的"精神与灵魂"的古典自由教育理念高度契合，这是科研育人的理论基础。作为人类知识生产的重要活动，科研活动对培养学生批判思维能力和理性气质具有得天独厚的优势，而最终科研活动水平的高低也反映了学生批判能力和理性气质培养的效果。这种科研取向的人才培养模式是现代大学的重要特征。[①] 事实上，越重视知识创新的大学，也就越注重"科研作为教学手段"的效果。

任何一所大学都应以培养人才为主，这是大学组织存在的基础。研究型大学的主要任务不是科研，而是要将体现学科发展前沿、符合国家发展战略的高水平科学研究与教学活动整合在一起，共同支撑人才培养。重构教学与科研的关系是协调和解决教学、科研矛盾的根本。科研与教学的融合是回归大学本质的根本途径，也是现代大学保持知识传统与大学学术组织根本属性的唯一途径。而将理论教学和实践教学相结合，通过积极开展创新创业教育，将所学化为所用，促进产教融合，这一切最终都需要通过大学组织内部的自然人，即教师来实现。[②]

二 营造高校与产业协同创新发展生态

"双一流"建设语境下的产教、科教融合不仅对"双一流"建设高校提出了更高要求，即不能"关门"进行人才培养，要将人才培养与未来产业发展需求紧密结合起来；也对行业企业提出了更高的要求，即不能只对大学提出人才需求，要充分发挥自身的优势，主动参与并提前介入大学的人

---

① 周光礼、周详、秦惠民等：《科教融合　学术育人——以高水平科研支撑高质量本科教学的行动框架》，《中国高教研究》2018 年第 8 期。
② 周详、杨斯喻：《从"科教分立"到"科教融合"：大学功能的结构、变迁与实现》，《首都师范大学学报》（社会科学版）2017 年第 3 期。

才培养过程中来。

就"双一流"建设高校情况而言，其已然具备了引入产业界作为大学人才培养的利益相关者的能力，将具有社会责任、战略眼光，引领产业发展的行业企业和企业家作为大学人才培养的重要参与者，通过积极利用这些企业和企业家在未来经济和产业发展趋势方面的战略管理能力，与他们共同进行产业发展和人才培养方面的情景规划。情景规划不同于传统的组织学习。后者往往强调利用积累的经验和知识指导当前和未来的行动，努力改变或重新设计组织自身以适应变动的内外部环境，从而保持竞争优势，是一种立足过去和现在并指向未来的组织活动。而前者是一种全面思考未来可能性的方式，强调对未来长期的想象，通过想象从未想象过的情景，从而构建未来可能的情景，并基于此情景进行决策，因此，这是一种立足未来并指向未来的组织活动。大学与产业界协同进行情景规划，能够更为科学地研判未来经济与产业发展趋势，更为科学地确定未来社会和产业发展对人才的需求，从而更为科学地确定人才培养目标。这是确保大学所培养人才对产业具有引领作用的首要前提，也是实现产教、科教融合的方向性保证。在课程体系和实施方面，大学能够充分发挥产业界优质的人力资源优势，跨界聘用具有丰富的产业预测、产业规划、企业运营管理实战经验的行业精英作为课程师资，开发或主讲相关课程，提升课程的针对性和有效性。

强化产教、科教融合，在双创时代具有非常重要的意义，必然要求产教、科教与旅游教育协同。大学聘请知名企业家、成功创业者、企业高管等主讲相关课程，与企业构建实习实践平台，必将涉及企业案例、创业规划、创业风险与规避等实践与理论知识，这有利于把创新创业教育更好地融入人才培养全过程，提高学生的创新创业能力。此外，国家也相继出台了一系列政策措施，提供资金方面的支持，助推旅游业的高质量发展。

三　完善知识创新与技术创新融合机制

大学之责，首在育才；育才之责，首在大师。著名教育家梅贻琦先生

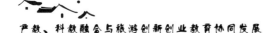
说过"所谓大学者，非谓有大楼之谓也，有大师之谓也"。可见，高校之间的竞争，虽然是教学、科研和学科建设等全方位的竞争，但其核心内涵则是教师队伍综合素质和整体水平的竞争。在"科教＋产教"双融合中，科教融合主要体现的是学校内部科研与教学的关系，产教融合主要体现的是学校外部产业与教育的关系。根据现代大学的本质，"科教＋产教"双融合建设师资队伍的落脚点与目的将始终体现在人才培养上，学校发展要处理好科教、产教这两个内外部关系。通过"科教融合"与"产教融合"战略打造一支高水平师资队伍，已成为推动产教、科教融合与旅游创新创业教育协同发展的战略重点。[①]

大学科研活动的开展不仅可以提高教师自身的研究能力和学术水平，而且对教师教学能力的改善和教学水平的提高也会起到积极的促进作用。开展高水平的科学研究，有利于教师教学观念的转变，有利于教师更新教学内容和改革教学方法，学生可以直接从中受益。因此，坚持教学与科研并重，做到教学与科研相长，是大学教帅的基本职责，也是培养创新型人才的必然要求。

大学的科学研究不仅包括普通意义上的自然科学和人文社会科学研究，还包括教学研究、课程研究、教学方法研究等。[②] 事实上，不管是研究型大学还是教学型大学，都会有部分教师由于承担繁重的公共课或基础课教学任务，少有时间和精力去系统地从事某一个学科领域的科学研究，在这一过程中，高校教师通过教育教学与科研工作的结合创造出了许多高水平的学术成果。

对于旅游创新创业教育而言，无论是在中职、高职学校，还是在本科院校，其都是必不可少的一门课程，授课教师也基本上是学校创业中心的专职教师，有着丰富的授课经验。随着人才选拔门槛的提高，教师行业整体的学历水平也上了一个新台阶，教师经历了更加严苛的学术训练，具备

---

① 苏志刚、尹辉：《科教产教融合 建设高水平应用型本科师资队伍》，《中国高校科技》2018年第11期。

② 钟秉林：《推进大学科教融合 努力培养创新型人才》，《中国大学教学》2012年第5期。

了科研人员所必需的基本素质。

四 创新思政与专业教育融合育人模式

各类高校需要形成"课程思政"理念，深入挖掘这一理念的内涵，发挥旅游专业课堂的育人功能，在实现学生职业发展的过程中促进学生人格的完善。这是各类高校在新时代背景下应坚持的办学方向，也是培育专业复合型人才的体现。

首先，高校应围绕旅游专业的培养目标确定科学的培养模式。构建主体多元、素能本位的培养模式，重视对学生职业能力与思政素养的培育，将思政教育、专业教育和校园文化建设结合起来，实现开放式教学。[1] 将工作岗位划分为不同技能元素，明确岗位技能的核心，实现更有针对性的学习。不同岗位对个体的思政素养有不同要求，学生在教师辅助下，确定自身应达到的思想政治水平，从而在学习中做到有的放矢。

其次，高校需要将培养模式作为主线，逐步厘清课程体系。组建以旅游管理专业教师、企业导师、思政教师为主体的高水平研究团队，厘清课程体系，打造以"核心课程、公共课程、实践课程"为特征的课程体系，给学生提供更多实践与提升专业素养的机会。开设具有创新性的课程，将工作岗位任务作为课程的中心，校企合作开发创新课程、教材，寻找思政教育文化和旅游管理专业课程的交叉点，据此设计任务模块，增强教育效果。[2] 由教学团队协作制定课程标准与实施计划，明确旅游管理中不同岗位的德育目标及具体考核标准。研究制定涉及不同教学环节的实施方案，增强教师应用课程思政的能力，最终实现思政教育文化与旅游专业教学的融合。

---

[1] 金本能、强晓华：《基于体演文化教学法的高职旅游管理专业人才培养模式研究》，《职教论坛》2017 年第 8 期。

[2] 尚晓丽、龙凌：《长株潭地区高职院校旅游管理专业办学效率研究》，《职教论坛》2016 年第 26 期。

第六节　目标设定

创新创业教育是新时期背景下高等院校教学与管理创新发展的一大核心要务，是我国创新人才战略发展与践行的重要前提。鉴于此，在高校旅游类专业教育教学管理和人才培养的探索中，学校更需要着力推进创新创业教育在高校教学与管理体系中的融入，完善高校协同创新机制，将旅游创新创业教育和产科教协同起来，提高高校协同创新发展的组织管理能力，增强高校人才培养体系的开放性特征和实用性特征。

一　目标制定

创业教育的作用和目的"在于可促使学生提高创业方面的技巧，助力他们决定自己的职业道路，大部分高校创业教育是增长创业意愿，做好立志创业的准备"。创新教育则强调区别于传统教育，以培养学生创新思维、创新能力为核心的新的教育理念和方法。就旅游创新创业教育的任务而言，其与高等教育的本质要求是一脉相承的。[1] 具体来说，促进旅游创新创业教育与专业教育的融合便于实现以下目标。

（一）提高学生综合开发和应用能力

旅游创新创业教育的主要模式之一是与旅游专业特质相结合，这也是被美国考夫曼基金会认可的主要培养模式之一。曾尔雷教授指出，"创业教育不能脱离知识教育和专业教育而孤立进行，必须深入紧密地依赖专业教育和知识教育"。[2] 来自芬兰的欧盟 OIPEC 计划项目专家 Leonid Chechurin 也曾指出，创新必须有基础，要为了应用和使我们的生活变得更加便捷，脱离了原有基础和应用需求的创新是无意义的。因此，基于专业开展旅游创

---

① 游艺、李德平：《创新创业教育融入专业教育的实践教学改革探讨》，《社会科学家》2018年第2期。

② 曾尔雷、黄新敏：《创业教育融入专业教育的发展模式及其策略研究》，《中国高教研究》2010年第12期。

新创业教育，可以有效突破专业教育的局限，实现两大功能。

一是提升学生机会选择能力。这也被视为创业教育开展的初衷，最早的创业教育便是为了缓解美国经济危机带来的失业浪潮，而由政府推进的。随着创业教育在美国取得的由缓解就业压力，到激发创新活力，再到促进人才红利的阶段式实施效果递增，创业教育的地位获得了充分的认可。在管理学科专业学者的眼中，创业教育是有关商业投资知识和技巧需求的个人职业训练，可以为个人带来更好的职业选择和产出，有助于人力资本产出，在知识技能、创业（或商业）直觉和创业意愿方面均能产生积极影响。[①]

二是提高学生自我管控的效能。美国心理学家阿尔伯特·班杜拉认为，创业教育的一个重要作用是通过各种实践或模拟教学手段和方式激发学生四个方面的潜能，即自主性（enactive mastery）、经验性（vicarious experience）、外向性（verbal persuasion）、自控性（emotional arousal）。公认的创业教育适当手段是侧重实践教学的布局和调控，而实践课程的兴趣关联性、生活性、开放性、体验性、综合性、生成性特征能够在教学组织中逐步引导学生养成自我认识、自我发展、自我完善、自我管理的思维范式。甚至，近年来，学者们不仅认识到了旅游创业教育带来的育人和商业价值，更认识到了旅游创业教育对学生价值观养成的重要性：具有创业意识的人不仅是万众创业的需求，也是组织或企业内部创业的必然需求，具有创业品质的人能够持续为企业内部产生较强的创业效能和创新动力。

（二）促进各类院校专业创新和自我革新

丁烈云院士在谈到创新时代大学发展的问题时，曾强调"建设世界一流大学、在创新发展中积极作为，大学就要面向世界科技前沿，面向国家重大需求，面向国民经济建设主战场，从而产生一批具有世界影响的一流成果。通过科技创新引领经济社会发展，把论文写在祖国的大地上"。[②] 这

---

① Tae Jun Bae, Shanshan Qian, Chao Miao, James O. Fiet, "The Relationship between Entrepreneurship Education and Entrepreneurial Intentions: A Meta-Analytic Review," *Entrepreneurship Theory and Practice* 38 (2014).

② 董洪亮:《专访华中科大校长丁烈云：创新发展中的大学责任与担当》，人民网，2016 年 10 月 27 日，http://edu.people.com.cn/n1/2016/1027/c1053 - 28811320.html。

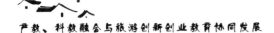

就需要大学与企业构建协同育人的模式，善于聚拢和使用社会上的一切资源，提升大学科研创新的转化率。这一目标与旅游创新创业教育提升专业创新发展能力和学生创新能力、创业能力的目标不谋而合。因此，促进旅游创新创业教育融入专业教育有利于大学转变观念和教学组织方式。

一是促进大学转型创新发展。教育是社会的组成部分，具有社会性、时代性特征。当前教育创新不足的问题是教育与制度之间"偏差"的结果。解决创新创业教育的问题，既需要解决教育的问题，也需要解决制度的问题。美国学者亨利·埃茨科威兹在 20 世纪 90 年代就提出了大学—产业—政府的三螺旋模型，对大学引导型创业教育的运行模式框架进行了描述，一所传统型大学通过人才培养、科学研究、组织管理、社会参与等各维度组织因子的变化，最终通过变革、创新和创业三个阶段转变成创业型大学。在这一过程中，大学与社会之间的组织互动已经越来越频繁和紧密，"学术研究可以促进经济增长，一项商业活动对学术知识的要求越高，获得的经济回报就可能越高"。[①] 大学会主动调整自己，以便适应外部环境的变化，比如"通过与资源提供者的协调，从而使自己获得确定优先权的能力"。创业教育会使大学成为带来自身组织变革、行为变革、思想变革和推动社会变革的中坚力量。

二是促进教学活动组织的变革。美国创业教育的经验显示，在开展创业教育的大学中，教育教学方法已经呈现多元发展的局面，"问题教学、行动教学、权变教学、体验教学广泛应用于美国高校创业教育中，成为支撑美国高校创业教育的隐形根基"。[②] 学校通过开展创业教育形成针对传统商科课程拓展的创业教育模式，或依赖原学科基础进行以技术创新型为主的创业教育两大种类。同时，几乎所有的创业教育都需要以实践平台建设为支撑，并适时调整实践教学的内容，比如邀请企业家讲座等。由此看来，

① Sándor Huszár, Szabolcs Prónay, Norbert Buzás, "Examining the Differences between the Motivations of Traditional and Entrepreneurial Scientists," *Journal of Innovation and Entrepreneurship* 5 (2016).

② Colin Jones, Jack English, "A Contemporary Approach to Entrepreneurship Education," *Education + Training* 46 (2004).

无论是在教学内容上还是在教学方法和教学过程组织上，创业教育都对传统教育教学内涵进行了延展，同时也提出了教学活动组织变革的新挑战。

（三）助推高等教育生态发展和错位发展

教育生态化发展的呼声日益强烈，在高等教育由精英化向大众化发展的过程中，由于较长时间忽略了生态发展的规律，高等教育同质化现象日趋严重。创新创业教育与专业教育融合发展有利于扬长避短，促进高校集中优质资源，率先在创新创业能力强、成果转化可能性高的学科和专业推动资源配置，客观上促进学科和专业发展。

一是有助于引导教育去齐平化。高等教育大众化发展带来的教育同质化弊端已不可回避，如何在创新驱动发展的大国战略下寻求适合高校自身发展、提升高等教育贡献力的新途径，是摆在每个高校面前的难题。首先要克服的瓶颈是，摆脱同质化发展的路径依赖，寻求凸显特色优势的发展道路，创业教育为此提供了一条可行之路。创业网络、创业生态、创客教育、创新教育等教育理念被注入高等教育，为理论指导下探索科学发展之路提供了众多可能性。实践显示，创业教育促进了高等教育育人质量的显著提升，育人成果也呈现显著特色，如浙江大学、天津大学等已孵化并成功落地了有关大数据处理、污染防护与治理等创新型创业企业。

二是促进教育评价的理性发展。高等教育大众化发展至今已有十多年时间，高校外延扩张和专业的非理性扩容使教育理性评价的压力与阻力不断增大。筛选理论创始人迈克尔·斯宾塞和罗伯特·索洛指出，私人收益决定于每个人所体现的不同的"信号"和"标识"，而"信号"大多直观地反映在文凭上，在这一现象中个人潜藏的隐性技能和价值就被粗暴地忽略了。要适应新的时代要求，尽可能释放人才红利，单一的评价标准已不能客观、科学和准确地反映教育自身发展力、适应力、创新力的问题，尤其是创业教育所强调的协同发展，其产出需要以更加系统化的方式进行评价。新的评价方式和指标又反作用于教育的改革与发展，促进当前高等教育转向更加协同创新发展的方向。

综上所述，创业教育的开展既能激发受教育者的个体创新力，促进个

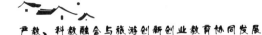
体增强自我认知、自我管理、自我控制的能力，提升综合竞争力，又能促进作为教育主体的高校创新力的发展，促进高校开放办学、主动对接市场、转变观念和方法，形成内外双驱动的创新动力，它是高校深化改革的紧要选择。

二　目标实施

20 世纪 90 年代，亨利·埃茨科威兹首次提出了三螺旋模型的概念，并预判"创业型大学将成为全球性现象，这将是未来大学的统一发展途径"，三螺旋模型可以用来阐释创新创业教育中政府、企业和高校之间的多重互动关系。三者各司其职，相互协调。在创新创业教育系统中，政府是创新创业政策的制定者和环境的管理者，也应是创新创业风险的主要承担者；企业是创新创业教育的资金和设施提供者，能够为创新创业研究提供物力支持，也能够敏锐感知市场的需求情况；高校是创新创业的人才供给源和储备库，是创新创业教育的核心要素。在知识经济社会，政府、企业与高校是相互联系、相互作用的三个主体，在市场机制调节下，它们形成了创新创业教育的三大利益相关群体。对于旅游类高校来讲，深化旅游创新创业教育实践改革，需要健全三大主体共同参与、协同发展的创新创业生态系统，着眼于各个利益相关者内部的要素组成，基于"商业驱动、团队驱动、资源驱动"的要素匹配和平衡，优化政府、高校、企业三位一体的协同创新育人保障机制。①

（一）深化高校教育改革

旅游类高校要科学定位人才培养目标，将旅游创新创业教育合理纳入现有的教育体系，协调校内外教学资源，以教学和实践为抓手，促进旅游创新创业教育与专业教育的协同发展，培育"就业指导 + 知识创业"协同发展的育人模式，在高校内部构建良性的旅游创新创业教育生态环境。

---

① 刘福才、王发明：《高校创新创业教育：理性反思与实践路向》，《国家教育行政学院学报》2016 年第 8 期。

1. 要科学定位旅游创新创业型人才培养目标

旅游创新创业教育是一个融合创新精神、创业意识、创新创业的极为丰富的概念体系，不同层次的旅游类高校的人才培养目标应有差异化、特色化的具体体现。各个高校的办学模式只能相互借鉴，而不可简单地移植、复制。因此，旅游类高校要根据自身的办学实际，立足于办学特色，科学定位旅游创新创业人才培养的侧重点。旅游创新创业型人才的培养需要兼顾普及创新创业精神、重点突出办学特色，将旅游创新创业教育融入学校人才培养方案，将旅游创新创业教育的理念和教育内容融入教学计划、课程目标、学分管理、导师制等各个环节，维护旅游创新创业教育在高校教育体系中的合法地位。

2. 促进旅游创新创业教育与专业教育深度融合

旅游创新创业教育依托旅游学科发展，深化高校课程体系改革，要把握好两个方面。第一，以旅游专业教育为依托，面向全体学生，培养学生的创新创业意识。旅游专业教育是高校教学的主阵地，为促进旅游创新创业教育与旅游专业教育的协同发展，高校要着力转变人才培养模式。一是打造"项目式"教学课程体系，依托旅游专业教育，以创新创业计划的形式，由学生自主设计创新创业项目，利用"项目式"教学，激发学生的自主学习积极性，培养创新创业能力。二是构建旅游创新创业核心教育课程，并纳入学分管理，设立创新创业学分。通过专门的创新创业知识学习反哺自身的项目发展，推动创新创业训练的科学性、规范性。第二，分类施教，突出重点，为有创业意愿和创业潜质的学生提供个性化的创业实践平台。学校通过建设项目孵化空间、创业先锋班、创客空间等为学生提供个性化的学习与实践平台，通过技术支持、资源支持、资金支持、政策支持等方式构建大学生旅游创新创业支持帮扶体系。

3. 促进创业学院与各个二级学院协同发展

创业学院是高校开展旅游创新创业教育的组织保障。从目前我国高校创业学院的组织运行机制来看，各个学校自身的办学基础主要分为三种模式。一是依托学校的商学院、管理学院、经济学院等工商管理类学院创建创业学院，由创业学院为全校开展创业通识教育；二是依托学校团委、学工处、就业指导中心或者教务处等部门，由创业学院整合全校的教学资源，承办各种竞赛活动，协调创新创业课程的开设；三是成立专门的创业学院，独立设置新的学院，开展创新创业教育研究，管理创业实践平台。旅游创新创业教育要以创业学院为主体、各个二级学院为依托，整合学校团委、教务处、学工处以及大学科技园区的优势资源，以旅游创新创业项目为切入点，加强创业学院与各个二级学院的资源、信息、人员往来，打破学科之间、专业之间的隔阂，在全校范围内形成良性的旅游创新创业教育互动平台。

4. 推进旅游创新创业教育师生协同提升计划

强化旅游创新创业教育师资保障，需要把旅游创新创业教育贯穿教师岗前培训、专业发展、课程轮训、绩效考核的全过程，提高教师对其的重视程度。明确旅游创新创业教育对深化高等教育改革、提升人才培养质量的重要作用。学校协同企业成立教师创新创业教育发展训练营，定期对全校教师进行创新创业教育培训、实训和交流，鼓励理念创新、教法创新。推进旅游创新创业教育师生协同提升计划，鼓励教师与学生共同开展创新创业活动，充分利用创业孵化基地、创客空间、创业大讲堂等平台加强师生互动。

（二）强化政府政策引领

在旅游创新创业教育生态系统中，政府处于协调各方的核心地位，对高校的办学方针、企业的发展环境起到宏观调控作用。为此，政府应在创新创业战略规划、资源协调、文化建设等方面支持旅游创新创业教育。

一是要制定旅游创新创业教育战略规划。旅游创新创业教育涉及教学体系、课程体系、评价体系、就业体系、产业孵化、专利转让等各个方面的内容，需要在多部门协同推进下建立长效发展机制。政府要成立专门的旅游创新创业领导小组，整合教育部门、人力资源部门、企业等各个相关利益群体的优势资源，共同制定旅游创新创业教育的发展战略规划，加强组织领导、制度领导，形成一套组织有力、各方参与、协同运作的旅游创新创业保障体系。

二是要协调旅游创新创业教育资源利用。旅游创新创业教育涉及信息、资金、实践平台、科技成果、人才等诸多要素资源的协同利用。不论是高校、企业还是其他机构，组织特性决定了没有任何一个组织能够同时拥有上述所有资源。政府要协调生产要素，激活资源存量，优化资源配置。一方面，政府通过直接的行政干预加大对高校的直接投入，包括资金投入、土地投入。另一方面，政府可以通过制定相关政策进行间接干预，以税收优惠政策鼓励企业参与旅游创新创业教育体系，举办旅游创新创业计划大赛，提供旅游创业基金、旅游创业空间等扶持性政策，鼓励、支持大学生参与"大众创业、万众创新"。

三是要营造"大众创业、万众创新"的环境氛围。旅游创新创业教育的第一步是鼓励、引导学生参与旅游创新创业教育，改变以往保守的择业就业观，政府需要加大宣传力度，营造有利于旅游创新创业教育的环境氛围。首先，要改善旅游创新创业教育的舆论环境，加大对大学生创业的政策扶持力度，积极举办旅游创新创业竞赛活动，以宣传平台为依托，营造创新创业的舆论氛围，让更多的大学生以主人公的心态，积极参与创新创业教育活动。其次，要营造良好的市场环境。规范市场运行环境，利用财政优惠、财政补贴等举措，扶持大学生创新创业活动的开展。

（三）鼓励企业积极参与

企业作为市场经济的直接参与者，在信息、资金、技术等方面具有得天独厚的优势，鼓励企业尤其是旅游类企业投身旅游创新创业教育，促进信息、资金、人才、科研成果等生产要素的流动，促进企业创新能力的持续发展。

一是输送旅游创新创业实践型师资资源。制约高校旅游创新创业教育的一大瓶颈是实践型师资资源不足，教师长期注重理论研究，企业活动管理经验不足。基于此，企业要充分利用自身的人才优势，与高校合作建立双导师制，引导有管理经验的企业人员参与到旅游创新创业教学活动中去，校内导师与校外导师共同制订教学计划。校内导师注重旅游创新创业教育

理论知识的传授，校外导师注重实践经验的学习，二者合理分工、协同培育，推动旅游创新创业教育理论与实践的有机结合。

二是校企共建旅游创新创业实践平台。企业与高校共建旅游创新创业实践基地（众创空间、企业孵化器、校园企业）是发展旅游创新创业教育的战略需要，一方面，企业可以依托高校的科技成果、人才优势不断创新，获得更大的盈利空间，丰厚的价值回报，乐于参与旅游创新创业教育的体系构建；另一方面，旅游创新创业实践基地的建立完善了高校旅游创新创业教育资源平台，学生能够在参与企业实际运营中，将理论与实践相结合，校内教师也可以在旅游创新创业实践基地中顶岗实习，不断更新自己的旅游创新创业教育理念和知识。

三是加大旅游创业资金投入。资金短缺是大学生将旅游创新创业理论向实践成果转化的现实制约瓶颈。为此，企业可以发挥自身资金优势，树立良好的投资意识，加大对高校大学生创业的资金支持力度，通过设立"种子基金""天使基金""创投基金"，以资金入股、专利购买的方式培育一批优秀的大学生创业项目，树立大学生创业典型。

（四）提高协同育人效能

2017 年开始，旅游育人平台将现代学徒制和工学交替制作为产科教融合的典型机制。我国常见的旅游产业人才培养模式主要分为工学交替制、现代学徒制、订单班及"2+1"人才培养模式，其中，工学交替制的培养模式最为普遍。可以说，当今协同育人机制下的旅游产业人才培养模式已经相对成熟，对互联网时代旅游产业的校企协同育人机制具有一定借鉴意义。[①]

一是融合互联网技术，打造校企合作育人新阵地。打造互联网时代旅游产业人才培养的新阵地，并不是将新媒体平台单纯地作为一种教学媒介加以利用，而是以互联网技术为支点，搭建校企合作的信息化育人平台。新媒体协同育人平台作为新时代旅游产业的教育阵地，应当体现包括课程设计、社会实践在内的环节设计。

---

① 卓毅：《旅游产业转型视域下协同育人平台的升级路径》，《社会科学家》2021 年第 7 期。

二是革新育人理念，培养创新型旅游人才。首先，以信息技术引导互联网思维的形成。既有育人平台应及时优化课程体系，结合互联网技术进行课程改革，将信息技术融入旅游产业的教学内容中。增设学习互联网相关技术的课程，如网络平台运营、自媒体营销等课程。在教授学生互联网使用方法与原理的同时，要有意识地引导学生建立互联网思维，培养学生养成互联网旅游服务意识。其次，在提高学生专业技能水平的同时，要重视对学生创新能力的培养。新时代的教育需要改变以往"填鸭式"单方面传授知识的方式，应当着重培养学生发现问题、解决问题的能力。

三是组建融合型师资队伍，提高教学质量。旅游产业作为重视应用的专业，利用与实践基地的合作，为高校教师提供旅游实践机会，提高高校教师的实践水平，使其及时了解旅游行业的新态势、新需求。近些年，国家有意识地对旅游师资力量和队伍进行调整和引领。2019 年，根据文化和旅游部人事司人才培养项目实施方案，文化和旅游部遴选资助 150 个大学生实践项目团队和 100 名"双师型"师资人才。[①] 顺应时代发展，培养市场真正需要的复合型人才。另外，还可邀请走在"互联网 + 旅游"领域前列的旅游管理人才定期来校授课辅导，形成专业人士融入教学活动的长效机制。聘请旅游产业的专业人士，既能丰富教师团队的知识结构体系，又可以为学生提供理论与实践相结合的专业教学服务。

四是在新媒体平台下完善旅游育人实践体系。在互联网时代，旅游产业相对于传统时代而言，融入了更多的元素，在这种背景下，旅游活动环节中的路线规划、文创产品、民俗体验等更受到旅游者的重视。因此，旅游产业对旅游从业者的职业素养、服务意识等实践能力有着更高的要求。校企合作的协同育人模式对锻炼尚未走出校门的学生的实践能力起着极为重要的作用。因此，高校不仅要为学生提供到传统旅游单位实习的机会，还应当与马蜂窝、阿里旅游等旅游电商企业形成合作关系，使学生及早了解在互联网影响下的旅游产业需要从业者具备怎样的思维与技能。

---

① 《文化和旅游部人才培养项目名单公示》，中国政府网，2019 年 7 月 13 日，http://www.gov.cn/xinwen/2019 - 07/13/content_5408962.htm。

第三章
产教、科教融合与旅游创新创业教育
协同发展的现状分析

习近平总书记在党的十九大报告中指出，"我国经济已由高速增长阶段转向高质量发展阶段"。在这个转型阶段，以投资、消费和出口为驱动的传统经济增长模式难以为继，国家亟须依靠创新驱动，通过转变发展方式、优化经济结构、转化增长动力来实现经济提质增效的目标。而教育，尤其是高等教育，是创新元素的最重要供给者。促进高等教育与产业发展融合是实施创新驱动经济发展的重要体现。但目前受体制机制等多种因素影响，人才培养供给侧和产业需求侧在结构、质量、水平上还不能完全适应，"两张皮"问题仍然存在，不仅制约了人才培养质量，也影响了产业结构的转型升级。

第一节　国内发展

2015年5月，国务院办公厅颁发《关于深化高等学校创新创业教育改革的实施意见》，高校创新创业教育开始深化改革。面对双创战略需求，根本路径是在遵循国家整体设计改革的基础上，切实促进"十四五"期间高校创新创业教育的协同发展。随着旅游业在国民经济中的地位逐步提高，旅游创新创业教育与产业、科研融合得更加深入，旅游创新创业教育向纵深化方向发展。

一 发展现状

（一）政策引导

2010 年以来，两个层面的政策导向大力发展了高校创新创业教育。一是开始于 2010 年"以创带就"背景下教育行政部门的政策。党的十七大提出了"促进以创业带动就业"的发展战略，明确指出要"完善支持自主创业、自谋职业政策，加强就业观念教育，使更多劳动者成为创业者"。在这一政策背景下，《关于大力推进高等学校创新创业教育和大学生自主创业工作的意见》成为推进高校创新创业教育的第一个全局性文件。随后教育部成立高等学校创业教育指导委员会，这是一个涵盖企业家、事业单位人员、高校教师和其他相关部门的专家组织，承担对高校创新创业教育的研究、咨询、指导、服务和评估工作。2014 年 3 月，教育部建立四个司局（高教司、科技司、高校学生司和就业指导中心）的联动机制，形成创新创业教育、创业基地建设、创业政策支持、创业指导服务"四位一体、整体推进"的格局。2012 年 8 月，教育部办公厅印发《普通本科学校创业教育教学基本要求（试行）》，从教学目标、教学原则、教学内容、教学方法和教学组织五方面进行顶层设计，力求增强高校创新创业教育的针对性与实效性。经过上下共同努力，创新创业教育在全国高等学校广泛开展。

二是开始于 2015 年的双创国家战略。《2015 年政府工作报告》明确了驱动经济发展的"双引擎"，即"大众创业、万众创新"和增加公共产品、公共服务，在中国迅速掀起"大众创业、万众创新"的浪潮。2015 年 5 月，国务院办公厅印发《关于深化高等学校创新创业教育改革的实施意见》，旨在立足国家实施创新驱动发展战略、促进经济提质增效升级、推进高等教育综合改革、促进高校毕业生更高质量创业就业，提出了深化高校创新创业教育改革的指导思想、基本原则和总体目标，明确了 9 项改革任务和 30 项具体措施，标志着高校创新创业教育从"以创带就"进入双创驱动发展的新时期，从单纯的创业教育拓展为以创新为基础的创新创业教育，让创新者实现创业，让创业者转型升级为驱动经济社会发展的人才。国家政策

的整体规划为高校创新创业教育的衡量标准制定、资源集聚、平台搭建、产学研创各方面提供了人员、政策、资金的支持和保障。① 2016 年，美国全球创业监测发布《全球创业年度报告》，在政府政策对创业影响排名中，中国列 62 个监测国家的第 3 位。

2015 年 7 月，教育部印发的《关于深化职业教育教学改革 全面提高人才培养质量的若干意见》提出，推进产教深度融合，要深化校企协同育人，充分发挥企业的重要主体作用。完善职业教育行业指导体系，提升行业指导能力。推进专业教学紧贴技术进步和生产实际，有效开展实践性教学。因此，对于职业教育而言，产教融合更偏向于教育与产业发展的现时耦合，所培养的人才更多具有适应性、针对性和专门性等特征，属于"数以千万计的专门人才"范畴；而对于作为高等教育的"塔尖"——"双一流"建设高校而言，产教融合则强调教育对作为引领发展第一动力的创新的基础作用，强调教育对社会和产业发展的未来引领，所培养的人才更多具有引领性、超越性和创业性等特征，属于"一大批拔尖创新人才"范畴。②

2017 年 1 月出台的《统筹推进世界一流大学和一流学科建设实施办法（暂行）》指出，"双一流"建设要突出与产业发展、社会需求、科技前沿紧密衔接，深化产教融合，全面提升我国高等教育在人才培养、科学研究、社会服务、文化传承创新和国际交流合作中的综合实力。2017 年 12 月，国务院办公厅发布的《关于深化产教融合的若干意见》指出，"深化产教融合，促进教育链、人才链与产业链、创新链有机衔接，是当前推进人力资源供给侧结构性改革的迫切要求，对新形势下全面提高教育质量、扩大就业创业、推进经济转型升级、培育经济发展新动能具有重要意义"。

近两年，国家为推动高等教育的转型发展，出台了一系列应用型本科高校师资队伍建设的相关政策。一是引导建立教师企业实践基地。2017 年，教育部办公厅印发《关于商请推荐全国教师企业实践基地的函》，请有关行

---

① 曾骊、张中秋、刘燕楠：《高校创新创业教育服务"双创"战略需要协同发展》，《教育研究》2017 年第 1 期。

② 罗向阳、杨铭：《加强融合创新 培养一流人才》，《中国高校科技》2018 年第 9 期。

业主管部门、行业组织，遴选、推荐一批大型企事业单位，建立全国教师企业实践基地。二是鼓励高校聘用行业企业工程师。2018 年，中共中央、国务院印发《关于全面深化新时代教师队伍建设改革的意见》，鼓励高等学校加大聘用具有其他学校学习工作经历和行业企业工作经历教师的力度。[①]这些政策的出台落地，旨在培养具有创新与跨界整合能力的新型旅游人才，也对高校教师素质及教师队伍建设提出了更高的要求。

（二）行业推动

旅游行业历来重视人才队伍建设。"十二五"期间，我国大力贯彻"科教兴旅、人才强旅"战略，推出了一系列加强人才工作的政策和措施，实施了旅游行政管理人才调训工程、西部旅游人才援助工程、旅游行业名家进课堂工程、导游人才队伍优化工程、旅游企业人才开发示范工程、旅游企业经营管理人才素质提升工程、乡村旅游实用人才培训工程等重点人才工程，实施了旅游业青年专家培养计划、"万名旅游英才计划"、导游"云课堂"研修培训等重点人才项目，加强对旅游管理硕士（MTA）专业学位研究生教育和旅游职业教育的行业指导，积极开展旅游人才开发国际交流合作和人才工作信息化建设，完成了国家职业分类大典旅游职业修订任务，旅游人才工作体系和工作机制进一步健全，各级旅游行政管理部门统筹人才队伍建设的能力显著提升，多方联动的人才开发格局进一步巩固和发展。

"十三五"期间，我国坚持以提升旅游人才整体素质和职业能力为主题，以构建现代旅游人才开发体系为主线，遵循对接产业、服务发展，问题导向、改革创新，重点突破、整体提升，分类指导、统筹推进等原则，力求到2020 年形成一支数量充足、结构优化、素质优良、充满活力、与旅游业发展相适应的旅游人才队伍，使旅游人才规模更加壮大、旅游人才素质显著提升、旅游人才结构更加优化、旅游人才发展环境明显改善，并努力统筹推进旅游行政管理人才、旅游企业经营管理人才、旅游专业技术人才、旅游技能人才、乡村旅游实用人才五支队伍建设；加快发展现代旅游

---

①　苏志刚、尹辉：《科教产教融合 建设高水平应用型本科师资队伍》，《中国高校科技》2018 年第 11 期。

职业教育，深化校企合作，依托重点院校、龙头企业、社会机构建设一批示范性旅游职业教育实习实训基地；加强旅游人才国际交流与合作，支持院校、行业组织等举办旅游人才开发国际论坛、研讨会，鼓励院校开展旅游人才培养国际交流活动，引进海外优质教育资源；深化旅游人才体制改革，完善旅游人才培养开发机制，创新旅游人才引进使用机制，健全旅游人才流动配置机制，强化旅游人才激励保障机制等。

2021 年，国务院发布的《"十四五"旅游业发展规划》提出，要坚持创新驱动、优质发展，服务构建新发展格局，创新体制机制，广泛应用先进科技，推动旅游业态、服务方式、消费模式和管理手段创新提升，推进智慧旅游发展，加快新技术应用与技术创新，努力提高创新链综合效能。同时应加强旅游业的理论和人才支撑，加强基础理论研究，加快构建以人民为中心的新时代旅游业发展理论体系。研究出台关于加强旅游科研工作的政策文件，推动旅游科研院所创新发展，培育和认定一批旅游行业智库建设试点单位，用好中国旅游科学年会等研究成果交流平台。优化旅游相关专业设置，推动专业升级，完善旅游管理类专业教学质量标准，大力发展旅游管理硕士专业学位研究生教育，加强旅游管理学科建设。促进旅游职业教育高质量发展，健全继续教育机制。推动数字化课程资源建设共享。健全适合红色旅游、乡村旅游等发展特征和需要的从业人员培训机制，加大旅游业领军人才、急需紧缺人才和新技术、新业态人才培养力度，打造一支与旅游业发展相适应的高素质人才队伍。整合政府部门、企业、院校、行业组织等资源，完善旅游人才培养、引进、使用体系。

综上所述，在国家总体层面和旅游行业层面上，创新创业政策、旅游人才培养政策等的出台，在一定程度上为旅游创新创业教育指明了方向。既要培养全方位、多层次的高质量人才，又要促进学校与产业、教研与科研的积极对接，实现产教、科教融合与旅游创新创业教育协同发展显得十分必要。

（三）体制变革

高校科研的教育性是一个在历史中生成的问题。新中国成立之初，在全面学习苏联模式的政策导向下，教学成为高校的唯一职能。改革开放后，美国研究型大学的科教融合模式对科技进步的巨大推动作用，深深触动了中国高教界。"211 工程""985 工程"先后启动，中国高校科研逐步体制化，科学研究职能在中国高校正式确立，教学与科研的关系问题开始凸显。

中国高校科研体制化经历了三个阶段①。第一个阶段是新中国成立后的 17 年间（1949～1966 年）。这个阶段的政策取向是条块分割、科教分离。为解决高等教育与经济社会发展脱节问题，中国政府于 1952～1957 年先后进行了两次大规模院系调整。1952 年，教育部提出全国高等学校院系调整方针，"以培养工业建设人才和师资为重点，发展专门学院，整顿和加强综合性大学"，仿效苏联高等学校的类型分为综合大学（设文理两学科）及专门大学两种。院系调整后，中国综合性大学数量大幅度减少，单科院校尤其是工科院校数量大幅度上升。此次院系调整奠定了 20 世纪下半叶中国高等教育发展的基本模式。一是形成了"条块分割"的格局，专业重复设置和细致划分，导致教育资源的浪费和人才知识面的狭窄。二是强化了"专业教育"，变通才教育为专才教育，仅以国家建设为目标培养人才，忽视科学和人才发展的内在规律，从而束缚了学生自主学习的积极性和学者对新知识的创造。三是文科、理科分家，理科、工科分家，不利于学科间的相互促进与发展。四是科教分离。在对高等教育改造的同时，以科学研究为主要职能的中国科学院也正式成立。中国科学院模式基本按照苏联科学院的模式建立，即在科学院之下设立大批研究所，甚至设立不少分院，整个科学院规模庞大、自成体系。② 这样，高校科研职能在一定程度上被剥离，高校内部科研系统和教育系统没有较合适的协作渠道，影响了教学、科研与社会服务的合作与共同发展。

第二个阶段是改革开放初期（1978～1992 年）。这个阶段的政策突破是确立了高校科研中心的地位。"文革"结束后百废待兴，拨乱反正成为教育领域的重中之重。1979 年 1 月 4～24 日，国家科委、教育部、农林部在北

---

① 阶级划分中不包括"文革"时期。

② 夏海兰、杨华玲：《我国科研体系存在的问题探析》，《云南教育》2002 年第 30 期。

京联合召开了全国高等学校科学研究工作会议。全国 60 多所著名大学的党委书记、校长和部分知名教授共 120 余人会聚一堂，总结了新中国成立以来的历史经验。会议指出，高等学校是我国文化和科学水平的重要标志，承担着培养专门人才、发展科学技术的双重任务，它在很大程度上决定了生产力发展的水平和现代化建设的速度。1980 年 2 月 12 日，第五届全国人民代表大会常务委员会第十三次会议通过的《中华人民共和国学位条例》明确指出，中国学位分学士、硕士、博士三级，无论哪一层次的学位授予，均要求学生除了具备一定的基础理论和专业知识外，还需要具有从事科学研究工作或担负专门技术工作的能力。这是对"高教六十条"确认的高校科研职能的重申。1985 年 5 月，中共中央发布了《关于教育体制改革的决定》。该决定不仅强调了高校的科研职能，更赋予高校"接受委托或与外单位合作，进行科学研究和技术开发，建立教学、科研、生产联合体"的权利。为增强研究能力，该决定对高等学校研究生培养制度改革也给予高度关注。上述政策文件在一定程度上体现了大学科研与人才培养的相关性。

第三个阶段是社会转型期（1993 年至今）。这个阶段的政策特点是重视高校学科建设。从"211 工程"到"985 工程"，再到"双一流"建设，有计划地建设一批重点学科是一脉相承的。学科是科研的载体，重点学科比较集中的学校将自然形成既是教育中心，又是科学研究中心的格局。"211 工程"强调通过凝练学科方向、会聚学科人才构筑学科基地，使一批重点学科尽快达到国际先进水平。"985 工程"强调通过学科平台建设，推进高水平大学和重点学科建设。"双一流"建设强调以一流为目标、以学科为基础，实现高等教育内涵式发展。在这些重点建设政策推动下，科学研究全面进入中国高等教育系统并实现体制化。此后，科研在高校中成为除教学外的另一种重要活动，高校既是教学的中心，也是科研的中心。①

根据我国高等教育事业与旅游产业发展背景的变化，我国旅游教育事业可以划分为三个阶段。第一个阶段是早期旅游发展驱动旅游教育和人才

---

① 周光礼、姜嘉乐、王孙禺等：《高校科研的教育性——科教融合困境与公共政策调整》，《高等工程教育研究》2018 年第 1 期。

培养阶段（1979～2000 年），随着我国改革开放和现代旅游业的快速发展，一些外语类院校积极响应需求，培养了一批早期的旅游行业精英。第二个阶段是高校扩招与产业扩张背景下的旅游教育和旅游人才培养阶段（2001～2015年），我国初步完成了研究生、本科生、专科（含高职）和中等职业教育 4个层次的培养体系建设，使旅游教育的规模跃居世界第一。2014 年 9 月，李克强总理在夏季达沃斯论坛上首次提出"大众创业、万众创新"的发展前景，旅游创新创业教育由此拉开了序幕。第三阶段是"双一流"建设背景下的旅游教育和旅游人才培养阶段（2016 年至今），以 2015 年 10 月国务院发布的《统筹推进世界一流大学和一流学科建设总体方案》为标志，我国旅游教育进入提质转型期，不同类型的旅游院校、系（所）专业或者关停并转，或者国际化突围，开始重视特色化与差异化发展。特别是自 2019年"双万计划"启动以来，这一特征更加明显，且仍将是"十四五"期间我国旅游教育的基调。① 自旅游创新创业教育开始发展以来，越来越多的发展主体投入旅游领域当中，高校、企业、科研院所等各尽其力，共同助推旅游业的高质量发展，极大地增强了旅游业的创新活力。

（四）模式多样

产教、科教融合是一项系统工程，其本质在于通过一系列校企合作手段，促进教育链、人才链与产业链、创新链之间的有机融合，进而推进整个教育体系、人才培养链条和产业体系围绕技术变革实现创新、融通和共享。在此背景下，产教、科教融合仅依靠教育机构或行业企业任何一方的"一厢情愿"或"单打独斗"是无法实现的，必须围绕旅游业高质量发展对高素质人才的需求，以行业企业和教育机构为双元主体，同时经由政府的设计引导、平台构建和政策扶持，才能形成趋同的合作理念和强大的融合动力。因此，只有精准定位主要参与方在产教、科教融合中的角色，精准分析各参与方的利益诉求及作用方式，才能精准识别各方的利益结合点，合理运用各种融合手段，最终转变教育和产业的发展模式，推进产业与高

---

① 张朝枝：《"十四五"时期旅游教育基本背景及其发展路径思考》，《旅游学刊》2020 年第 6 期。

等教育的系统性变革。在旅游创新创业教育培养过程中，各级政府及教育管理部门、行业企业或相关行业组织、旅游院系或相关人才培养机构、旅游类专业学生，是产科教融合最关键的四类利益相关者。

由于上述四方的利益诉求处于不同的阶段或不同的发展水平，各方的作用方式及行动体系也会处于不同的状态。当这种状态相对稳定时，旅游创新创业教育的整个产科教融合系统就会进入一种均衡状态，并在一定时间范围内重复发挥作用，产科教融合行为就会实现模式化。

在旅游创新创业教育的产科教融合系统中，各级政府及教育管理部门主要负责产科教融合的制度设计、平台构建和政策制定，无法对数量众多的企业和院校进行一一协调，更缺乏亲自指导或实施融合行为的主客观条件。而作为客体的旅游类专业学生，由于其缺乏改变其他三方行为的主客观条件，只有通过融合系统运行，才能够实现自身基本的利益诉求，在一定程度上对产科教融合行为缺乏话语权，多数情况下的差别仅是主动参与或被动接受。在这种背景下，作为系统的双元主体以及产科教融合行为的具体实施者和资源配置者，企业和院校的行为体系在很大程度上决定了产科教融合系统的整体特征。因此，借鉴刘涛等提出的产教融合的基本模型①，根据双方在产科教融合系统中的参与度，我们将旅游创新创业教育的产教、科教融合分为四种类型（见图 3 - 1）。

外部环境驱动型的特征是校企双方在融合系统中的诉求均处于较低水平，缺乏产科教融合的内在驱动力，往往是因为外部环境的变化，如政策变化导致的高校毕业生就业困难或企业招工困难等，要求校企双方改变以往各自为政的状态，整合资源，采取最低程度的融合行为。院校主导型的特征是在融合系统中院校的利益诉求处于较高水平或者明显高于企业，从而导致其在产科教融合过程中积极性更高、主导性更强。企业主导型的特征则与院校主导型相反。多元驱动型是校企双方在融合系统中的利益诉求均处于较高水平并均愿意采取积极的融合行为，同时政府在制度设计、平

---

① 刘涛、徐福英、王绚丽：《旅游类高职专业产教融合的诉求、模式与载体》，《教育与职业》2021 年第 17 期。

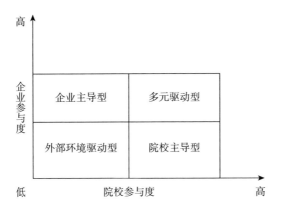

图 3 – 1　旅游创新创业教育产教、科教融合的四种类型

资料来源：刘涛、徐福英、王绚丽《旅游类高职专业产教融合的诉求、模式与载体》，《教育与职业》2021 年第 17 期。

台构建和政策制定等方面又给予充分支持，从而使整个系统处于较高程度的均衡状态。

当产教、科教融合的某一类型被越来越多的院校和企业共同使用，或者被某些特定主体在不同专业间重复使用而得以强化时，该类型便上升为一种融合模式。在实践中，每种模式在融合动力和融合手段上均存在差异，也都有各自的进步性和局限性。

作为产科教融合的 1.0 版本，外部环境驱动模式的融合动力主要来自校企双方面临的外部环境的变化，融合手段也较为初级，但其打破了长期以来校企双方在人才培养上各自为政的局面。由于融合动力不足导致融合程度不深，此模式主要适用于校企合作的初期阶段。院校主导模式作为产科教融合的 2.0 版本，融合动力主要来自高等教育的大众化转型、院校之间的激烈竞争以及企业人才需求个性化与多样化，在融合手段上较 1.0 版本有诸多创新，主要适用于教育理念先进、对产科教融合认识深刻且人才培养创新能力强的院校，但从整体来看，企业在人才培养过程中的参与度低。企业主导模式是产科教融合的 3.0 版本，融合动力主要来自企业经营管理环境变化所引发的人才竞争加剧，融合手段的选择也是以企业为主导，主要适用于行业发育水平高、头部企业较为聚集、竞争较为激烈的地区，但容易

出现企业的功利主义倾向，导致院校专业设置不切实际、盲目跟风。与其他三种模式相比，多元驱动模式（产科教融合4.0版本）的融合动力最强，融合手段最具创新性和针对性，是旅游类院校产科教融合的高级版本，但其对适用条件的要求也最高，不仅需要消除校企双方的理念认知障碍和信任体系障碍，还需要推进公办高职院校的治理体制和运行机制创新，更要求政府在精准定位的基础上充分发挥自身作用。此外，还需要明确的是，四种模式并不存在严格的时间接续和替代关系，需要综合考虑所在地区的政府引导与推动水平、经济社会发展状况与行业企业发育水平、院校的办学体制机制、旅游类专业建设实际与发展目标等因素。

二　存在问题

当前，我国高校在大力推进创新创业教育过程中纷纷推进创新创业教育支持体系建设，在创新创业教育课程构建、校内外创新创业实践基地建设、创新创业实践活动开展、创新创业培训与指导、创业资金支持及相关政策制度创新等方面取得了明显成效。[①] 但是，对标旅游创新创业教育高质量发展的目标与要求，大多数高校的旅游创新创业教育支持体系在很多方面不能适应新时代的发展要求。从产教、科教协同和全链条融通视角来看，其主要存在以下几个问题。

（一）合作机制不畅

产教、科教协同共建的旅游创新创业教育支持体系是一个多元主体、多种资源、多项要素之间融合共促、共生演化、协同联动、开放融通、协力支持创新创业教育的有机整体，其背后存在政府、高校、企业及社会其他主体等利益相关者间的"合作博弈"行为。在市场经济环境下，唯有建立健全市场准则主导的产教、科教协同共建运行机制，才能协调"合作博弈"各方的目标、策略、资源、行为和利益，稳固合作关系，最大限度地发挥协同效能。然而在现实中，产教、科教协同共建机制还不完善，产教、

---

① 沈云慈：《地方高校创新创业教育支持体系的构建——基于产学研协同全链条融通视角》，《中国高校科技》2020年第12期。

科教合作关系松散、合作方式单一、合作层次偏低、协同效能不高。具体表现在两大方面。

一是治理结构不合理。在产教、科教协同共建旅游创新创业教育支持体系过程中，没有构筑适应多元主体协同的共建共管共享的组织架构和治理模式，缺失具有法律效应的契约来明确参与各方的责任和权益，缺乏有效的决策管理、规划管理、过程管理和结果评价；高校对产业方的主体地位和主导作用重视不够，没有依据支持项目的需要发挥产业方的主导作用，所有支持项目基本上由高校主导，对大学科技园、大学生创业园区等需要大量资金投入、需要市场资源支撑和市场化运作管理的支持项目，高校自身缺乏必需的资源禀赋和市场化运作能力，又难以获得来自产业方及其他外部要素的有力支撑，导致这类支持项目的建设水平低下、功能不足、效用发挥有限。

二是运行机制不健全。参与主体之间没有形成有效的信息沟通和决策协同渠道，在旅游创新创业教育支持体系整体规划、资源要素整合联动、支持项目共建共管、旅游创新创业利益分配、旅游创新创业风险承担、参与主体进入退出等方面，缺乏科学合理、有机耦合、良性互动、有效协同的制度性安排，旅游创新创业教育支持体系建设、运行、管理的市场化程度不高，导致支持体系建设目标和功能定位不清晰、资源保障不到位、管理运行不畅通、建设与运行缺乏持续性和稳定性等。

（二）企业意愿不强

在企业方面，旅游企业的创新意愿较弱，产教、科教协同创新意识不强。科技部发布的《2020 年我国企业创新活动特征统计分析》显示，2020年，全国开展创新活动并实现创新的企业占比为 41.1%，同时实现四种创新（产品创新、工艺创新、组织创新、营销创新）的企业占比为 8.5%，规模以上工业企业有技术创新活动的占比为 47.0%。开展产学研结合创新模式的企业占合作创新企业的比重为 34.4%，其中与高等学校合作的企业占合作创新企业的比重为 28.0%，与研究机构合作的企业占全部合作创新企

业的比重为 15.6%。① 工业企业尚且如此，旅游企业作为起步晚、整体发展水平较低的一类企业，存在对协同育人的职责认知不深刻、协同育人的责任担当意识不强等问题，同时基于经济效益、人才流动性等各方面考量，主动参与旅游创新创业教育支持体系建设和培养旅游创新创业人才的积极性不高；同时，旅游企业合作行为发生的原动力除了受利益关系影响，还与产权结构、市场地位、行业本身属性这三项企业基本特征密切相关，国有企业、大企业参与地方高校旅游创新创业教育及其支持体系建设的主动性远弱于中小企业、民营企业和高新技术企业，创业孵化机构、创业投资机构、科技服务中介机构等产业方只注重有发展潜力和发展前景的创新创业项目，极少参与人才培养方案制定、课程体系建设与教材开发、人才培养模式改革、师资队伍建设和实验实训平台建设。

此外，科研机构受其体制机制影响，参与市场竞争的动力不强，后续服务跟进不力，很少参与地方高校旅游创新创业教育支持体系的协同共建。

（三）高校认识不够

在高校方面，其缺乏对旅游创新创业教育的深刻认识，还没有从观念认知上真正突破以高校为单一主体或基本以高校为主导的"封闭式"传统教育观的束缚，没有从根本上牢固树立合作教育、协同育人的意识，缺失市场导向的产学研各方主体协同主导、共建共管共享的建设理念，缺乏产学研协同共建旅游创新创业教育支持体系、协同推进旅游创新创业教育的整体构想和系统规划。立足地方，服务地方，在与地方经济协同发展中，凸显"地方性""应用型""差异化"的办学特色，无疑是地方高校的办学定位和发展方向。旅游创新创业教育作为新时期深化高等教育改革的突破口和旅游业高质量发展的关键所在，更需要在其核心——旅游创新创业教育支持体系的内容构成和运行过程中，强化与地方经济和产业发展需求的对接、与旅游创新创业发展需求的对接。然而，高校旅游创新创业教育支持体系在"两个对接"上，依然存在比较突出的问题，主要体现在以下几个

① 《2020 年我国企业创新活动特征统计分析》，科技部网站，https://www.most.gov.cn/xxgk/xinxifenlei/fdzdgknr/kjtjbg/kjtj2022/202209/P020220920388321268731.pdf。

方面。

一是课程体系不健全，与专业课程教育融合不够。我国创新创业教育还没有形成科学系统的理论体系，课程设计与开发"各自为政"，数量匮乏。而创业理论知识、创业专题讲座是普遍存在的课程形式，创业理论知识与大学生专业、学科背景融合不够，创业专题讲座依托主讲团队的创业背景，不能很好地诠释高校创新创业教育的概念。目前，高校创新创业教育课程体系在经济管理类、工科类等方面有一定的成效，但对各专业学科的适配性不够，特别是和专业教育融合不够，专业实践教学模块缺乏行之有效的创新创业教育引导。在课程教学的深度方面，其不能实现不同学科、不同层次大学生创新思维和创业能力的提升，着重创业知识的普及和传递；在课程教学的广度方面，其不能把外部资源有效引入校园内部并充分发挥优势，弱化了对政府、社会、企业创新创业教育资源的利用。[①]

二是教育绩效评估不科学，对专业教师关注不够。科学的审核评估是促进高等教育活动高效运行的重要环节，是促进高校创新创业教育绩效提升的主要抓手。目前，高校创新创业教育还没有普遍认可的评估体系，高校作为评估主体，主要从课时量、相关课题项目、创业成功率、创业企业规模和盈利等方面制定评估标准，对专业教师参与企业管理经营、指导大学生在本专业学科开展创新创业活动等方面的考核指标体系不明确。对课时量和主持课题项目的考核使专业教师更加注重本专业的教学与科研，对创新创业教育的积极性不高，创新创业教师也专注于理论课和理论课题的深耕，减少了对创新创业的实践探索和演练。对创业成功数量和效益的考核使平衡的杠杆向经济类、工科类等易于实现创业的应用型学科领域倾斜，其他学科的专业教师逐步减少甚至放弃创新创业活动，这也与国务院办公厅提出的高校创新创业"面向全体、分类施教、结合专业"的教育理念相悖。

三是教学模式创新不够，各方资源有效利用率不高。我国创新创业教

---

① 刘振中：《高校创新创业教育与专业教育的深度融合——基于 L 学院旅游管理专业的思考》，《教育理论与实践》2018 年第 33 期。

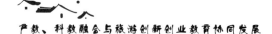

育起步较晚，因此还没有形成科学系统的理论体系和形式多样的教学模式，主要是采取传统教育教学模式，时间上集中安排在某一学期。专业教师专注于专业知识的传授，创新创业教师专注于创业理论知识的讲授，对大学生的创新思维和创业能力关注不够，大学生的创业实践活动主要靠自己摸索或少数"热心"教师的指导。高校和社会企业都在积极探索在校大学生创新创业方面合作的新动力，高校也举办了创新创业训练、企业家专题讲座等活动，但由于高校创新创业教育不能与社会平台很好地衔接，对社会市场创新创业人才需求把握不够，而社会企业对高校学科和科研特色没有深入了解，造成了高校和社会企业的契合度不够。专业教师的学科优势和科研成果、青年大学生活跃的创新思维和强大的创新能力，以及社会企业的实践经验和技术引领，在高校创新创业教育过程中相对淡化，教学模式亟待创新。

四是师资队伍建设不完善，专业教师参与度较低。目前，大部分高校创新创业课程由就业指导中心、教务处或创新创业学院负责安排，课程负责人多以业务部门管理人员为主，任课教师以部门管理人员、学院副书记和辅导员为主。由于创新创业还没有单独成为一门学科，职称系列挂靠管理学、经济学等学科，高校师资队伍中专业教师较少，专业化程度不够高。承担创新创业教育职责的教师多以年轻教师、中级职称教师为主，他们经过简短培训后即上岗执教，基本没有创业经历，专业学科的创新性和创业理论的系统性明显不足，仅凭着培训理论和自己的学科经验开展理论教学工作。创业实践环节也以在校教师指导或自主探索为主。由于学科多元化，学生创业领域广泛，不同学科融合创业的概率较小，大学生得不到有效的专业指导和实战演练，对创业商机、风险评估、管理运营等把控不够，在一定程度上降低了创新创业教育的实效性。

第二节　国外发展

工业革命促进了职业教育的兴起，发达国家的产教、科教融合机制较我国的职业教育产教、科教融合机制起步早，发展更全面。鉴于此，本节通过对国外职业教育中较典型的几种产教、科教融合机制进行对比分析，厘清不同院校产教、科教融合机制的发展脉络，发现各自的优劣势，从而更好地为我国院校产教、科教融合机制的改革和优化提供经验借鉴。

一　典型模式

（一）德国"双元制"模式

德国的"双元制"模式起源于 18 世纪末 19 世纪初，形成于手工业培训的恢复和进修学校的诞生时期。1920～1970 年，在德国工业类型的学徒培训和职业学校的建立中，德国的"双元制"得到巩固，并随着德国社会经济的发展而不断发展。[①] 德国的"双元制"是职业教育产科教融合形式的代表，是德国职业教育的支柱和核心。它是一种教育制度，更是一种重能力、重实践的职业教育思想。"双元制"，英文为"Dual System"，有的学者也译为"双轨制""双重制"等。"双元制"中的"一元"指职业学校，另"一元"指企业。

受教育者在职业学校学习文化知识和基础技术理论，在企业接受职业技能和相关专业知识培训，双元结合完成职业教育任务，是一种企业和学校结合、理论知识和实践技能结合，以培养高水平的专业技术工人为目标的职业教育制度。[②] "双元制"职业教育的精髓可以概括为"两突出"：第一，学校和企业合作，突出企业培训；第二，理论和实践结合，突出技能培训。[③] 这种"双元制"教育体系是德国最重要的职业中等教育体系。一般来说，70% 的中学毕业生（相当于中国的初中毕业生）进入"双元制"职业学校接受职业教育。通过实施"双元制"职业教育，德国培养了大批高素质的劳动者，特别是技术工人，为国家实现了战后经济重建和迅速崛起

---

① 欧阳恩剑：《论我国职业教育法的基本制度》，《职业技术教育》2016 年第 30 期。

② 刘凤彪：《借鉴德国"双元制"职业教育模式加速我国职业教育的改革与发展》，硕士学位论文，河北大学，2004，第 13 页。

③ 王媛媛：《以校企合作为依托的高职教育发展路径研究》，硕士学位论文，苏州大学，2011，第 17 页。

的目标，从而使德国成为欧洲甚至世界上的主要经济大国。

1. 具体做法

一是技能培训职业化。职业培训在两个完全不同的地方即企业和学校进行，但主要是企业培训。企业培训时间是学校理论教学时间的 3~4 倍，以突出职业技能培训。职业学校的任务是教授与职业相关的基础知识和专业知识，特别注重培养未来职业所需的实用技能。职业学校一般每周上课1~2 天，或者专注于几个阶段的课程，另外的时间是在实习培训地点或从事技能培训的企业。职业学校课程一般分为两个阶段，第一阶段是基础教育阶段，第二阶段是职业教育阶段。在基础教育阶段，学校主要教授学生某一职业领域的知识；在职业教育阶段，学生主要是为专业职业的毕业考试做准备。

二是企业参与高度化。学校的每个专业都有一个专业委员会。其成员主要由企业和学校代表组成。双方参与制订、实施、检查和调整教学计划，完成教学任务。所有就读职业学校的学生，必须与培训公司签订培训合同，明确培训目标、培训开始时间、培训年限和生活津贴。进入企业参加培训，学员的身份是学徒。学徒每周在公司接受 3~4 天的培训，学习专业知识和实践技能，了解本专业的要求和内容，开启自己在实践、生理和情感方面的职业生涯。在学习期满后，大部分人会留在原来合作的公司继续工作，也可以选择去其他企业工作或者继续学习。由于职业学校与培训公司的密切合作，学生的质量得到了保证。学生的期末考试不是由学校进行的，而是由相应的行业协会进行的，这样，学生能够学会他们正在接触的理论知识，并与实践紧密结合。在整个培训目标中，企业和学校被合并为一类，而在具体的培训过程中，它们被分为两类，表现出明显的二元属性特征。

三是政府监管制度化。一方面，企业应当按照对学校财政支持的比例分享教育成果；另一方面，学校应该接受企业的资助，培养企业需要的人才。同时，政府成立了"行业合作委员会"，对企业和学校进行监督，并对与学校合作的企业给予一定的财务补偿。如果公司明确规定学生可以在德国实习，一些国家的税收可能会被免除。

2. 特色亮点

一是企业主导性强。事实上，德国"双元制"职业教育是从学徒制发展而来的，随着工业的发展，企业吸收了学校教育，完全由企业承担的学徒制成为学校教育的补充。因此，企业在"双元制"职业教育中起决定性作用。在两种教学内容中，企业的学习技能持续 3~4 天，学校的学习知识持续 1~2 天。首先是学徒，其次是学生。学生进入职业教育的过程如下：从综合中学毕业后，学生首先在企业中寻求学徒工作。经过 1~4 个月的试用期后，有关协会应组织企业和学徒签订有关学习专业、学徒工资和工作时间要求的协议，然后开始职业教育。从企业的角度来看，学生是由企业派来的。企业自己最明确的是学生应该学习什么，以及他们应该学多少。因此，企业对学校和学生的需求十分了解。从学校的角度来看，学校为企业服务并培训员工。因此，它在专业设置和课程安排方面，力求考虑和满足企业的要求。

二是社会参与度高。社会参与度高的职业教育保证了职业教育的社会支持，是"双元制"职业教育顺利推进的关键。在"双元制"职业教育中，介于企业与职业学校之间的是各类非政府组织，负责职业教育的组织、协调、考试等事宜。《联邦职业教育法》明确规定了"手工业协会、工商业联合会、农业协会、律师协会、经济审计员协会、税务咨询员协会、医生协会、牙医协会、药剂师协会等"与职业相关的在专业机构领域的教育，要求主管机构设立职业教育委员会，规定"职业教育涉及的所有重要问题，都要求报告职业教育委员会，听取他们的意见""职业教育委员会应在其任务范围内致力于不断提高职业教育的质量"。[①] 这类组织是法定的具有一定政府职能的非政府组织。这样做的益处是：一方面，调动了社会参与职业教育的积极性；另一方面，把政府从烦琐的事务性工作中解放出来。

三是民众认可度高。德国民众承认职业教育，并愿意送子女接受职业教育。在小学转移阶段，大约 2/3 的学生进入综合中学，是进入文科和理科中学学生的 2 倍。在分流时，学生只有 10 岁左右，无法明确自己未来的职

---

① 周志成：《德国"双元制"职业教育的优势及启示》，《北京教育（高教）》2018 年第 1 期。

业选择，基本上由家长和学校帮助学生选择未来的职业方向。一方面，这反映了德国人对职业教育的认可；另一方面，这反映了德国的均衡发展，职业之间的地位和收入差异很小。从学生的角度来看，学生具有双重身份，既是学校的学生，也是企业的学徒。学生学习是为了适应并胜任企业未来的工作，将来毕业后就是企业的正式员工，为企业服务，其学习目的很明确。[①]

德国"双元制"模式下的学生，在企业的实际技能培训中，大部分时间会接触到目前更新的设备和技术。企业培训大型项目采取生产劳动的形式，从而降低了成本。学生的学习目的是"为未来的工作而学习"，这极大地激发了学生的学习动机，使学生在培训后更容易快速地适应工作。真实的生产环境及先进的设施设备，使学生比较接近实践，接近未来工作的需要，能较早地接近新技术、新工艺、新设备、新材料。

3. 借鉴之处

对照国内目前的实际情况，尽管德国和中国在国情上存在很大的差别，但德国"双元制"仍有许多可以借鉴之处。旅游类学校实施"双元制"教学模式，其合作企业主要是与旅游业相关的服务性行业，如旅行社、酒店等。就行业特点而言，学生在企业的实践活动既能满足企业日常工作需要，又可以节省开支，为企业增加效益。就学生而言，教学实践活动与他们今后的工作就业是有直接关系的，因此其工作热情高，服务质量也会逐渐使企业满意。就长远发展而言，高素质、有专项技能的毕业生进入企业，必将使企业的服务质量和服务水平大大提升，使企业的竞争力大大增强。[②] 所以，服务行业良好的企业环境使旅游类学校实施"双元制"教学模式具有巨大的可操作性。

旅游服务行业在参与"双元制"实训中，还能获得由实训学生带来的一部分经济效益。这样的双赢局面，会激发和提高企业参与的热情和积极

① 张赓：《国际高职产学合作教育的比较研究》，《中国职业技术教育》2006 年第 6 期。
② 林育真：《德国的"双元制"教学模式在旅游职业学校的应用研究》，硕士学位论文，厦门大学，2007，第 54 页。

性。所以，旅游类学校实施"双元制"教育模式，既有国内外的成功经验作为依据，又有旅游服务行业良好的企业环境作为依托，还有地方政府与社会各界的广泛支持。只要更新观念，统一认识，加大宣传力度，在使更多企业了解"双元制"的同时，实行政府干预，完善相关的法律法规，加强领导，就能调动企业参与的积极性，使学校和企业紧密结合。学校和企业的双向互动，在一定程度上促进了产科教融合，也使旅游创新创业教育有了实践的支撑。因此，"双元制"在旅游类学校实施是可行的，也是可操作的。

（二）美国"合作教育"模式

美国产教融合始于 1862 年的《莫里尔赠地法案》（Morrill Land-Grant Act）。自该法案颁布以来，美国的产教融合一体化经历了从 19 世纪初到 20 世纪 50 年代初的逐步形成，再到 20 世纪 50 年代末正式建立的发展历程。在这个发展过程中，美国大学与外界的关系也在发生变化。美国著名的卡内基教学促进基金会发布了《学院——美国本科生教育的经验》和《重建本科生教育：美国研究型大学发展蓝图》（又称《博耶报告》）两份报告，分析大学与社会外部关系的历史发展进程，"大学—宗教团体的关系已成为历史的陈迹；大学—国家的关系也日益减少。展望未来，将产生最激动人心的管理方法——高等教育与企业的联系"。[①]《莫里尔赠地法案》明确规定了受赠土地的大学应承担农业和机械工业从业人员的教育义务，支持建立农业和机械学院，为社会工业提供技术人才，以满足当时美国农业和工业快速发展的要求。

此后，美国 1887 年的《Hatch 法案》和 1914 年的《史密斯杠杆法》鼓励大学根据行业需要开展各种实验和应用研究，促进了学术界与产业界的良好互动。20 世纪 50 年代，斯坦福大学产学研和"硅谷"的成功成为美国产教融合一体化进入成熟期的标志。80 年代，在美国联邦政府的支持下，大学与企业合作成立了工程研究中心，为大学创造产业环境，通过研发培

---

① 刘宝存：《美国研究型大学：历史·问题·改革》，《江苏高教》2001 年第 6 期。

养应用型高层次专业人才。[①]

1. 具体做法

美国"合作教育"模式于1906年开始实施。其实施办法是：新生入学后，先在大学里学习半年，而后便以两个月左右为期限，在企业进行实际训练和在大学学习理论知识，到毕业前半年再集中在大学授课，最后完成毕业设计。其目的是减轻大学在设施设备上的负担，优化教育资源配置，并使学生在学习期间获得就业技能和经验。其具体做法如下。

办学以学校一方为主，学校根据既定专业的需要与相关企业联系。双方签订合作合同，明确双方的权利和义务。学校派教师到企业指导和监督学生劳动，传达学校和企业的要求。企业提供劳动岗位、一定的劳动报酬，并派遣管理人员指导学生适应劳动岗位和安全操作，协助学校教师确定学生应掌握的技能，综合评价学生成绩、劳动态度、工作数量和质量。

教学时间的分配比例大致分为1:1，也就是一半在学校，一半在企业，学习和劳动力替代的方式灵活。美国职业教育的主体是社区学院。合作教育贯穿社区大学办学的全过程。实践证明，合作教育符合社会发展的要求，贴近群众的需要。它是一种学生、学校、企业三方合作、三方受益的教育模式。[②]

进入20世纪80年代以后，国际高等教育界逐渐形成了重视实践教学、加强应用型人才培养的新趋势。近年来，许多高职院校在中国也注意加强对实践环境教育和教学改革的探索，因为人们越来越意识到实践教学的重要性，认为实践教学是培养学生实践能力和创新能力、提高学生社会专业化和就业竞争力的重要途径。

2. 特色亮点

美国产教融合的典型模式是"合作教育"模式，该模式是一种由学校

---

① 刘龙和：《乾盛传媒基于校企合作的实践教学培养体系研究》，硕士学位论文，中南大学，2012，第16页。

② 王媛：《沈阳国际科学技术学院学生培养方案的再设计及其实施》，硕士学位论文，东北大学，2010，第22页。

主导、企业支持的教育与教育的融合机制。这种产学研一体化的特点是利用学校和企业两种不同的教育环境和教育资源，培养出适应企业需求的应用型人才。学生将课堂学习与工作学习相结合，将理论应用于实践，将工作中遇到的挑战和见解带回学校，促进学校的教与学。

美国的"合作教育"模式主要有以下特点。

第一，工作训练成为学校教学活动的重要组成部分。为保证工作时间，美国规定三年制学生工作时间不能少于 12 个月，四年制学生工作时间不能少于 18 个月。进行轮换的每一个"工"和"读"学期的时间长度要大致相当，工作时间不得少于 12 个月。

第二，保证学习和工作的一致性。首先，学生工作要与其学业目标相联系，并且在工作期间，逐步承担更大的工作，从而排除了学生自发出去打工，而从事较低层次的与学业无关的工作等问题；其次，在工作中，企业对学生进行日常管理并做出评价，从而保证了工作与评价有机结合；最后，学生在学期内的工作也被授予学分，并成为获取学位的必要条件。

第三，学生从事的是有薪的工作，不同于过去学校派学生到企业实习只能旁观不能动手的方式。

第四，政府强化企业在职业技术教育中的作用，如美国为了使企业在地方的职业教育中发挥重要作用，成立了 80 多个"培训和企业协会"，专门协调学校和企业之间的关系。[①]

第五，学校在给学生安排工作时，主动适应企业的需要，尽可能考虑企业的要求，使企业接受学生工作，成为企业训练职工和选择新职工的人力资源事业的一部分。

3. 借鉴之处

美国的"合作教育"模式在产科教融合、校企合作建设方面带给我国一定的经验启示：一是要建立完善的政策法规，二是要发挥政府行政功能，三是要完善和落实职业资格制度，四是要进一步深化管理体制改革，五是

---

① 秦立春、胡红卫：《发达国家政府重视校企合作发展高职教育的启示》，《理论前沿》2006 年第 13 期。

要进一步激发企业参与校企合作的积极性和主动性。何蕾以海南省13所开设旅游专业的高职院校为例，通过实地、电话访谈、问卷调查等方式了解部分高职院校旅游校区合作的具体情况，得出以下结论：人才资源是第一资源；单独依靠学校培养或依靠旅游企业培养是远远不够的；要做到四个"对接"，即师资对接、课程对接、实习对接和就业对接。[①] 从上述研究结论可以看出，美国的"合作教育"模式在我国有很大的发展空间，是促进旅游专业学生就业的重要一环，不仅强化了学校与企业之间的合作交流，在一定程度上也促进了对旅游创新创业教育的反思，使旅游创新创业教育朝着合理化、规范化、适用性的方向发展。

（三）澳大利亚"TAFE"模式

TAFE即"技术与继续教育"。澳大利亚的"TAFE"模式始于20世纪70年代初，是一种由政府主导，与企业行业紧密合作，有统一的教育培训标准，以职业教育培训为基础，面向职业资格准入，使职业资格与职业教育相结合，注重终身教育和培训，充分体现"能力本位"的职业教育模式。[②] 和大学一样，"TAFE"模式是澳大利亚高等教育的一部分，而且是非常重要的一部分。其主要目的是培养具有较高专业知识和技术水平的人才，课程的设置注重专业性和实用性，教学内容是教学工作与课堂教学的有机结合。

1. 具体做法

TAFE教育不仅可以提供证书、文凭，还可以提供与大学相关的衔接课程。它可以为学生继续攻读学士学位甚至更高学位提供良好的条件。因此，它在澳大利亚非常受欢迎，是未来职业发展的趋势，拿到TAFE文凭的毕业生可以直接进入各个行业大显身手。

经过几十年的不断研究、探索、实践和发展，该体系不断完善，目前

---

① 何蕾：《海南高职旅游专业校企合作长效机制研究》，硕士学位论文，福建师范大学，2017，第54页。
② 王媛：《沈阳国际科学技术学院学生培养方案的再设计及其实施》，硕士学位论文，东北大学，2010，第20页。

已经成为统一的技能认证体系。该体系由澳大利亚学历资格框架（Australia Qualification Framework，AQF）、培训包（Training Package，TP）以及澳大利亚质量培训框架（Australia Quality Training Framework，AQTF）三部分组成。[①]

澳大利亚学历资格框架共分 12 级，规定了初等教育与中等教育、职业教育与培训、高等教育（大学）的分立与贯通，各类证书、文凭、学位之间相互沟通与衔接的具体标准，等等。中等教育、职业技术教育和高等教育之间是彼此衔接的，特别是职业技术教育的四级及以上级别的证书、文凭也得到高等教育的承认。在 TAFE 学院获得资格证书后，毕业生如果想继续进入大学深造，可以获得相应的学分豁免，即原先的 TAFE 学分可以折算成大学一年至一年半的课程。

培训包由行业培训顾问委员会（ITAB）制定，经澳大利亚国家培训局（ANTA）批准后，行业培训顾问委员会向全国发布统一培训计划，明确了行业的资格体系和具体的技能标准。培训包主要由两部分组成：一部分是国家认证部分，主要包括能力标准、资格证书和评估指南三项内容；另一部分是非国家认证部分，包括学习方法指导、评估材料和专业发展资料三方面。培训包是澳大利亚国家职业技术教育培训体系的重要官方文件，也是 TAFE 学院开展职业教育和培训的指南。

澳大利亚质量培训框架是由澳大利亚国家培训局下设的国家培训质量委员会（NTQC）组织开发，并与州、领地的职业教育与培训管理机构和行业紧密合作，经部长委员会于 2001 年 6 月批准颁布的一套全国标准。根据社会发展和行业需求，国家对该框架定期加以修改和调整，最近一次是2005 年 10 月。

AQTF 的目标是提供一套国家统一的高质量 VET 系统的基本标准，以确保已注册的培训组织（Registered Training Organizations）及其所颁发的资格证书得到全国的承认。AQTF 主要包括注册培训机构（RTO）的标准以及国

---

① 职芳芳：《澳大利亚高等职业教育国际化办学模式研究》，硕士学位论文，河南大学，2013，第 34 页。

家和地区注册及课程认证机构的标准。这两个标准又分别由若干个标准文件组成，从不同角度对 RTO 的资格标准、自我评估、课程开发、审核方法和要求等都做出了详细的规定，以确保培训的质量。

2. 特色亮点

澳大利亚"TAFE"模式具有以下三个明显的特点和优势。

一是政府牵头建立全国统一的资格标准体系。从职业技术教育的初建阶段开始，澳大利亚联邦政府及各州就一直致力于扮演政策协调和通过采用财政拨款等非强制性的行政手段来保障培训质量的角色，建立全国统一的资格标准体系，参与 TAFE 学院的布局设置、资金划拨以及培训实施等方面的管理；建立相应的部门和机构以加强职业教育与行业之间的紧密联系等，有力地推动和保障了职业教育的良性发展。

二是办学方式灵活与多样。办学方式灵活与多样主要体现在以下三个方面。

在学制和培训对象方面，学院的招生没有年龄上的限制，它突破了传统的一次性教育局限，建立了"学习—工作—再学习—再工作"的多循环的终身教育模式。

澳大利亚的 TAFE 课程包对学制和培训对象没有任何规定。学制从三个月到两年不等，根据培训的需要来具体确定，以修满规定的学分、具备相应的职业技能为准。同时，培训对象不受基础、年龄的限制，也没有严格的入学考试制度，只需接受过 12 年的基础教育就可以入学。因此，在 TAFE 学院，学员的年龄跨度很大，经常可以看到不同年龄层次的人一起学习，最小的只有十几岁，最大的可能已经五六十岁。但是攻读相同等级学位的学员一般在基础知识水平方面没有明显的差异，都处于同一起跑线。

此外，学生可以根据自己的时间表自由选择培训或学习时间。例如，有工作的学生可以选择分离培训、在职培训（计划学习和工作相关）或者分离培训和在职培训相结合。在校时间可以是全日制（Full-Time）的，也可以是兼职学习（Part-Time）的，老师和学生可以根据管理信息系统自由选择，TAFE 老师也可以根据公司要求的时间授课。

在课程设置和教学方式方面，TAFE 的课程可以为不同年龄和行业的社会群体提供各种社会和行业改革的知识和技能。在课程安排上，学院提供分阶段的课程和连续的课程，方便学生根据不同时间和不同需要选择。部分课程还可以提供学分减免、课程转换、与大学学位衔接等功能，为学生提供证书、文凭、行业技能培训等多功能"立交桥式"的教育培训平台，为学生提供终身学习的良好平台。TAFE 的教学内容以培训包为标准，一般没有统一的教材，由各学校和任课教师自主选择教学内容，多以讲义和辅助资料为主，这也要求教师在授课的过程中与实际需求紧密结合。

TAFE 课程采用多种灵活的教学方法和手段，以多种方式进行教学，如教室、工作场所、模拟工作场所、网络等。由于班级规模一般较小，平均人数约为 20 人，学生有很多机会在课堂上讨论和发言。教师的教学方法也很灵活。通常，学生是中心，实践是主要手段，职业技能是为所有愿意接受教育或培训的人提供有效服务的教学方向的核心。

在考核方式方面，TAFE 课程采用多种考核方式，但是理论考核要求宽松，以实践能力的考核为主。每个培训包课程都有最低的能力考核要求，教师在建议的 12 种标准测试方法中，至少选择两种方式进行考核。这 12 种考核方法分别是观测（Observation）、口试（Oral Questioning）、角色扮演/模拟操作（Role-Play/Simulation）、第三者评价（Third-Party Report）、证明书（Portfolio）、面谈（Interview）、自评（Self-Evaluation）、案例分析（Case Study）、工件制作（Product）、书面测试（Written Test）、录像（Video）和其他（Others）。评价体系注重过程考核和结果考核相结合，但过程考核的比例高于结果考核。教师在授课前应明确告知学生进行课程考核的方法和具体时间安排。每门课程至少使用两种考核方法，每一种考核方法将最大限度地涵盖课程的学习内容。每个要素必须至少考核两次，这些方法能够全面、客观地考查课程的重点，强调学生平时的学习和数据积累，注重实践能力的培养。

课程考核的方式和手段要求符合有效性（Validity）、可靠性（Reliability）、灵活性（Flexibility）、公平性（Fairness），教师在遵循有效（Valid）、公

平（Fair）、可靠（Reliable）、灵活（Flexible）、充分（Sufficient）、真实（Authentic）和现实（Current）等原则下收集相关资料，最后确定学生的考核结果。

因此，对于一些课程的考试，学员必须从一开始就认真准备材料，并在学习过程中，注意培养和提高自己的实践能力。学院综合运用这些方法，更有效地培养学生的能力，考核结果更能准确地反映学生的实践能力。

三是行业主导，产学研一体化。强调与行业的紧密联系，充分发挥行业的主导作用，是澳大利亚职业技术教育的另一大特色。在职业教育改革的多年探索中，逐步形成了以产业为主导的职业教育体系，极大地支持和促进了 TAFE 的可持续发展，形成了产学研一体化的良好局面，也成为 TAFE 备受青睐和称赞的主要原因。行业的主导作用具体表现在以下四个方面。

其一，主导有关宏观决策。在澳大利亚，国家和各州管理 TAFE 的组织机构主要由来自行业内并代表行业意愿的人员组成。例如，代表澳大利亚联邦政府管理 TAFE 的澳大利亚国家培训局由来自政府、工业界和教育界的代表组成，其中大多数来自澳大利亚的支柱产业。其他重要机构，如联邦和州 TAFE 的行业培训咨询委员会以及州 TAFE 服务部门大多由行业人士组成。这些机构在适应就业市场、满足企业需求、争取经费投入等 TAFE 发展的重大问题上做出的宏观决策，充分体现了行业的主导作用。

其二，参与办学的全过程。在 TAFE 学院的整个办学过程中，行业参与办学的全过程，具体表现在制定学校办学操作规范、直接参与学校管理、丰富高校教师队伍和支持培训基地建设四个方面，为 TAFE 教育提供强大的动力和有效的保障。

其三，负责教学质量监督和评估。行业还负责定期对教学质量进行监督和评估。除每年对学校教学质量进行评估外，国家行业培训咨询委员会还经常对用人单位展开职业教育和培训的满意度调查，企业会积极参与这种调查，提供对职业教育和培训的意见和建议。1999～2000 年，对 6000 家公司的雇主进行的调查显示，83% 的雇主对 TAFE 感到满意，74% 的雇主认为培训的价值已体现在员工素质和生产力的提高上。①

其四，政府立法规定企业用于员工培训的资金。从 20 世纪 90 年代中期开始，澳大利亚政府就通过立法规定，企业必须拿出相当于工资总额 2% 的资金用于职业培训，实际上一般企业已大大超过了这个比例。企业培训一般由企业先提出员工培训的需求和目标，或者由企业采用招标方式来进行，TAFE 派人与企业内专职培训教师共同研讨、制定培训项目数，包括课程设置、课时安排、教材选取、考核与评估、时间、场地、费用等，经企业认可后，由 TAFE 照此实施。

各州还设有行业培训委员会作为培训机构顾问，发挥桥梁和纽带的作用。产业培训理事会一头连着产业，另一头连着国家培训管理局、各州教育培训部及其 TAFE 学院。以这种方式开展的职业教育和培训使 TAFE 学院与企业相互依托、相互支持、共同发展。一方面，行业根据用人单位的特殊培训需求，将培训分配给 TAFE 学院。据估计，该行业每年在各种形式的培训上花费约 25 亿澳元。另一方面，学院也必须依靠企业，为企业"雇主"服务。

3. 借鉴之处

相较于前两种发展模式，澳大利亚"TAFE"模式的价值早已超越了职业教育本身。其"行业驱动、政府主持、高校主动、需求导向、能力本位"的办学模式和理念精髓对我国地方本科高校培养应用型人才、向应用技术型大学转型发展具有多方面启示。借鉴 TAFE 培训包、澳大利亚质量培训框架的制定机制和运作模式，我国地方高校需充分发挥行业协会在校企结合中的平台作用，推行双师双聘制度，在人才培养体制机制和关键环节进行综合改革，彻底转变人才培养方式，才能满足产业转型升级需要，助推经济社会发展。

（四）日本"产学官"合作模式

日本产教融合被称为"产学官"合作模式，被世界公认为当今职业教

---

① 《国内外高等职业教育结合模式比较研究》，人人文库，2021 年 10 月 14 日，https://www.renrendoc. com/paper/153991504. html。

育成功的典范。从明治维新初期开始萌芽，它经历了一个长期的演变过程，经过多年的探索和发展，已取得举世瞩目的成就。

1. 具体做法

日本"产学官"合作模式经历了三个阶段。第一个阶段（二战后至 20世纪 70 年代初）为"产学官"合作政策从管制转向缓和的阶段。第二个阶段（20 世纪 70 年代中后期至 80 年代末）是支持"产学官"合作政策出台的阶段。从 20 世纪 70 年代开始，日本实行国家项目管理制度，促进了以个人参加为主的"产学官"合作。自 1980 年日本提出技术立国战略之后，"产学官"合作发展更加迅速。第三个阶段（20 世纪 90 年代初至今）是"产学官"合作体制机制规范化阶段。自 20 世纪 90 年代初开始，为适应社会和产业界对"产学官"合作的要求，日本政府于 1995 年颁布了《日本科学技术基本法》，之后针对如何促进"产学官"合作提出了若干对策，比如1996 年的第一期科学技术基本计划和 1998 年文部省的《21 世纪的大学像和今后的改革方策——在竞争环境中充满个性的大学》等。从产学合作的萌芽到 21 世纪，日本"产学官"合作模式始终坚持以政府为主导，"日本政府对职业教育起着绝对的宏观调控和管理作用"。[1]

我国学者在研究日本"产学官"合作问题时，对于"官"的内涵阐释主要有三种观点：第一种观点认为"官"是指国立研究机构，其主要作用是承担周期长、风险大、费用高的研究课题；第二种观点认为"官"包括政府管理部门以及国立研究机构，除了国立研究机构的作用外，还要承担制定"产学官"合作的政策措施与战略方针等重任；第三种观点则认为"官"只包括政府部门，而国立研究机构应归属于"学"这一主体。前两种观点多受我国由企业、大学、科研院所构成的"产学研"三方合作主体的影响。在科技行政体制改革前，国立研究机构归属于科技厅管辖、大学归属于文部省管辖，在这种状况下确实存在国立研究机构作为"官"的一部分来发挥作用的情况，但随着 2001 年科技厅的解体，大学与国立研究机构

---

① 尹金金：《德、美、日职业教育校企合作制度比较研究——基于历史视角与特征的分析》，《职业技术教育》2011 年第 19 期。

的"学"由文部科学省管辖、"产"则由经济产业省管辖、"官"指政府职能部门的"产学官"三方合作主体得以形成。[①]

2. 特色亮点

（1）日本政府立法保障"产学官"合作

日本政府高度重视相关立法工作，通过中央和地方立法机关制定法律法规，使产教融合有章可循、有法可依。有关产教融合的法律主要有《职业介绍法》、《职业安全法》、《雇佣对策法》、《工厂法》、《职业训练法》、《产业教育振兴法》、《职业教育法》、《学校教育法》以及《社会教育法》等。1985年，日本政府修订了《职业训练法》，并将其更名为《职业能力开发促进法》，该法成为日本职业教育产教融合的基本法。其目的是实施职业培训和技能鉴定，以促进发展，提高专业技术人员的能力，为经济社会发展做出贡献。

2006年，日本政府出台了"实习并用职业训练制度"，并将其写进了新修订的《职业能力开发促进法》，同时配合修订了《中小企业劳动力确保法》，以确保政府为实施"实习并用职业训练制度"的中小企业及事业团体提供资金、政策等方面的支持。日本政府还制定了《创造性科学技术推进制度》《科学技术基本法》《产业技术力量强化法》《研究交流促进法》等法案来促进校企合作。

日本高等职业教育立法经历了一个不断发展和完善的过程。这些法律不仅体现在产教融合的具体环节方面，而且体现在产教融合的责任以及实习生的劳动报酬和劳动保障方面。法律法规具有约束力，从制度的角度保证了日本产教融合的顺利推进，促进了日本职业教育乃至日本产业的发展。

（2）提供财政支持推进"产学官"合作

从日本高等职业教育产教融合的发展来看，政府提供财政支持推进了"产学官"合作的成功发展。从某种意义上说，日本的财政支持也是最有效的教育政策。日本职业培训经费由国家、地方政府和企业共同承担，国家

---

① 曹勇、秦玉萍：《日本政府主导型产学官合作模式的形成过程、推进机制与实施效果》，《自然辩证法通讯》2011年第5期。

办的学校由国家承担 50% 的经费，企业办的学校由国家、地方、企业各承担 1/3。①

《科学技术基本法》《产业技术力量强化法》等政策规定了政府对校企双方合作应尽的职责，为合作企业提供了优惠政策。《职业能力开发促进法》规定实施"实习并用职业训练制度"，招收年轻人开展职业技能培训的企业可以获得"能力开发助成金"，其额度为内部培训成本和职业教育机构培训成本的一半，但每个企业最多不超过 500 万日元；实施"实习并用职业训练制度"的中小企业和企业集团可以在高职院校招收学生并进行试用，试用的企业可获得每人每月 4 万日元的"试行雇佣奖励金"，最多可支付 3 个月；同时，接收实习生的企业被给予相应的税收优惠等。

1993 年颁布的"特别共同试验研究费税额扣除制度"规定，企业与高校、公共科研机构联合研究或委托研究，可以被共同减免相当于研究开发总成本 12% 的税收。《增加试验研究税额扣除制度》规定，企业可以延长减免额的期限，也可以根据实际情况灵活选择减免额的时间。

（3）创办中介机构支持"产学官"合作

日本政府的一系列优惠政策和财政支持，鼓励和促进了社会各界，特别是企业界积极支持和参与职业教育，形成了良好的校企合作驱动机制。为了促进产学研合作，日本政府主导成立了许多中介组织和机构。文部科学省科学技术政策研究所和三菱综合研究所的联合统计显示，日本近 90% 的国立大学、60% 的公立大学和 40% 的私立大学建立了产学研合作窗口。1999~2004 年，各高校科研机构共建立了 354 个产学研合作窗口。

为了改变日本企业与高职院校之间相对封闭的状态，日本政府建立了"科学技术振兴事业团"，逐步建立了开放的产学研合作网络体系，为校企合作搭建交流与合作平台。同时，学校牵头组建了由政府部门、教育部门、企业专家、中介机构等组成的校企合作评估机构，定期监测和评估校企合作项目的运作过程和成果，确保产教融合的有效性。同时，这些监督评估机构也对学校的财务分配进行监督，具有独立制定行业标准和学校标准的

---

① 肖霞：《日本政府主导下的高职产学官合作及其启示》，《扬州教育学院学报》2013 年第 3 期。

权力，在产学研合作中发挥着重要作用。

3. 借鉴之处

建立现代学徒制是职业教育主动服务并满足当前经济社会发展要求的战略选择，是培养学生社会责任感、创新精神、实践能力的重要举措。日本学徒制发展成为以"产学官"合作为代表的现代学徒制教育体系，取得了良好的效果，合作院校研究能力全面提升，学校办企业的能力明显增强。日本现代学徒制的先进理念和实践探索可以为当下中国推进现代学徒制改革提供一定的参考和借鉴：一是政府是现代学徒制教育的引导者；二是要因地制宜地进行学徒制改革[①]，这样才能使"产学官"模式更好地扎根于中国本土化的发展，更好地服务于旅游创新创业教育体系建设，促进产学研深度对接。

（五）英国"工读交替"模式

随着社会生产对劳动者素质要求的提高，传统的学徒制已不能适应新的需要。因此，英国发展了一种现场教学与学校教育相结合、工学结合的现代学徒制教学模式。

1. 具体做法

1993 年，英国保守党政府的预算报告提出了英国现代学徒制。从那时起，学徒培训便被纳入了政府预算，培训资金也得到了保障。学习和技能委员会及其地方委员会负责为该区域的学徒培训提供资金。其资助程序由政府设定，地方政府根据该地区的行业发展制订各自的资金拨付计划。

英国的"工读交替"模式的做法是：整个学徒期一般持续 4～5 年，第 1 年，徒工脱产到继续教育学院或产业训练委员会的训练中心去学习；在以后的几年中，培训主要在企业内进行，徒工可以利用企业学习日每周一天或两个半天带薪去继续教育学院学习，也可以去继续教育学院学习一些"阶段性脱产学习"的部分时间制课程；徒工完成整个学徒训练计划，并顺利通过相关考核，可以获得相应的职业资格证书。英国的"工读交替"模

---

① 沈雕、胡幻：《以"产学官"合作为代表的日本现代学徒制研究》，《职教论坛》2018 年第 9 期。

式也被称为"三明治"模式。① 在这种正规学程中，安排工作学期的方式让学生在工作学期中，以"职业人"的身份参加顶岗工作并获得报酬。其学制主要分为长期和短期两种。长期的工读交替制指在学校学习和在企业工作的年限都较长，如4年制的课程，前两年在学校学习，第3年在企业工作，第4年又回到学校学习、考试，取得证书，即"2+1+1"模式。短期的工读交替制通常为6个月。②

参与"工读交替"模式的学生分为两类：一类以企业为依托，另一类以学校为依托。依靠企业的学生，无论是在企业工作还是在学校学习，都由企业支付工资。以学校为基地的学生，在学习期间由学校资助，在工作期间由企业支付工资。企业的学生可以通过学习获取更高的职业资格，改善其职业前程；学校的学生由于在企业实习，有可能在择业中处于优势。这种学习形式要有非常细致、周密的组织，使学校学习与企业实习融为一体，同时对教师也提出了比较高的要求。实践证明，这一模式有利于学生更好地理解理论知识，掌握生产技巧和生产过程中较为重要的管理知识，熟悉自己所从事的生产活动、在整个生产过程中的地位及其前后衔接的生产程序和关系。

2. 特色亮点

这种近乎企业与学校合股办学的产教融合机制是发达国家扩大职业学校自主权以推动职业教育发展的结果。这种形式区别于其他产教融合办学形式之处在于以下方面。

第一，学校不再隶属于地方教育当局，而成为自主办学、独立经营的实体，学校具有自主聘用员工、自主与其他单位签订合作协议、管理学校财产和经费、与工业界或政府合办企业、提供技术咨询和服务等的权利。

第二，产教融合成为企业内部事务，使其不再停留在提供实习场所、接受学生工作等层面上，而是深入学校管理与发展的各个方面，真正建立

---

① 方化民：《国外职业教育概览》，《教育与职业》2005年第28期。
② 高向军：《天津市中等职业教育校企合作发展研究》，硕士学位论文，天津大学，2012，第22页。

起学校与企业互惠互利、荣辱与共的关系。参与人才培养全过程成为企业运营中的一个基本任务。[①]

第三，学校实行董事会制，基本上按照企业运转模式来运作学校。有工商界代表参加的董事会在做出学校有关决策时无疑会充分考虑企业的需要，把准人才市场脉搏，进而有利于学校发展。为了保证工商业人士在合股办学形式中的主导地位，有的国家政府还规定学校董事会中工商企业代表不能少于50%。此外，英国现代职业教育模式注重人的个体差异。在规定学习内容的基础上，学校、企业可以适当增加学习内容或延长培训时间，在延长期内，政府仍会提供适当的资助。

3. 借鉴之处

就教师而言，其实务能力和研究能力得到了提升。就学校而言，其通过合作培育企业所需人才。而"工读交替"模式的最大受益者是学生。在许多地方，每个学生完成一个工作学期之后，用人单位会向学校反馈一份学生表现评估报告，内容包括对工作的兴趣、主动性、计划组织能力、学习能力、工作质量、创造性、判断力、独立性、行为举止、口头与书面沟通能力、领导能力以及遵守规章制度方面的表现等。最后，学校还要询问用人单位是否愿意下次雇用该名学生以及学生是否愿意接受雇用等。学生普遍反映"工读交替"模式不仅开阔了眼界，提升了思维能力，还增加了生活和工作经验，同时也可以赚钱补贴学费。

"工读交替"模式自实施以来，培育的学生不但具备实务的技能与专长，而且具有待人诚恳、虚心学习及专业敬业的素养与态度，深受业界欢迎、接纳及重用，足见该模式的效果已得到充分的验证与肯定。

（六）法国"学徒培训中心"模式

"学徒培训中心"模式是法国典型的产教融合方式，该模式使企业培训与学校教育得以有机结合。学徒培训中心由地方政府、行业协会和企业共同主办。它是一种半工半读、工学交替的职业教育机构。

[①]　张赓：《国际高职产学合作教育的比较研究》，《中国职业技术教育》2006年第6期。

1. 具体做法

学徒制分为中等教育和高等教育两个层次，涵盖各种国家职业资格证书和文凭。学徒制涵盖广泛的领域，包括工商业、农业和渔业、手工业、服务业以及其他私人和公共服务。学徒既是学生又是员工，可以从企业获得补贴，一般为最低工资的 25% ~ 80%。政府通过学徒培训税（TA）、拨款等各种形式，对学徒教育进行补贴和扶持。法国政府规定，所有公营或私营企业、协会、自由职业者都有资格签署学徒合同，只要他们能为学徒提供必要的培训。

法国学徒制采用的是半工半读的方法，学徒必须在企业工作，并在导师的指导下接受实训。他们还必须在学徒培训中心学习理论知识。学徒年龄一般在 16 ~ 25 岁，占法国这一年龄段总人口的 5.2%。从受教育水平看，接受中等职业教育的学徒占学徒总数的 70%，接受职业教育的学徒占学徒总数的 30%。

学徒由企业支付工资，并与企业签订培训合同。实践课程在企业中开展，企业的师傅负责指导。学徒培训中心主要开展技术理论课程和文化通识课程的授课活动。国家立法规定企业要履行职业教育义务，对进行学徒培训的企业给予补贴。

2. 特色亮点

（1）多层次培养

学徒培养的教育层次比较多，最低层次是初中毕业两年后的水平，最高层次为硕士研究生的水平。根据法国国家职业资格认证委员会的划分，法国学徒的培养层次可以分为五个级别：五级为初中毕业两年后获得职业能力证书（CAP）；四级相当于职业高中水平；三级相当于大专（两年制专科）的水平；二级相当于本科（高中毕业后三年）的水平；一级相当于硕士研究生（高中毕业后 5 年）的水平。2012 学年，法国有 438100 名学徒，其中42.4% 接受五级教育，也就是说，初中毕业后，他们接受了两年的教育，获得了职业能力证书；四级学徒人数占总人数的 26.7%，女学徒的比例相对较低，占 32%。此外，学徒制设预科班，通常设在初中或高中。学生在接受学徒教育前，可先参加预科班。学徒预科班的人数很少，每年大约只有7000人。[①]

（2）教育部与地方联合监管

学徒培训中心是学徒学习理论知识的主要机构，提供应用型综合类和技术类教育。学徒培训中心的教学监督主要由教育部负责，财政和技术监督主要由地方（地区）负责。法国近一半的学徒培训中心为私立机构（49.9%），工商会或行业协会机构占20%以上。学徒培训中心可由各工商会、行业协会、教育机构或企业与地区理事会签订协议而成立，协议有效期为5年，且可延长。学徒培训中心的资质每年必须重新申请认定。每年各主要地区有关部门对本地区内所有学徒培训中心进行审核，并公布该年通过认证的学徒培训中心的名单。除学徒培训中心外，有些高中或大学还设有学徒班。2013学年，法国共有1013个学徒培训中心和学徒班，其中851个由教育部管理。[②]

（3）涉及专业范围面广

2012年，法国学徒制涉及的学科专业有：数学与科学，人文科学与法学，文学与艺术，生产制造综合技能，农业、渔业和林业，电力与电子，加工，土木工程、建筑与木工，机械，软材料，服务业综合技能，交流与管理，传播与信息，个体服务或集体服务。总体来看，学徒制专业设置偏重生产制造行业（包括土木工程、建筑与木工等）和服务业。中等职业教育中的学徒制专业多涉及生产制造业（占比68%）；职业教育中的学徒制专业设置则偏重服务业（占比58.8%），特别是交流与管理专业。

（4）政府财税支持

法国学徒培训中心的资金主要来自国家或地区补贴、管理机构投入和学徒培训税。2013年，法国政府将学徒培训税和学徒发展税合并为学徒培

---

① 唐小艳：《利益相关者视角下高职院校产教融合机制研究》，西南财经大学出版社，2020，第390页。

② 唐小艳：《利益相关者视角下高职院校产教融合机制研究》，西南财经大学出版社，2020，第392页。

训税。2014 年 3 月，法国政府颁布了《职业教育、就业和社会民主法》，改革了学徒教育，特别是学徒财政体系，加强了大区议会在学徒教育中的作用，促进了学徒教育的质与量同步发展。2014 年 8 月，法国政府在年度《金融法修正案》中全面实施学徒税的重大改革。从 2015 年开始，法国开始征收两种与学徒相关的税收：一种是学徒培训税，另一种是学徒培训附加税（CSA）。

一是学徒培训税。学徒培训税是法国公司必须缴纳的一种税，于 1925 年开始征收。2011 年，法国的学徒培训税总额约为 20 亿欧元。2015 年，除部分地区外，学徒培训税按上一年度员工工资总额的 0.68% 计征。学徒培训税由公司向政府批准的学徒税征收机构（OCTA，目前在法国有 147 家）缴纳。公司必须在每年 3 月前完成上一年度学徒培训税的缴纳。①

2015 年，法国公司所缴纳的上一年度学徒培训税的 51% 用于公司所在大区的学徒教育的相关支出，属于公共财政；26% 间接支付给学徒培训中心或学徒班，为定额学徒培训税；剩下的 23% 是额外的学徒培训税，用于支持职业或技术基础教育中的非学徒教育，特别是被列入法国国家职业资格认证目录（RNCP）的职业教育。

①缴纳给大区的学徒培训税。学徒培训税征收机构在完成征税后，于 4 月底之前将 51% 的数额划入公共财政，再由公共财政分拨给各大区议会。这一部分的学徒培训税通过各大区议会又分成两部分：一部分是大区议会自身的相关开支；另一部分由大区议会用于增加学徒数量，特别是接受低层次教育的学徒数量。为填补此项开支，法国《劳动法》规定，将国内能源产品消费税的一部分拨给地方，2015 年这一数字约为 1.5 亿欧元。

②定额学徒培训税。定额学徒培训税用于资助学徒培训中心、学徒班、企业、学校、职业培训中心等机构的学徒培训。企业招用学徒后，必须分担学徒培训机构的相关教育费用。企业分担成本的最大值不超过限额的 26%。如果企业不招收学徒，定额学徒培训税也可以间接支付给他们选择的

① 唐小艳：《利益相关者视角下高职院校产教融合机制研究》，西南财经大学出版社，2020，第 394 页。

学徒培训中心。

③定额外学徒培训税。对定额外的学徒培训税，企业可以自由选择受益机构。受益机构可以是大学、工程学院或职业教育学院，但资金必须通过学徒税征收机构转移，不能直接支付。

2014年进行相关改革后，定额外学徒培训税根据受益机构学徒教育培训层次，按如下比例进行分配：提供初中毕业后两年、职高和大专层次（即法国国家职业资格认证目录中的五级、四级和三级）教育培训的机构（被称为"A类"），可获得定额外学徒培训税的65%；提供本科和硕士研究生层次（即法国国家职业资格认证目录中的二级和一级）教育培训的机构（被称为"B类"），可获得定额外学徒培训税的35%。A类与B类机构，可以是公立或私立教育机构，也可以是企业培训中心。学徒培训税是教育机构经费来源的重要组成部分。例如，法国排名第二的埃塞克高等商学院（ESSEC），作为一所私立学校，每年的学徒培训税占学校总资金的22%。在法国其他类似的商校中，学徒培训税一般占其资金来源的10%~15%。

二是学徒培训附加税。对于拥有250名以上员工的企业，法国政府还额外征收学徒培训附加税，征收标准根据企业员工数目及现有半工半学员工（学徒）数目情况而变化，占企业员工毛工资总额的0.05%~0.6%。学徒培训附加税也必须通过学徒培训税征收机构征收。但是，企业如果招聘的半工半学员工占其员工总数的4%以上，则不需要缴纳学徒培训附加税。

学徒培训附加税是定额学徒培训税的补充，主要用于企业分担学徒培训中心的相关教育成本。

当然，除了上述几种之外，还有其他一些模式。比如企业独立创办职业学校，就是一种完全由企业掌控学校培养目标和学生培养过程的方式。其特点有三个。一是企业根据自身需要创办与企业生产、经营目标基本一致的职业技术学校，主要培养企业需要的各类人才。学校的培养目标是满足企业人力资源管理与开发的需要，也可以说企业的需要就是学校的目标。[①] 二是

---

① 陈淑玲：《新疆昌吉职业技术学院校企合作教育研究》，硕士学位论文，天津大学，2011，第24页。

学校是企业一个重要组成部分，教学过程和学生参加工作的过程融为一体。三是学生进校时同时具有了学校学生和企业徒工的身份，毕业后在企业工作。此种方式在发达国家受到政策鼓励，欧美许多大型工业企业开办了自己的学校，为企业培养人才。例如，举世闻名的奔驰公司在国内设有多所职业学校，所招学员毕业考试合格后才能在企业当专业工人，不合格者可再学习一次，仍不合格者则予以辞退。

韩国也有鼓励企业创办学校的政策出台。如韩国政府鼓励企业办学的措施包括企业在经费上享受税收优惠，企业内部学校学生免交学费，无力开展职业教育的企业则需要按职工年均工资的 0.75% 缴纳职业教育保险金，由国家统一安排职业教育和培训事务。[①]

当前，产教融合办职业教育已成为世界各国的趋势。特别是在发达国家，积极发展和完善职业教育产教融合办学，不仅是这些国家内部教育的问题，更是作为一个民族品牌提升国家形象并向其他国家输出的重要使命。

上面所介绍的德国"双元制"职业教育，德国前总理科尔曾深刻地指出："这种我们称为双元制，即实训和学校相结合的制度，已成为德国质量的标志并非偶然之事。我多次充分地表示，我将竭力支持它并为了这一伟大事业的长存而斗争。"[②] 法国前总统戴高乐在访问德国时曾感慨地说，德国每年要向西欧出口很多产品，看来还应该出口另一种产品，这就是职业教育和职业培训制度。由此可以看出，职业教育产教融合办学在发达国家中的地位何其重要。

3. 借鉴之处

学徒培训中心通过与行业企业多年的合作，对就业市场具有敏锐的触觉。以巴黎第一大学旅游高等研究院为代表的一大批高校与学徒培训中心的合作无疑让自己的办学更贴近市场需求，改变原有那种由专业而就业的

① 张承斌：《高职教育产学结合人才培养模式若干问题研究》，硕士学位论文，天津大学，2005，第 37 页。
② 欧阳河：《职业教育基本问题三论》，《河南职业技术师范学院学报》（职业教育版）2004年第 6 期。

模式。同时，双方的合作也让原本只停留在中等职业教育层次的学徒培训中心出现了学徒制层次上移的现象，为学徒打通了从职业技术证书至专业学士学位、硕士学位的发展通道。这大大提高了学徒制对法国青年的吸引力，也赋予了高等院校、学徒培训中心更强的生命力。

我国在深化产教融合过程中存在公立院校与企业难以逾越的公私划分制度障碍和双方各自的思维惯性框架等问题，可以借鉴法国这种游离于学校体系之外、所有权不同的学徒制培训机构"学徒培训中心"模式，对行业组织和社会机构在构建协同体系中的作用给予特别重视。当前，在我国教育产业中，对市场具有敏锐触觉的社会培训机构能够根据企业需求进行精细设计，并运用灵活的机制聚集教育资源，开发教育产品。职业院校和应用型本科院校可通过购买或与对方共建二级（产业、行业）学院等方式展开合作，从而使自己的人才培养更贴近行业企业需求，最终使旅游创新创业教育迈上新高度。①

（七）新加坡"教学工厂"模式

"教学工厂"模式是新加坡借鉴德国"双元制"而发展起来的一种新的产教融合教学模式。什么是"教学工厂"？新加坡的"教学工厂"，并不是我们传统意义上的教学实习工厂，而是将教学和工厂紧密地结合起来，即"把学校按工厂模式办，给学生一个类似于工厂的学习环境，让学生通过真实的生产和实际的项目设计，直接学到实际的知识和技能"。

1. 主要做法

其具体做法是：学校从生产厂家承揽工业生产项目，将其作为学生毕业设计的课题。生产厂家以提供或借用的方式，在学校装备一个完全与实际工厂一样的生产车间，学生在教师（组织项目并讲课）和工人师傅的指导和训练下，进行实际生产操作。因此，"教学工厂"模式不但能让学生巩固所学的理论知识，而且通过实际生产使学生学会未来上岗必须掌握的基本技能，真正做到"学以致用"。学生所做的项目是企业当前最需要开发的

---

① 负丰薇：《法国学徒培训中心与高等院校联合培养模式分析——以巴黎第一大学旅游高等研究院旅游和酒店管理专业为例》，《南方职业教育学刊》2019年第2期。

实际项目，学生在"教学工厂"里所生产的产品是企业正在生产和销售的产品。"从某种意义上说，'教学工厂'是真正意义上的产教融合机制。"

"教学工厂"模式是 20 世纪 80 年代初由南洋理工学院院长林靖东提出的一种教学模式，它把教学和生产实际紧密结合，使学校工厂化，给学生一个生产环境，让学生通过实践学到实际知识和技能。其具体安排是：理工学院三年级和工艺教育学院二年级的学生按专业方向进入有关工业项目组进行实际操作，项目可由学校统一从厂家承揽或由学生自选，生产车间由厂家在学校装备，学生在教师和工人师傅指导下进行实际操作。这种模式与我国教学实习的区别在于：一是强调学生的独立操作；二是项目的完成过程必须进行成本核算，以不蚀本并有微利为原则，使学生得到真正的生产经营训练。

南洋理工学院通过短短的 17 年办学时间就形成了"4C"的特色，即组织文化（Culture）、创新理念（Concept）、专能开发（Capability）及校企政联系（Connection），在职业教育领域取得了显著的成效，很多方面值得我们借鉴和学习，其中"教学工厂"模式是其办学理念的精髓。

2. 特色亮点

（1）办学理念先进

"教学工厂"模式是南洋理工学院在德国"双元制"、英国 BTEC、澳大利亚 TAFE 等先进的职业教育产教融合模式的基础上，加上新加坡独特的民族特色形成的职业教育模式，即在教学环境中创建一个实际的企业环境，并通过公司项目和研发项目使学生可以多元化地获得知识和技能。

"教学工厂"将实际的企业氛围引入教学环境中，并将两者融合在一起。但南洋理工学院的"教学工厂"不是简单的模拟或模仿，而是将实际的企业项目和研发项目在"教学工厂"中完成，这样就可以使学生将学到的知识和技能应用于多元化、多层次的工作环境中。"教学工厂"理念强调以学校为本位，而不是以企业为本位，是在现有教学系统（包括理论课、辅导课、实验和项目安排）基础上设立的，即在教学环境中营造实际的企业氛围，通过企业项目和研发项目培养学生的知识应用能力和创新能力。

南洋理工学院与新加坡 300 多家大中型企业和几十家跨国企业有着密切联系，企业为学校提供先进设备、研发资金和实习岗位，供学校教学、研发和培养人才使用，如南洋理工学院依托各系部与新加坡国防科技研究所合作成立了专用集成电路创新中心；与微软合作成立了视窗移动解决方案中心；与 IBM 合作成立了万维网服务创新中心和射频识别创新中心；与思科合作成立了协同操作验证中心；与政府合作成立了化学加工科技中心及新加坡零售管理学院；等等。

（2）管理架构科学

南洋理工学院各系部根据专业方向设置了不同的专业科技中心，其核心任务是专项教学、在职专科培训、企业项目开发、应用科研项目开发。其同时实行企业化管理，通过 ISO9000 认证，各个系部实行系主任负责制，下属各科技、创新中心实行经理负责制。每个科技中心由 1 名经理和 1～2 名副经理负责，专业教师根据专业方向分属各科技中心，以科技中心为主体承接企业项目。经理既是科技中心的管理者，也是专业方向的负责人；教师既是科技中心的项目研发人员，也是课程负责人。含有多元技能的系统项目由系部的多个科技中心联合开发，特大型项目由牵头系部组织、学院相关部门协调，跨系组织项目团队。

该模式将实际的企业氛围引入教学环境中，两者紧密结合，结合的载体是企业项目和研发项目。这种校企之间的紧密合作，使教师的知识和技能不断更新，真正做到"用最新的技术培养今天的学生，服务未来"。学校可以提供专业人员，解决技术问题或设计开发项目和产品。"教学工厂"真正实现了师生双赢，实现了校企双赢。

3. 借鉴之处

旅游类院校作为培养旅游行业人才的摇篮，其教学模式和人才培养质量关乎旅游行业未来的发展。创新生产性实训基地教学模式，深化产科教融合、校企合作是中国特色职业教育发展的必由之路，是学校培养技能型人才的关键环节，是提高旅游创新创业教育人才培养质量和就业竞争力的有效途径。刘珊珊以部分中职院校为例，通过对样本学校"教学工厂"模

式的具体分析，总结出样本学校旅游工艺品设计与制作专业生产性实训基地教学模式创新之处：突破壁垒，校企共建共享；立足公益，师生双角色定位；就业创业一体化发展；博物馆教学环境，精育职业匠人；兴趣为导，鼓励创新。① 这些无疑是"教学工厂"模式适用于中国的具体体现，表明产业和教育教学在一定程度上实现了深度融合，有效地对接了旅游创新创业教育的发展需求。

二 经验启示

创新创业教育作为一种现代教育理念和实践，传递着国家战略的导向、转型发展的指向、培养目标的同向三重意蕴，院校实施创新创业教育的意义重大。当前，部分旅游类院校创新创业教育取得了一定的成效，但在教育观念、保障机制、内涵建设、协同发展等方面还存在问题。② 因此，要积极学习国内外先进的发展模式，从观念转变、主体合作等多方面入手，更好地促进产科教融合与旅游创新创业教育的协同发展。

（一）观念转变：树立正确的人才理念

1. 转变办学观念，善于顶层设计

一方面，从践行创新驱动发展战略高度切实履行施教主体责任，把创新创业教育作为转型发展、内涵发展的突破点，作为创新人才培养模式、提高人才培养质量的有效途径。创新创业教育实质上是一种新的、先进的教育发展理念，指向是全面培养学生的双创意识和能力，提高学生综合能力和素质，为学生可持续发展提供动力。显然，作为一种全新的教育模式，它与院校人才培养目标高度契合，高校理应树立创新办学理念，改进人才产出，造就大批符合国家创新驱动所需的高级应用型人才。另一方面，达成理念共识，加强顶层设计，优化底层配置。把应用型创新创业教育纳入年度工作计划、事业发展规划，制定出台发展纲要、实施方案，形成统一

① 刘珊珊：《中职学校旅游工艺品设计与制作专业生产性实训基地教学模式研究》，硕士学位论文，贵州师范大学，2019，第48页。
② 吴学松：《应用型本科院校创新创业教育现状、问题与对策》，《教育与职业》2020年第5期。

领导、整体推进、齐抓共管、全员参与的大教育格局，提升在主流教育体系中的话语权。

2. 健全组织机构，形成工作合力

高校设立创新创业教育工作领导小组，全面负责创新创业教育改革工作，研究制定相关工作制度，指导课程体系和师资体系建设，统筹全校创新创业教育资源，评价实施成效，决定创新创业教育重大事项；设立校级专家指导委员会，组建智囊团，从高位把握应用型创新创业教育发展策略，进行精准定位、决策咨询、业务指导。有条件的高校成立处级建制的创新创业实体学院，专司创新创业教育管理。教务处、招生就业处、团委、学生处等职能部门和二级学院负责组织实施小单元化的创新创业教育管理和服务工作。只有这样，才能形成多管齐下、分合有致、相互支撑的局面，实现创新创业教育工作成效的最大化。

3. 营造创新氛围，培育创业文化

一方面，在氛围渲染上，利用校内载体，如宣传栏、黑板报、微信平台、班级 QQ 群、创业服务网，积极宣传创新创业政策及优秀创业事迹，发挥榜样的示范效应；另一方面，在行为引导上，凝练创新创业教育理念，结合应用型人才培养目标，建设积极向上的校园创新创业文化。坚持把创新创业活动作为校园文化建设的重要内容，如开展创新创业大赛，培养创业意识；组建创新创业团队，经受双创历练；举办创新创业报告会，分享创业成功的经验。可以说，校园创新创业文化是一种无声的教育力量，是促进大学生精神意识和行为方式发生改变的重要条件，是推动"校园创业"向"创业校园"转型的无形力量。

（二）政府支撑：完善教育立法

1. 创新教学管理，助力双创"松绑"

从教学管理入手，释放制度活力，为创新创业"松绑"。探索实施弹性学制，细化保留学籍管理办法，使大学生在创新创业过程中有保留学籍或取得延期毕业的机会；完善学分管理制度，丰富学业考查评价模式。依据《普通高等学校学生管理规定》要求，建立创新创业学分，纳入学业考核要

求。学生参加创新创业活动取得显著成绩，如发表论文、获得专利、参加"挑战杯"系列竞赛和"互联网＋"大学生创新创业大赛获得优异成绩等，可评估并换算成学分，从制度上引导大学生投身创新创业实践；建立跨专业创新创业人才培养制度，构建跨学科、跨专业交叉培养和协同育人机制。通过辅修其他专业、本科二学历专业等途径，鼓励学有余力的学生学习其他专业课程，为跨专业知识积累和能力培养提供学习机会。

2. 加大财力扶持力度，拓展筹资渠道

一方面，建立校内专项资金扶持制度。加大经费投入，将创新创业教育经费纳入高校年度财务预算，作为专项资金扶持学生创新创业，规范审批及使用流程，确保专款专用。另一方面，建立外部资金筹措机制，多渠道争取社会资金支持创新创业教学，以"大学生创新创业奖学金""大学生创业风险基金"等形式资助学生创新创业项目。完善管理和运行机制，积极争取政府部门、知名企业、优秀校友、行业协会等以多种方式为开展创新创业活动的大学生提供资金扶持，为优秀创新创业项目推介、孵化、成果转化等提供启动资金。

3. 健全评价机制，实施绩效监控

教育行政部门应开展专项评估活动，强化对应用型创新创业教育的宏观监督。为确保公平、公正，也可委托社会第三方教育评估机构进行评估，评估结果向社会公示。根据评估绩效，给予院校在创新创业教育方面相应的优惠政策、扶持资金。要完善内部评价机制，将其纳入高教评估体系。树立科学的评价观，形成正确的价值导向，充分认识实施创新创业教育评价的意义，合理构建评价指标内容。课程体系注重对创业课程设计、教材选用、教学方法等要素的评价；实践体系注重对参加"挑战杯"系列竞赛、申请专利、发表论文、组建创业社团等要素的评价。要对人才培养结果进行评价，重点考察大学生参加各类创业大赛获奖情况、毕业后创业比例、创业成功率等，了解创新创业教育的实际效果。

（三）质量提升：促进深度融合

1. 整合资源，贯穿双创理念

创新创业活动是社会资源的重新整合和高效利用，高校创新创业教育也需要政府、社会企业、学校等的积极参与和充分融合，把创新创业教育融入专业教育的全过程更需要多方资源的有效调配。政府、社会企业参与到教育教学活动中，使创业所必需的核心技术创新方向明确、主题升华，也为创新创业团队充分展示青年大学生活跃的创造性思维提供施展的平台和广阔空间。旅游管理专业作为一个服务性特色鲜明的实践型、应用型学科，整个教育教学环节都离不开社会资源的有效引领，这是创新创业教育融入旅游管理专业的前提，也是提升大学生实践能力、专业素养和创新精神的重要抓手。①

首先，要使专业教师成为创新创业教育的排头兵。创新创业教育师资队伍应包括专业教师、校内外创业教师和导师，更应涵盖旅游行政主管部门、酒店、旅行社、景区、旅游"文创园"和"众创空间"的高管与精英人才，突出高学历、高职称专业教师和政府、企业高管、业界精英的深层次合作，使专业教师成为专业理论和行业实践创新的"双师双能"型导师。具有创业经验的成功企业家和业界精英对旅游市场有着深刻的把握，他们加入高校的创新创业教育中，强化对旅游管理学科建设和专业发展的深度研究，是高校旅游管理专业教育改革创新的有益尝试，

其次，要把创新创业教育渗透到专业教育课程体系中，将创新思维和创新理念融入专业教育的教学设计、毕业设计中。专业知识、专业实践与创业知识、创业实践互补融合，把旅游学、管理学、创业学、社会学、经济学等知识体系纳入旅游管理专业必修课和选修课，把专业实习实训、创业实践、社会调研服务作为必要的补充以完善考核机制，形成涵盖创业和专业的基础知识传递、理论提升、实践演练、科学引导、项目创新的课程体系。同时，把校内外资源全方位引入专业引导、专业教学、专业实习实训、创业实践、社会调研与服务等环节，优化"校政行企"多方联动的人才培养模式，强化专业教师、青年大学生与社会资源的全方位互动，深刻体会社会经济和旅游市场的创新发展，积极探讨专业教师、旅游行业企业

① 刘振中：《高校创新创业教育与专业教育的深度融合——基于 L 学院旅游管理专业的思考》，《教育理论与实践》2018 年第 33 期。

精英和青年大学生互动的创新创业教育课程体系以及"产、教、研、学、用"融合的教育教学模式。

2. 依托实践，激发创新活力

高校依托智慧旅游协同创新中心和旅游管理优势特色学科平台，紧密结合专业教师的科研优势，与旅游主管部门共建智慧旅游重点实验室和智慧旅游"众创空间"，大力实施"卓越旅游管理人才"培养计划。把酒吧茶社、酒店大堂、旅游规划和旅游大数据分析中心等建成专业功能实验室与"众创空间"，对不同层次大学生开展专业引导和实践演练，准确把握行业发展前景和管理营销理念。在专业实习实训时，每个基地确定能力强的专业指导教师顶岗挂职，并确定业务精湛的高管或精英人才作为实训导师，在现场共同指导大学生的专业技能和实践创新。从管理学的理论层面和创业学的实践层面进行理论研究和实战演练，创新旅游产业经营与管理理念，激发旅游服务与技术创新活力。

同时，安排高职称、高学历专业教师和企业总经理指导大学生参与旅游规划、旅游行业发展和旅游大数据分析等专业实践活动，积极引导大学生参加旅游专业技能大赛、中国创新创业大赛、"挑战杯"系列竞赛等实践项目比赛。高校强化与政府旅游主管部门的深度合作，专业骨干教师和大学生参与各项旅游行业的调研与评估，如承担景区、酒店的调研与暗访任务以及节假日景区优惠政策实施的大数据分析和评估等，强化学校专业教育与社会经济发展的融合，使专业技能与旅游市场发展有效衔接，切实提升大学生旅游管理专业技能和旅游服务技术创新水平。依托旅游管理专业实践，鼓励专业教师和大学生开展旅游产品开发、旅游规划等创新创业活动，并给予场地、资金、技术等方面的支持，激发青年大学生基于专业技能的创新思维和创业活力。

3. 科学评估，完善保障体系

高校创新创业教育的建设、创新、发展离不开教育评估这个"助推器"。教育评估通过质与量的判断，准确了解教育教学活动的实际情况，为工作创新和改进提供可靠依据。科学的评估、有效的激励是提高教育教学绩效的有效手段。创新创业教育评估要结合教育过程和绩效结果，对教育教学过程、教师指导研究以及大学生的创新精神、创业意识和创业实效等方面进行全方位的评价与指导。评价时，要注重大学生创业成功率和创业盈利，注重指导教师创业知识传授和课题研究，也要注重基于本专业技能和本领域产业经济发展融合的创新创业理论与实践探索。行之有效的激励机制是完善创新创业教育评估的重要保障。

创新创业活动的评估不仅在于对成功案例的支持和推广，更在于对实践探索不理想案例的深度剖析和科学引领。高校引进市旅发委主任与五星级酒店、高端景区、国有大型旅行社总经理作为创新创业导师，设立"卓越旅游人才"创新创业基金，对绩效突出的专业教师、大学生予以技术和资金扶持，引导他们把创新创业的成功经验向青年大学生传递。同时，对本专业领域创业探索不理想的团队进行关注和深度剖析，强化对创新创业教育和实践活动过程的科学评判，指导他们重新评估和判断，直到有所成效。

旅游产业经济的创新发展为旅游管理专业人才培养模式创新提供了机遇，旅游管理专业教育与创新创业教育的融合发展也初见成效。但高校以专业教育为基础的创新创业教育仍面临诸多问题，特别是满足不同专业、不同层次大学生和社会经济发展需求的、具有普适性的创新创业教育机制仍需探索。深入开展创新创业教育与专业教育深度融合的机制探索活动，必将促进高校人才培养模式创新和高等教育的综合改革。

（四）产学对接：加快市场化办学

1. 协同治理，促进开放办学

创新创业教育作为外向型特征明显的教育实践，是院校连接社会、服务社会的重要桥梁，是产科教融合的重要途径，需要通过校内外环境进行物质、信息和能量的交换，才能进一步改善人才供需的适配度，更好地履行现代大学职能。由此，各类院校必须打破过去精英主义办学的惯常模式，增强协同并进意识，根据新时代对人才的能力素质要求，积极融入双创情境，建构双向互动、多方参与、同频共振的协同治理机制，在开放的教育系统中通过合作育人方式培养更加适切的创新型人才。

2. 多方联动，建设资源共同体

一是建立校际创新创业人才联合培养平台。鼓励依托本校学科专业特色，强化人才跨校培养机制，开展互动交流与合作学习活动，共享优质教育资源，共建精品课程，力促学分互认、学习成果互认。二是深化与政府的合作。加强沟通，善用政府政策导向和市场导向功能，在人才培养过程中寻求政策支持，完善创新创业教育体系，提高人才培养质量。三是加大校企合作力度，构建产学研三位一体的办学体制，引企入教，共育创新型人才。院校利用师资、科研、人才等优势为企业提供定向人才培养、人力资源培训、技术难题攻关、决策咨询等服务；企业为院校提供设备、资金、场地等资源，为院校提供实习实训基地，推动创新创业成果转化，双方汇聚创新创业人才培养合力，构筑协同育人新机制。

3. 内外发力，助推项目孵化

在内部，利用现有的实验实训场所、学生活动中心、大学生创业科技园等基地平台和孵化基地，加强条件保障建设，投入扶持经费，规范完善管理制度，为大学生开展创业实践提供机会。对校内创业孵化基地的项目，安排创业导师全方位指导，服务学生创新创业尝试。"创客空间"是一种新型孵化器载体，是创新创业要素的聚集体系，是能够支撑大学生创新创业的天使投资、知识产权、人力资源和技术转移等平台的开放式共同体。在校内建立"创客空间"，引导大学生开展基于创新成果的创业实践，实现创新创业教育的一体化和系统化。在外部，将创新创业教育与政产学研相结合，整合各方资源协同推进，搭建多元化的实践平台。利用区位优势，深化与地方政府、创业园区合作，融通校内外创业园区，为大学生创新创业提供孵化器，促进高校科技成果转化，使创业科技在企业落地开花。主动对接专业化社会服务机构，为不同阶段、不同领域的大学生创业提供行政、设备、财务等精准服务，解决创新创业"最后一公里"问题，更加有针对性地促进早期创新创业项目落地生根。

第四章
产教、科教融合与旅游创新创业教育
协同发展的历程演化

我国高等教育面临就业难、发展同质化、疏离经济社会发展等问题。高等教育劳动力市场供求失衡，大学生就业难与企业"用工荒"形成强烈反差。一方面，2021年12月28日，教育部在"办实事 见实效"第四场新闻发布会上提到，2022届高校毕业生规模为1076万人，同比增加167万人，规模和增量均创历史新高，高校毕业生就业形势非常严峻复杂。另一方面，众多企业又难以招聘到紧缺的应用技术型人才，出现了"招工难"和"用工荒"现象。"就业难"与"用工荒"的矛盾之所以越演越烈，其根源在于我国现有的高等教育结构与经济社会发展对人才的需求结构之间出现了错位和失衡。因此，深化产教、科教融合，提升应用型人才培养质量，对解决人才培养与产业需求"两张皮"的矛盾、助推我国产业经济的发展具有重要意义。

第一节　政策变革

产教、科教融合是我国高等教育全面深化改革的重大措施和战略，产教、科教融合和创新创业教育协同发展成为近年来备受重视的战略课题。新时期的产教、科教融合有着全新的内涵，已由过去的政府指导转

化为政府部门共同推动，体现出高等教育管理体制的重大改革。① 产教、科教融合发展的核心是推动行业、领域、企业和高等教育的人才培养、教育产品、国际交流协作的全方位整合发展，打通产业与院校、产品和教育之间的隔阂，加强双方联系，对接双方需求。在此过程中，政策导向至关重要。

一 变迁历程

（一）初步起步阶段（1978～1998年）

1978年，党的十一届三中全会掀开了我国职业学校全新发展的一页。这一时期以调整、恢复为主要任务，产业和高等教育的发展相对来说处于各自独立、彼此分散的局面。1978年10月，教育部印发的《全国重点高等学校暂行工作条例（试行草案）》明确提出，必须使重点高等院校发展成为我国教育教学与科学研究的中心；1979年，国家劳动总局颁布了《技工学校工作条例（试行）》，提出"职业学校教学应大力与社会实际生产劳动相结合，努力培养学生的专业实践应用能力"。上述条例使我国的人才培养跳出了"高等教育质量＝人才培养质量＝教学质量"的主流观点。此后，中共中央发布了《关于教育体制改革的决定》（1985年），要求教育与社会实际需要相结合，提倡走产教结合的路子。

20世纪90年代，"产教结合""校企合作"形成了产教紧密结合的新型教学模式。1991年10月，《国务院关于大力发展职业技术教育的决定》发布，一方面，明确要求职业院校和培训中心应按照教学需要和所具有的条件，积极发展校办产业，办好生产实习基地；另一方面，明确提出"产教结合，工学结合"，这是"产教结合"的提法在教学层面上的明确提出，它标志着产教关系进入崭新的发展阶段。1993年，中共中央、国务院审议批准《中国教育改革和发展纲要》，倡导校企联合举办，走产教结合的道路，进一步做到以厂（场）养校。1995年，《中共中央 国务院关于加速科学技术进步的决定》提出，坚持科学技术是第一生产力的思想，要把基础

---

① 本刊编辑部：《深化产教融合笔谈会》，《中国职业技术教育》2018年第1期。

性研究和人才培养结合起来，要把科研院所和高等学校的研究工作结合起来。1996 年 5 月，全国人大常委会审议通过了《职业教育法》，提到"职业学校、职业培训机构实施职业教育应当实行产教结合，为本地区经济建设服务，与企业密切联系，培养实用人才和熟练劳动者"。1998 年 12 月，教育部颁布了《面向 21 世纪教育振兴行动计划》，明确"职业教育和成人教育要走产教结合的道路，调整学校布局，优化资源配置"。

该阶段的政策，无论是在数量上还是质量上，都强调在为当时的职业教育提供活力的基础上，加强职业教育与社会发展之间的联系。在此阶段，中国的经济建设处于起步时期，许多政策措施还没有完善，或者是为了应急，而正是这种措施为今后的高等教育建设打下了坚实的基础。

（二）改革探索阶段（1999～2011 年）

世纪之交，我国社会主义事业进入关键时期，经济社会建设需要大量的高素质技术人才，需要职业学校扩充数量、优化结构、深化改革。① 在《职业教育法》制定完成的基石上，政府部门不断促进产教融合的多元化、创新性尝试。1999 年，《中共中央　国务院关于深化教育改革 全面推进素质教育的决定》明确了职业学校要实行产教结合，鼓励学生在实践中掌握职业技能。2002 年，《国务院关于大力推进职业教育改革与发展的决定》提出，深化职业教育办学体制改革，形成政府主导、依靠企业、充分发挥行业作用、社会力量积极参与的多元办学格局。2004 年，《教育部等七部门关于进一步加强职业教育工作的若干意见》提出，推动产教结合，加强校企合作，积极开展"订单式"培养。同年，教育部印发《关于以就业为导向深化高等职业教育改革的若干意见》，确立了产学研结合的长效机制。

2005 年，《国务院关于大力发展职业教育的决定》等有关产教结合政策措施的推出，为产教结合开辟了一条由政府、企业、社会三方力量参与的高等教育多元化发展模式。同年，国务院发布《关于进一步加强就业再就业工作的通知》，提出广泛发动全社会教育培训资源，为城乡劳动者开展多

① 周应中：《新中国 70 年职业教育产教融合政策变迁逻辑——历史制度主义的视角》，《职业技术教育》2019 年第 33 期。

层次、多形式的职业培训，并积极推行创业培训，提高劳动者就业能力和创业能力。2006年，《国家中长期科学和技术发展规划纲要（2006—2020年)》明确提出，构建科学研究和高等教育相结合的科学技术创新体系，促进科学研究组织内部、科研单位和高等院校内部的融合。2007年，教育部办公厅印发的《大学生职业发展与就业指导课程教学要求》提出创业教育，明确提出了课程教学目标和内容，将创业教育的教学目标明确为使学生了解创业的基本知识，培养学生创业意识与创业精神，提高创业素质与能力。2008年，《关于促进以创业带动就业工作的指导意见》指出，坚持政府促进、社会支持、市场导向、自主创业的基本原则，强化创业服务和创业培训，改善创业环境，加快形成政策扶持、创业培训、创业服务"三位一体"的工作机制，不断激发劳动者的创业激情，增强创业意识，鼓励更多的城乡劳动者通过自主创业实现就业。2009年，《教育部关于加快推进职业教育集团化办学的若干意见》进一步厘清了校企合作关系、城乡合作关系、区域合作关系以及中、高职合作关系，为促进科学技术与文化产业的协同发展创造了一个更为宽广的平台。

2010年，教育部颁布的《关于大力推进高等学校创新创业教育和大学生自主创业工作的意见》提出始终以学生为中心，贯通人才培养全过程，突出学科特点，把创新创业类课程的设置与专业课程体系有机融合，使创新创业实践活动与专业实践教学有效衔接。同年，《国家中长期教育改革和发展规划纲要（2010—2020年)》提出，探索高等学校与行业、企业密切合作共建的模式，推进高等学校与科研院所、社会团体的资源共享，形成协调合作的有效机制，提高服务经济建设和社会发展的能力。2011年，《教育部关于推进中等和高等职业教育协调发展的指导意见》率先明确了"推进产教结合，实行校企合作、工学结合"的培养方案。2012年，中国科学院、教育部联合印发的《科教结合协同育人行动计划》再一次推动了科教融合协作培养的进一步实施。

这一时期，国家在产教整合、科教结合和创新创业等教育领域开展了创造性的尝试，并获得了一定的进展。国家积极促进高职教育与外界互动，逐渐完善了政府领导、专业引领、行业积极参与的办学体系，并整合了各行业资源，积极参与职业教育领域的人才培养，全国职业教育领域的行业交流体系已初步建立。在产教一体化的语境下，中小企业的战略地位日益突出，职业学校促使企业、学校之间的关系日益密切。

（三）深化发展阶段（2012～2016年）

随着中国高等教育的蓬勃发展，为支持创新型国家建设和人才强国战略，国家实施高等学校创新能力提升计划，在"重点任务"中提出"面向行业产业经济发展的核心共性问题，依托高等学校与行业结合紧密的优势学科，与大中型骨干企业、科研院所联合开展有组织创新，建立多学科融合、多团队协同、多技术集成的重大研发与应用平台，形成政产学研用融合发展的技术转移模式，为产业结构调整、行业技术进步提供持续的支撑和引领，成为国家技术创新的重要阵地"。

2012年，《教育部关于印发〈教育信息化十年发展规划（2011—2020年）〉的通知》提出，产业与教育相结合、职业教育专业机制评价需要行业和企业的积极参与，职业院校教师实践基地可以建设在有条件的企业。2013年，中共中央发布的《关于全面深化改革若干重大问题的决定》明确提出，加快现代职业教育体系建设，深化产教融合、校企合作，培养高素质劳动者和技能型人才。这是国家层面第一次明确提出职业教育产教融合，是对中国职业教育产教紧密结合的继续深入。2014年，《国务院关于加快发展现代职业教育的决定》明确提出，加快现代职业教育体系建设，深化产教融合、校企合作，培养数以亿计的高素质劳动者和技术技能人才。同年，教育部等六部门发布了《现代职业教育体系建设规划（2014—2020年）》，着重强调了"系统设计现代职业教育的体系框架、结构布局和运行机制，推动教育制度创新和结构调整，培养数以亿计的工程师、高级技工和高素质职业人才，传承技术技能，促进就业创业，为建设人力资源强国和创新型国家提供人才支撑"。

2014年，中国科学院发布的《"率先行动"计划暨全面深化改革纲要》指出，要深入实施人才培养引进系统工程，进一步提高吸引和凝聚优秀人

才的国际竞争力；发挥科技资源优势，探索科教融合培养高层次创新人才之路。2014年，《教育部关于开展现代学徒制试点工作的意见》提出，校企共建师资队伍是现代学徒制试点工作的重要任务。2015年，《中共中央 国务院关于深化体制机制改革加快实施创新驱动发展战略的若干意见》明确提出，探索科教结合的学术学位研究生培养新模式，扩大专业学位研究生招生比例，增进教学与实践的融合。同年，国务院办公厅发布的《关于深化高等学校创新创业教育改革的实施意见》明确把创新创业教育作为一个整体予以推进。2015年10月，教育部、国家发展改革委、财政部发布《关于引导部分地方普通本科高校向应用型转变的指导意见》，明确"坚持需求导向、服务地方"，推进需求传导式的改革，深化产教融合、校企合作，不断创新应用型技术技能型人才培养模式。2016年，中国科学院印发的《关于进一步加强科教融合的若干措施和规定》明确提出，做好中国科学院大学与院属研究机构的科教融合、院属大学"岗位教师"设置与管理等工作。该阶段，国家将产教、科教结合的深度发展放到国家供给侧结构性改革、带动就业的大背景下，开展产教、科教结合培训项目，吸纳社会资源支持，顺应行业变化。

（四）创新转型阶段（2017年至今）

党的十九大以后，政府部门对推进企业积极参与职业高等院校办学工作的关注度持续上升，政策维度也越来越多元化。[①] 2017年，国务院办公厅颁布了《关于深化产教融合的若干意见》，该文件的颁布对中国高等教育的改革发展有重要的里程碑作用，充分肯定并提炼了中国高等学校产教结合的实践理论与经验，并整体概括了中国高等学校在产教结合方面的实践经验，明确提出了"深化产教融合，促进教育链、人才链与产业链、创新链有机衔接"。同年，中共中央办公厅、国务院办公厅印发的《关于深化教育体制机制改革的意见》明确提出，深入推动协同教学，推动协同培养人才制度化，推进科研体制改革，并强调用最先进的教育技术保障最优秀的人

---

① 许世建、魏立君：《企业参与职业教育办学的政府注意力演化——基于1978—2021年国家产教融合政策的文本分析》，《职教论坛》2022年第6期。

才培养。2018 年，由教育部等六部门联合颁布的《职业学校校企合作促进办法》是我国职业院校间进行产教融合发展的第一部法规性管理文件，为职业培训单位间进行校企合作、产教融合的同步发展提供了明确的操作性依据和政策保障。

2019 年 1 月，国务院发布的《国家职业教育改革实施方案》明确提出，到 2022 年，培育数以万计的产教融合型企业，打造一批优秀职业教育培训评价组织，推动建设 300 个具有辐射引领作用的高水平专业化产教融合实训基地，充分发挥职教对产业转化提升的支撑引领功能，促进当地经济社会健康、协调发展。2020 年 7 月，教育部办公厅、工业和信息化部办公厅印发的《现代产业学院建设指南（试行）》提出，在特色鲜明、与企业紧密联系的高等学校（着重面向应用型高等学校），建立与当地政府、行业企业等各方合力，共建共管共享的现代产业学院。现代产业学院成为新时期产教结合的全新模式。①

职业教育领域继续深化产教结合，是应对新常态下中国经济增长的可行方向。中国高等职业教育改革正在从以政府为主的办学方式逐渐向多元化主体合作的办学方式过渡。为满足国家产业结构转型升级和国民经济结构调整优化的特殊需要，中国职业教育办学体制改革正在逐步调整转型，公司、产业、政府部门、学校等多主体合作办学方式将是新阶段中国职业院校办学的趋势，这一方式将对推动中国职业教育改革和发展、激活中国职业教育自身活力、顺应新常态下教育发展趋势起到积极作用。

二　演化特征

（一）不断追求政策的长效价值

改革开放以来，我国对产科教一体化与科技创新发展政策的价值导向，在有效发展与持久发展之间不断取舍，并逐步迈向可持续发展。在改革开放初期，我国对职业教育界的政策，在国家本位制的政策指导下，更多地

---

① 沈洁、徐守坤、谢雯：《我国高等教育产教融合政策的逻辑理路、实施困境与路径突破》，《高教探索》2021 年第 7 期。

强调协同成长的社会经济意义，将其目标定位为助推国家产业发展、提高劳动生产率水平、转移农村剩余劳动力、适应国家社会政治经济发展的新需求。改革开放后40余年的职业教育界政策发展，基本完成了由追求生产效益提高的价值导向，转化为致力于推动职业教育持续发展的价值导向的意义抉择。当前，紧紧围绕统筹推进"五位一体"总体布局和协调推进"四个全面"战略布局，国家进一步推动产教结合、校企协同发展和联动教育，更加充分地调动了民营企业参与产教整合发展的积极性和主动性，进一步加强政策导向，推动市场供需衔接，积极发挥对产教整合政策措施的服务性支持作用，构建了校企合作长效机制，形成了民营企业长效发展的利益导向。

（二）不断完善政策的精准对接

伴随改革开放的推进，职业教育与产品发展精准互动。我国经济社会的高速发展，不仅表现为数量的增加，更表现为产业链的构建与拓展、国民经济结构的调整和行业转变等。职教政策据此不断地加以调控与推动，按照产业特点调整培养目标、按照市场需要推进专业设置、按照行业特色修订高等教育学科，促进职业教育供给侧与行业需求侧精确、无缝连接，使职教在行业的支持与配合下，满足新形势下人才供给侧结构性改革、服务地方经济社会进步、社会各界对职教关切的迫切要求。产教一体化政策成为职业学校和行业之间联系的黏合剂与平衡杆，一系列优惠政策使职业学校有效衔接行业需要，有效改善"一头热"的尴尬现状；协调提升二者之间的发展机制与政策能力，使之形成合理协调、互利公平的共同体，推动中国特色社会主义市场经济的高水平、高质量发展。

（三）不断打破政策的主体边界

政策措施的产生过程，是各权利群体把各自权利诉求投入政策措施制定的过程，是政策措施参与者按照各自需要对不同权利之间的调节过程。在高教政策制定的过程中，政府部门、行业、院校成为权利主体，掌握各种形式的权利资源。随着现行高教体制进一步打破中心—边缘框架，其根据地方经济与社会发展的特点与优势，积极谋求与其他主体的沟通和协作，共同融入区域发展体制，打破主体身份固化。同时，高等院校和企业在进行高深知识流转的基础上，突破身份转移的政策壁垒，逐步实现"人"的流转，为创业类导师和专家之间的双向流转提供政策保障。

（四）不断延伸政策的导向特征

1. 政策工具越发均衡，法律法规越发完善

国家在制定产教融合政策时，会根据政策的目标和实施情境综合考虑，尽可能均衡地使用政策工具，避免工具单一化。在政策的制定过程中，国家会更加合理地运用强制性词语以及能反映国家意志的词语，减少模糊性词语的使用；加大激励工具的使用力度，通过"金融＋土地＋税收＋财政"等多种方式来激励行业企业；增加系统变革工具的使用，通过增设相关的社会组织来促进产教、科教融合与创新创业教育的协同发展。

此外，完善的法律法规是政策顺利实施的一大关键因素。产教、科教融合与创新创业教育的相关法律法规将会越发完善，从法律层面明确各方利益主体的权与责，保障各利益相关者在参与协同发展时自身利益不会受损。目前我国已出台的政策文本还未能从法律层面对产科教融合进行相关规定，但产科教融合的深入以及与创新创业教育的协同发展最终还是需要法律层面的约束和规范。

2. 联动机制越发成熟，组织实施越发有效

综观全球各国家的科技创业教育体制以及产科教融合政策，在其建立的过程中，均经过了政府、公司、社区团体、受教育者等诸多方面的长期博弈，充分反映了各利益相关者的参与以及广泛的合作。要搭建产教融合的利益共享平台，充分倾听各方面的建议与要求，找到共享的价值，建立起与之相适应的良性互动机制。[①] 同时，地方人民政府应当提出适合地方经济社会发展阶段和经济建设需要、适应当地资源情况的合理方案，注重结合地方特色，推出适合地方经济社会发展的配套政策措施，推动创新创业教育政策落实，提升产科教融合发展水平，以此促进职业教育和地方经济

[①] 祁占勇、王羽菲：《改革开放 40 年来我国职业教育产教融合政策的变迁与展望》，《中国高教研究》2018 年第 5 期。

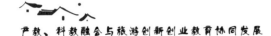
协同发展。

3. 治理模式越发创新，激励机制越发配套

推进协同发展治理模式现代化是完善相关政策的关键。坚持"以人为本"的经营思想，通过切实有效的政策措施，使企业在产科教融合的过程中，真正体现出各方面的需求与利益；坚决落实监督、约束产科教融合工作，落实考核工作，听取重要意见和建议。同时，应构建政策平台，改革高校治理方式，理顺行政体制，合力促进高职教育共同发展；将改革高职教育现代化治理模式作为未来完善产科教与创新创业教育政策的有效切入点。

改善资金投入方式，实施相应的激励措施，推动协调发展政策的永续运转。一是要健全政府投资主体的投资体制。在我国的产科教融合大背景下，要加强国家财政的支持，并建立健全财政预算与分配机制。二是要通过财政政策来推动社会多元化的投资；引入多种社会资本投入产科教融合，既可以构建一个稳定的、多元的资金来源体系，又可以有效地减轻政府在产科教融合方面的资金投入压力。在此基础上，要进一步完善利益补偿与保障机制，以减少行业在产科教融合的过程中所面临的各类风险。

三 调整建议

（一）坚持目标导向，强化政策动力

协调发展已成为中国现代职业教育发展的主要目标，重要任务是有效地促进现代职业学校人才培养目标的达成。现代职业学院将为我国经济结构调整和产业发展升级提供强大的人力资源保障；但是，职业教育更应该重视其教育职能的实现，产教结合应围绕职业教育的宗旨来进行与实现。[①]所以，产教融合要更加突出行业发展趋势，满足对人才培养的差异化要求，从而服务职业教育领域人才培养目标的达成。对于地方来说，其必须找到区域内部的人才培养突破口，重视区内主导产业与主要职业学校的交融交

---

① 杨院、许晓芹、连晓庆：《新中国成立70年来职业教育产教融合政策的演变历程及展望》，《教育与职业》2019年第19期。

流，提升主要职业学校与中小企业和谐共生的能力，为产教融合创造良性环境，助力行业发展。这也需要产教融合政策，除更好地支持和服务行业发展之外，还需要充分发挥教育功能，实现人本目标，切实实现协同育人的目标。

（二）利用市场主体，凸显政策活力

职业高等教育作为与市场经济发展联系较为紧密的高等教育类别，对市场经济环境的变革高度敏感，天然具有市场的属性。21世纪以来，我国职业教育产教融合的政策一直致力于打破政府单一主体的办学体制，引导形成市场主导、企业主体的职业教育办学形态，让市场力量引领结构调整，引导新科技革命中优质资源参与职业教育办学，满足人民群众多层次、多元化教育需求。同时，激活各类参与职业教育的办学主体，在鼓励大型企业和国有企业参与的同时，兼顾小规模市场主体利益，巩固与提升教育系统、产业系统、社会系统的利益相关者的协同效能，以此不断激发政策活力。

（三）推动产业转型，强化政策张力

职业高等教育和产业蓬勃发展之间有着多层面的关系，职业高等教育蓬勃发展，必须以促进产业蓬勃发展为基础。新中国成立以来，产业结构调整一直贯穿国民经济发展进程，我国逐渐走上了新型工业化和低碳经济发展道路，从粗放式走向集约式。在工业转型升级的诉求下，人力资源供给结构也需要转变。因此，职业学校的培养规模和模式必须进行相应转变，从而促使职业教育学科建设和教育教学过程与行业发展需要进行互动与融合，这也是产教融合政策的形成、发展与迭代。在产教一体化中，中小企业的诉求是获取所需的人才、信息技术、政策保障等优势，而中等以上专业学校则追求的是提高师资队伍水平、提升教育品质、拓展社会业务、完善职业保障制度等，最后都指向促进工业转型与经济发展。

第二节 需求演进

近年来，国内社会经济发展迅速，行业结构不断调整，市场需求日新

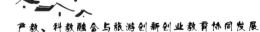
月异，产教、科教融合与旅游创新创业教育协同发展的市场需求说到底是业内对具有高素质高水平创新创业能力的人才的需要。根据《国家中长期人才发展规划纲要（2010—2020年)》，人才是指掌握特定理论知识或专业技术，从事创新性劳务，并对经济社会做出贡献的人，是社会中才能和素质较高的人员。旅游管理人才是指负责旅游业管理的、具有相应的专门技能或专业技术水平，并对旅游业的发展做出贡献的人。① 改革开放40多年来，旅游业发展很快，旅游人员的整体素质和水平也得到了很大的提高。

一 发展历程

（一）需求扩大化阶段（1978～2008年）

改革开放以后，旅游业发展迅速，旅游人才的需求急剧增加。1978年，我国旅游行政相关部门成立了旅游教育机构，主要培养旅游人才和高级管理人员。由国家旅游局牵头成立的南京金陵旅馆干部培训中心、天津旅馆干部培训中心等机构，设立了旅游专业的相关旅游院校，在旅游人才培训中发挥了中坚作用。② 培训对象的层次得到较大提高，不再局限于一线工作人员，对高层次管理人才的培训渐成体系。为了提升旅游管理人员的思政素质和业务水平，自1987年起，国家旅游局开始主办全国旅游局长研讨班。

1990年前后，形式多样的旅游培训在行业内广泛开展。1990年，国家旅游局出台《关于旅游企业岗位培训的试行规定》，培训工作的规模进一步扩大。此外，国家旅游局还制定和实施了《全国旅游行业管理人员岗位证书》，做到了"持证就业""先培训后上岗"。师资队伍培训成为培训重点之一，各地纷纷实行教师持证上岗制度。同时，一批高水平的不同种类的培训教材面世。

自1996年以后，随着行业培训改革的不断深入，全国形成了旅游从业人员培训网络，以及国家旅游局、省（区、市）旅游局、地方旅游行政部

① 石培华、李成军：《我国旅游人才队伍建设的问题与对策思考》，《旅游科学》2011年第1期。
② 徐红罡、张朝枝：《中外旅游教育比较分析与启示》，《旅游学刊》2004年第S1期。

门及企业组成的四级培训体系。旅游企业和旅游院校逐渐成为培训主体。"十五"期间，国家还开展了以"职业道德素质教育"、"西部地区旅游人才开发"以及"旅游师资建设"等为主题的培训活动。

在这个阶段，培训工作已形成较大规模，2005 年，全国旅游业在职人员参加各级各类培训的人次就超过 267 万。旅游人才培训的规划、组织、实施、管理过程日益完善，培训方式多样化、培训范围扩大化、培训手段现代化，整个培训工作朝着规范化方向发展。旅游人才培养的思想精髓是，突出人才的专业性和实践性，既注重理论知识，也注重实践内容，即紧紧围绕提升旅游业运营管理与应用人员的教育实践水平进行。

（二）市场需求质量上升与多样化阶段（2009～2016年）

我国旅游人才市场经过 30 年的发展，在数量需求大幅跃升的同时，更加注重人才质量以及人才类别与结构的平衡。2009 年，《国务院关于加快发展旅游业的意见》明确提出，要大力发展旅游业，使其成为国民经济的战略性支柱产业和人民群众更加满意的现代服务业。2010 年，在北京召开的第十届世界旅游旅行大会突出强调了"旅游，世界第一大产业，迈向新领域"的主题，一个"大旅游"时代即将来临。[1]

随着"大旅游"时代的来临，市场需求与教育课程结构的脱节问题日益突出，学校时下的教育培养方式与"大旅游"时代人才培养市场需求之间不匹配。应用型旅游人才，特别是高素质应用型旅游人才缺失，是造成高素质旅游人才缺失的根源之一。《国家中长期教育改革和发展规划纲要（2010—2020）》提出，未来高校要"优化学科专业、类型、层次结构，促进多学科交叉和融合。重点扩大应用型、复合型、技能型人才培养规模"。《中国旅游业"十二五"人才发展规划（征求意见稿）》指明了培训工作的发展方向，强化了相关保障手段及措施。培训工作的体系化、分类化、专业化程度进一步提高，旅游人才培训工作步入了崭新的发展阶段。

新时代，市场对旅游人才的应用技能和思想意识都有更高的要求。良好的服务意识是旅游行业生存发展的基础，是旅游行业建立优质服务体系

---

[1]　杨卫武：《论大旅游格局下的旅游高等教育》，《旅游科学》2010 年第 5 期。

的根本。旅游院校开始不断地提升人才的综合能力、综合素质，以市场需求为导向，强化人才的服务意识，扩大其就业范围。同时，与旅游行业进行广泛的合作和深层的联系，发挥各自的不同优势，通过联合办学、校企合作等形式，建立合作发展平台，让企业积极参与教学过程，为旅游院校的专业课程建设提供良好建议，优化旅游人才培养模式，更好地满足市场的需要。

这个阶段的市场需要质量和数量并重，需要人员不仅具有过硬的专业技能，还必须具有优秀的职业道德品行、服务意识等。此外，具有综合性专业知识的复合人员比较受欢迎，市场急需大批产学研一体的人员，"一专多能"成为从业人员新的基本要求。整体上，中高层旅游人才依旧属于稀缺资源，特别是拥有管理技能和实践能力的人才。[1] 新的旅游业领域，如康乐、旅行资讯整合及旅行品质的保护与拓展等领域的人才已成为旅游市场的新的缺口。

（三）市场需求纵深发展阶段（2017年至今）

新时期，旅游发展以高质量发展为主题，市场需求不断变化。《"十四五"旅游业发展规划》提出，"健全适合红色旅游、乡村旅游等发展特征和需要的从业人员培训机制，加大旅游业领军人才、急需紧缺人才和新技术、新业态人才培养力度，打造一支与旅游业发展相适应的高素质人才队伍。整合政府部门、企业、院校、行业组织等资源，完善旅游人才培养、引进、使用体系"。[2] 国务院办公厅印发的《关于促进全域旅游发展的指导意见》指出，实施"人才强旅、科教兴旅"战略，将旅游人才队伍建设纳入重点人才支持计划。大力发展旅游职业教育，深化校企合作，加快培养适应全域旅游发展要求的技术技能人才，有条件的县市应积极推进涉旅行业全员培训。

从行业发展趋势看，我国传统旅游业不断通过数字化转型实现升级，

---

① 张楠：《我国旅游人才市场需求与供给现状分析》，《旅游纵览》（下半月）2017年第24期。

② 薛帅：《国务院印发〈"十四五"旅游业发展规划〉》，《中国文化报》2022年1月21日，第1版。

以大数据分析、新一代人工智能、物联网技术、移联网科技、虚拟现实等为代表的全新互联网科技将在旅游行业中得到广泛应用。这也透露出，旅游业已从以前单纯的劳动密集型和资本密集型行业向复合型的信息资源密集型行业过渡。随着行业融合的不断深入，旅游新业态的兴起，单纯技能的服务型人员已无法适应新时代旅游市场的需求，综合素养全面且兼具"互联网＋旅游""智慧旅游""三次产业融合"等跨领域专业知识和能力的复合型人员，开始成为行业人才需求的新标准。

从旅游公司层面来看，传统旅游公司开始意识到旅游新业态已是大势所趋，是业务发展的需要。旅游公司也开始积极寻求和利用信息化技术手段，对自己的服务和商品做出革新与变革。相较于传统旅游行业，新型数字文旅业务对旅游从业人员提出了全新的需求。以旅行社为例，其业务逐步从线下走向线上，从现实走向互联网。原来业务部门的外联、计调、导游三种单一的职业体系，正逐渐地向旅行全网络推广、UI（User Interface）设计、网络营销、旅行定制师、活动策划师、导游云主播等更多元化的新型职业系统转变。然而，近年来，我国旅游学科的培养模式、课程体系、学习氛围、师资结构等一成不变，这导致了专业人才与旅游专业人员之间不对称的问题越来越突出。将这些问题传导至专业人才培养的体系上，必将对当前的培养方式、课程体系、教学方式、知识结构等造成巨大影响。在数字文旅发展时代，"互联网＋旅游"综合性人才走红，催生了对"既懂旅行学、IT技能，又有网络逻辑思维"的交叉综合人才的强烈需求。①

这一阶段，市场需求的最大特色就是突破了对人才的限制，为文化旅游的发展开创了崭新的时代。进一步完善的旅游人才培养体系推动了高校高等教育、职业教育的发展，充分发挥了市场、教育的功能，促进了产学研用的深度结合，打造了一批优质旅游人才。网络、大数据分析、计算机等现代技术在旅游业中得到广泛应用，为旅游人才的培育指明了崭新的发展道路。

---

① 李冬艳：《"互联网＋"时代管理类专业学生创业的基本路径》，《经济师》2017年第12期。

二　制约因素

（一）培养目标模糊，无法与市场需求对接

国内各地区经济条件的不同，对国内人才培养供给体系造成了很大的冲击，教育结构性问题比较明显，地方高校办学同质化问题比较突出，学生就业困难明显，地方一线的高层次技能型人才相对短缺。虽然《关于深化现代职业教育体系建设改革的意见》特别强调，统筹发展职业教育和调整地方社会经济布局是产教结合的一项重大战略任务，但是目前从总体来看，地方职业院校培养方式严重偏离了区域经济结构调整的背景。虽然各类院校主动把握经济发展的重大契机，积极转变培养方式，并获得了一系列的重要进展，但是院校对专业培养的发展方向界定并不清晰，内容表述也模糊不清。另外，部分学校只注重学科基础理论掌握，没有重视专业知识的培养，学生眼高手低的问题已经成为常态。院校过于注重技能本位，忽略对学生精神和能力的培育，也不利于培养学生的全面素养。这些都是当前院校人才培养方向确定方面的重要问题。

（二）专业教学落后，无法与职业要求衔接

当前，院校专业课程制度没有形成系统化，部分教学内容重复和落后。相同或类似的内容在不同课堂中重复教学，加之学生实践运用的机会较少，多是被动地掌握知识，降低了学生的学习兴趣。此外，当前多数院校教学内容并未与职业技术标准衔接，这进一步影响了院校人才培养的质量。教学课程内容结构不能与现代技术标准相衔接，不仅影响了技术能力训练目标，也影响了技能教学的长远发展。

（三）保障机制有限，校企合作力度有待加大

目前我国校企合作教育的政策保障力量欠缺。近年来，我国尽管借鉴国外经验，先后制定了许多法规和优惠政策，鼓励校企合作培养人才，在校企合作规章制度建立和健全方面有一定的进展，但仍然面临许多亟须克服的问题。第一，校企合作有关规章制度散见于各地方人民政府及其教育主管部门的规章制度之中，对院校、企业在产教融合育人中各自必须履行

的相应义务和责任没有做出具体的规范。第二，学校与企业并未完全参与校企合作相关法律管理制度的研究制定过程，造成了现行的法律制度和措施既不能保证校企各方的合作利益，也不能满足校企各方的共同需求。第三，院校与企业的根本需求不相同，因此企业参与院校人才培养活动的积极性不高，同时有的企业认为与院校合作可能会干扰其正常的生产经营与市场营销活动，所以与院校合作较少，使校企之间在专业设置和课程设计等方面的衔接深度不够。

三　关系重塑

（一）做好学科链与产业链的有机连接

产业与教育的协调发展离不开产业与学科的有机衔接，离不开产业对学科的基本支持，离不开学科对产业的人才培养和科技反哺。[①] 做好学科链与产业链的连接，推动学科与产业协调发展，形成产教融合利益共同体，是学科紧跟产业、产业带动学科的必然路径。"十三五"时期，国内外的宏观经济格局发生了重要变化，产业、技术、方法等不断涌现。而目前，我国正处于创新驱动经济发展的新时期，国民经济增长的主导动能要从先前依靠人才、劳动力、资本等因素驱动逐步转化为通过创新产品来推动。比如，依靠智能制造设备、新型信息技术、新能源产业、云计算技术、移动互联网等，对原有的生产线实现革新，将产品朝高档化、智能化、绿色化、业务化和品牌化推进。在全新的经济形态与经济发展模式下，随着旧的产业链体系发展赋能指数降低，可持续发展水平降低，以轻资产、高知识水平、高技术创新水平与高成长性为特征的新兴经济发展模式快速形成，并产生了崭新的产业链发展体系，如数据共享经济、物联网、区块链、虚拟现实与强化虚拟现实、环境保护和新能源等。所以，紧跟产业发展的专业领域也需要做出改变。

---

① 李玮炜、贺定修：《"双高计划"背景下高职产教融合的基础、需求与路径》，《中国职业技术教育》2019 年第 30 期。

（二）打造高水平协同发展平台

高水平合作创新模式与协同发展平台是政产学研合作层次与深度的表现，其实现要突出三点。一是支持高校人才培养。这是产教融合的基本出发点，产教一体化平台建设是促进大学生知识积淀、创新创业发展、职业能力培育等人才发展的内在需要。二是支持经济社会建设。这是双方参与产教融合的根本利益，产教融合平台有利于公司成长，可以给合作方带来更好的人力资源，为社会和在管理上遇到困难的企业提供解决办法，推动企业管理模式更新改造，提升生产率和经济效益。三是推动校企合作。这是产教融合平台不断成长的必由之路，需要探寻创新的合作方式，包括现代学徒制、混合所有制等学习方式的实施，以及订单式培训、学课证结合式培训等教育方式的尝试，学习质量保障体系的检测和升级、基于工学云管理平台的高职混合式顶岗实习培训等企业治理方式的试验。因此，高质量的产教融合平台必须依靠管理严格、科技领军和业界有影响的合作方，组建协同组织，制定长效实施方案，细化协作内容，推动任务落地。

（三）紧跟新时代市场发展需求

在产教、科教融合教育体系重构进程中，院校首先需要明确重点培养任务，针对区域经济社会发展、高校实际状况和学生情况，确定院校培养基本目标。具体来说，一是坚持以市场需求为主导。院校在办学目标和人才培养目标上应当充分考虑区域经济社会发展的实际需求。在产业结构转变的背景下，社会对人才的基本素质和技能需求普遍提高，所以，院校培养目标必须顺应人才多样性和层次的转变，适时进行微调，使所培养人员的素质可以接近企业的需求，推进学校教育和实际工作深度结合，从而有效地支持区域经济社会建设。二是结合学校的具体情况进行考虑。各个院校自身能力存在很大的差距，体现在师资实力、基础设施建设等方面。所以，院校在制定培养目标时，必须充分考虑自身办学能力，凸显自身优势，脚踏实地，一定不能重复他人的培养目标。三是结合生源情况确定培养对象。在确定培养对象时，院校必须正视生源情况的差异，进而细化。从市场需求角度出发，院校在制定培养方案的同时，必须引进项目，由校企双方联合培育技术型人才，这样培养出来的人才更具备鲜明的区域特色，更加贴合区域经济社会开发建设的需求。院校需要借助调研等方法，比较全面地掌握市场用人需求，把服务区域经济社会发展、服务地方文化产业发展放在培养目标的第一位置。[①]

第三节　协同发展

开展产教、科教融合发展和创新创业教育是当前高教深化改革的重点工作，以政策为引导，由齐头并进到互有交融，直至最后达到协调发展，是当前高教改革中浓墨重彩的一笔。

一　协同历程

国内创新创业教育虽然起步较晚，但是发展迅猛，最终与产教、科教融合发展，形成合力。本节将协同发展过程分为三个主要阶段：第一阶段为初创阶段（2010~2013年），该阶段产教、科教融合与创新创业教育的协同发展虽没有通过具体明确的提法被描述出来，但能够从政策文件以及社会和市场的发展规律中发现其痕迹；第二阶段为科学发展阶段（2014~2017年），该阶段产教、科教融合与创新创业教育的协同发展有序，有科学的发展规划、清晰的发展目标，形式上也不再拘泥于向学生灌输创新创业知识，转向从产教、科教的不同视野，培养学生的综合能力与大局观；第三阶段为协同升级阶段（2018年至今），该阶段产教、科教融合与创新创业教育协同发展，深度互交，相互依托，高校的创新创业教育开始进入深化改革和总体升级阶段。

（一）初创阶段（2010~2013年）

产教、科教融合与创新创业教育协同发展初创阶段的政策倾向于科技成果的转化、创新教育体系及人才的培养等，从侧面突出了产学研协同创

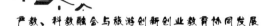
新，也是该阶段政策支持的重点。另外，该阶段产学研的结合是依托协同创新系统、协同创新联盟等，探讨多样化的协同创新模式，以建立良好的协同创新运行机制。这一阶段，我国政府开始制定创新驱动发展政策，"大众创业、万众创新"已是经济发展的必然选择。因此，高校的创新创业教育开始与产科教的融合发展呈现协同趋势。

（二）科学发展阶段（2014～2017年）

2014～2017年，我国创新与创业培训重点计划聚焦以下六大领域，分别为创业新平台、创新培训模式、创新实践、产学研创新协同、创业教育和创新教育绩效研究管理。① 随着当前科学技术的不断发展，中国的科研创新形势也发生了史无前例的巨大变化，同时，中国高等院校的科研创新教育也加快了改革的步伐，进一步明确了学校坚持产教融合、特色办学的基本方针；形成"产、教、校、企"相结合的专门技术与技能培养模式。在这一阶段，我国的科技创业激励机制与政策措施更加完善，国家对人才的培养不冉局限于高校教育，产教、科教融合与创新创业教育的协同发展达到了一个新高度。

（三）协同升级阶段（2018年至今）

2018年，教育部颁布的《关于加快建设高水平本科教育全面提高人才培养能力的实施意见》指出，把深化创新创业教育改革作为推进高等教育综合改革的突破口，持续开展大学生创新创业训练计划，强化创新创业实践，搭建大学生创新创业与社会需求对接平台。加强创新创业教育平台建设，建设一批体现新时代要求、开放共享的专业类校内创新创业教育中心、校外创新创业教育基地、孵化示范基地，为创新创业人才培养提供重要载体与平台。

2017年，国务院办公厅发布的《关于深化产教融合的若干意见》明确提出，要加强大学生创新创业教师培养，支持高等学校推进产教融合。这一阶段，我国持续地推进产科教融合，持续地探索政产学研的高效组织管

---

① 王歆玫：《中国大学生创新创业教育发展历程及阶段特征研究——基于2008—2017年〈中国教育报〉的文本分析》，《高教探索》2018年第8期。

理模式，进一步增强学校的创新创业教学实力，营造了更为开放、主动、有活力的创新创业教学环境，带动了产教、科教融合与创新创业教育协同发展的不断升级。

二　演化特点

（一）推动力量由政府转向市场

产教、科教融合与旅游创新创业教育的协同发展，是深化创新型和应用型高素质育人教学改革的主线。当前，产教、科教融合与旅游创新创业教育协同发展已经进入协同升级阶段。若继续以协同初创阶段的"政府主导"为推进动力可能会造成公共资源利用率低、公共政策执行速度慢等问题，致使"政府主导"的发展动能失效，进而不利于深化高等教育改革。新世纪赋予了协调经济运行的崭新内容，以创新、协调、绿色、开放、共享的新发展理念为指导，经济社会发展不但要走集约化内涵式发展道路，而且还必须正视各类市场主体的不同价值追求。当前必须促进经济体制方式的不断革新，并且必须实现"政府看得见的手"和"市场看不见的手"的统筹推动，通过"精准政策供给、整体科学规划、多方协同机制、平台经济模式、企业内生动力和评价机制优化"[1] 等全面的技术创新推动促进，统筹推动国内经济社会发展的动能转变。

（二）参与模块由单一转向多元

1. 教育理念体现协同发展

坚持以创新驱动发展战略为核心，加强旅游专业应用型和创新型技术技能人才对旅游产业转型升级的支持，走产科教融合、政校企合作的道路，在办学中发挥企业主体作用。政府在这方面的成果是明显的：首先，坚持多方投入、资源整合、优势互补、协作共赢的思路，在多主体、跨地域的基础上，形成旅游学院的集团化办学模式；其次，大力推动校企联合办学，大力推广现代学徒制和订单式培训，探索建立入学即招工、校企联合培训、

---

[1]　蔡瑞林、李玉倩：《新时代产教融合高质量发展的新旧动力转换》，《现代教育管理》2020年第8期。

双方主体合作教育的长效机制，为高校教师、学生与企业技术人员提供产学研合作交流及临时性岗位交流的平台，促进校企联合办学模式的形成。

2. 教育主题体现协同发展

随着高等教育改革的不断深化，旅游企业参与旅游高等教育活动的积极性和主动性越来越高，并在此教育过程中所发挥的作用日益重要。企业的积极配合和加入，是旅游高等院校合作发展的应有之义，而校企资源整合所表现的重要意义也不言而喻。通过几年的磨合，企业参与旅游高等教育项目的能力逐步增强，在产科教融合的进程中，不但学校与企业达成双赢，也有多单位达成共赢。企业和旅游高校一起致力于在学科、项目、教师、实习基地、科学研究和顶岗实习等领域推进合作活动。校内外实训基地和师资队伍建设作为协同发展的重要内容，不但得到旅游院校的重视，也获得企业的青睐。在做好校内外实习基地和教师队伍建设工作的同时，可以对旅游专业学生进行专业培训。如果说协同教学是一块"跷跷板"，那么分别位于两端的产业（企业）与教育投入程度还不对等，教育处于"跷跷板"更重的一头。总的来说，在校企合作上，产业的投入力度得到了加大，校企合作的目标更加全面化、全程化，协同发展育人的趋势已变得不可阻挡。

3. 课程改革体现协同发展

在旅游教育教学方面，协同发展重点表现为旅游学院所培育的人才在数量与质量上符合旅游行业的需要。首先是人才培养规范的对接。旅游学院在制定培养方案和课程标准时，会充分考虑产业准入情况和行业对人才培养规模与品质的要求。其次是校企资源的交融。协同发展系统中的不同参与主体都有自己独特的核心资源。各方对所拥有的优势资源进行整合，从而运用到人才培养中去。再次是多主体的教育互动。通过建立合作交流平台，企业和院校之间形成共同合作的学习机制，并共同开展日常教学管理。校企两大力量将在课程目标、教学内容、教学方法、教师评价标准等方面，通过共同商讨，改变和革新教学管理的内涵与机制。最后是企业逐渐介入学生管理工作，把学生日常评价指标转变为企业的管理指标，由院校、企业共同承担的学生监督机制也随之建立。在学生学习与就业的领域逐步实现校企"双责"。校企各方都要积极参与，合理安排学生的实习企业、实习岗位与实习项目，使其掌握的专业知识与企业实习、就业的任务相互衔接，从而实现学以致用。

（三）发展内涵由深度转向创新

新时代，我国旅游产教、科教的融合发展已经突破了传统教育重理论轻实践的局限性，有效推进了政、产、学之间的技术、人才与信息交流，促进了我国旅游高等教育的现代化，提升了我国旅游专业人才的职业素养和创新能力。2022 年，中共中央办公厅、国务院办公厅印发的《关于深化现代职业教育体系建设改革的意见》（简称《意见》）是党的二十大后，党中央、国务院部署教育改革工作的首个指导性文件，代表着中国职业教育进入新阶段。[1]

1. 突出了创新创业教育在协同发展中的必要性

当下，由于我国的传统经济发展缺乏新动力，经济成长将更多地依托人才创新、科技进步和人力资本的积累。"三去一降一补"[2] 的有效推进必须依托高新技术产业的有效供给，只有与发展需求相匹配的科技供给才能解决技术创新的"孤岛现象"[3]。在教育理念方面，创新创业教育与培养大学生的创新思想、创业精神与品格都分不开，中国旅游学校的培养目标体现了创新创业教育的文化内涵，高校的专业设置和课程设计开始利用各方主体提供的教育资源及教育方法。旅游院校不断引入大数据、云计算等新型技术，不断调整教学模式，改进教学方法，旨在培养符合时代要求、市场要求的创新型人才。产教、科教融合与旅游创新创业教育的协同发展机制开始带动传统第三产业升级，在教育、科研等领域做出必要贡献。

---

① 《〈关于深化现代职业教育体系建设改革的意见〉总体情况》，教育部网站，2022 年 12 月 27 日，http://www.moe.gov.cn/fbh/live/2022/55031/sfcl/202212/t20221227_1036406.html。

② "三去一降一补"是指去产能、去库存、去杠杆、降成本、补短板五大任务，是习近平总书记根据供给侧结构性改革提出的。

③ 刘海明、谢志远、刘燕楠：《高职教育人才转型的战略思考：推进产教融合，服务产业发展——兼谈高职院校"新技术应用"人才培养方略》，《高等工程教育研究》2018 年第 2 期。

　　《意见》打破了"矮化""窄化"职业教育的传统认知，直击改革实践中的难点痛点问题，提出了一系列新理念、新观点、新判断，极具理论与实践价值。职业教育功能定位由"谋业"转向"人本"，更加注重服务人的全面发展。职业教育是促进就业的重要途径，但绝不是单纯的就业教育。《意见》重申了职业教育的定位，就是要服务人的全面发展，建立健全多形式衔接、多通道成长、可持续发展的梯度职业教育和培训体系，推动职普协调发展、相互融通，让不同禀赋和需要的学生能够多次选择、多样化成才，这对扭转社会对职业教育的鄙视、消解职普分流带来的教育焦虑有重大作用。

　　职业教育改革重心由"教育"转向"产教"，更加注重服务经济社会发展。产教融合是现代职业教育的基本特征，也是最大优势，更是改革的难点与重点。《意见》直面产教融合中的堵点问题，坚持系统思维，提出了建设市域产教联合体和行业产教融合共同体的制度设计，将职业教育与行业进步、产业转型、区域发展捆绑在一起，充分发挥各自优势，创新良性互动机制，解决人才培养供给侧与产业需求侧匹配度不高等问题。

　　职业教育服务场域由"区域"转向"全局"，更加注重支撑新发展格局构建。《意见》立足新发展格局，在国内国际两个场域谋划部署职业教育发展。一方面，服务区域经济社会发展，以教促产、以产助教、产教融合、产学合作，推动形成同市场需求相适应、同产业结构相匹配的现代职业教育结构和区域布局；另一方面，立足区域优势、发展战略、支柱产业和人才需求，建立健全职业教育国际合作机制，使我国职业教育从"单向引进借鉴"走向"双向共建共享"，逐步形成具有中国特色的职业教育国际化发展模式。

　　职业教育发展路径由"分类"转向"协同"，更加注重统筹"三教"协同创新。职业教育与普通教育是两种不同的教育类型，具有同等重要的地位，但二者不是平行更不是对立的。《意见》在巩固职业教育类型特色、提升职业学校关键办学能力的基础上，进一步明确了职业教育类型定位，统筹职业教育、高等教育、继续教育协同创新，从"不同"走向"协同"，各种教育类型优势互补、交叉融合，都服从、服务于"办好人民满意的教育"这一共同目标，服从、服务于全面建设社会主义现代化国家、全面推进中华民族伟大复兴这一共同事业。

职业教育办学主体由"单一"转向"多元"，更加注重社会力量参与。深化职业教育体系建设改革，是一项集成工程，核心力量是建立政府、行业、企业、学校协同合作的发展机制，核心目标是完成由政府举办为主向政府统筹管理、社会多元参与办学格局的转变。《意见》从办学形式和内容上做出新部署，鼓励支持地方和重点行业结合自身特点和优势，在职业教育体系建设改革上先行先试、率先突破、示范引领。

2. 突出了成果转化在协同发展中的重要性

党的二十大对职业教育的重视程度之高前所未有，职业教育在整个教育体系中的分量之重前所未有，以一体推进教育、科技和人才三大强国建设的宏阔视野，深化现代职业教育体系建设改革的任务之艰巨也前所未有，对职业教育的战略定位越来越突出、实践要求越来越明确、规律认识越来越深入，主要集中体现在"1+3+3"的系列重要论述中。其中，"1"是习近平总书记参加党的二十大广西代表团讨论时强调的"要重视发展职业技术教育"，这是习近平总书记继"职业教育前途广阔、大有可为"之后作出的又一个带有总括性、指导性的重大论断；第一个"3"是习近平总书记在党的二十大报告中强调的"统筹职业教育、高等教育、继续教育协同创新，推进职普融通、产教融合、科教融汇，优化职业教育类型定位"，这是新时代新征程深化现代职业教育体系建设改革的3个重大战略举措；第二个"3"是习近平总书记在党的二十大报告中强调的"健全终身职业技能培训制度"，加快建设包括大国工匠和高技能人才在内的"国家战略人才力量"，"建设全民终身学习的学习型社会、学习型大国"，这是职业教育更好地融入科教兴国战略、人才强国战略和创新驱动发展战略的3个重要努力方向。

把上述3个方面的观点归结起来：深化现代职业教育体系建设改革的内在逻辑和实践要求，就是立足"三服务"、统筹"三协同"、推进"三融合"。

《意见》是在系统总结党的十八大以来职业教育改革发展成就的基础

上，对职业教育体系建设改革的进一步深化，是全面贯彻党的二十大精神、着力破解职业教育改革发展突出矛盾和问题的重大改革，是统筹职业教育、高等教育、继续教育协同创新的重要抓手，是推进职普融通、产教融合、科教融汇的关键步骤，集中体现了党中央、国务院部署职业教育改革的新主张、新举措、新机制。

《意见》提出了新阶段职业教育改革的一系列重大举措，可以概括为"一体、两翼、五重点"。"一体"，即探索省域现代职业教育体系建设新模式，是改革的基座。具体来讲，就是要围绕国家区域发展规划和重大战略，选择有迫切需要、条件基础和改革探索意愿的省（区、市），在产教融合、职普融通等方面改革突破，以点上的改革突破带动面上的高质量发展，形成一批可复制、可推广的新经验、新范式，优化有利于职业教育发展的制度环境和生态。

"两翼"，即市域产教联合体和行业产教融合共同体，是改革的载体。一方面，支持省级人民政府以产业园区为基础，打造兼具人才培养、创新创业、促进产业经济高质量发展功能的产教联合体，成立政府、企业、学校、科研机构等多方参与的理事会，实行实体化运作，集聚资金、技术、人才、政策等要素，有效推动各类主体深度参与职业教育。另一方面，优先选择重点行业和重点领域，支持龙头企业和高水平高校、职业学校牵头，组建学校、科研机构、上下游企业等共同参与的跨区域产教融合共同体，汇聚产教资源，开展委托培养、订单式培养和学徒制培养，面向行业企业员工开展岗前培训、岗位培训和继续教育，建立技术创新中心，为行业提供稳定的人力资源和技术支撑。

"五重点"，即围绕职业教育自立自强设计的五项重点工作。

一是提升职业学校关键办学能力。围绕现代制造业、现代服务业、现代农业的急需专业领域，组建一批国家级职业教育核心能力建设专家团队，打造一批核心课程、优质教材、教师团队、实践项目，遴选一批国家级职业教育专业教学资源库、在线精品课程和虚拟仿真实训基地，做大做强职业教育智慧教育平台，扩大优质资源共享，服务全民终身学习和技能型社会建设。制定新一轮高职"双高计划"遴选方案和中职"双优计划"实施意见，遴选建设一批高水平中高职院校和专业。

二是建设"双师型"教师队伍。依托头部企业和高水平大学建设一批国家级职业教育"双师型"教师培养培训基地。推进职业教育"双师型"教师认定工作，指导各地制定省级"双师型"教师认定标准、实施办法。实施全国职业院校教师素质提高计划，遴选一批高校开展职业学校教师专业学位研究生定向培养。实施职业学校名校长名师（名匠）培育计划，采取固定岗与流动岗相结合的方式，吸引行家里手到职业学校任教。

三是建设开放型区域产教融合实践中心。启动高水平实践中心建设项目，通过政府搭台、多元参与、市场驱动，对地方政府、企业、学校实行差别化支持政策，分类建设一批集实践教学、社会培训、真实生产和技术服务功能于一体的公共实践中心、企业实践中心、学校实践中心。

四是拓展学生成长成才通道。建立符合职业教育办学规律和技能人才成长规律的考试招生制度，支持各省因地制宜制定职教高考方案，扩大应用型本科学校在职教高考中的招生规模；制定职业教育贯通培养指导意见，支持各省开展中职与高职（3＋2）五年贯通、中职与职业本科或应用型本科（3＋4）七年贯通、高职专科与职业本科或应用型本科（3＋2）五年贯通培养；完善本科学校招收具有工作经历的职业学校毕业生的办法；根据职业学校学生特点，完善专升本考试办法和培养方式，支持高水平本科学校参与职业教育改革，推进职普融通、协调发展。

五是创新国际交流与合作机制。持续办好世界职业技术教育发展大会和世界职业院校技能大赛，推动教随产出、产教同行，打造职业教育国际合作平台，最终将职业教育打造成国际合作的战略资源。启动高水平国际化职业学校建设项目，遴选一批国际化标杆学校，推出一批具有国际影响力的专业标准、课程标准和优质教学资源。

贯彻落实《意见》既需要强化顶层设计、突出战略引领，又需要明确地方主责、创新央地联动，增强以问题为导向的改革共识、攻坚合力。因此，《意见》以建立部省协同推进机制为核心，设计了央地互动、区域联

动、政行企校协同的改革新机制，着力营造制度供给充分、条件保障有力、产教深度融合的新生态。下一步，将从点、线、面三个方面抓落实。

一是点上突破，支持有基础、有意愿的地方先行示范，打造样板。2023年初，先选择10个左右省份，建立部省协同推进机制，"一省一案"编制落实方案，"一省一策"给予差异化支持，"一省一台账"逐项推动落实，同时，梳理经验、总结规律，形成区域职业教育产教融合政策"工具箱"并推广应用。

二是线上提升，围绕办学能力的关键条线，推出一批关键政策和重点项目。一方面，围绕前面提到的"五项重点工作"，分别推出专项工程计划，推出一批引领职业教育领域改革的国家级项目，树立标杆、打造品牌。另一方面，针对股份制、混合所有制改革，职业教育考试招生制度改革等地方"不敢碰""不好讲"的难点，在国家层面出台政策，向社会传递信号、给地方提供支持，引导基层大胆试、大胆闯。

三是全面加强党的领导，发挥我们的政治优势、组织优势和制度优势，用好《意见》的政策红利。在机制上注重考核，要求各级党委和政府将发展职业教育纳入国民经济和社会发展规划，整体部署、统筹实施，并作为考核下一级人民政府履行教育职责的重要内容。在组织上注重创新，支持地方建立职业教育与培训管理机构，整合相关职能，统筹职业教育改革发展；集聚教育、科技、产业、经济和社会领域的著名专家学者和经营管理者等，成立专门组织，承担政策咨询、标准研制、项目论证等工作。在制度上注重激励，比如，将职业教育纳入地方政府专项债券、预算内投资、政策性开发性金融工具等的支持范围，支持职业学校提升能力；企业举办的非营利性职业学校，可参照同级同类公办学校生均经费等相关经费标准和支持政策给予适当补助；对参与联合体、共同体建设的普通高校，在平台建设、招生计划等方面给予专项支持。

三　发展趋势

我国的产教、科教融合与创新创业协同发展，具有很强的时代特征。

知识经济时期需要大批高素质的应用型人才，这既是市场经济发展的需要，也是我国高等教育进入大众化后内涵式发展的需要。产教、科教融合与创新创业教育协同发展在我国高等教育的内涵式改革蓬勃发展中将进一步发挥作用，而今后的产教、科教融合与创新创业教育协同发展仍将紧密结合高教改革深入推进。[①]

（一）产教融合，从多元到集成

集成化指将两个以上东西或作用整合到一起，产生同时具备多个特性、多重结构的全新物质的行为和活动。[②] 所谓的产教整合集成化，便是同时承担多个产教整合核心职能的平台型或非平台型的机构或组织机构，因为承担多种产教整合的功能作用，集成化的产教整合组织形式的内部环境治理结构会随之改变，组织形式的各要素及其与外界环境的相互作用结构也会改变，有些即使是刚产生的关系，这种结构和相互作用也会在新的体系内有序产生和进行，呈现整合态势。

从初期的某种试探到以后的全类型尝试，中国的产教结合已出现产业学校、职教集群、产教结合工业园区、校中厂（场）、厂中校、智慧教学工场、教育工场、产教融合型企业等多元社会组织形式。多样化产教融合组织形式来源于各种各样截然不同的思想基础与改革理念，具有截然不同的目标指向，肩负着截然不同的职能、使命，当中的多数现已无法满足新形势下产教融合的新要求。多样化产教融合组织形式常常具有定义含糊和功能简单的特征，其中的大部分植根于学校的培养需求，尤其是实践性课程的需要，而并非企业的内部需求。产教融合集成化组织形式抵消了该缺点。虽然目前的混合所有制产业学校建设还在探讨当中，产教融合型公司也正在试点建立，但是由于赋予了公司与学校一起组织、承担和共享的无限机会，集成化组合体或将成为未来产教融合的基本形式。

---

① 王嘉颖：《中国产学研合作教育研究二十年的热点与前沿——基于文献的关键词分析》，《教育学术月刊》2018 年第 11 期。

② 聂劲松、胡筠、万伟平：《多元化与集成化：产教融合组织形态的实践演进》，《职教论坛》2021 年第 2 期。

（二）科教融合，从高速到高质

新发展阶段的科教融合发展新理念意味着高校教育管理方式的深刻转变。科研和教育的属性与特点不同，新时代的教育和科研需要突破传统意义上二者的"平行演进"发展，进一步实现科与教的"融合式共同演进"。[①] 科与教的"融合式共同演进"要求在充分尊重科研创新能力提升和科技创新型人才培养的循环递进规律的基础上，结合当下的时代背景，通过深化教育和科研两者目标的协同互促、资源的互鉴互补及过程的密切互动，将科研和教育活动整合为一个相互嵌入、逻辑贯通、系统有序的过程，更理想地呈现大学本来的人才培养功能与科学研究功能相辅相成、交织互补之义，更好地实现大学使命及面向世界科技强国建设的高质量创新人才培养目标。科教融合是为了更好地协同创新，科教协同创新需要平台的承载和支撑，以实现资源的连接和汇聚、功能的沉淀和复用，特别是实现有组织的、建制化的、规模化的科教协同。科教合作的平台能以鲜活的科学实验调动孩子的积极性与创造力，让课堂忙起来，让课堂动起来，通过创造性的方式引导学生探索外部世界，用更广阔的视野观察和研判其所处的外部环境。在更好地培养学生科学素养和注重科研道德的同时，让学生更理性、更缜密、更全面地思考未来可能遇到的种种未知挑战。

（三）双创教育，从形式到人本

党的十七大以来，中国共产党领导层不断注重提升自主创新能力，构建创新型国家，旨在以创新带动创业、以创业带动就业。党的十八大报告提出，统筹推进各类人才队伍建设，实施重大人才工程，加大创新创业人才培养支持力度，重视实用人才培养，引导人才向科研生产一线流动，旨在促进中国青年一代的奋斗发展和我国创新发展深度结合。在党的十九大报告上，习近平总书记指出，全党要关心和爱护青年，为他们实现人生出彩搭建舞台，由此可见党和国家领导人对创新创业人才的支持，也足见国家创新型城市建设对创新创业人才的急切需要。

---

① 余江、陈凤、方元欣：《面向世界科技强国建设的科教融合新体系初探》，《科教发展研究》2022 年第 3 期。

育人机制更加创新，突出高校教育主导地位。高校是大学生创新创业教育的重要组成部分，在制度建设、平台建设、人才培养等环节起着关键性的引领作用。厘清创新创业人才培养的模式路径，形成整体投入、整体推进、全面推进的创新创业人才培养思路，形成涵盖理论与实际、必考与选修的课程体系。同时，将创新创业竞赛、学科竞赛、学生科研活动、科技社团活动、技能培训、创业培训、创业孵化、社会实践等活动和资源整合起来，构建起一套科学完善的第二课堂教学系统。坚持把创业精神、创业意识和发展理念渗透到每一所学校、每一堂教学、每一次培训活动之中，把创新创业人才培养真正融入高校人才培养的全过程中。

协同机制普遍建立，注重教育生态整体联动。在科技创业发展的生态系统中，各因子的相互协作、相互配合主要表现在主体、政策、制度、内容、方法、评价、保障条件、政企合作等方面，要探索多形式、多途径的协作机制，如政企合作、产学研相结合、社会化合作、跨学院与专业教学相结合、三次产业相结合等。

评价机制更加完善，注重教育生态系统运行效果创新创业教育的生态体系评估，是推动企业创新教育生态体系自身完善、提高企业生态体系绩效的关键。在创新创业教育评估与评估机制方面，我们应从宏观、中观、微观三个层次进行。其中，宏观层面主要涉及国家和省部级高等教育主管部门、社会评价组织对企业参与创新支持、大学生创新创业教学与实施等方面的评估；中观层面主要是高校自身对创新创业教学质量的自主评价，以及企业对联合办学院校的创新创业教学和创新实践能力的评价；微观层面重点是对学校、老师的创新创业能力、素养和成效进行评价，学生对院校、政府和企业提供创新创业高等教育服务质量的满意度评价。

（四）参与主体，从被动到主动

1. 政府

政府部门的带动效应不可忽视。尽管在市场经济中，国家较为排斥政府部门的介入影响，但从我国利益导向的角度出发，国家综合竞争力将更加依赖技术创新。也正是在此意义上，政府部门应推动产学研合作发展，与国家战略、人民期待相衔接，并切实落实国家创新驱动发展战略，特别是在关乎国民经济发展的重点产业创新领域，作为社会主体的政府部门更要对科研创新过程加以集成融合。目前，我国科教融合的体制和政策，尤其是知识产权制度的不完善，是我国科教融合长期发展的瓶颈。未来，政府参与产科教融合发展的工作重点在于制定政策，加强引导和监督，为产教、科教融合发展创造有利条件。

2. 企业

作为技术创新主体的企业，必须在技术创新中不断提高自己的主动性和积极性。一是要加速推进现代企业体系的建设，通过对技术创新管理体制和机制的改革，收获科技创新投资和利益。二是要真正提升科技自主创新的水平。要把更多的资源用于增强科技创新，尤其是在科技研发方面的投资。三是要主动地参与产学研合作的系统。要充分利用自己的优势，与其他企业、高校、科研院所进行合作，不断提升科技创新能力。

3. 高校及科研院所

在产学研协同创新中，高校、科研院所应该进一步加强主观能动性，改变目前等待企业发布技术需求、前来对接的被动状态，发挥自身学术和研究领域的优势，与企业共同建立以促进产业发展为目标、市场需求为导向的长效合作机制；注重在自身科研优势专业的基础上挖掘潜力，结合高质量发展政策、国家科技创新重点、地方经济发展规划，将产学研协同创新作为学校发展的重点目标之一，同时明确自己在产学研协同创新中的定位；充分认识到作为科研创新主力军的光荣使命和重要职责，在如何形成、使用、处置科技成果等方面，发挥自主作用，提供完善、合理、灵活的制度支撑，与企业共同采取多种合作方式对创新成果进行转化。

（五）协同模式，从模糊到清晰

产教、科教融合与创新创业教育协调发展，主要包括了两个利益关联主体：一方为高等院校与科研院所、教学老师与学员，另一方为当地的政府部门和企业。随着协同发展下的旅游产业市场的持续变革、产科教融合的持续推进、协同教育教学模式的创新，旅游产业市场在旅游人才培养方面要求人才供给侧实现持续有力的改革，优化并明确人才培养目标。从时代大背景角度出发，作为人才培养供给方的高等教育必须在顺应规律的同时，积极根据经济社会和产业的特点，向人才培养需求方供给具备良好职业能力、能为企业创造实际经济效益、带动区域经济社会发展、促进行业健康转型的高素质人才。

旅游专业学科的合作教育机制，借助政产学研合作模式，充分发挥地方政府部门的积极作用，为促进全国旅游领域、行业、科研院所共同参与的专业建设项目论证工作，旅游人才培养机制建设，学校参与旅游公益活动提供推动与保障功能。学校积极连接领域内的著名旅游公司，建立政产学研多重合作的旅游类学校理事平台，以达成多方面合作共识，搭建成本分享、收益均衡、激励保护的长效机制，并关注企业合作的需求回应，形成支持校企合作的良好社会环境。企业积极响应政府号召，摆正自己育人的主体地位，主动将自己纳入职业教育育人的主体体系中，积极主动地参与学校育人过程，并承担必要的育人职责。

四 推进策略

（一）多元化教师团队建设新机制

20世纪60年代，美国学者德鲁克在《创新与创业精神》一书中指出：市场经济的蓬勃发展，需要以创新创业的崭新时代来驱动。旅游学院的培养目标是为经济社会培育高层次、创新型旅游管理人才，适应经济社会发展需求，这与协同发展背景下的时代精神相契合。配合国家经济社会发展和旅游产业结构升级，旅游院校迫切需要根据企业需求建立优质的高水平"双师型"教师队伍，以培育现代旅游行业所需的复合型人才。教学大计，师资为本。面临协同发展背景下教学条件的复杂化、需求的多元化、学员成长的多样化，教师队伍需要进一步增强自我革新能力和教育教学意识。习近平总书记在给第三届中国"互联网＋"大学生创新创业大赛"青年红色筑梦之旅"的大学生的回信中表示：希望你们扎根中国大地了解国情民情，在创新创业中增长智慧才干，在艰苦奋斗中锤炼意志品质，在亿万人

民为实现中国梦而进行的伟大奋斗中实现人生价值，用青春书写无愧于时代、无愧于历史的华彩篇章。① 新时代给大学生新的任务，新时代的教师应以教育教学为重心，指导学生举办科研创新型竞赛，提高实验创新能力。根据中国国际"互联网＋"大学生创新创业大赛、"创青春"全国大学生创业大赛等创业大赛的活动特色，教师从实际教育角度入手，培养学生关注社会生活、处理社会难题的主体意识，并根据工作领域和学生特点，充分发挥指导作用，在文旅文创、农业振兴、科技创新等领域重点设定课题，帮助他们组织队伍、编制计划书、创作 PPT、组织路演、创作竞演短片和展板，借助项目的成功切实提升他们的创新创业意识与创新能力，培育他们敢闯的性格、创新的能力和爱国的情感。

2021 年，为推进职业教育改革发展，教育部、河南省人民政府发布《关于深化职业教育改革推进技能社会建设的意见》，指出要完善职业学校高考管理制度，实行"文化素质＋职业技能"考核招生办法，其中"职业技能"成绩所占的比重不能低于 50%。另外，政府也鼓励发展本科层次的职业学校，以完善本科学校布局。② 在此背景下，高水平"双师双能"的教师培养需求变得十分紧迫，政府部门必须制定相关措施，积极推动新形势下教师转型成长，以适应高等教育改革发展对教师提出的特殊要求。此外，教师主管部门也应成立教师培养专门机构，以加大师资培养力度，更有效地引导青年教师主动开展科技创业实践工作，建立良性的创新创业氛围。政府与地区、专业、院校等四方合作建立"双师型"教师培训基地，形成包括老年、中年和青年教师的合理的培养层次体系，促进学校整体教师队伍管理水平的进一步提升。

"双师型"教师既要精于教育研究，又要把握我国旅游行业市场发展方向。所以，旅游高等院校需在师资引聘中秉持"不求所有，但求所用"的

---

① 《尺牍传情 从信件中看习近平对青年一代的殷切嘱托【3】》，人民网，2020 年 5 月 4 日，http://cpc.people.com.cn/n1/2020/0504/c164113－31696780－3.html。

② 《教育部、河南省政府发文：深化河南职业教育改革》，澎湃网，2021 年 6 月 18 日，https://www.thepaper.cn/newsDetail_forward_13212983。

用人观念，以保证新进教职工具有较高的教育教学知识水平和专业应用能力。一是高等学校要从根源上彻底改变过去"唯学务、唯理论"的现状，通过建立第三方评定机构，对教师教学技能、职业道德、实践技能和成功经验等实行多维度考核，保证新进教师专业性、透明化和规范性。如我国旅游"双师型"教职工的评聘注重兼顾专业知识科学性和行业真实性，并以此为人才引聘的重要标准。二是旅游学校教师应以"双高工程"建设需求为引导，采用开放招募、精准吸引、直面考核等形式实施引才计划，拓展教职工源头途径，主动吸引专业知识深厚的教师和专业技能娴熟的业务骨干进行师资整合优势互补，使专聘教师与兼聘教师处于均衡状况，促使优秀旅游行业"双师型"教师作为"双高工程"背景下发展旅游教育的重要主体力量，促进人才引聘共享，进一步改善教师结构，助力产教、科教融合与旅游创新创业教育协同发展进入新高地。

（二）思想素质教育和学科技术相结合教育创新模式

2020 年 5 月，由教育部颁布的《高等学校课程思政建设指导纲要》将我国高校思政工作提高到了一个前所未有的高度。专业课程思政教学要将思政教育理念与专业课教学内容互相融合，通过发掘专业课中的思政教育知识点，提高学员的政治思想品德素质，实现对企业高层职务的政治思想灌输和社会实践引领的双重教育功能，建立企业全员教育的"大思政"教学体系。旅游学科以培育创新型高层次技能旅游人才为目标，学生掌握知识和思想道德同样重要。所以，旅游专业加强对学生的思想品德教学变得十分迫切。除了常规的思政教学，学科占比较高的专业课也需要开展教学思政教育改革，使学生在掌握旅游知识与技术的同时，能够更加深入地领会做人处事的道理，能够更加有效地践行社会主义核心价值观，能够更加主动地承担中华民族振兴之大任。

专业课程思政教育并不是将专业思政知识牵强性地引入本科课程教学过程中，也不是严格要求在专业课程各个部分中必须引入专业思政知识，而是应当针对各个领域的特色和资源优势，发掘在专业班级中所蕴含的专业课程思政内涵，并以此拓展、挖掘、提高专业班级的长度和宽度、深度、

温度。例如，旅游学概论可以通过阐述导游专业前辈们的创业史，培育学生奋斗的创业精神；旅游资源与开发可以通过个案研究融合我国旅游资源保护观念，阐述环境保护的必要性，引导学生积极参与自然文明建设；中国旅游地理则在描述国家旅游开发历程的同时，通过叙述中华民族的大好河山，进行爱国主义教育，孕育学生家国情怀。因为高等院校的使命是为社会服务、为企业培育所需要的人才，所以，为毕业生们设计职业生涯、树立职业品牌、培养职业认同感，也是高校的主要职责。在专业课教学过程中，教师要深入剖析各门必修课中可以反映职业道德、职业文化、职业行为等的知识点，并采用多样化的教学方式，使学生能够清晰地绘制出个人技能画像，让未来更加清晰，从而切实实现学一行爱一行、做一行精一行。

（三）"行业标准"的应用型人才培养能力考核新模式

大学旅游管理学科从成立之初，便形成了与市场需求密切联系、实践性强的鲜明特点，其主要为旅游业培养基础知识扎实、专业知识纯熟、技术素养强的专业人才。其中，培养方法评估作为人才培养过程的重要一环，能够较好地评估人才培养方法的科学性与有效性。但在目前的旅游教育界，除教育部门的学科评估、教学评估工作以外，对人才水平的评估还比较薄弱，对旅游与教育学科应用型人才水平的评估还没有形成体系。

协同发展背景下的评估体系应具有整体性。评估体系设计之初，要明确每个评估对象和评估主体有什么，把每个评估主体和影响因素全部界定在评估范围之内。学校各级管理人员、师资队伍、在校生等均是评估体系中的评估对象。另外，按照实际状况，要科学合理地确定评估内容和各项指标标准。

协同发展背景下的评估体系应具有导向性。以我国旅游行业对人才培养的具体发展需要为指导，经过实际调研，通过市场实际反映和调研分析，确定所培训的人员在实践工作中有什么问题与不足，在此基础上，以满足市场需求为目的，适时地对教学计划与目标做出调整并不断完善，使学院培训出来的专业旅游人员能高度适应旅游市场的需要。

协同发展背景下的评估体系应具有实用性。评估制度设置的目的是检验教育标准是否达到行业准入的条件，以期在教育过程中找到问题与缺陷，进行合理分类，总结经验，在实践中保障教育进程的有序开展。针对理论部分的课程，设定具体评估准则，对学生学习状况与教师教学效果做出评估；针对实践部分的课程，通过对整个实践周期的动态监测，以及多方面、多角度的考核，最后判断学员实践成效。另外，还需要增加对学生职业道德方面教育成果的评估。

（四）创新驱动的人才培养目标新生态

在数字化时代，新信息技术已变成推动中国社会国民经济快速发展的动力，在创新驱动、跨界融合技术形态下的"大众创业、万众创新"时期，对旅游人员的教育与培养已从单一专业的纵向解决问题的能力培养，向多学科、多专业、多行业的综合创新型人才的训练模式转变。创新创业的旅游人才培养，知识与能力考核机制的改革，说到底就是要实现因材施教，实现整个旅游高等教育体系与机制的创新。创新驱动的旅游人才培养，就是通过不断培养旅游专业领域人才，使其掌握整个社会学习系统的技能，提升学习和掌握社会创新知识的能力，形成终身教育系统，最终形成梯次培养系统。也就是说，旅游人才培养体系不但涉及有关高校、相关产业，而且还涉及各种社会实训的高等教育系统，形成对创新创业人员的继续培养与学习的补充。所以，通过调动整个社会的办学能力，形成对创新能力设计的继续培养体系，使旅游专业人才的学习能力提升，也是中国高等教育体制变革的重要内容。通过教育改革，使创新带动策略在对旅游各类专业人才的培养过程中，在整个专业、整体、全过程中都能有所体现，进而使我国教育体系的创新发展实力整体提升，由此形成了创新型国家，通过实行创新引领人才培养策略，整体提升了我国的旅游业创新人才培养储备实力，为我国旅游业的创造性发展奠定了强大的人才基石。

（五）利益相关者联动的协同发展新平台

深化旅游专业创新创业人才的实训教育，让政府、企业、高等院校及科研机构、社会组织和行业协会成为旅游实践教学和实战学习的主战场。

在整个协同创新过程中，必须有一个统筹协作的主体，并通过一定的方式去控制、引导和保证整个协同创新体系的各项技术创新行动的顺利完成，而这一主导主体正是政府。政府在旅游教育系统的多元协调过程中发挥引导、保障与协同功能。政府部门作为协调发展的利益共同体，其职能涉及有关法律法规的出台、提供平等的有利于公平竞争的创业环境、营造适宜的文旅气氛等[①]，尽可能使协同成果实现市场化。另外，政府部门需要给其他利益相关者提供平台，并且进行必要的数据咨询，方便与其他利益相关者的沟通，协调各利益相关者的关系，使范围内的高校、科研单位、民营企业等利益相关者可以有效交流、和睦相处，实现公共资源的优化配置，主导协同发展。

高等学校的科学研究部门作为整个国家技术研发和由国家主导的基础科研的主要承担者，同时输出技术的成果，既是技术创新过程的组成部分，也是各种技术创新过程的核心。其中，旅游学院的研发中心一直履行着两种基本的职责与任务，一是人员培养，二是研发创新。首先，高等学校和研究机构具备充足的专业人才、资金和设施，可以培育和向世界输出高级旅游人才，这种人才能够成为学科领域研究项目的推动者；其次，高等学校和研究机构里强大而有效的高层次科学团队，还开展了科学技术开发、科学研究和创新项目等活动，是产教、科教融合与旅游创新创业教育协同发展的主责。

在当前多元主体合作进行技术创新的理论中，行业、高校以及研发组织都是主要的科学研究成果输出主体，行业占据核心地位。何郁冰认为，企业主体的协同发展是一种优势互补的行为，而企业主体在这里的优势就是新技术的迅速商业化、较充裕的研究经费、先进技术试验设备与场地、产品技术与市场信息。[②] 产业的技术创新同时还具备实现"学"和"研"双方共同创新的功能，而产业作为其他协同发展主体中与政府资金领域互

① 吴卫红、陈高翔、张爱美：《"政产学研用资"多元主体协同创新三三螺旋模式及机理》，《中国科技论坛》2018 年第 5 期。
② 何郁冰：《产学研协同创新的理论模式》，《科学学研究》2012 年第 2 期。

动较为密切的一环，也具备便捷的政府资本进入与产出的优势。既然是面向企业用户，而产业对新科技成果的市场反应最迫切、最灵敏，也最现实，并同时成为企业沟通学、研、资信息的关键渠道。因此，企业就必须适时、精准地把用户所需信息及时反馈给协同创新系统中的其他创新参与者，从而使企业在协同创新系统中占据重要的位置。

简而言之，面向未来的旅游业协同发展育人模式，应该坚持政府主导、高校主责、企业主体，坚持利益相关者联动、政产学研能动先动。利用我国文化旅游专业学科特色，结合文化旅游产业人才需求、我国文化旅游产业发展趋势以及地方经济需求，促进产教、科教融合与旅游创新创业教育协同发展。推动地方旅游资源链、产业链、市场链的衔接，形成产教融合、科教融合、校企结合，切实形成地方旅游发展的校企协同育人体制。

第五章
产教、科教融合与旅游创新创业教育
协同发展的师资体系建设

产教、科教融合发展是高校培养旅游创新创业教育高质量人才的必由之路。从服务国家战略和旅游教育全局的角度来看，高水平的师资队伍是支撑高校旅游创新创业教育改革与发展的"软资源"，也是高校开展旅游创新创业教育的重要保障，而基于产教、科教融合与旅游创新创业教育协同发展的师资体系建设则是推动高校旅游创新创业教育内涵建设的重要命脉。为了满足产教、科教融合发展的需求，旅游创新创业教育的教学水平和教学质量亟须改进，旅游管理专业迫切需要一支具有扎实基础理论知识和丰富旅游实践教学经验、"科教 + 产教"双融合的高水平师资队伍。[①] 本章从产教、科教融合发展下旅游创新创业教育师资体系建设思路、建设内容以及实施路径多方面进行论述，为旅游创新创业教育师资体系建设提供思路借鉴。

第一节 建设思路

党和国家一直高度重视创新人才的培养工作。2021 年，习近平总书记在中央人才工作会议上提出，到 2030 年，适应高质量发展的人才制度体系

---

① 曾博伟、吕宁、吴新芳：《改革开放 40 年中国政府推动旅游市场优先发展模式研究》，《旅游学刊》2020 年第 8 期。

基本形成，创新人才自主培养能力显著提升。实践经验表明，产教、科教融合背景下建设旅游创新创业教育师资队伍，对旅游创新人才培养具有重要作用。本节通过论述旅游创新创业教育师资队伍建设理念、建设原则、建设重点，明确产教、科教融合对旅游创新创业教育师资队伍建设提出的要求，为我国旅游创新人才培养赋能助力。

一　建设理念

（一）指导思想

以习近平新时代中国特色社会主义思想为指导，落实立德树人根本任务，聚焦高校内涵式发展，以强化高校教师思想政治素质和师德师风建设为首要任务，以提高教师专业素质能力为关键，以推进人事制度改革为突破口，遵循教育规律和教师成长发展规律，为提高人才培养质量、增强科研创新能力、服务国家经济社会发展提供强大的师资保障。[①]

（二）目标任务

通过一系列改革举措，高校旅游创新创业教育师资队伍发展支持体系更加健全，管理评价制度更加科学，待遇保障机制更加完善，教师队伍治理体系和治理能力实现现代化。高校旅游创新创业教师职业吸引力明显增强，教师思想政治素质、业务能力、育人水平、创新能力得到显著提升，建设一支政治素质过硬、业务能力精湛、育人水平高超的高素质专业化创新型高校教师队伍。

（三）师资定位

1. 具有前瞻性的教育理念

理念是行动的先导。在产教、科教融合及市场经济条件下，创新创业始终是经济增长的重要动力和经济发展的"寒暑表"。旅游创新创业教育是一项面向未来的教育内容，它时刻面临发展和社会的挑战，这就要求从事旅游创新创业教育的教师具有前瞻性的教育理念，不局限于知识传授型的

[①]　苏重来、马永玲：《基于"三全育人"理念的高职院校人才培养体系构建——以新商科教育为例》，《职业技术教育》2021年第29期。

教学模式，要给学生足够的实践机会和发展空间，既强调培养就业竞争能力，也强调培养发展后劲，即进入社会以后的创新和创业能力，把培养学生的工程意识、动手能力、综合能力、合作精神、创新品质、自学能力等真正落到实处；要求他们不仅具有以人为本、终身教育和可持续发展的教育理念，而且充分认识到旅游创新创业教育不只是一种为旅游管理专业学生就业找出路的手段，更是促进旅游经济发展的驱动力。

2. 具有开拓性的创新创业精神

教师，作为一个教育人、培养人、塑造人的特殊职业，在很大程度上对学生的人生观、价值观、世界观有直接影响，因此，对其精神风貌和思想素质有特殊的要求。旅游创新创业教师要有创新创业精神。积极向上的创新创业精神将对学生起到很好的示范作用。具体来说，教师要有进取精神，切实提升"自我教育力"和"自我上进心"，视终身学习为职业的需要；要有创新意识和创新思维，善于用独特的教学风格进行创新教学，以启迪学生和激发学生的创新兴趣，开发学生的创新潜能，塑造学生的创新品格。因此，高校旅游创新创业教师要能利用创新创业精神开发合适的教材，并开展有意义的旅游创新创业活动，创造性地实施旅游创新创业教育教学。

3. 具有综合性的专业知识结构

作为教师，毫无疑问，应该对本学科的专业知识了然于胸，熟能生巧。只有对本学科知识精深、熟练，才能组织高水平的课堂教学。但旅游创新创业教育涵盖的内容非常丰富，体现了学科的交叉综合，所以只熟悉本专业的知识是不够的，还要了解和研究相关的专业知识及其社会实践。只有这样，才能做一名真正合格的旅游创新创业教师和引路人，才能全面指导学生进行学习和开展创新创业活动。

4. 具有对旅游创新创业信息的捕捉能力

信息就是财富，创新创业教师在工作中应非常注重对信息的收集和掌握。因此，他们从不放弃学习的机会，在任何时候都不满足于已掌握的信息，并把这种学习看作寻找更多信息和掌握有用信息的途径，而且是工作的重要组成部分。作为一名优秀的旅游创新创业教师，对信息的高度感知和捕获是其基本素质之一。

二　建设原则

（一）需求导向，应用驱动

以解决旅游市场人才匮乏问题为牵引，促进旅游教育和创新创业教育基础理论研究，加快旅游领域科研成果在旅游教育和旅游产业领域的转化应用。以行业创新创业需求为导向，提高科研能力，丰富创新方法，实现旅游创新创业教育的赋能改造，形成产教、科教融合的复合发展新模式。

（二）项目牵引，多元支持

服务支撑国家重大项目、重大发展规划的任务需求，统筹布局多学科交叉的基础理论、云计算、移动互联网、物联网、大数据等互联网技术与现代服务业、制造业相结合等方向的产教、科教融合创新平台和人才培养基地。充分发挥政府财政投入、政策支持的引导作用和市场配置资源的决定性作用，鼓励企业、社会加大投入力度，形成财政资金、金融资本、社会资本，合力支持旅游创新创业教育发展和高层次人才培养的新格局。

（三）跨界融合，精准培养

深化旅游管理与创新创业教育的交叉融合，不断丰富完善旅游管理主干知识体系和创新创业教育核心知识体系，培育新的学科增长点和特色方向。把握旅游管理人才培养规律，学用结合，强化实践。创新高层次人才培养机制，面向旅游领域和应用方向，培养学生掌握不同学科的概念体系、方法工具等方面的知识。强化产教、科教融合，构建自主创新和人才培养共同体。

三　建设重点

（一）明确师资队伍建设目标

师资队伍建设要明确旅游行业人才培养方向和响应社会需求，坚持人

才培养、学术团队组建、科研创新"三位一体"。① 围绕旅游市场人才培育，遵循教育规律和教师成长发展规律，找准特色优势，着力凝练人才培育方向、增强问题意识、集聚高水平人才、搭建产业实践发展平台，重点建设一批一流师资队伍。以一流师资队伍为引领，辐射带动旅游专业学生整体水平提升，形成重点明确、结构协调、互为支撑的师资体系，支持大学建设水平整体提升。

（二）突出师资队伍优势特色

师资队伍建设的重点在于尊重规律、构建体系、强化优势、突出特色。建设国内领先、国际前沿高水平的师资队伍，加快培育国际领军人才和团队，实现重大突破，抢占未来制高点，率先冲击和引领世界；建设国内前列、有一定国际影响力的师资队伍，围绕旅游创新创业领域方向，强化特色，扩大优势，打造新的师资队伍高峰，加快进入世界一流行列。在产教、科教融合背景下，立足解决重大理论、实践问题，积极打造具有旅游创新创业特色、旅游创新创业风格、旅游创新创业气派的一流师资队伍。

（三）拓展师资队伍育人功能

以师资队伍建设为载体，加强科研实践和旅游创新创业教育，培养一流人才。强化科研育人，结合国家重点项目，建立产教、科教融合及相互促进的协同培养机制，促进知识学习与科学研究、能力培养的有机结合。师资队伍建设要以人才培养为中心，支撑引领旅游创新创业专业建设，推进实践育人，积极构建面向实践、突出应用的实践实习教学体系。加强旅游创新创业教育，促进旅游管理专业教育与创新创业教育有机融合，探索交叉培养旅游创新创业人才的机制，依托大学科技园、协同创新中心和旅游科学研究中心等搭建创新创业平台，鼓励师生共同开展高质量旅游创新创业活动。

（四）打造高水平师资团队和梯队

集聚拔尖人才，激发团队活力。完善开放灵活的人才培育、吸引机制，

---

① 游旭群、靳玉乐、李森等：《新时代教师教育高质量发展大有作为》，《高校教育管理》2022年第5期。

着眼长远，构建以旅游创新创业教育专业带头人为领军、以杰出人才为骨干、以优秀青年人才为支撑，衔接有序、结构合理的师资团队和梯队，注重培养团队精神，加强团队合作。[①] 充分发挥旅游创新创业教育专业带头人凝练方向、引领发展的重要作用，既看重学术造诣，也看重道德品质，既注重前沿方向把握，也关注组织能力建设。加大对青年教师教学科研的稳定支持力度，着力把中青年学术骨干推向国际学术前沿和国家战略前沿，承担重大项目、参与重大任务，加强博士后等青年骨干力量培养。建立稳定的高水平实验技术、工程技术、实践指导和管理服务人才队伍，重视和培养学生作为科研生力军。

（五）增强师资队伍创新能力

科研探索与服务国家需求紧密融合，着力提高旅游领域师资队伍原始创新、自主创新能力和扩大建设性社会影响。围绕国家和区域发展战略，凝练出旅游创新创业教育重大发展问题，加强对旅游创新创业教育重大理论和实践问题的有组织攻关创新，实现前瞻性基础研究、引领性原创成果和建设性社会影响的重大突破。加强对旅游创新创业教育重大项目的培育和组织，积极承担国家重点、重大旅游项目任务，在国家和地方重大旅游攻关项目中发挥积极作用。

（六）创新师资队伍组织模式

聚焦建设师资队伍，加强专业协同交叉融合。整合各类资源，加大对原创性、系统性、引领性研究的支持力度。以产教、科教融合为主题，围绕旅游创新创业教育重大项目和重大研究问题，组建学科群，旅游学科引领发展方向，发挥凝聚辐射作用，与创新创业教育紧密联系、协同创新。瞄准国家重大战略和学科前沿发展方向，以服务需求为目标，以问题为导向，以产科教融合攻关为牵引，以创新人才培养模式为重点，依托科技创新平台、研究中心等，整合多学科人才团队资源。

---

① 刘国瑜：《论世界一流学科建设与研究生教育高质量发展的协同推进》，《研究生教育研究》2019 年第 5 期。

第二节　建设内容

产教、科教融合实现了教育链、产业链、人才链和创新链的有机融合，为高校旅游教育有效响应经济社会发展模式转型升级需要提供了现实保障。高校师资队伍是教育教学质量、人才培养质量的直接影响因素。因此，分析产教、科教融合发展下旅游创新创业教育师资体系的建设现状和制约因素，在对产教融合、科教融合、创新创业内涵进行阐述的基础上，指出教师在旅游创新创业教育中的地位和作用，从而为完善产教、科教融合与旅游创新创业教育协同发展的师资体系提供思路。

一　建设现状

（一）旅游创新创业教育认识有限

因为科技在不断进步，经济也在持续发展，社会需要更多的人才来开发职业岗位，填补职业岗位空白，而培养这部分人才的途径主要是创新创业教育。就当下而言，高校旅游专业在对学生开展创新创业教育时总有很多问题出现，其原因有很多方面，但是最主要的是高校旅游教师对创新创业教育的理解只是停留在表面。一方面，学生一直在被动地接受教师教授的知识，没能做到完全将知识吸收，而教师也并没有针对学生的专业特点进行教学。① 对于旅游管理专业的学生而言，他们具备专业优势，更有利于开展创新创业活动，但是旅游创新创业课程并没有按照旅游管理专业的特点进行调整，只是无差别地灌输创新创业理论，最后不但没能完全发掘出旅游管理专业学生的创新创业潜力，还使学生对创新创业教育产生了厌烦感。学生一旦对旅游创新创业教育产生厌烦感，就不会积极主动参与创业项目，也就无法达到开展旅游创新创业教育的目的。另一方面，旅游创新创业教师作为产教、科教融合教学模式的直接传授者，对产教、科教融合教学模式的认识还不够，积极性还不高。因此，高校旅游学院有必要加强

---

① 苏松能：《高职院校创新创业教育发展问题及对策》，《创新科技》2017 年第 9 期。

并深化教师对产教、科教融合教学模式的认识，引导旅游教师将实践成果、科研成果融入课堂，强化教师理论与实践相结合的能力。当然，实现这些不仅仅是认识层面的问题，也存在诸如提供认识条件或创造有利于认识的支撑环境的问题。随着高校旅游创新创业教育科研的发展，高校旅游学院科学研究如何更有效地提高旅游人才培养质量，构建"创新型旅游人才"培养的环境氛围，似乎没有引起足够的思考和重视。以产教、科教融合教学模式为例，要实现旅游科研的育人功能，依靠的不仅仅是教师对实践成果、科研成果的转化，还有教师对产教、科教融合教学模式的深入认同与积极参与，支持产教、科教融合教学模式的环境及条件的建立，等等。

（二）旅游创新创业教育经验不足

只有高质量、高水平、高效率的师资队伍，才能使旅游创新创业教育达到预期的效果。但是，现在部分旅游教师没有创新创业经验，甚至有部分是刚毕业的大学生，社会经验缺乏，这样的教师自然难以担当学生旅游创新创业的引导者。同时，有的高校教师注重创业理论传授，而缺乏真正的实践经验。然而，实践和理论是有差距的，旅游创新创业教师如果没有实践经验，就会使旅游专业学生在创新创业道路上遇到很多困难。现阶段的高校旅游教师缺乏创新创业经验是普遍现象，学校在加强对旅游专业学生创新思维和创业能力的培养，完善旅游创新创业课程体系的同时，必须积极建设旅游创新创业教育师资队伍。

当前，高校招聘的旅游创新创业教师，主要来自高校的硕士和博士毕业生，这部分教师欠缺的是专业实践能力；"双师型"旅游教师培养培训体系仍然以知名本科院校或国家示范性高校为主体，缺乏旅游企业的参与；培训内容多以理论教学为主、实践技能教学为辅，理论教学与旅游企业实践脱钩。同时，高校旅游学院缺少稳定的"双师型"旅游教师培养培训基地。产教、科教融合与校企合作是提升高校旅游创新创业教师实践能力和科研能力的有效途径，但由于校企双方利益诉求不同，旅游企业参与"双师型"旅游教师培养培训基地建设的主动性和积极性不够，无法或不愿意提供足够的岗位来接纳旅游教师实践，抑制了"双师型"旅游教师队伍专

业实践能力的整体提升。

（三）旅游创新创业教育经费有限

培养学生的实践能力，增强学生的创新意识，是创新创业教育的重点。但是现阶段的大部分高校旅游学院在学生的创新能力和创新意识的培养中所使用的教学方法比较落后，无法满足旅游创新创业教育目标要求，这不但约束了学生的思维，使学生无法发展自己的个性，也激发不了学生的创业热情和创造潜能。由于旅游创新创业实践环节的薄弱，学生虽然具备一定的旅游创新创业理论知识，却无法将理论应用于实践。上述情况存在的主要原因是高校旅游管理专业近几年一直在扩招，学生规模不断扩大，教育经费越发紧张，无法购置合适的旅游创新创业实践教学所需的设备，不能改善旅游创新创业环境。基于旅游管理专业人才的培养特点，旅游创新创业实战教学的经费投入更加不足，学生很少到旅游企业或者实践场所训练，感受真实的旅游创新创业情况。对于旅游管理专业而言，其教育缺乏创新创业能力，没有就业优势，会导致学生在竞争激烈的市场中很难站稳脚跟，也很难适应社会，甚至会出现学生找不到工作或就业之后频繁跳槽的情况。

（四）旅游创新创业教育能力薄弱

针对旅游管理专业学生的创新创业教育涉及的学科不止管理类学科，还会涉及一些其他学科，如心理学、社会学等。所以创新创业教育也能在一定程度上开阔学生的视野，拓展学生的知识面。对于旅游创新创业就业指导而言，这些学科知识能起到理论基础的作用。所以旅游创新创业教师不能只具备某一专业的能力，要具备多方面的能力，既可以讲授创新创业理论知识，也要有一定的创新创业经验，掌握所有的创业流程，有一定的管理理论知识基础或管理实践经验，但是仅仅是这样也不够。旅游创新创业教师还要能够指导学生进行创新创业，有一定的教学艺术和水平，能够激发和调动学生的旅游创新创业热情和积极性，帮助学生在旅游创新创业道路上少走弯路。目前我国旅游创新创业教育师资队伍还有以下问题有待解决。

1. 结构不够合理

旅游创新创业教师并不完全是专职教师，还有一部分是兼职教师，而且专职教师比兼职教师在旅游创新创业师资队伍中所占的比例更小，真正的旅游创新创业师资队伍的主力军是兼职教师。有些兼职教师是校外教师，而校内兼职教师的构成非常复杂，包括公共课教师、其他专业教师、行政岗位教师或辅导员。兼职教师流动性大，不利于长期在学校开展旅游创新创业教育活动。并且高校旅游专业在教师招聘过程中存在盲目追求学历现象，人才引进以硕士和博士等高层次人才为主，这类教师的经历大多数是从"学校"到"学校"，缺乏旅游创业实践工作经历，表现为专业理论知识丰富，实践能力薄弱，无法真正发挥其在人才培养和企业科技服务中的作用。同时，旅游企业中的优秀技术技能人员和能工巧匠虽然实践操作经验丰富，但由于机制和体制、学历和职称等限制，他们无法被引进高校旅游学院工作。师资来源途径的单一性制约了旅游创新创业教师队伍的结构优化。

2. 教师来源复杂

一方面，在旅游创新创业教育师资队伍构成中，教师所属的部门不是同一个，校外的兼职旅游创新创业教师来自不同的单位，对开展旅游创新创业教育比较不利，不如专职教师更注重旅游创新创业的教学开展。兼职教师流动性大、课时难固定，甚至会出现在旅游创新创业教育课程进行到一半的时候，不再继续担任旅游创新创业教师的情况，而且其对旅游创新创业课程往往缺乏系统、全面的掌握。校内的专职教师通常具备一定的旅游创新创业理论知识，但缺乏旅游创新创业实践经验，会出现在学生遇到旅游创新创业问题时教师无法为学生提供帮助的情况，这也是旅游创新创业教育师资力量薄弱的体现。

另一方面，在招聘教师时，学校引进的大多是刚刚毕业的硕士、博士或年龄较大的高级教师，毕业生没有创业经验，老教师思维较为固化，均达不到旅游创新创业教师的要求；而企业中实践经验丰富的人才因学历限

制往往不能被引进大学进行实践教学。[1] 有些院校会引入一些实践教学经验丰富的外聘教师，但由于一些客观因素，如薪资问题、人事管理问题、教学活动时间不固定问题等，外聘教师只能偶尔安排教学，无法像院校正式教师一样进行既定教学任务的安排。由于专职的实践教师很难有科研成果，职称的评定比较困难，晋升发展的机会很少，实践教师不稳定，流动性大，实践教学更无法正常进行。

3. 欠缺科研能力

在旅游创新创业教育的师资队伍中，很多是辅导员或行政人员，兼职的比例较大，专职教师太少，且专业度较低。同时高校旅游教师的高级职称比例太低，欠缺科研能力，关于旅游创新创业教育的研究成果不多，水平不高。

随着高校旅游教育规模的不断扩大，学校现有旅游师资无法满足正常的教学需要，导致旅游教师的教学工作量普遍增加，教师疲于课堂教学，无暇顾及"双师"能力提升。高校旅游学院即使组织教师下企业顶岗实践或挂职锻炼，也由于实践时间较短，加之旅游教师科研能力和科技服务水平有限，无法为旅游企业解决生产过程中的技术难题，无法满足旅游企业科技服务和职工教育培训需求，更无法适应服务中小微旅游企业技术研发和产品升级的需要。此外，缺乏旅游行业领头人才和教学名师，是高校旅游创新创业教育"双师型"教师队伍建设面临的重要挑战。从旅游管理和创新创业教育专业交叉融合、协同育人的要求来看，高校旅游创新创业教育师资缺乏专业衔接，教师无法很好地将创新创业教育融入旅游管理相关课程体系中，大部分教师缺少系统的创新创业理论教育，专业背景较弱。高校旅游创新创业教育目前仍处于探索开创期，旅游创新创业教师既缺少创新创业教育学的知识基础，也缺少创业学的理论基础。[2] 旅游创新创业教

① 苏金豹、那守海：《本科院校旅游管理专业实践教学师资队伍建设研究》，《经济师》2017年第5期。
② 陈春晓：《地方高校创业教育师资队伍建设的困境与机制创新》，《高等工程教育研究》2017年第3期。

育是体验式教育，教师是旅游专业学生创业实践活动的指导者，而大部分高校旅游创新创业教师最缺乏的就是实际创业经验，在旅游创新创业教育师资建设上举步维艰，收效甚微，主要表现在校内外两方面。一方面，校内兼职的创新创业课程教师缺少创业经验；另一方面，校外聘任的创业导师受人事制度的束缚，基本是进行"一次聘任仪式、一本聘任证书、一场创业报告"的一次性、讲座式授课，缺乏项目指导的针对性、持续性和有效性。此外，高校的旅游创新创业教师大多是通过书本自学成才，不具备创业或投资的经历，不熟悉企业的经营管理，缺乏实践经验或体验，在教学中很难做到理论联系实际，只能照本宣科，不利于学生创业素质的培养，并且在其他旅游专业课程教学中也未实现创新精神的培养。师资水平严重影响了旅游创新创业教育的质量。

（五）旅游创新创业教育机制不顺

高校旅游创新创业教育的"双师型"教师队伍主要由两个部分组成，一部分是本校本专业教师，另一部分是来自旅游企业的兼职教师。旅游创新创业教师队伍结构的二元化、来源的多样性以及专业技术素养的差异性，给"双师型"旅游创新创业教师队伍的考评与激励带来较大难度。教师考核评价机制是高校旅游教师进行教育教学、科学研究的"指挥棒"。高校对旅游创新创业教育"双师型"教师在职称评审、岗位聘任、项目申报、年度考核以及绩效评价等方面缺乏倾斜机制，没有建立分层分类的评价和激励办法，导致教师参与旅游企业实践锻炼的积极性和主动性不够。此外，旅游教师考核评价机制对现有旅游教师队伍的评价，常被作为评价旅游学院或旅游管理专业整体教学工作水平的要素之一，缺少对旅游师资队伍的整体性评价，这种作为局部要素的评价受整体评估方案的制约，内容具有局限性。来自旅游企业的兼职教师由于工作状态的稳定性不够，对其的考核评价多流于形式且缺乏激励机制，其工作动力不足，投入旅游教育教学上的时间与精力比较有限。考评与激励机制的不完善影响了"双师型"旅游创新创业教师在高校旅游教育人才培养中的主观能动性。

二 制约因素

（一）认识因素

高校要发展旅游创新创业教育，培养符合时代需要的旅游人才，应建设"双师型"旅游创新创业教育师资队伍，这已被高度认同，但对其多元组成认识不够，只认识到校内专职教师的"双师"培养，却忽略校外兼职教师的"双师"培养。高校旅游学院多把校外兼职教师作为临时资源，没有从"双师"队伍多元有效组成的角度把校外兼职教师队伍建设作为促进旅游经济市场转型升级、提高旅游人才培养质量的战略高度来认识，使校外兼职教师积极主动性不高，同时，行业企业多关注经济利益，校企合作、协同创新参与热情低。

（二）制度因素

1. 人事制度

现行人事制度缺乏灵活性，当前体制下高校属于事业单位性质，校外兼职教师属临时人员，待遇偏低，无法吸引旅游企业高管和高级专业技术人才来授课。

2. 管理制度

当前高校旅游学院没有把校外兼职教师纳入校内教学团队，没有有效的日常管理制度和考核机制，校外兼职教师有实践经验却大多数缺少职称，而高校对校外兼职教师以职称为标准支付课酬，在很大程度上影响了高校旅游创新创业教育师资队伍的多元化建设。

3. 保障制度

校外兼职教师大多没有正式合同约定，权利、义务随意性强。高校应完善校外兼职教师保障制度，明确职责权利，可通过制度创新为兼职教师开辟获取教师资格的途径。建议政府人事部门对已通过考核的兼职教师优先录用。[1]

---

[1] 黄斌、毛青松：《规范兼职教师管理 推进"双师型"队伍建设》，《中国职业技术教育》2007年第10期。

（三）经费因素

虽然《国务院关于加快发展现代职业教育的决定》提出了校外兼职教师对人才培养的重要性，但高校现行的教师引进、职称评定、工资福利等制度均以校内正式在编人员为对象，没有将校外兼职教师纳入考虑范围。兼职教师事实上的教师身份没有得到政府人事部门的认可。现行财政按在编人员拨款的办学政策使高校旅游创新创业教育师资队伍多元化建设缺乏内在的经济动力。

（四）政策因素

首先，"双师型"旅游创新创业教师的资格认证制度缺失。"双师型"旅游创新创业教师既然没有统一的标准，就更谈不上其资格认证制度了。资格认证制度的缺失，使"双师型"旅游创新创业教育师资队伍建设难以实现完善化和规范化操作，并且，很多有一技之长和丰富创业经验的人才也因没有教师资格证书而无法成为"双师型"旅游创新创业教师。在很多高校的实践操作中，"双师型"师资队伍建设仅仅是学校根据自己的理解，完成任务即可。

其次，"双师型"旅游创新创业教师培养和培训制度缺失。在目前我国所建立的国家、省、市旅游创新创业教育师资培训网络中，主体仍然是高等院校，很少有企业的参与，这种培训模式不仅影响了教师专业实践能力的提高，而且影响了旅游创新创业教育与社会的联系与沟通。因此，必须建立符合"双师型"旅游创新创业教师成长规律的模式，改变旅游创新创业教师学科化和学校化的传统培养模式。

最后，现行的教师职务评定制度影响了"双师型"旅游创新创业教师队伍的形成。现行的教师职务评定存在重论文发表、轻实际应用研究的倾向，这在无形中引导了教师重视在理论性刊物上发表论文，而对实际应用研究加以忽视。同时，由于不同行业间的职务转换困难，政策缺乏弹性和可操作性，许多企业创业经验丰富的人员调入学校后，虽然授课生动，深受学生欢迎，但很难获得相应的职称，这也在一定程度上影响了高校"双师型"旅游创新创业教育师资队伍的建设和发展。

（五）学校因素

近几年高校旅游教育不断扩招，在校生数量增长较快，旅游创新创业教师数量不足，教师教学科研负担过重，没有时间和精力参与企业培训或提高自身水平。同时，由于我国大部分高校旅游学院是从其他学科中脱离演变而来的，旅游学院的教师与教学管理模式都是沿用原来学院的量化、刻板的管理模式，这固然对保证教学秩序有一定作用，但这种管理束缚了教师的自主选择，不利于"双师型"旅游创新创业教育师资队伍的建设。

我国高校教师评价制度仍然没有摆脱普通教育的评价模式，现有的考核和师资评审体系不利于引导高校旅游创新创业教师走"双师型"的发展道路。由于我国高校普遍缺乏相应的奖励机制，是不是"双师型"教师影响不大，教师普遍缺乏成为"双师型"教师的压力和动力。

三　建设要求

（一）产教融合对教师的要求

产教融合的根本点是培养应用型人才，面向地方旅游企业，服务地方旅游经济发展，是高校旅游教育发展的必由之路，而校企合作、工学结合是高校旅游教育提高教学质量、打造专业特色的重要手段。产教融合中的"产"，指产业、企业；"教"主要指学校教育。产教融合指高校旅游教育根据旅游产业发展的需要将专业教育与旅游产业密切结合，与旅游企业共同参与制定行业岗位标准、人才培养方案，积极调整专业设置，修订完善专业教学内容，编写出版专业教材等，使教学与产业发展相适应、与旅游企业的用人标准相匹配。总体来讲，产教融合的内涵可以从三方面来概述。一是产业与教育的融合。旅游产业为高校旅游教育提供实践支撑，高校旅游教育为旅游产业的发展提供人才支持，双方实现了产业元素与教育元素的协同配合。二是旅游企业与学校旅游学院的融合。校企合作是产教融合的落脚点，旅游企业与学校旅游学院之间资源互通、优势互补、人才共享，实现双赢。三是生产与教学的融合。旅游企业的生产实践与学校旅游教育的课堂教学相融合，实现了教学内容与岗位能力对接、生产过程与教学过程对接。上述三个方面层层深入，环环相扣，这就决定了旅游管理专业的教师既需要具有领域宽泛的知识，又需要具有丰富的专业实践经验和强大的实践能力。

（二）科教融合对教师的要求

科教融合是在科教结合的基础上演绎、发展而来的，是科教结合最高阶段的本质结合。科教融合提出了三个方面的重要思想。一是对大学的本质和定位进行了界定。大学是传授知识、训练学者、创新知识的机构的组合，也是一个充满教育目的的社区，机构中的核心要素是教师和学生；教师和学生拥有共同价值观，双方通过教学和研究发生联系，共同追求学术目标。二是阐明了大学的培养目标。大学生除了获得更高深的专业知识外，应掌握科学的研究方法，具备科研探索精神。三是给出了具体的实施方法。国内外学者围绕科教融合理念从课程、教师、组织形式等方面，给出了具体的实施方法和建议。

科教融合的核心是教学和科研的协调关系，教学和科研是高等教育两种不同的培养方式，如何厘清并协调好两者的关系，使其发挥"1 + 1 > 2"的作用，是科教融合需要解决的最深层次的问题。教学和科研之间存在密不可分的关系，教学是科研的基本条件，科研是教学的深入发展，只有两者紧密结合，互相促进，互为补充，才能使高等教育得到持续的发展。

（三）创新创业对教师的要求

创新创业教育是联合国教科文组织在 1989 年召开的"面向 21 世纪教育国际研讨会"上首次提出的，以培养学生独立工作能力、事业心、社交和管理能力等为目标。高校创新创业教育是对创新教育和创业教育的超越与整合，是在综合二者内涵的基础上进行了新的发展，不能将其认定为创新教育、创业教育的简单叠加。高校旅游创新创业教育是一种以旅游专业教育为依托、创新能力培养为基础，融入创业教育，并以创新与创业行为为教育的目标导向，培养旅游专业学生创新创业意识、创新思维方式和创新能力的新教育理念。

（四）产教、科教融合与旅游创新创业教育师资协同发展

"科教 + 产教"双融合建设高校旅游创新创业教育高水平师资队伍，是

高校旅游学院实施高水平师资队伍建设的基本路径。科教融合、产教融合是大学发展必须面对和迫切需要解决的根本问题，从它们之间的关系来看，科教融合主要体现的是学校内部科研与教学的关系，以高水平的科学研究支撑高质量的高等教育；而产教融合更多地体现了学校与企业的关系，通过政府的主导制定企业发展支撑教育的体制机制，处理好学校外部产业与社会的关系。"科教 + 产教"双融合从内部和外部解决了高校旅游教育发展的动力源问题，最终的落脚点放在了"教"上。"教"的对象主体是学生和教师，学生通过科教、产教融合培养旅游创新创业能力，教师通过"科"与"教"协同提升自身的能力，学生与教师通过"科教 + 产教"双融合衔接，面向社会与产业。

1. 在内部处理好科研与教学的关系

基于高校旅游创新创业教育背景下的科教融合，实际上就是明确旅游创新创业科学研究在高校旅游学院发展中的支撑作用和引领地位，在旅游创新创业科研过程中，实现教育的目的，即寓教于研。旅游创新创业教育人才培养与科学研究是高校旅游教育的基本任务，旅游创新创业教学是旅游人才培养的主要形式。但旅游创新创业教学与传统意义上的旅游教学不同之处在于，既要符合传统旅游教学的规律，又要符合创新创业科学研究发展的基本规律。在这个过程中，旅游创新创业科学研究将创造知识技术以服务社会。如何实现科教融合，使旅游教学与创新创业科研相辅相成、相互促进，这是多年来我国高校旅游教育一直努力探索的重大理论和实践课题之一。尽管教学、科研都是硬指标，都会对旅游创新创业教师产生一定的压力，但科研效果的显现在于科研成果、论著出版和经济收益，看得见，摸得着，衡量起来是相对容易的；而教学要想取得显著的可以量化的成效并非易事，教学效果的显现在学生，不仅具有滞后性，也较为隐性，不会有立竿见影的效果。在一定条件下，教学与科研会相互影响、相互转化，旅游创新创业教师如果离开了科研，也就失去了知识更新的最佳途径，而老化的知识结构注定教师无法承担培养创新型人才的重任。因此，旅游创新创业教师要正确处理好教学和科研之间的关系，要以对学生、学校、社会、企业高度负责的精神，不断从事更高水平的科学研究，提高教学水平和教学质量。

2. 在外部处理好产业与教育的关系

高校旅游创新创业教育的产教融合，讲的是学校、学院与社会、旅游企业之间的关系，其本质体现的是旅游产业发展对旅游创新创业教育的支撑和引领作用。教育是有投入产出的增值的生产性活动，旅游创新创业教育活动是需要支撑和引领的。高校旅游教育通过知识创新培养人才，为旅游产业发展提供人力资本。高校旅游学院要正确处理好学校外部旅游产业与旅游创新创业教育的关系，一方面，必须确立更加开放的学院发展理念，不能盲目地闭关传授知识，埋头在学校里自我耕耘，要鼓励旅游教师走出校门，深入旅游相关企事业单位第一线，如挂职锻炼、合作攻关，了解当地旅游相关产业发展的趋势与需求，在为旅游企业提供服务的同时，提高自己的旅游创新创业教育教学能力；另一方面，旅游企业和学校要积极创造条件，带领学生到实践场所第一线接受锻炼，培养旅游管理专业学生的创新创业能力，共同为学生面向旅游产业与市场搭建桥梁。只有这样，旅游企业才能真正将高校旅游教育的发展看作分内之事，积极参与到高校旅游创新创业教育发展中来，将旅游产业最新的动态转化为课堂传授的知识内容，派出优秀的创新创业人才和管理人才参与学校的人才培养工作。

四　主要内容

高校旅游专业大学生创新创业教育是一项需要不断尝试和实践的活动。旅游专业大学生需要在一定的指导与帮助下，才能将他们的创新创业想法、思维和行为方式真正转化为可实现的目标和行动。其中，高校旅游教师承担至关重要的引领和导航的责任与义务。走进高校的旅游专业大学生经过多年的基础教育，已经掌握和具备了相当的知识储备，思想和思维上也更加开放和成熟，正是开展创新创业教育的最佳时机。而创新创业教育有别于传统的课堂专业理论学习和技能培训，其核心目标是培养学生的开创精

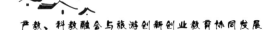

神和实践能力，因此，理论结合实际，以学生为主体和中心的教育过程是旅游创新创业教育的重要特征。旅游创新创业教育的形式丰富多样，无论知识传授、案例研究、社会实践还是项目参与，其实都是一个从理论知识学习到具体实践摸索、从不断发现问题到一一解决问题的学习过程。

旅游专业教师不再是传统教学中自上而下的以专业理论知识灌输为目的的主导者，而是面向创新创业实践活动的引导者。在旅游创新创业教育中，教师的教学身份要向教学活动的组织者、合作者和学习者转变。一方面，教师应因材施教，针对不同学生个体的实际情况，组织他们进行不同的旅游创新创业知识学习和实践活动，为他们打造适合自己发展的旅游创新创业课程和课题；另一方面，由于旅游创新创业实践的未知性和不确定性，教师又是教学活动的合作者，他们与学生处于平等地位，发挥各自所长，一同研究和摸索实践中遇到的问题，双方在合作的基础上共同努力去完成所布置的旅游创新创业实践课题。对教师而言，旅游创新创业教育是一个全新的课题，他们也需要在不断学习中提升自身的执教水平和实践能力。旅游教师现有的知识结构和储备是无法适应不断发展和变化的创新创业环境的，他们也要在不断学习中更新自己的知识和观念，不断提升自身的创新创业能力和素养，才能更好地完成旅游创新创业教育工作。

（一）教师是旅游创新创业教育课程体系的构建者和实施者

我国的创新创业教育探索工作虽然开展得比较早，也有一定的基础，但从总体上看，仍然处于起步阶段，课程与教材建设滞后，缺乏创业实践平台和政策支持体系等。高校的旅游创新创业教育基本处在开设与旅游创新创业相关的课程、开展一些与旅游创新创业相关的活动的阶段。从课程设置看，一些高校旅游创新创业教育系列课程缺乏系统性、针对性、可操作性；而另一些高校开展的旅游创新创业教育局限于创新创业的理论知识或操作技能层面，与学科专业教育及实践环节相脱节。究其原因，还是高校旅游创新创业教育师资力量严重不足，没有力量和精力去研究如何构建并实施符合学校实际的旅游创新创业教育课程体系。只有教师传授特定的知识、经验、技能，指导学生解决相关课程学习中的各种问题，旅游创新创业教育才能沿着既定目标顺利进行，预定的教育教学任务才能完成。

（二）教师是旅游创新创业教育教学活动的组织管理者

高校开展旅游创新创业教育，是通过一系列目标明确的教育教学活动来实现的，而这些活动是由具有丰富的旅游创新创业理论知识和实践经验的教师凭借自己的知识和才能选择特定的方式与途径来组织的。不仅如此，教师还要凭借自己的教学经验和管理才能有效地控制课堂、控制活动、管理教育对象、把握各项教育教学活动的作用方向和作用程度，最大限度地提高旅游创新创业教育教学活动的质量和效益。也就是说，只有启动和进行教师旅游创新创业教育的内部运行机制，旅游创新创业教育的特定目标和要求才有可能达到。

（三）教师是学生旅游创新创业实践活动的指导者

高校的旅游创新创业实践活动是培养旅游专业学生创新创业精神和创新创业能力的重要平台。学校各级各类组织是这一平台的搭建者，大学生是表演者，教师是导演。教师在各类旅游创新创业活动（如大学生科技竞赛活动、大学生创业计划大赛、大学生创新课题申报、大学生自主创业等）的指导过程中，注重培养学生的兴趣，训练学生的创造性思维、发散思维和逆向思维，可以激活旅游专业大学生创新潜能，激发旅游专业大学生创新的积极性和创业的主动性；学生在教师的指导下，能够从活动中很好地获得旅游创新创业的实践体验，陶冶情操，积累经验，锻炼能力。

（四）教师是旅游创新创业教育理论的主要研究者

与美国等发达国家相比，我国的创新创业教育尚处于初始阶段，基础薄弱，理论研究尚未深入。旅游创新创业教育实践的深入发展需要理论的指导。因此，旅游创新创业教育理论研究的需求十分迫切，任务也相当繁重。在一线从事旅游创新创业教育的教师掌握着丰富的实践素材，对高校旅游创新创业教育存在的问题有着清醒的认识，对如何解决问题最有发言权，对现实的旅游创新创业教育最需要什么有切身体验，对高校旅游创新创业教育今后的走向有深刻思考。所以，社会各界尤其是教育主管部门，应采取切实措施充分调动旅游教师投身创新创业教育科研的积极性和创造

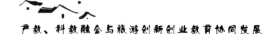
性，尽快构建符合我国实际、具有中国特色的高校旅游创新创业教育体系，以促进高校旅游创新创业教育的健康深入发展。

第三节　实施路径

产教、科教融合背景下的旅游创新创业教育凸显了时代的特点，全域旅游遍地开花，市场潜力巨大。旅游创新创业教育师资队伍建设是实现优质旅游创新创业教育的有力支撑。高校旅游创新创业教育是一个依托专业教育和相关基础理论教育，内容丰富、涉及面广、操作性强的复杂的系统工程。要实施好这个工程，推进旅游创新创业教育向深层次发展，培养高质量的旅游人才、高水平的创新创业教育师资队伍是核心所在，也是根本保障。实现产教、科教融合，使旅游专业基础理论与创新创业教育相辅相成、相互促进，是近年来我国高校旅游创新创业教育师资队伍建设一直在努力解决的问题。协同发展下旅游创新创业教育师资体系建设的举措可分为以下几个具体的方面。

一　建设理念先进的旅游创新创业教育师资队伍

旅游创新创业教师作为高校旅游教育的有机组成部分，在整个高校旅游教育的教学、科研、实践过程中发挥着举足轻重的作用，教师的教学能力、科研水平、创新创业能力体现着高校旅游教育的整体水平。因此，在建设旅游创新创业教育师资队伍的过程中，树立产教、科教融合理念是重中之重。

一是要切实提高认识。各级高校管理者和高校教育工作者要加强学习，要站在未来高校旅游教育发展的角度来看待产教、科教融合问题，要根据外部旅游人才需求格局变化的现实特点来认识产教、科教融合问题，要改变固有的思维定式和陈旧思想，破除得过且过的自满情绪，切实在思想上牢固树立起产教、科教融合的旅游教育发展理念。旅游创新创业教师应坚信每一个学生都有创新和创业潜能，把旅游专业学生作为创新创业教育的主体，把培养旅游专业学生的创新能力、创业能力作为教学的中心任务，通过教学活动帮助旅游专业学生形成创业意识、创业心理品质、创业能力等创业基本素质，进而把旅游专业学生身上所蕴含的创造潜能开发出来。

二是要高度重视思想。产教、科教融合发展，不能靠花拳绣腿，必须下真功夫。要在旅游教学研究各个环节贯彻产教、科教融合思想，在旅游教学硬件设施的建设上下大力气，将有限的资金放在旅游科研上，放在旅游实践上，放在旅游创新创业上，放在产业、科研与教学的深度融合上。为此，要通过开展科研专题讲座、讨论沙龙、创业经验交流研讨、学科竞赛、创业计划大赛以及设立创业专题网站等，积极营造一种人人、事事、时时都有创新的氛围。要定期组织旅游创新创业教育师资参与交流研讨和集中宣传等活动，从面上营造广大教师注重创新、关心创业的良好氛围，从点上促进旅游创新创业教育师资相互借鉴、互促互进。

三是要加强学习和培训。产教、科教融合模式不是一成不变的，它会随着高校旅游教育、创新创业教育发展外部形势的变化而变化，这就需要广大高校管理者和旅游创新创业教育工作者加强学习和培训，不断更新自身的知识结构，从产教、科教融合发展的现实需求出发，进一步从理论和实践上对产科教融合模式进行有益的尝试和大胆革新，为产科教融合深入实施打好基础。定期开展旅游创新创业集训活动，由负责创新创业教育工作的专门机构收集创新创业教育发展的最新理论成果、学生创新创业实践的典型成功案例、创新创业教育教学的有效内容与方法等，定期培训师资并分段进行强化。

二　建设多元融合的旅游创新创业教育师资队伍

复合型、应用型、科研能力强、综合素质高的高层次人才是促进旅游创新创业教育师资队伍建设的基础，也是高校培养新兴旅游市场综合型人才的关键。因此，着眼于旅游管理人才培养的趋势，要加强师资队伍的内培外引，完善评聘机制，组建数量充足的高水平旅游创新创业师资队伍人

才储备库。①通过深化产教、科教融合，可以会聚来自政府、行业、企业等各领域的专家，以及具有丰富实践经验的创新创业人才，组建集合各领域各专业的人才师资团队，为构建多元融合、数量充足的旅游创新创业教育师资队伍提供绝佳的平台。高校旅游创新创业教育在加强自身教师队伍建设过程中，应坚持人才引进的创新创业特色，把引进人才工作作为一项系统工程，要确立"以人为本，以用为主"的思想，坚持顶层设计、长远目标、突出重点、讲求实效的原则，通过对旅游创新创业教育专业的设置背景、人才培养方案等进行梳理和分析，优化以旅游创新创业型人才为目标的培养方案，丰富专业人才培养所急需的教师，进一步改革旅游创新创业教师引进方式，转换人才引进的评价标准和思路。

首先，高校应立足校内选拔一批以旅游专业教授和中青年学科技术能手为核心的骨干教师作为稳定的教学师资。同时，选送优秀中青年教师进行以提高创新创业教学水平为目的的学习深造，鼓励他们参加社会实践活动，深入旅游企业和科研院所，体验创新创业过程，亲身感受企业的运作、发展、管理，丰富实践经验，提高创业实践能力。

其次，高校应在与产业界的合作中建立兼职教师队伍。旅游创新创业教育是一种开放式的教育，其发展离不开社会和产业界的参与和支持。一方面，高校应该加强与产业界的合作，积极聘请旅游企业高级管理者、高级导游、行业技术能手、企业家、创业成功人士或有过创业挫折的人士，从社会各界聘请专家学者及政府官员（包括科研类、经管类、法律类）等作为兼职教师，实现学校与社会资源的整合，建立一支专兼结合、层次类别齐全的高素质旅游创新创业教师队伍。另一方面，高校要严格规范兼职教师的聘任机制，规定兼职教师的聘任条件、薪酬待遇、聘任程序、主要教学任务及评价。兼职教师应主要从事专业性强的专题教学，如创业心理、创业规划、创业融资、法律知识等，讲授一些创业实践课程，让学生在创业道路上获得丰富的知识和有效的指导。教师聘任是动态和开放的，要在

---

① 张云峰、徐颖、李文：《论应用型本科院校师资队伍建设——以"双师型"师资建设为例》，《当代教育实践与教学研究》2015 年第 3 期。

学校创新创业教育管理部门的统一协调管理下开展工作，做到良性循环。

最后，高校应加强与国内外其他高校的交流与合作。我国高校资源长期封闭运行，在师资队伍总量不足的情况下，校际实行教师互聘，将有限的优质旅游创新创业教育师资资源共享，不仅能够让教师的才华得到更大程度的释放，而且可以使优质师资的使用向培养青年教师等方向延伸，并对提高旅游创新创业教师水平和积极性有重要作用。所以，高校应建立旅游创新创业教育交流与合作制度，形成相对稳定的旅游创新创业教育师资资源库，建立国内外优秀旅游创新创业教育人才合理流动机制。[①] 通过讲学、访问、国际学术和科研合作、开展国际合作办学等多种方式，有计划地组织教师到旅游创新创业教育开展比较好的一些国家去学习访问和交流经验，拓宽教师国际视野，在流动中提高他们的教学科研水平。

三　建设实践导向的旅游创新创业教育师资队伍

产教、科教的深度融合，往往会催生工作室、协同创新创业中心、行业学院、产业学院等形式多样的实践平台，上述实践平台是旅游教师创新创业型人才培养水平提升、创新创业实践能力锻炼的最佳场所。[②] 高校旅游学院应充分借助各类产科教融合平台，努力实现培养工作重点和运行机制的融合，将基础的旅游教学科研能力提升培训与旅游技术创新和旅游创新创业能力培训相融合。

一方面，通过加强师德师风建设，坚定理想信念教育，进一步激发教师的使命感和荣誉感。高校旅游教育培养高素质旅游人才，必须坚持发挥教师以身示范、立德树人的作用。把旅游创新创业教师思想政治工作全面落实到旅游教学科研活动中，充分体现在育人育才全过程中。注重培养旅游教师的人文精神、科学素养和创新创业情怀，加大对教师"人文观、科

---

① 姚弋霞、张文舜、何久钿：《"双一流"战略视域下一流本科师资队伍建设的问题与思考》，《江西师范大学学报》（哲学社会科学版）2018 年第 2 期。

② 梁礼明、林元璋、吴健等：《"新工科"背景下地方本科院校改革发展路径探析》，《江西理工大学学报》2017 年第 6 期。

学观和创新创业观"的培养力度,让旅游教师探索建立创新创业发展的教学新范式,在拓展性课程、前沿性课程等教学内容中创新。

另一方面,深化校企合作,借助各类产科教融合平台共同培养"双师双能型"教师。转变培养思路,既可以将专任旅游创新创业教师培养成"双师双能型"教师,也可以将旅游企业员工培养成"双师双能型"教师。通过构筑校地企合作的旅游教师培养平台,让教师深入旅游企业挂职锻炼,使旅游教师参与旅游企业技术产品开发,既可以为旅游企业提供人才智力支撑,又可以增强旅游教师服务社会能力、技术研发能力;鼓励校企双方旅游教师共同参与专业建设,联合旅游教师到企业培训员工,这样既能调动旅游教师企业育人的积极性,又能增强教师的实践技能。

四 建设评价科学的旅游创新创业教育师资队伍

产教、科教融合对旅游创新创业教师的能力素质提出了新的要求,特别是应用型人才培养能力、旅游创新科研能力、科技成果转化能力。这就意味着,高校必须建立符合产教、科教融合战略的旅游创新创业教师评价机制,从注重学术论文、科研项目等学术导向转变为应用导向,更加侧重于旅游创新创业型人才培养、旅游创新应用科研成果转化等方面。

首先,要完善岗位聘用制度。高校旅游学院应加强岗位设置与管理,强化岗位考核的导向与激励作用,激发旅游创新创业教师积极融入产科教融合战略的内生动力;进一步推进教师岗位的分类管理,引导和促进教师各尽其能、各展所长,实现"人人皆可成才、人人尽展其才",强化教师岗位的择优性,逐步形成"能上能下""能进能出""非升即转"的良性循环机制。在岗位聘用中,高校旅游学院可设置低职高聘岗位,打破职称、年限的限制,完成高聘岗位的任务即可享受高聘待遇,充分发挥和调动现有人力资源的优势和潜能。

其次,要建立符合产教、科教融合特色的职称评审制度。有效衔接岗位管理、科学设岗、按岗评聘;根据旅游学科领域,针对不同类型教师岗位特点,科学分类评价旅游技术人才和旅游创新创业人才的能力素质;创新评价方式、完善评价标准，注重考核旅游技术人才履行岗位职责的工作绩效；创新成果，突出旅游科研成果和旅游创新创业成果取得的经济效益和社会效益，实现技术创新、专利和成果转化、技术推广、决策咨询、公共服务等，能体现应用型评价指标的权重，引导旅游教师更加关注应用型、创新创业型人才培养，提升实践应用、创新创业和服务社会发展需求的能力。

最后，要完善激励机制。旅游创新创业教育师资队伍管理要明确基于产教、科教融合发展战略的师资队伍建设理念，找出影响旅游创新创业师资队伍建设和创新创业型人才培养质量的关键因素，探索建立适应创新创业型和应用型人才培养的师资考核激励机制。加强对旅游创新创业师资队伍的有效激励，实施"以岗定薪、按劳分配"的制度，坚持重实绩、重贡献、重产出的绩效薪酬分配体系。强化绩效考核管理，突出岗位职责履行、工作业绩、创新创业、科研创新等考核内容。鼓励旅游学科与旅游企业联合组建大学生科研实践团队，积极参与国家、区域产业重大旅游科技专项或旅游创新创业项目，通过校企合作培育重大成果。

五　建设体系完善的旅游创新创业教育师资队伍

高校旅游创新创业教育要想在旅游市场竞争中保持有利地位，必须提高教师的专业素质，定期对教师进行产教、科教融合方面的指导与培训。其培训的内容应当涵盖教学、科研、实践、创新创业四个方面。教学培训注重培养教学计划、课程理论、创新创业等能力，要求教师能够根据要求科学地修改教学计划，将本学科最新的知识融入教学内容。此外，还应该重点培训教师教学方式、教学手段等的更新能力。科研培训应当围绕科研方法和科研技巧展开，注重科研的实践能力，及时分享前沿的科研知识，强调科研向教学的转化。实践培训的落脚点是产教融合，是新形势下旅游教师队伍建设的必由之路。校企合作是旅游教师培养培训的基本途径，构建完善的旅游教师队伍培养培训体系离不开行业企业的深度参与。校企共享资源，搭建"双师双能型"旅游教师培养培训基地，为旅游教师参与实

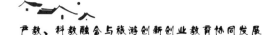

践和挂职锻炼提供岗位和平台，有利于教师掌握和了解新产品、新技术、新工艺，促进教师专业实践能力提升，了解和掌握专业前沿知识，为高校旅游人才培养提供质量保证。而创新创业所需要的知识是多元的，这就要求旅游创业教育教师从创新创业实际需要的角度出发，进行相关知识的学习；要求教师有较为合理的知识结构，熟练掌握本专业的技能技巧，掌握创新创业知识和创新创业技能，具备较强的专业实践操作示范能力、创新与开拓能力以及应用信息的能力等。旅游创新创业教育师资培训提供这些相关的知识和技能，不仅能及时更新与拓展教师本身的知识与技能，还能不断提高教师进行交流、合作、评价、创造性工作以及识别问题的能力。

高校旅游教育要紧跟时代发展需求，始终把培养引领未来经济社会发展的高素质旅游创新人才作为根本任务。高校旅游教育必须牢牢把握国家大力发展创新创业教育的机遇，根据高校旅游人才培养特色与旅游创新创业教学定位，围绕地方经济社会建设与发展，打造一支能满足地方发展需要、高素质、高水平、有特色且具备"双师双能"素质的产教、科教融合型旅游创新创业教育师资队伍。

六　建设能力突出的旅游创新创业教育师资队伍

加强高校旅游创新创业教师发展中心建设，全面提升教师综合素养，广泛开展教育教学研究活动，提高教师旅游教育与创新创业教育教学深度融合的能力。

第一，充实专业知识。脱离专业领域的创业学习和实践活动都只能是无源之水、无本之木，创新创业教师首先应当具备扎实的专业知识和较高的学术素养。来源于不同学科领域的多元化专业师资，才能引导广大学生以自身的学科专业为基础，提升创新创业能力；指导部分学生以掌握的技术专长为起点，进行高层次的创业；帮助少数学生以行业领域的优质资源为蓝本，实现成功创业。

第二，丰富创新创业实践经验。创新创业教育是一门实践性很强的学科，对师资队伍在创新创业实践经验方面也提出了较高的要求。高校教师普遍是从学校毕业后直接走上学校教学科研工作岗位，工作与发展路线比较单一，只有少部分人拥有在社会经济发展一线工作的经历。学校除了聘请校外教师参与创业实践指导，还需要从校内有针对性地遴选和培养一批具有一定创业实践或企业工作经验的教师，充实"双师型"师资队伍，完善大学生旅游创新创业实践教育体系。

第三，把握旅游创新创业教育的核心内容。在教学方法上，教师要充分认识到传统教学方法的优缺点，与旅游管理专业相结合；在专业理论课程上，可以开展传统的互动式课堂教学，使学生的专业知识掌握得更扎实；在实践课程上，要充分利用创新创业教育模式，做好指导，以学生为主体，对学生的创新意识和创业能力进行重点培养，鼓励学生自己动手，在操作中发现问题、解决问题，锻炼学生的发散思维；在教学过程中，要做好定位，利用创新创业教育模式，结合现代化教育手段，对学生的创新创业能力进行重点培养。

第四，增强科研成果转化意识。推动旅游教育科研成果转化为教案，建立健全旅游优秀教育科研成果发布制度和转化机制，调动地方政府、科研机构、学校、企业转化和应用科研成果的积极性，拓宽成果转化渠道，创新转化形式，推动旅游教育科研成果及时有效转化。

第六章
产教、科教融合与旅游创新创业教育协同发展的课程体系建设

产教、科教融合是高校创新驱动发展的内在要求和创新创业教育改革的试验田，也是深入贯彻创新创业协同育人机制的重要途径。课程体系建设是实现创新创业教育的基本途径，是创新创业教育要解决的核心问题。构建产教、科教融合与旅游创新创业教育协同发展的课程体系，推动旅游创新创业供给侧改革，能促进高校人才链、创新链和产业链全方位深度融合。本章从产教、科教融合发展下旅游创新创业教育课程体系建设思路、建设内容以及实施路径方面进行论述，为旅游创新创业教育课程体系建设提供借鉴。

第一节　建设思路

本节通过论述产教、科教融合与旅游创新创业教育课程协同发展的机制，指出产教、科教融合对旅游创新创业教育课程发展提出的要求，研究现阶段旅游创新创业教育课程体系的发展现状，进而提出产教、科教融合发展下旅游创新创业教育课程体系转型的必要性。

一　建设意义

（一）产教、科教融合是旅游创新创业教育课程建设的内在要求

目前，旅游创新创业教育课程普遍面临理论知识与实践操作相脱节、

学校教育与社会实践相割裂的问题，导致师生在旅游创新创业活动中存在思想偏差。其中，院校教育教学过程与企业生产经营过程的脱轨与割裂由来已久，导致院校师生难以充分意识到创新创业教育在课程建设、学生就业、社会服务等范畴的中坚作用。而以产教、科教融合为依托构建旅游创新创业教育课程体系，在日常教学中融入产业要素、科研要素等，不仅打破了传统课堂教学模式的属性桎梏，还为旅游课程教育注入了新的因子与活力，从而促使教师深入了解企业的生产过程，为其旅游专业水平的提升创造了有利条件，同时以"学中做""做中学"的范式，引导学生实现理论联系实际的教学目的，为创新创业活动筑牢了基础。[①] 在此基础上，借助产教融合、科教融合，可以将学生带入企业运作项目设计、生产流程等真实情境中，引导学生运用自身知识架构和综合技术能力解决一系列任务问题，有助于其创新意识和创业能力的提升。

（二）产教、科教融合是旅游创新创业教育课程提升的客观要求

首先，产教、科教融合是打造"双师型"创新创业教育师资队伍的有效途径，借助专业设置和产业需求的内在衔接和深度融合，可以使教师掌握产业用人需求和技术要求，进而促使旅游创新创业教育课程实现实用性和针对性提升。而通过企业与院校信息、资源、技术等方面的交流，教师可以完善自身知识架构，锻炼实践操作能力，进而为学生创新创业能力的塑造与提升提供指导。其次，产教、科教融合为校企合作范畴的延伸与拓展提供了弹性空间和有利载体，也为学生在社会实践和企业实训中开展创新创业活动创造了广阔空间，提升了旅游创新创业教育课程的整体质量。除此之外，立足产教、科教融合，旅游创新创业教育课程的建设方向得以明确，其创新创业教学目标、教学方式、教学内容等板块的调整与革新更具针对性与实效性，强化了创新创业教学课程的普遍适用性，为学生参与创新创业教育夯实了基础。

---

① 翁伟斌：《从追随到引领："双高计划"背景下高职院校创新创业教育的转向》，《教育与职业》2021 年第 10 期。

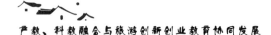

（三）产教、科教融合是旅游创新创业教育课程实施的必然诉求

从宏观维度看，产学研结合的割裂化与形式化导致旅游创新创业教育课程难以与区域经济和产业发展相适应，进而因为专业教育与企业生产的脱节，其创新创业教育实效性大大减弱；从微观维度看，旅游创新创业教育课程依旧很难打破教条主义和形式主义的边界壁垒，导致理论知识教学缺乏针对性和适用性，实践活动组织欠缺延伸性与拓展性，阻碍了旅游创新创业教育课程实际效能的发挥。而产教融合和科教融合实现了专业教育与社会生产的内在衔接，促使学生将所学的创新创业知识与技能运用于真实的任务和问题情境，有助于其创新创业能力的实际提升。与此同时，产教融合和科教融合显著弥补了旅游创新创业教育实践不足的短板。借助与企业、行业协会构建的命运共同体，院校可以使旅游创新创业教育获取更为丰富的资源支持，进而为师生的创新创业实践提供广阔平台。

二 建设原则

（一）坚持"以人为本"宗旨

长期以来，学生的创新意识和创业动力被传统教条式的教学模式扼杀，学生的个性化得不到有效的滋润和培育。因此，学校需要借助创新创业教育打破传统教学模式的属性壁垒，围绕"以人为本"的宗旨，重构旅游创新创业教育课程体系。综合考虑学生个体的思维方式、协作意识、实践能力、职业意向等要素，依据个体化差异对学生实施多维和差异化的教学，鼓励学生的个性化发展，可以为其创新创业思维的活跃夯实基础。[①] 在学生修完核心课程后，学校可以引导其依据自身职业规划和优势领域跨专业、跨学科进修课程，鼓动并支持学生在社会实践和企业实训中将自身特长与创新创业实践活动深度融合，在实施个性化教育的同时，实现产教融合、科教融合"以生为本"的内在诉求。

---

① 张弛、赵良伟、李蔚佳：《高职院校专创融合的多元价值、实施困境与模式构建》，《教育与职业》2021 年第 9 期。

（二）突出实践育人本质

学生实践能力的提升与强化，是产教、科教融合与创新创业教育协调发展的目标导向和本质诉求。对此，在旅游创新创业课程体系的构建中，学校应紧扣理论结合实践，并突出实践的原则，将理论知识内化于实践活动和创业案例中，在完善学生专业知识和前沿理论架构的同时，将实践活动置于高位，并针对社会实践和企业实训，改善创新创业活动的硬件设施，营造环境氛围，丰富创新创业的活动类型与参与形式，提升学生创新创业实践课程的权重，促使学生实现学以致用、理论结合实践的学习目的，促进学生创新创业能力的有效提升。

（三）结合专业教育目标

创新创业教育并非与专业教育的简单叠加，更不是割裂于专业教育之外的独立教育。产教融合、科教融合对学生的专业技术能力具有更高要求，因而旅游创新创业教育课程体系的建设，需要在综合考虑培养目标、专业开设、课程设计、教学活动、考核评价等要素的基础上，保证创新创业教育与旅游专业教育在权重上的动态平衡和并行发展，进而推动创新创业教育与旅游专业教育的深层贯通与全面融合，为旅游创新创业教育课程营造良好的氛围，促使学生在专业优势和技能特长的基础上实施创造性活动，最终为社会培养更多专业基础扎实，且创新创业能力突出的复合型人才。

（四）实施市场导向准则

从本质属性的维度出发，产教、科教融合与创新创业教育协同发展，均是教育市场化的产物，双方的出发点与归属点均指向市场需求，因而旅游创新创业教育课程体系的建设需要以市场为导向。在社会经济转型和产业结构升级的背景下，旅游专业需要培养创新型技术人才，而学生的创新意识和创业能力需要经受市场的考验。这就要求院校设计的课程要以市场为导向，对标产业企业的人才需求标准，时刻关注市场的发展动态和演进趋势，紧密跟随市场的变化，对旅游创新创业教育课程体系进行实时性和动态性调整，不断推陈出新，促使学生的创新创业能力更具市场适应性和市场竞争力。

三　建设现状

旅游管理专业在我国旅游经济发展大环境中应运而生，在相应的课程设置上，提倡以技能为导向，技能教育贯穿教学全过程。旅游管理专业课程设置，首先必须明确人才培养目标，即旅游管理专业学生应该拥有扎实的旅游管理专业知识、较好的思想道德品质和资源整合能力，并且基础能力、核心能力和专业能力等综合素质突出。现阶段的旅游创新创业教育课程体系仍存在薄弱环节。比如，创新创业课程理念落后、师资队伍不合理及学生自身存在问题等。这些因素导致旅游创新创业教育教学效果低下，不仅不能满足社会需求，也不能提高学校育人水平，主要表现在以下几个方面。

（一）创新创业课程理念滞后，体制机制不相匹配

由于国内创新创业教育起步较晚、运行时间短，创新创业课程资源相对匮乏。相关专业对创新创业教育人才培养的目标是模糊的，还处于摸索阶段。随着政策导向的增强，各院校纷纷出台创新创业教育的鼓励措施。由于缺乏良好的创新创业教育课程设置优化氛围，学生只能被动接受传统的通俗读物教育。创新创业教育脱离专业内容教育，目标与实践能力相去甚远，目标不够明确，从而导致学生创新能力薄弱。此外，多数院校将创新创业教育归属于大学生就业指导中心或招生就业处负责，而专业教育管理机构是教务处，各院系在教务处的管理下负责专业人才的培养。由于管理机构对创新创业教育与专业教育融合的理解有偏差，大部分院校将创新创业教育课程作为辅助专业教育的公共课或选修课，缺少统一的管理运行机制。创新创业教育课程与专业教育课程无法实现有效融合，学生也无法在专业教育中培养创新创业能力。

（二）缺乏优秀创新创业师资，师资队伍建设落后

既有专业理论知识又有丰富经验的创新创业教师是专业教育与创新创业知识教育融合的关键。当前，高校专业教师对创新创业教育认识不足，自身创新创业能力不够，且缺乏经验，不知道如何将创新创业知识融入专

业教育。创新创业教师多来自学生管理部门，理论知识丰富但缺少实践经验；而来自企业的兼职教师虽然实践经验丰富，但专业理论知识储备不足。目前，从高等院校创业教学团队的情况来看，很多创业教学团队的教师没有创业实战基础，没有足够的金融投资经验，不熟悉企业的经营管理，也没有接受过系统的创业培训和学习。因此，许多创业教师缺乏创业理论知识、创业经验和创业能力，导致创业课程教学效果不佳。由于缺乏有效的创业引导，入选项目的质量在一定程度上受到限制。当然，学校教师也会与企业或行业专家进行交流学习，但机会较少，系统性不强，教师还没有真正地将获得的创业方法融入创业教学课程。

（三）缺乏系统的课程教学体系，课程设置较不合理

目前，创新创业教育课程与专业教育课程的教学目标不一致，设置的创新创业课程与专业教育课程的融合度不高。创新创业课程的专业性不强，而专业教育课程缺乏对学生创新能力的培养。因此，在课程安排上无法做到统筹，在教学内容上无法实现互融互通，在实践教学中无法相互促进。课程设置的不合理导致了大学生在校期间无法对就业有正确的认知和定位，单从旅游管理专业的大学生就业创业方面看，信息和知识的缺乏是他们的短板，但往往有限的信息和知识只是来源于专业课教师和高年级同学传授的经验，还有一小部分的信息来源于就业网站、招聘公告等，而这些通过专业课教师和高年级同学偶然得知的信息和知识以及网络的部分资源是非常有限的。同时，高校的就业和创业类的指导性课程还受到授课环境和教学资源的限制，存在的共性问题是以理论知识传授为主，在就业和创业具体操作上指导很少，案例教学的比重较低，教学方式跟不上时代发展，种种实际情况和教学模式导致最后的教学效果不尽如人意，无法满足社会的需要。

（四）学生缺失创新创业兴趣，综合素质有待提高

高校学生对创新创业的想法比较保守，对政府和学校的各项鼓励和优惠支持政策也没有进行过多的关注。多数学生更倾向于找一份高收入、较稳定的工作，并且认为创新创业是一件回报率低、投入较高的事情。当然，

也有部分同学对创新创业的激情较高，但是相对缺乏宏观的视野和系统的研究，创新思维和吃苦耐劳的能力较弱，团队意识较弱，抗压能力很差，遇到困难后会退缩，甚至半途而废，直接影响了创新创业的质量，降低了创新创业成功率。同时，多数高校学生在一些素质和能力上也有所欠缺，比如学习能力、理解能力、对知识的渴望程度等。多数学生并未因为自身的高校身份就有创新创业的欲望，他们普遍认为自身在学校所学的知识和技能与创新创业所需要的条件不相匹配，对自身创业感到迷茫。

四　建设理念

为了使高校培养出更多符合社会需要的旅游管理人才，高等院校必须改革教育理念和人才培养模式，使专业教育与创新创业教育融合发展，这也是高等教育发展改革的必然选择。①

（一）激发学生创业意识，迎合高等教育改革发展方向

近十年来，我国高等教育规模扩张的趋势越来越明显，带来的是大学生普遍面临就业难的现实问题。旅游管理专业就业门槛相对较低，本科生在就业过程中普遍存在高不成、低不就的尴尬局面，自主创业成为许多学生毕业后的重要选择。在大学期间通过创新创业教育课程体系建设开展创新创业实践活动，有助于激发学生的创业意识，提高学生的创业成功率。②将创新创业教育与旅游管理专业教育有机融合，这不仅是对创新创业教育发展的根本要求，也是深化专业教育改革的重要途径。因此，高校应转变旅游管理专业的人才培养理念，在产教融合、科教融合的背景下，逐步开设旅游创新创业教育类课程，创新人才培养模式，为中国高等教育的改革与发展做出应有的贡献。

（二）培养学生创新精神，符合建设创新型国家的需要

旅游管理专业属于典型的文科专业，在我国现代教育体系中，具有很

---

①　李素君、魏丽丽、田太福：《应用型本科院校学业教育与创新创业教育协同耦合发展》，《教育与职业》2019 年第 13 期。

②　尚大军：《大学生创新创业教育的课程体系构建》，《教育探索》2015 年第 9 期。

多文科专业教育的弊端，比如，课堂理论教学对学生吸引力不够，实践教学技术含量不高，很多本科生在学习中缺乏持续的兴趣和学习动力。开设旅游创新创业教育课程，在一定程度上可以打破现有的教学局面，培养学生的创新精神，使学生在理论学习和实践活动中找到结合点，提高专业课程学习的成就感。而建设创新型国家，就必须有具备专业基础知识、创新意识和创造能力的创新型人才作为支撑。旅游业是中国国民经济的重要支柱性产业，需要一大批高素质人才来满足旅游业人才市场的迫切需求，为国家供给侧结构性改革助力。因此，高校应高度重视产教、科教融合发展下旅游创新创业教育课程体系的建设，为国家和社会培养高水平的旅游管理专业人才。

（三）提高专业教学有效性，提升高等教育教学课程质量

如何促使学生进行有效学习，是现代教育面临的重要命题，开设创新创业课程，是高校专业有效教学的一个重要途径。开设创新创业课程，对专业教师提出了更高的要求，迫使教师不断提高自身的创新素质，改革教学模式，关注学生需求，主动去思考教学中存在的问题。教师的成长反过来能激发学生对专业学习的热情，形成教学相长的良好局面。如果将创新创业教育与旅游管理专业教育割裂开来，就无法实现高校培养综合性人才的目标。两者只有有机融合和优势互补，才能优化高校人才素质结构，培养符合社会需求的创新型人才。因此，高校应明确创新创业教育在高等教育中的基础性地位，以专业教育为根基，促使两者有机融合，从根本上提升高等教育教学质量。

第二节 建设内容

课程体系是人才培养的核心组成部分，也是观念转化的桥梁。首先有必要对课程、课程分类、课程体系、课程理论流派展开研究，认识旅游创新创业教育课程体系的课程选择，构建产教、科教融合发展下旅游创新创业教育课程体系，通过了解产教、科教融合发展下旅游创新创业教育课程

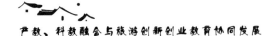
体系的影响要素，进而从主要内容、模块构建、模块选择等方面，研究产教、科教融合发展下旅游创新创业教育课程的内容体系。

一　基本类型

产教、科教融合发展下旅游创新创业教育课程体系的构建，对旅游专业进行双创教育具有非常重要的意义。本小节主要从课程目标、培养方式、课程内容三方面具体阐释产教、科教融合发展下旅游创新创业教育课程体系，进而使产教、科教融合与旅游创新创业教育更好地协同发展。

（一）以素养为核心的双面向目标体系

要想实现产教、科教融合与旅游创新创业教育的协同发展，必须明确其培养的重点及目标。在当前高等教育阶段创新创业教育的实施中，其主要目标不应当是创业知识的灌输，而是培养学生创新创业的素质与能力。

然而在目前的实际教学中，旅游创新创业教育还十分偏重于创业知识的传授，对创新创业能力等素质培养的重视程度远远不够，与高等学校学生的实际发展需求严重不符。这一方面是由于目前产教、科教融合与旅游创新创业教育协同发展缺乏针对性的教材体系，一线教师难以针对学生的实际需要进行授课：另一方面是由于双创教育与旅游专业教育融合不够紧密，无法贴切学生的职业发展规划。除此之外，我们在调研过程中发现，虽然学生对双创教育的学习热情普遍较高，但也存在一定的差异。不同学生的学习兴趣不尽相同，且接受能力与创新创业意愿也存在显著的区别。因此，双创教育应针对不同能力水平与学习兴趣的同学设立不同的培养目标，秉持因材施教、以生为本原则，实现学生的个性化发展。

综上所述，创新创业教育在旅游专业中的实施应注重素质能力的培养。过于繁杂专业的创业知识不但对学生发展的指导意义十分有限，而且会给学生增添不必要的学习负担。应当将重点向素质能力的培养转移，培养学生的创新能力、创造思维和开创性人格等，同时也要尊重学生的学习兴趣与发展需要，将教学目标划分为面向全体学生和面向有兴趣的学生两个维度，从素质、知识、能力三个层面，构建产教、科教融合与旅游创新创业教育协同发展的目标体系。

1. 面向全体学生的培养目标

面向全体旅游类专业学生的创新创业教育要结合此阶段教育的课程限制、实施难度以及学生目前的实际水平与接受能力。首先，学校要明确这是面向全体学生的教育，当前学生大多在之前的学习经历中未经历过系统的双创教育，对创新创业的认识普遍较低，有关创新创业的思维、能力大多未得到有效的开发。其次，大多数学生还没有明确的职业规划，对今后的职业发展方向不清晰，所了解的选择十分有限。因此，学校需从素质、知识、能力等方面制定面向全体旅游类专业学生的培养目标。

在素质目标方面，以培养学生的意识品质为主，让全体旅游类专业学生能够通过双创教育培养自身主观思辨的能力，形成主动发现、主动思考的学习习惯，并逐渐形成勇于创新、敢于开拓的精神，培养学生挑战自我的意志品质，同时帮助学生树立良好的职业道德与社会责任感，开阔学生职业发展的视野，在学生心中埋下专业创业、岗位创新的种子。在知识目标方面，使学生掌握开展创新或创业活动所需的必备知识，让学生理解掌握创新创业的基本概念、原理和基础理论，熟悉常见的创新思维方式，熟悉创建一个企业的基本流程和企业的基本组成，了解我国关于创新创业的主要政策与法律。在能力目标方面，要激发学生的创新创业潜力，提升学生的专业创业意识与职业创新能力，同时通过创新创业教育，促进学生之间的交流合作，培养学生的沟通表达能力、团队协作能力和自主学习能力，让学生能够以旅游类专业为中心，进行发散性的思考。

此阶段的教育目标应以素质、能力的培养为主，知识目标主要是对学生进行关于创新创业的普及教育，并引导学生结合自身专业进行思考，初步建立以专业为依托的双创思维。

2. 面向有兴趣的学生的培养目标

对于有创新创业兴趣或具有创新创业潜力的学生，学校在达到面向全体学生的培养目标后，应满足学生进一步的发展需要，在普及教育目标的基础之上，进行更高层次的培养。此阶段的学生已经接触过创新创业的基

础教育，对其概念、理论等有了大体的了解，拥有一定的创新创业能力，并对创新创业产生了较大的兴趣与热情。因此，学校需从素质、知识、能力等方向制定面向有兴趣的学生的深层次培养目标。

在素质目标方面，要在主观思辨能力的基础之上，培养学生主动求索、举一反三的学习思维，并在形成勇于创新、敢于开拓精神的同时，进一步加强学生的风险意识、服务意识、团队意识等，培养学生吃苦耐劳、承受挫折、坚持不懈的创业者品质，树立诚实守信、善于合作的职业操守。在知识目标方面，学校进一步引导学生加深对创新创业概念的理解，同时熟悉创办企业的流程以及相关的政策法规，通过对旅游企业的创办历史、旅游行业的创新案例等进行分析，获得习得性的经验知识，并拓展创新创业的跨专业知识，如管理知识、财务知识、营销知识等。在能力目标方面，进一步加强学生创新能力的培养，引导学生运用组合思维、发散思维、逆向思维等创新方式，提升学生的管理能力、组织能力、沟通应变能力、自主创新能力，使学生能够自主设计、完成与旅游专业相关的创新或创业项目。

此阶段应在课程目标中与旅游类专业相结合，引导学生将创新创业知识落实到旅游企业创业或旅游类岗位创新上，同时进一步加强对学生的能力培养，对学生进行拓展性跨专业的知识传授，提升学生的实际运用能力。

（二）由外向内的自导式分层培养体系

产教、科教融合与旅游双创教育的协同发展面对的主要问题之一是难以形成系统的培养体系，让双创教育在培养过程中无法连贯进行，严重影响双创教育的效果。学生对双创教育表现出极大的学习兴趣，对双创活动、双创比赛等都有较高的热情，这对发掘学生的主观能动性，促使学生主动学习、积极接受有着十分重要的意义。学生在大学阶段前所接受的创新创业教育普遍较少，对创新创业教育的了解程度严重不足，甚至有很多大一的学生根本不知道什么是创新创业，更不要说产生学习兴趣。因此，在初期阶段，学校应以营造双创文化环境、对学生进行普及教育为主。向外进行创新创业概念理论学习，培养学生创新创业能力素养；向内激发学生学习兴趣，发挥学生主观能动性，让其以自身兴趣为引导，主动学习、自主思考。

除此之外，由于不同学生的接受能力、职业选择以及兴趣点存在差异，教学课程紧凑，旅游类专业的创新创业教育应适应学生的实际需要，实行分层递进式的培养方式，将普及教育与文化环境相结合，达成面向所有学生的双创教育基本培养目标，将赋能教育与实践指导相结合，达成面向有兴趣的学生的深层次培养目标，形成普及性的基础培养与自主兴趣引导性的拓展培养相结合的旅游专业双创教育自导式分层培养体系。

1. 普及教育与文化环境相结合的基础教育阶段

目前旅游专业学生所接受的双创教育远远不够，大量学校尚未开设相关课程，这与创新创业的大时代背景不符，也与未来旅游业人才需求有所脱节，创新创业教育在旅游专业实施的必要性毋庸置疑。但与此同时，也必须面对课程安排有限等问题，学校的课程安排紧凑，既要进行通识课程的学习还要进行专业课程的学习，并且刚入校的学生初次接受专业教育的学习，基础较为薄弱，在此阶段贸然再加入大量的创新创业课程，必然会导致其教学效果不理想，甚至会严重影响专业教育乃至通识教育的学习效果。

综上考虑，"嵌入式"的双创教育课程是最适合面向全体学生的培养方式。一方面，学校通过在基础性课程和专业必修课中渗透创新创业的教育内容，有效地引导学生积极思考，激发学生的学习兴趣；以专业课程和德育课程为依托，使学生在学习专业课程的同时接受双创教育，从根本上奠定双创教育与旅游类专业相融合的基础，为学生今后在专业创业、岗位创新方面提供强劲动力。另一方面，学校作为学生进行学习成长的场所，其文化环境是影响学生发展的重要因素，学校可以通过举办创新大赛、创业节，设立创客空间、社团发展中心等方式，营造具有创新创业特点的校园文化环境，激发学生对创新创业的学习兴趣，培养学生沟通表达、组织规划等双创能力，与此同时还能够丰富学生生活，有益学生身心发展。

在面向旅游类专业全体学生的基础教育阶段，学校通过"嵌入式"课程对学生进行普及教育，让学生初步了解创新创业，掌握基本的创新创业

知识素养，通过校园文化环境激发创新创业意识与学习兴趣，培养创新创业相关能力，实现由外向内的启发式教育，能够为学生今后的学习和发展打下良好的基础。

2. 赋能教育与实践指导相结合的拓展教育阶段

在创新创业的基础教育之上，学校应面向有兴趣的同学提供拓展性教育，在进行"嵌入式"课程教学的同时，通过更进一步的赋能教育满足学生自身的发展需求。学校由于课程安排、资源分配等客观因素限制，注定不能对全体学生进行复杂、深层次的双创教育，根据实际需求与教育实施的可行性，应开设灵活可选的选修课对学生进行赋能教育，进一步培养学生创新创业能力，拓展相关知识，满足部分学生更深层次的发展要求。

创新创业选修课是面向有兴趣的学生进行赋能教育的最好方式之一。学校课程较为紧密，学生的学习兴趣也不尽相同，在进行基础性的双创教育的同时，必然会有部分学生对创新创业产生更高的需求。专业选修课在很大的程度上能够解决这一问题，选修双创教育课程的学生基本上是对创新创业具有较大的兴趣或是在创新创业上具有较强的能力。依托专业选修课，学生可以在创新创业基础教育之上进一步提高认知，并逐渐学习跨专业的创新创业知识，培养更强的创新创业能力。实践课程作为旅游专业与双创教育融合的另一个重要路径，在教育过程中的重要地位不言而喻。双创教育的最终目的是让学生能够运用所学知识进行创新或创业活动。旅游专业目前有较为系统的实践体系，而创新创业同样需要通过实践来实现教育目标，若要实现实践课程的融合，除了要考虑时间、可行性等方面的因素，什么样的形式才能让学生通过实践理解学习的内容也至关重要，二者的融合不可盲目随意，否则学生将无法在实践中满足自身发展需求。在多系统融合方面，协同理论中的自组织原理具有普遍的适应性，其认为系统间的融合应具备开放性、非平衡性和协同性三个条件，系统内部才能够由无序变为有序。因此，二者在实践体系中的融合，开放是其成功的前提，这不单单指的是教育模式之间的开放包容，更是学校与企业、实训基地之间的开放，让学生能够得到更多的实践机会，同时也是形式上的开放，不只关注企业实践,更多的是让学生通过课堂学习外的其他形式主动思考、自主学习。

综上所述,在面向有兴趣的学生进行拓展教育阶段,学校应运用选修课的形式对学生进行赋能教育,培养学生多项创新创业能力,使其掌握管理、财务等跨专业知识,利用专家课堂等形式得到针对性的指导,通过参加比赛、企业实习等方式将所学知识与实践相结合,进一步达成激发学习兴趣、加深学习理解、提高运用能力的目的。

(三)灵活深化的螺旋上升式课程体系

旅游专业的课程内容应按照培养目标与培养体系的要求逐渐深化,形成以知识、能力、素质为核心的螺旋上升结构。目前的旅游专业学生创新创业基础较为薄弱,而课程内容难以满足学生发展的需要。目前大多数学校的双创教育课程内容体系存在创新与创业配比失衡、课程开设率低、课时安排少、概念抽象不易理解、与专业的融合度不足等一系列问题。因此,结合以上存在的问题,考虑旅游专业双创教育的培养目标,我们可以将旅游专业双创教育的课程内容根据不同层次的需求分为普及教育阶段、赋能教育阶段与实践实训阶段。

创新创业教育要在不影响通识教育与专业教育的情况下有序进行,这就决定了旅游类专业双创教育课程形式的灵活多变性。综上所述,构建灵活深化的螺旋上升式课程内容体系尤为重要。

1. 螺旋上升的课程内容

产教、科教融合与旅游创新创业协同发展下的课程内容体系的构建,应与目标体系以及培养体系相结合。学校应针对不同教育层次,从普及性的基础教育,到拓展性的赋能教育,再到强化学生实践能力的实践教育,形成逐步深化的课程内容体系。

首先是面向全体学生的普及教育阶段。此阶段教育的主要内容是学习创新创业基础概念,拓宽学生的职业发展视野,学习创新创业的思维方法、基本形式与政策法规,建立良好的职业道德。主干课程包括创新创业基础、双创职业道德与法律、创新创业与生涯规划、创新创业与社会经济、创新思维与创业意识等。此阶段的教育属于创新创业教育的基础部分，知识内容较为简单，以立德为先、启发学生的创新创业思维与意识、普及创新创业基础理论概念为主。

其次是面向有兴趣的学生的赋能教育阶段。此阶段在普及教育阶段的内容基础上进行了深层的拓展，主要内容包括旅游业创新创业经验知识、管理知识、财务知识、营销知识、创新思维方法等，主干课程包括旅游企业管理、财务管理、电子商务、旅游创新创业、创新思维与方法等。此阶段是在上一教育阶段的基础上进行的，主要是拓展学生跨专业的知识，学习先进的思维方法，提升学生综合素质，培养学生基于旅游业的创新创业思维与意识。

最后是面向有兴趣的学生的实践实训教育阶段。创新创业教育是偏实际应用的教育，需要学生经过实践实训等方式进行巩固学习，才能有效提升创新创业的能力水平。学生经过普及教育与赋能教育之后，已经具备了一定的创新创业能力基础，实践实训阶段的主要内容便是让学生在实际运用中了解创业要点与流程，提升创新创业能力。主干课程为模拟创业和企业顶岗实习等，这两门课程主要是让学生通过实践实训深刻理解所学的理论知识，为今后的专业创业、岗位创新打下基础。

综上所述，本节在课程内容上形成了从理论教学到实践实训、从全体性的普及教育到针对性的个性化教育、从基础知识与思维意识启发到跨专业知识与能力方法培养的逐步深化，各个阶段之间的教学内容相互呼应，构成了旅游专业螺旋上升的创新创业课程内容体系。

2. 灵活多变的课程形式

创新创业教育在旅游专业的实施要遵循专业主导性原则，不能喧宾夺主，同时还要考虑学生兴趣、职业规划等因素，做到个性化培养。因此，灵活多变的课程形式是旅游专业创新创业教育顺利实施的保障。

创新创业教育目前主要的课程模式分为独立开设的必修课程、选修课程以及融入其他课程的嵌入式课程。考虑到学校的课程安排，单独开设必修课程的难度较大，嵌入式课程和选修课程相结合的方式更适合旅游创新创业教育的实施。

在面向全体学生的普及教育阶段，可灵活运用嵌入式课程，将创新创业教育的基本内容融入现有的必修课程中。目前，旅游类专业的必修课程类型可以分为公共基础必修课、专业技能基础课和专业技能方向课三大类。其中，公共基础必修课以通识教育和德育教育为主要内容，通识课程课时安排紧密，课程设置已相对成熟，但德育教育与创新创业教育的交叉性较强，在教育目标上存在一定的一致性，可以作为普及教育阶段的主要嵌入课程。除德育课程外，在专业技能基础课中渗透创新创业教育内容，引导学生基于本专业的特点进行创新创业思考，也是重要的课程形式之一。在面向有兴趣的学生的赋能教育阶段，可通过单独开设选修课程，供学生选择性学习。目前，旅游专业的选修课类型包括基础选修课与专业任选课两大类。基础选修课所开设的创新创业类课程应具有一定的通用性，即注重思维、方式等方面的指导，如创新思维与方法、财务管理等课程。专业任选课的创新创业课程则应针对旅游类专业特点，具有一定的指向性，如旅游企业管理、旅游电子商务等。灵活设置选修课程，可以让学生按照自身兴趣和发展需要进行选择性提升，达到因材施教的个性化发展效果。在面向有兴趣的学生的实践实训教育阶段，实施路径更加灵活，除了通过在企业实践中添加创新创业要求、在课堂中添加模拟创业板块外，还可以通过多种多样的创新创业活动、大赛以及创客空间、创新创业社团等方式进行，让学生所获得的创新创业知识和能力在实践中得到运用。

综上所述，针对不同阶段的教育内容和学生水平，学校应采用灵活多样的课程形式进行教学，在旅游专业现有基础之上，提升学生的创新创业能力，完善旅游专业课程内容体系。

二　影响因素

（一）政策因素

想要确保高等院校的就业创业教育体系能够顺利转型，一系列的制度要素必不可少，如高校的管理制度、国家政策机制以及法律法规制度等。

国家政治、经济、文化等任何一个领域的发展，政府的政策都起到了决定性作用，特别是对企业而言，更需要考虑国家颁布的经济政策的影响，尤其是身处产教、科教融合的时代背景之下，经济政策的调整直接影响教育行业，其他领域也不例外。国家颁布的针对高校就业创业教育体系的系列政策或建议将直接影响其优化路径。旅游创新创业教育课程体系必须带动各个方面的资源，并对其制度进行改进与完善。将创新创业教育划入人才培育的方案中，让创新创业教学与旅游专业教学融合到人才培育的所有环节中。进一步开展学分制革新，创建学生创新创业档案，设定合理、有效的创新创业学分积累与转换制度，将发明专利、学科竞赛、创新训练与实践等转换成相应学分。在平常管理过程中，给创新创业学生带来专业学习的机会。开展弹性学分制，学生可以对自身的学业进度进行有效调节，增加修业年限，可以通过保留学籍的方式，让学生开展创业活动。加大对创新创业学生的奖励力度，通过奖学金的方式，对那些获得创新创业成果的学生给予一定奖励，从而有效带动学生参加项目嵌入式创新创业的积极性。对开展创新创业教学的指导老师，学校必须将具体的工作量整合到年度教学业绩中，将学生在创新创业竞赛中获得的成果转变为相应的教学成果，并进行一定的绩效奖励。对参加市场运作的教师给予专业团队绩效，并非技术顾问，激励师生开展创业，并有效带动教师参加项目嵌入式创新创业教学的积极性与主动性。对项目嵌入式创新创业体系而言，最为关键的是，必须对选拔、管理以及评估体制进行改进与完善，让创新训练工作室能够发挥作用，从而不断地培养学生的创新力，孕育那些具备专业技能的实体创新创业团队。

（二）师资力量

创新创业教育具有较强的实践性，需要具有丰富专业知识与实践经验的高水平的师资团队主动参与。首先，学校必须积极开展旅游师资团队创建，开展旅游师资团队的培育工作，吸收具备管理经验的教师与专业教师加入创新创业教育，加大对师资团队的训练力度，选派教师参与各种与之相关的培训以及到企事业机构进行挂职锻炼，不断提高他们的实践能力。

其次，邀请成功的企业家以及工商、税务等方面的专业人士来学校进行演讲，并对学生的创业行为进行指导，帮助其开展创新创业活动。高校从事旅游就业创业教育的教师必须肩负起以下责任。第一，作为教学活动的主体，教师将就业创业教育的相关实践经验以及基础理论知识教授给学生，发挥好指导者和传授者的作用，帮助学生培养就业创业的基本素质和技能。第二，教师要承担教学任务，围绕教学目标以及教学任务设置教学环节，选择相应的教学方法和教学手段，推动教学的顺利进行。第三，教师要维持课堂活动的秩序，借助优秀的管理方法，帮助学生在有序的环境中愉快地学习，确保教学活动质量。第四，教师要根据学生的实际情况以及潜能，优化组合各项教育要素，最终使教学活动能够符合社会以及行业的需要。这也要求从事就业创业教育的教师自身的经验水平、综合素质过关，在就业创业教育上能够付出较多的时间和精力。

（三）团队平台

当前阶段的创业行为大多是以小团队的形式出现，主要是由于个人的能力、精力、时间有限，而团队能够取得事半功倍的成果，所以，多数高校推出了就业创业团队。团队能否成功，取决于成员之间的沟通效率、信任程度以及各自的优势范围等因素。这也就要求，团队成员在发挥个人主观能动性的同时，要有大局观。具体而言，需要满足如下要求。第一，成员的组成以自愿为基准，能够合理地、正确地看待创新创业实践活动，直面挑战，并有勇气、有担当地解决问题，促进自身就业创业知识和实践技能的增长和提升。第二，团队具有一致的目标，无论个人有何种优势，都必须统一努力方向，吃苦耐劳，共同为一个目标而努力。第三，高校的创新创业团队必须配备指导教师。指导教师的主要工作就是为学生在创新创业实践过程中提供正确的指导，整体把握项目进度和过程，推动成员之间的有效沟通，在其面对困难的时候，能够提出有针对性的解决办法。同时，旅游创新创业教育的开展要获得各个专业平台以及专业单位的支持与保障。学校必须与当地企业开展合作，创建一个多方互动的平台，从而保障旅游创新创业教学模式的有效实施；与当地政府进行合作，并共同创建创业培训中心，对所有加入该中心的创业团队人员给予相应的专业培训，在开展培训时，还需要适当地增加销售等环节，不断地丰富和提升学生的创业知识以及实际操作能力；与当地各个学校签署合作协议，构建校企之间的创业基地，为大学生实践提供重要的场地，从而拓展学生的实践空间。

（四）管理组织

高校的旅游创新创业教育课程体系，是一个庞大的机制，涉及方方面面，因此，必须有一个合格的管理组织来统筹运营。每个学校可以从自身的管理体制以及实际需要出发，设立相应的管理组织。通常而言，大部分高校的旅游创新创业教育课程体系管理机构的组成人员是学校的党政领导、教学部门负责人、专业课程负责人等，他们共同致力于管理创新创业教育课程工作。在其组织结构之下，设置一定的附属机构，以分管院校或分管系别为依托，充分考虑旅游专业的特点，有针对性地开展教育活动，推进差异化的实践探索或理论研究。关于实践活动的部分，通常以教务处、院团委、旅游专业研究团队为中心，组织策划相应的实践过程，由专业的旅游创新创业教师以及外聘的专家组成评价团队，针对理论课程以及实践活动给予学生相应的指导和考核。

（五）课程内容

旅游创新创业教育课程体系，在其课程内容中，需要体现旅游创新创业的相关教育思想、理念以及具体的教育路径，并且以课程内容为关键点，确定最终的人才培养计划。当前阶段，课程内容分为三大模块。一是创新创业基础知识，该部分是整个创新创业教育体系的基础，主要集中于对基本理念的讲解。二是创新创业实践活动主要是针对如何进行创新创业来予以讲解，通过模拟以及实践来获得创新创业的基本能力以及实践经验。三是创新创业综合能力培养。以前两模块为根基，推动高校学生拥有创新创业的综合能力。由此可见，创新创业综合能力的培养串联起了基础知识和实践活动。增设实践课程，形成了较为成熟的"3＋1"人才培养模式，即基础与公共教育课程＋专业必修课程＋专业选修课程，在校内3年时间完成；毕业实习和毕业设计等在旅游企业和实践基地累计1年时间完成。统一形成了五大模块（休闲模块、旅游业模块、旅游文化模块、规划管理模块、康乐养生模块）以及第二课堂实践，其中涉及景区、酒店、旅行社相关企业等。同时，加强校内实践基地建设。旅游管理专业一直致力于校内教学基地的建设，建立专业的实习场所，如茶艺室、餐饮客房实验室、旅游综合实验室。定期邀请旅游企业家举办学术报告会，与学生交流，使学生及时了解旅游行业最新的发展动态，开阔眼界，丰富知识。还可以组织学生参加专业社团和各类技能大赛，鼓励学生参加学校旅游协会、校礼仪队、大学生茶艺社、大学生花卉协会、大学生创业协会等学生专业社团。组织学生参加学院举办的导游之星大赛及省内外各类旅游大赛，进一步提升学生服务技能和综合素质。通过以赛促教的教学形式，将创新创业教育实践落到实处，使学生服务社会的能力得到加强。在课程实训中，组织学生到星级酒店、国际旅行社、旅游景点参观，在此过程中掌握旅游企业的运行与管理、营销策略以及新产品开发等内容。

三　主要内容

产教、科教融合发展下旅游创新创业教育课程体系是推动旅游专业更好发展的有力推手。我们可以从课程体系、课程模块、主要课程等方面探讨如何进一步完善适合旅游专业的创新创业教育课程体系。

（一）课程体系

以往旅游专业的培养目标比较狭窄，局限于培养学生"基本就业"或者"考研深造"。随着"综合发展"教育教学理念的普及和推崇，高校在进行学生学术能力教育的基础上，需要对学生进行适当的创新创业教育。通过创新创业课程加强对大学生的创新创业教育，将培养目标转化为培养"应用型、复合型、创新型、创业型"旅游管理专业人才，有效提高旅游专业学生的实践能力。

1. 创新创业教育课程融入专业理论教学

高校依据人才培养目标，将创业课程体系整合到专业课程的教学当中，设计能满足学生未来职业要求的课程，实现学生专业能力素质培养和创业能力的融合。高校创业与专业课程的设定过程并非将两者进行简单叠加，而是对创业知识与专业知识结构的重新创建、知识共享的过程，创业知识如何更好地融入旅游专业教育教学这个有机整体，是设计架构的重点。高校在传授基础知识的同时，也需要开展创业意识、思维以及技能的培育，旨在让创业知识与专业知识有效结合起来，让学生能够在学习专业知识的时候，获得相应的创业知识，实现自身创业能力的提升。

2. 创新创业教育课程融入专业实践教学

高校专业实践课内容包括专业实训、轮岗实习和顶岗实习等，这部分的时间占到全部教学内容的一半以上。在专业实训课程中，学生在真实或仿真环境中掌握公司的运营程序与相关要求，熟悉沟通技巧、操作程序，具有服务意识，能对紧急事件进行灵活处理。在仿真教学环境配合下，学生能够更好地融入创新创业教育课堂，掌握公司的组织架构、管理程序与方法、管理体制、资源划分、人才招聘与运用、外在环境等知识，创新创业实力进一步增强。创业的目的就是获得价值，创新为创业的核心，创新并非虚拟存在的，而是以专业知识为依据、学生综合素质升华为主要结果。所以，创新创业不是一股脑地向前冲，需要丰富的专业学科知识作为后盾与支撑。上课作为教育开展的一项重要手段，目标是培养学生创新创业的意识。创业是一种精神，是一种素质，所以要将创新创业精神当作主要方向，将创新创业教育全面融合到人才培育方案的各个细则中，进一步加强对人才综合素养的培育、对各个专业课程的设定以及对资源的有效分配与发掘，创建完善、全面的创新创业教育课程。

旅游专业必须创建面向所有学生的通识性创新创业课程、具备行业特征且与创新创业有着紧密关系的课程、以不断提高学生的综合素质为主要目标的创新与实践课程。在实际教学过程中，高校创建了以专业课程为主要依据、以学习兴趣为主要方向的实践类课程系统，并创建了一些较为全面的新型课程，即在专业实践、竞赛以及选修与必修课的基础上实现创新的课程，并将其划入专业教学规划中。专业教师在开展教学时，需要指导学生进行创新性学习，让他们能够更为积极主动地进行实践探索，并培养相应的创业意识与精神；在专业实践、竞赛等情况下实现创新意识与精神的培养，促使他们的实践能力大幅度提升。同时，各个学院、各个学科以及各个专业之间，应协同创建"创业教育试点班"，创建理论、实物以及实践这三个主要的课程板块，对那些具有创业潜能的学生开展全面的创业教学，其内容也必须满足学生的客观需求，在选材上也需要关注教学的实践性与可行性。

（二）课程模块

旅游创新创业教育课程体系建设目标就是培养满足当前旅游行业需要的具有创新创业精神的旅游管理和服务人才。旅游创新创业人才的培养包含四个关键层面：创新创业精神和品质层面、创新创业知识层面、创新创业能力层面、旅游专业知识层面。这为旅游创新创业教育课程体系构建提供了清晰的框架。

1. 创新创业精神和品质层面

该模块重在培养学生创业意识和创业心理品质，包括创新精神、合作精神、敬业精神和社会责任等。现在的大学生多是独生子女，家庭条件优越，有着鲜明的个性，创业精神、吃苦能力、心理素质和意志力、思想品质等方面还需要加强培养。此类课程有企业家精神、创业管理入门等。

2. 创新创业知识层面

该模块重在使学生掌握创新创业必备的相关知识和技能，包括创业知识、商业知识、管理知识、专业知识、软技能等。创业知识是以机会识别为核心的一系列关于创业过程的知识的总和；商业知识包括金融、财会等与商业运作相关的知识；管理知识涉及资源管理、风险管理、企业日常管理等方面；专业知识是以理论和技术为基础的学科知识；软技能包括领导力、团队合作、沟通交流、人际交往、语言表达等。在具体操作层面，该模块包括创建团队、项目运作、创业实习实践以及相关法律、财务等方面。通过该模块的学习，学生可以了解与创新创业相关的基本知识，准确把握国家有关大学生创新创业的政策导向，弄懂和掌握有关创新创业的基本财务知识，为今后的创新创业打下坚实的基础。

3. 创新创业能力层面

该模块重在培养学生的创业能力，包括创业实务、模拟创业、创业个案研究等课程。创业能力是在实践中不断养成的，在建构主义的教学活动中，经验或经历至关重要。因此，学生要不断参与实践，在实践中反思、成长。参与活动是进行反思、获得经验的开始。在参与实践的过程中，学生会遇到很多问题，通过不断的尝试、交流和讨论，学生会不断反思、总结经验，最终获得新知识。在这个过程中，教师的作用不是直接解决问题，而是启发引导学生自己探寻答案。参与实践就是让学生掌控学习过程，通过实践—反思，最终获得经过思考和加工的知识。

4. 旅游专业知识层面

景区、酒店、旅行社、会展等是旅游专业知识层面的重点课程板块。在创新创业教育背景下，旅游专业人才培养要结合现有的专业课程体系和知识板块，围绕人才培养目标，对相关课程进行深入梳理和有效整合。在专业知识传递过程中，要注意与创新创业课程的融合，将创新创业课程的有关内容与专业课程知识密切联系，紧密围绕培养目标，切实培养具有创业意识、创业能力和创新精神的学生，为旅游行业的繁荣健康发展提供有力的人才和智力支持。[1]

（三）主要课程

目前，许多高校在人才培养方案制定中将课程基本上分成几个主要模块，每个模块具有鲜明的特点和突出的功能，模块之间联系紧密，共同构成系统性和整体性较强的课程群。创新创业教育课程是新时代背景下对现代教育的新要求。以旅游管理专业为例，在最新的人才培养方案中，课程体系由理论教育和实践教学两部分组成，其中理论教育包括通识教育、学科基础教育和专业教育模块，实践教学由实验（实训）教学、集中实践教学和创新创业教学模块组成。创新创业教育多以 4 个学分的选修课形式存在，分为 2 个学分的创业基础理论学习和 2 个学分的实践，在其他课程模块

---

[1] 覃成强、冯艳、于娜：《论高校创业创新教育与专业教育的融合》，《中国成人教育》2013年第 3 期。

中没有更多的体现。这种点缀式的课程开设，对学生的创新创业指导是非常有限的。结合旅游管理专业的特点和现实情况，高校应系统设计创新创业教育课程的模块。创新创业教育课程可以以嵌入的形式进入现有的人才培养方案各个模块中，也可以自成一个独立的模块。不管在形式上采取哪种方式与现有的课程体系相结合，作为一个功能性非常强的课程体系，创新创业教育课程都可以从以下三个层面进行构建。

1. 创新创业意识教育课程

创新创业意识教育课程的主要目的是激发学生的创业意识，把旅游创新创业的基本知识和基础理论传授给学生。该课程以通识课的形式在大学一年级开设，以讨论教学、案例教学或讲座等手段为主，开设的课程有大学生创业导论、大学生创业案例研究、大学生创业心理学、大学生创业政策讲座、大学生创业必备法律知识讲座等。

2. 创新创业能力素质课程

创新创业能力素质课程的主要目的是培养学生的创新创业能力，为创新创业实践打下良好的基础，使学生在实践中少走弯路，提高创新创业活动的成功率。该课程在大学二年级开设，教学中注重学生的参与性和体验性，使学生为创业实践做好各种准备。课程主要分为两个部分。一是创业技能方面的课程，包括创业计划书的编制指导、创业管理等基本技能，需把专业课程教学和创业技能培训相结合。比如，旅游管理专业可以在管理学、市场营销学、会计学、财务管理等学科基础课程教学中，把创新创业所需要的相关知识穿插进去，在旅游景区规划、旅游策划、旅行社管理、酒店管理、旅游电子商务、会展旅游等专业课程中，引导学生的创新创业思维，把专业技能和创新创业技能有机结合，对学生进行针对性的培养和训练。二是开设跨学科专业的交叉课程，开拓学生的创新思维，培养学生的综合技能，积极打通一级学科或专业类下相似学科专业的基础课程。旅游管理专业创新创业教育要积极利用各种资源，打通管理学门类下工商管理、公共管理、信息管理、人力资源管理、物流管理、文化企业管理、行政管理等各相近学科的知识体系，鼓励学生跨院系、跨学科、跨专业进行

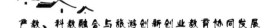

学习。①

3. 创新创业教育实践课程

实践教学是创新创业教育的重要环节，对创新创业的教学效果有直接的检验作用。在教学环节中，每个学期安排一周的实践课程，主要用来指导学生进行各种专业实践活动。旅游管理专业可利用二年级到四年级各学期的实践周，开展创新创业教育实践。一方面，与专业课实践教学相结合，学生在教师指导下，以课程为中心进行创新创业实践，既能满足专业课实践要求，又能使学生利用专业技能进行创新创业活动，取得双赢的良好效果。另一方面，专业技能大赛也是创新创业实践教学的重要途径，鼓励二年级及以上的学生积极参加各种模拟竞赛和实践，如"挑战杯"系列竞赛、旅游技能大赛、创业计划大赛、创客大赛等活动，通过以赛促教的形式将创新创业教育实践落到实处。

第三节　实施路径

在产教、科教融合背景下，创新是企业发展的动力，自然也就要求实践型人才具备一定的创新能力。旅游创新创业教育课程体系转型，要从教学实际出发，在充分参考区域内产业链的基础上衔接教育链、人才链，以创新创业能力为培养中心，帮助学生树立正确的创新创业观念，形成较强的创新创业实践能力，成为社会需要、企业需要的人才。为了实现创新创业教育与旅游管理专业教育融合的目标，要以学生职业生涯规划为基础，充分发挥政府、行业、企业和学校的优势与作用，通过资源互补和优势共享，打造产教、科教融合背景下旅游创新创业教育协同发展的新模式。② 协同发展下旅游创新创业教育课程体系转型的路径分为以下几个具体的方面。

---

① 林晓玲：《创新创业视角下高校跨学科创新课程体系的构建探析》，《大学教育》2017 年第1 期。

② 余杰：《"政校行企"协同视域下高职院校专业建设路径及策略——以重庆电子工程职业学院旅游管理专业为例》，《职教论坛》2019 年第 8 期。

一　全面覆盖、定点突破，构建立体型课程体系

创新创业教育本质上具有较强的特殊性意味，产教融合、科教融合也对高校学生的个性化教育提出了更高要求，而学生个体之间存在兴趣方向和技能优势方面的差异，因而要求高校在旅游创新创业教育课程体系的重构上，重视"因材施教"原则的践行，进而推动"全面覆盖"与"定点突破"的有机结合，强调教育课程体系的分层性和分类性，兼顾全体学生的学习需要和个体学生的实际需求，在挖掘学生创新创业意识的基础上，给予学生自主选择的足够尊重。首先，需要针对全体学生构建"普惠性"教育课程，推动旅游创新创业教育课程体系的全面覆盖。高校可以通过与企业的深度合作，制定旅游创新创业教育公共课程，引导全体学生开展基础创新知识和创业技能的学习，在院校内营造创新创业氛围，推动学生完成从"就业者"向"创业者"的转变。[①] 在此过程中，高校需要强调与行业协会及企业专家的沟通协作，确保"普惠性"旅游创新创业教育课程与专业课程的外在衔接和内在契合，保证学生创新创业能力与专业技能的同步提升，同时促进学生创新创业能力与市场需求的内在适应性。其次，针对创新思维活跃、创业能动性凸显的学生，构建"定制化"教育课程，以实际课程项目促进创新创业教育的"定点突破"。高校需要依托校企合作，在企业的协助下，构建优质创业课程项目，实现创业课程与意向学生的"双向选择"。针对课程内容与形式配备相应的创业导师，并以团队协作的方式，开展创新创业课程的教学，围绕"团队学习—对话教学"的课程理念，助推学生的创新创业能力在真实的课程项目中得到实质性的提升。

二　校本自给、多方引进，构建多元化课程体系

课程体系是高校创新创业教育的前提条件和基础载体，其重构需紧密结合院校资源的配置情况，并兼顾不同产业的前沿信息。在产教融合、科

---

① 徐新洲：《产教融合驱动行业高校双创人才培养的内涵、机理与路径》，《教育与职业》2021年第9期。

教融合的背景下，高校需要践行"校本自给"与"多方引进"的理念，围绕多个维度和多种途径，构建多元化旅游创新创业教育课程体系。第一，高校需以自身专业规划和课程设置为立足点，着眼于产业发展现状和趋势，促使旅游创新创业教育课程与专业课程的全面协调与内在契合。旅游创新创业教育课程的开发与重构，旨在强化创新创业意识和综合实践能力，创业是导向而并非归属。对此，旅游创新创业教育需立足专业教育和产业发展，进而充分发挥自身的机制效能。这要求高校充分掌握区域的经济结构与产业层次，在此基础上设立完善的增减机制，对旅游创新创业教育课程实施动态化管理，以确保教育课程与市场需求的动态契合，强化旅游创新创业教育的实效性。第二，利用"互联网＋"的功能优势，对产业信息和行业资源进行全方位整合，赋予旅游创新创业教育课程信息化的机制效能。高校通过与产业企业的协同配合，创建完善的旅游创新创业课程资源库，依托微课、慕课、远程课等新兴教学方式，构建在线开放课程学习认证和学分认证机制，设置与项目匹配的"基础知识""专题研究实践模拟"等课程板块，丰富"知识库""习题库""案例库"等课程资源，进而打破创新创业教育的传统属性壁垒，突破时空限制，并使旅游创新创业教育课程迎合学生碎片化的学习特点。[①]

三　理论实践密切结合，构建实践性课程体系

实践是检验创新创业能力的唯一标准，也是重构旅游创新创业教育课程体系的目标导向与核心诉求。因此，高校需要协同产业企业，依托企业提供的实践平台和实训载体，以"理论知识"联动"实践活动"的理念，构建实践性创新创业教育课程。一方面，高校需要依托产教融合、科教融合中的校企合作模式，借助产业企业的生产平台和工作环境，将生产实习、企业实践、岗位实训等模式注入旅游创新创业教育课程体系，丰富课程的活动性内容与实践性内容。在此过程中，可以联合地方政府及社会企业，

---

① 潘海生、程欣：《新时代职业教育产教融合治理体系和治理能力现代化的现实内涵和行动路径》，《中国职业技术教育》2021 年第 12 期。

以创业意向萌发到创业项目落地为过程线索，构建全方位实践课程，打造集"空间＋教研＋活动＋孵化＋服务"于一体的链条式实践课程，结合系统性的课程考核标准，推动学生在旅游创新创业教育课程中积极参与实践活动。另一方面，高校需要强化旅游创新创业教育课程范畴的延伸性与拓展性，依托产教融合、科教融合中的校企合作模式，创设"厂中校"平台，构建旅游创新创业教育的校外实践课程，鼓励并引导学生深入企业生产平台完成相关课程，进而促使学生在真实的生产环境和任务情境中将自身的创新创业能力对标产业企业的人才需求标准，最终为自身市场竞争力的提升筑牢基础。

四　完善教学设施条件，搭建多样化课程平台

目前，某些高校旅游专业在各方面的教学条件相对薄弱，课程教学经费、学科建设经费与科研经费相对较少，远不能满足创新创业课程化建设的需要。要保障创新创业教育教学，高校就必须加大经费投入力度，提供场所，完善相关的教学设备，优化实践教学环境、创造平台，保证教师和学生的创新创业活动能够顺利有效地开展。校企合作是旅游专业实践教学的重要形式之一，创新创业教育也应贯穿其中，借助企业的优势资源，联合企业对学生进行创新创业活动指导。将旅游企业的创业者请进课堂，通过讲座或讨论会的形式，激发学生的创业意识。在校企合作的顶岗实习中，鼓励学生在生产实践中进行创新，为企业解决问题，同时提高自身的创新创业技能。创新创业教育突破了传统课堂教学的时空范畴，不局限于第一课堂，也不局限于45分钟的课堂教学时间。因此，高校要全方位地搭建各种平台，方便创新创业教育随时随地进行。旅游专业的创新创业教育要发挥好第一课堂的作用，教师指导学生利用互联网学习和掌握行业最前沿的信息，在课堂上充分利用案例教学、研讨教学、体验教学等进行旅游教学改革。[1] 同时，学校要加强智慧校园建设，为师生提供良好的互联网环境，

---

① 郑岩、宿伟玲：《旅游管理专业创新创业教育课程体系构建研究》，《对外经贸》2017年第1期。

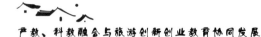
加强第二课堂互动，并积极建设创业实践基地、创业孵化园等基础设施，为学生创新创业活动提供场所。

五 优化教学形态改革，完善系统化课程体系

学生在着手创业之前，对丰富全面的专业知识（从专业基础课到专业核心技能课，再到创业方向专业选修课等），都需要全面、系统的学习和掌握。学校还要在教学过程中，融入课程思政和劳动教育理念，提高学生的心理承受能力和抗风险能力，锻炼学生的智能创新能力。因此，在完善课程建设的过程中，学生要系统地进行旅游创新创业教育实训，通过毕业设计提前感知创业过程，最后进行创新创业。加强课程体系化，学校首先要保证课程的连续性和系统性，按照初始任务的项目要求和标准，对学生从设计课程开始到实践，均可采用体系化教学，使学生明确目标，具有主观能动性，发挥学生学习的积极性、主动性。其次要注重开展典型创新创业项目，在进行旅游创新创业课程教学中，组织旅游专业学生创建创业团队，每个创业团队都要进行头脑风暴，现场策划一个创业项目，并进行市场调研，通过查阅资料，做好市场行情分析和创业资金及技术准备，每个创业小组都有专业课教师和企业经理、企业设计师进行辅导和答疑解惑，他们负责帮助学生把控整体的设计思路和创业过程，但过程还是要以学生为主体，发挥学生的主观能动性。最后要加强师生培训学习，组建创新创业团队。为了更加科学地促进校企合作，每年安排教师进企业实践，带领学生深入企业学习创业经验和方法；走访企业，学习调研，总结创新创业案例，并进行深刻分析，了解自身优点和缺点，扬长避短，为进一步创业打好基础。后期通过资源优化配置、整合资源，组建创业团队，每个创新创业项目由本校导师和企业导师进行指导。

六 完善激励保障体系，推行多元化考核机制

创新创业教育融入旅游专业教育，是一项系统工程，保障机制的建立与完善十分重要。因此，学校应构建完善的保障体系，为广大师生营造良

好的创新创业氛围。首先，完善评价考核机制。学校应充分尊重学生的主体地位，让学生和教师共同参与考核评价，以保证评价结果的科学性和可信度。将过程性评价和终结性评价相结合，充分利用教师互评、师生互评、学生自评和学生互评等方式，帮助教师实时了解学生动态。构建综合评价指标，将教师的理论教学、科学研究、培训学习、兼职挂职以及指导学生参与比赛和实践等纳入评价内容。其次，完善激励机制。学校应鼓励教师兼职和参加培训，允许教师根据课程性质，实行多种形式的学生考评制度，将教师指导学生从事创新创业活动折算成工作量，用于抵扣部分论文和课时等。应完善学分制，扩大学生自主权，允许学生自主选择教师、课程和学习方式，并将通过鉴定的创新创业活动成果换算成一定比例的学分。再次，拓宽资金来源渠道，助力学生创新创业。学校应设立创新创业教育专项基金，以保障旅游专业学生在创新创业教学、活动、比赛及项目上的经费投入。同时，引进社会资金，对成绩突出的教师和学生的创新创业活动进行重点支持。最后，学校可将创新创业教育融入旅游管理专业教育的评价结果，作为教师教学工作考核、奖励以及职称晋升的依据，也可作为学生评优评先的必备条件。

第七章
产教、科教融合与旅游创新创业教育协同发展的实践体系建设

在高等学校开展创新创业教育，鼓励学生自主创业，是教育系统深入学习实践科学发展观，服务创新型国家建设的重大战略举措；是深化高等教育教学改革，培养学生创新精神和实践能力的重要途径；是落实以创业带动就业，促进高校毕业生充分就业的重要措施。基于产教、科教融合背景，构建创新创业教育实践体系，需依据人才发展需要以及自身专业特色，积极与产业、企业、政府、高校对接，使教学与产业、科研相融合，在协同发展的作用下，打造产业、科研、教学一体化的教育模式。

第一节 建设思路

实践教育是创新创业教育必不可少的环节，是培养大学生创新创业意识、创新创业能力的具体途径。培养学生创新创业最重要的是将创新创业思想体系、知识能力结构体系和实践教学体系融为一体，形成使知识快速转化成能力的教学体系。例如，高校旅游管理专业应结合旅游业自身发展的特点，明确创新创业教育实践体系建设的意义、现状、目标、原则等，培养学生旅游管理创新创业意识和创业能力，提高人才培养质量。

一 建设意义

产教、科教融合与旅游创新创业教育实践协同发展，有助于在进行系

统化专业教学的同时，培养更多具有专业素养的高水平人才，促进大学生自我修养、专业能力及创新精神的发展，使他们具有过硬的知识本领、强烈的责任感与使命感、更多的实践机会，让专业教育与创新创业教育相互促进、不断完善。

（一）有利于加快创新型国家建设

创新型国家建设，关键在于教育创新。创新是社会发展的驱动力，也是助力国家经济增长的支撑口。坚定推进创新驱动发展战略，其核心在于人才培养工作的同步推进。现阶段的旅游创新创业教育实践与社会实际需求脱节，尤其是在人们的认知层面。人们对创新创业教育的认知存在偏差，对其定位不准确，许多高校只局限于课程、讲座等，并没有将其提到创新创业人才培育的高度，还未建立完善的人才培育实践体系。许多高校在课程体系的建设上、教学内容的组织上、实践教学的开展上、创业质量的评价上以及评价的多元化上，还未建立基本的共识，其随意性非常大。政府、高校和企业等机构参加创新创业教育的力度不够，导致创新创业教育的效果难以保障。而产教融合、科教融合理念则是利用政府、高校和企业的优势去共同培养人才。创新创业教育实践需要融入产教融合、科教融合的理念，以此深化人才培养模式的改革。因此，各高校在落实立德树人根本任务的基础上，应积极担负起促进产教、科教融合与创新创业教育协同发展的责任。

（二）有利于提高人才培养质量

在高校教学中，产教、科教融合与创新创业教育协同发展相辅相成、相互依存。只有建设创新创业教育实践体系，实现对教育资源的优化整合，利用社会、企业及学校的有益资源，人才培养工作才能更具实效性与科学性。并且，大学生接受完专业教育后，要面对社会进行就业与创业，只有产教、科教两者有机融合，学生才能巩固专业能力，形成更好的专业素养。随着我国进入新时代，国民对美好生活的向往不再仅仅局限于物质上的追求，基础传统的旅游资源与旅游形式已不能满足大众的需求，社会、文化与经济的发展将进入一个新的阶段，此阶段旅游业的发展需要改革、需要

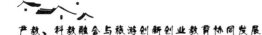

创新，这一转变的过程需要大量具有开创精神与创新能力的人才。实施创新创业教育是实现这一目标最直接也是最有效的路径之一。高校学生可塑性强、思维活跃，能够快速地接受新观念、新知识，并能够举一反三，创新创业教育有助于培养学生灵活、发散的思维习惯。因此，在产教融合、科教融合协同发展背景下，合理科学的创新创业教育对培养旅游类的创新型人才至关重要，是培养我国旅游类双创型人才的必由之路。创新创业教育与旅游类专业融合的主要目的是以专业为基础，引发学生学习兴趣，提升学生的专业能力，为学生提供更多的就业选择，助其对未来拥有更加合理的规划。[①] 创新创业教育更注重素质的培养，拓宽学生知识面，让其不仅仅局限于专业知识的学习，更能拥有跨学科领域的思维方式与知识储备。

（三）有助于实现学生全面发展

面对人才培养与社会需求错位等问题，高校应重视教育与经济新常态、企业创新发展、行业发展趋势的融合，使学生在增长专业知识过程中接受系统化创新创业教育，从创业心理、创新能力、经济政策、实践能力等方面多维度地帮助他们树立就业、创业的信心，使其具有风险意识与规避风险能力，能够积极踊跃地进行创业尝试，具有判断行业未来发展趋势的基本能力。我国的旅游经济发展还不成熟，因此需要不断探索，尤其是在旅游创新创业人才培养方面。我国旅游创新创业活动还比较少，并且起步较晚。目前我国许多人的旅游消费意识和能力随着其经济水平的提高而提高，发达城市逐渐在旅游消费方面以"领头羊"的身份出现。从需求层次的递进角度来看，旅游消费承载了富足的精神内涵，更容易满足人的精神需求。随着生活节奏的加快，人们越来越注重对出行旅游的要求，各种特色的旅游项目逐步走入人们的生活。随着我国教育水平的不断提高以及对旅游教育的不断重视，传统千人一面的教学模式已远远不能适应新时代高校的发展需要。因此，高校面临改革，应当顺应时代要求，遵循学生的发展特点与人格特质，引导学生从专业角度出发，加深对所学专业以及创新创业的

---

① 刘丽丽、陈涛：《基于学生职业素质培养的高校创新创业教育研究》，《科技资讯》2018 年第 13 期。

理解，培养具有扎实专业知识、勇于创新、综合素质较高的复合型人才。[①]

二　建设现状

（一）学校对旅游创新创业教育实践重视不够

旅游是一个具有广阔发展前景的行业，随着旅游经济的发展，人才需求增加，但目前旅游创新创业人才培养并没有得到重视。虽然有的学校开设了创新创业的相关课程，但是总体情况不乐观，同时也缺乏实践平台，没有与专业结合去开展相关教育工作。当前高校对旅游创新创业教育的重视度一般，同时教育形式比较单一，并没有与专业相结合去培养有关人才，并且师资、平台等无法满足学生的教育需求。通过对问题的梳理可以发现，目前创新创业教育在旅游领域开展得并不理想，这与高校对相关人才培养的重视度不足有关。在旅游经济发展向好的形势下，应该拓宽旅游创新创业人才培养的领域、思路和渠道。

（二）学生创新创业教育实践能力不强

旅游管理专业是应用型专业，学生除系统学习旅游管理专业理论知识外，更注重实践操作技能的考核以及理论应用于实践能力的培养。目前，旅游管理专业多数学生存在行业操作技能不过关、以理论知识分析行业实际能力不强的问题，且旅游管理专业人才培养方案对学生的专业见习仍停留在传统旅游企业（酒店、旅行社、景区等）的基层操作层面，学生缺乏系统的管理思维和实践锻炼机会，与应用型、专业型、管理型人才的培养目标相去甚远。"旅游＋""＋旅游"的行业发展趋势促使旅游行业与其他行业融合交叉发展，进一步拓展了旅游管理专业的应用服务范围，为旅游管理专业的创新创业教育提供了广阔的空间，同时也对旅游管理专业学生的创新创业能力提出了更高的要求。同时，多数旅游管理专业学生知识的获取更多的是依靠课堂和教材，认知思维较为固化，缺乏发散式创新性思维。但旅游行业时刻在发生变化，传统的基础的专业课程教学与处于变革

[①]　王洁、蒋灿华：《创新创业背景下大学生自主学习能力与综合素质培养》，《高教探索》2016年第11期。

中的旅游行业发展有较大差距。学生对创新创业项目和科研项目的认知水平较低，大多数学生缺少参与创新创业及科学研究的项目经历，目前的旅游管理专业课程也未涉及创新创业方面的训练内容。学生的创新创业意识缺乏，创新创业项目及科学研究训练存在不足，整体的创新创业及科学研究的能力较弱。在完成本科毕业论文的过程中，学生查阅、整理、阅读文献的能力不够，对学术研究的范式基本不懂，也缺乏发现研究问题、解决问题的能力，提交完成的本科毕业论文的创新性、学术性较差。

学生目前对旅游创新创业教育实践的了解程度参差不齐，学生创新创业的基础较为薄弱，表明旅游创新创业教育在高校阶段的落实程度不足。但与之相反，学生对旅游创新创业能力的重视程度极高，普遍表达了自身发展对旅游创新创业能力的高需求，证明学生十分认可创新创业教育对自身发展的作用，学生对创新创业教育的需求较高，创新创业教育的普及程度与教育深度亟须提升。

（三）创新创业教育实践平台支撑不够

创新创业教育实践平台，可以作为学生发挥创新创业能动性的跳板，也可以作为实践的"战场"，更是学生创新创业兴趣和想法的"发泄口"。然而许多学校没有给旅游管理专业的学生提供创新创业教育实践平台。高校的创新创业教育大多是在学校举办创业讲座和一些比赛，内容主要是企业的经营理念、创新型企业思想、各种竞赛的政策和方法，而企业创新意识、方法以及实践涉及的很少。大多数学生对创新创业的理解仅限于开办企业或完成企业策划书，缺乏动手实践能力和实战经验。在旅游管理实践教学项目中，主要是模拟旅行社的基本实践内容和导游讲解等，并不能真正满足培养学生创新创业能力的要求，尚未将旅游创新创业实践项目真正纳入教学体系。①

（四）创新创业教育实践教学体系仍待完善

大部分高校旅游管理专业的创新创业教学仍以实践性课堂教学为主，

---

① 陈静：《"双创"角度下的旅游管理专业实践教学体系构建探讨》，《河南教育（高教）》2019年第9期。

而实践基地的教学由于自身物质条件、场地限制、自身资源等原因，很难落到实处。旅游管理专业的创新实践基地主要设置了模拟旅行社、多功能导游服务实训室、旅游电子商务实训室等。部分高校实践性课堂教学仍然是以单个课程教学为主，不具备比较完善的系统性课程，学生对分析社会实际问题、解决实际问题的思维能力较弱，创新意识和创业实践思维能力的培养也受到局限。部分高职院校设置了创新创业人才孵化实践基地和创业人才培训学院等，但由于教学形式受到诸多限制，专业性质并不强，大多流于形式，作用效果并不明显，达不到高职院校培养广大学生创新创业实践意识和能力的要求与目标。[①] 同时，大多数高校在课程设置中设计了实践教学内容，但在实施过程中并没有形成完整的体系，核心课程体系和创新创业理念衔接较差，并没有将实践项目与专业教材的内容进行有效融合。学生的学习以课堂和教材为主，部分实践项目针对性不强，无法实现对学生实践活动能力及操作能力的培养，没有达到创新创业综合性实践活动预期的教学效果。[②]

（五）创新创业教育实践课程设置存在弱项

在课程感知方面，学生对目前创新创业实践教学的评价总体很低，无论是在课程数量还是在课程内容上，都无法达到学生的心理要求。目前的旅游创新创业实践教学无法满足学生对创新创业能力素养发展的需求。除此之外，对于旅游创新创业教育实践的培养方式来说，学生更期望通过实践实训来提升创新创业能力，他们对课堂上的模拟创业的兴趣很大，期望通过实践提升自身创新创业的能力素养。他们渴望有机会参加比赛活动来获取实践锻炼机会。高校在创新创业教育实践课程开设中，应重视对品德与责任感的引导、创新创业文化的宣传，以培养有情操、有道德、有责任感的企业家为最终目标，积极探索将实践活动和品德以及责任感相交融的

---

① 张莉、尹龙、谢红燕等：《基于创新创业能力培养的"五位一体"实践教学模式研究》，《实验技术与管理》2018 年第 4 期。

② 张金鸥：《基于大学生实践创新能力培养的旅游管理专业校企合作研究》，《现代商贸工业》2019 年第 31 期。

实践途径，培养一批有情操、有责任感的青年旅游创新创业人才。需从政府政策、资金机会、企业社会等方面为旅游创新创业教育创造良好的环境。

（六）创新创业教育实践协同机制不健全

旅游创新创业的相关教育课程通常分为通识类课程和专业类课程。通识类课程指的是为了培育学生创新、探究和主动等精神而设立的不与专业相结合的课程。专业类课程则是根据自身的专业学习相关内容，培育和开阔学生在该领域的创新创业视野。目前大多数高校只开设了通识类课程，通过一些简单的、容易理解的课程来教授学生一些创业的知识与技能，然而与专业相结合的创业教育课程却不够，目前还尚未形成较为完善的旅游创新创业教育课程及实践体系。其中的原因，首先是人们的旅游理念还未转变；其次是教师本身的创新创业知识水平有限，对创新创业领域前沿问题不是很了解；最后是高校在长期的发展中已经形成固定的人才培养思维。所以创新创业教育人才培养与创新创业教育相分化，也是客观结果。当前，我国虽然在推进校企结合、产教融合、科教融合过程中做了不少的工作，政府还出台了许多政策，但是由于缺少完善的实施机制，政策落地难度大，存在校企难以结合的结果。产教融合、科教融合即便在一些高校内出现，往往也不够深入。同时，各培养主体间的互动较少，合作时间短，没有形成常态化，这导致双方在合作过程中都无法充分发挥自身的优势。主要原因是缺少具体制度与法律的保障，双方无法形成有法可依与有章可循的合作形式，因此，协同机制的不健全也是阻碍产教融合、科教融合视域下旅游创新创业人才培养的壁垒。

三　建设目标

在新时代双创背景下，大力推进高校创新创业教育，培养创新型和应用型拔尖创新人才，是提升高校大学生人才培养质量的目标追求和内在驱动力。旅游创新创业教育与产教融合、科教融合协同发展，能有效促进育人主体和教育行动的目标追求，从产教共同体、科教共同体两个层面整体、联合推进创新创业教育实践发展，完善行业产业发展与人才培养有机融合机制，创新科学研究与人才培养有效互动机制，确保高校旅游创新创业教育实践体系的持续性发展，共同培养旅游创新创业人才。

将产教、科教融合作为基础，优化教育理论与实践，能够促进创新创业教育目标快速实现，彻底解决传统教育中人才培养理念僵化、主体和渠道单一，以及质量与经济社会发展要求不符合等问题。因此，创新创业教育与产教、科教融合协同发展，符合时代发展特征，转变了创新创业教育理念，拓展了创新创业教育路径，明确了培养创新型和应用型拔尖人才的目标。产教融合和科教融合协同育人平台能够促进人才培养供给侧和经济社会发展需求侧结构要素的全方位融合，与行业市场之间建立良好的信息交互轨道，使学生快速与社会接轨，推进人才培养模式转型，把教育教学活动从传统注重理论知识教授模式向注重素质和能力培养模式转变，培养基于创新驱动和经济社会发展需求导向的创新型和应用型拔尖创新人才。

基于当前高等院校创新创业教育实践的现状和开展形式，以校内外实践课程体系、校内外创新创业实践基地平台和各种创新创业活动为载体，紧密结合社会发展和专业优势，对创新创业意识进行引导，对创新创业想法进行转化，对创新创业项目进行模拟，对创新创业教育内容进行实践，培养大学生创新精神。通过创建新型的创新创业教育实践平台和载体，营造和传播健康和谐的创新创业教育实践环境与文化，深化高素质技能型人才培养的模式和途径，培养学校学生的创新思维，传授学生创业知识，提升学生的创业技能，塑造学生的创业精神，提高学生的社会责任感、职业荣誉感和历史使命感，从而使学生能够全面发展且有机会从事创新创业实践活动。

四　建设原则

（一）全面发展原则

培养创新创业人才，应该从全面的角度出发，因为创新创业是一种兼具综合性与高实践性的活动，它不仅需要理论知识和实践知识，更需要多个领域的基础知识，比如管理学、经济学以及与旅游专业相关的知识。因

此，在相关人才培养方面，我们需要重视其全面发展，不能只培养学生某方面的知识或者强化某方面的发展，多方面的培养对其非常重要，学生在实践中会将这些能力内化，从而提升其未来创新创业的成功率。

（二）结合实践原则

在培养过程中，高校要遵循理论结合实践的原则，不仅要重视理论，还要重视实践中的意志磨砺、本领提升，从而进一步实现全面发展。在评估体系构建上，不仅要评价其理论教育，还要注重其实践培养，既要让高校创业者的理论素养符合要求，也要让他们的实践能力符合需求。首先，在创新创业理论方面，学生只有爱学习才会上进，才会获得本事。学生熟练掌握相关创新创业的理论是创业实践能够发挥作用的重要前提。其次，学习环境也极其重要。高校应积极地为学生提供良好的学习和教育环境，这样才能保证外部条件能够满足学生学习的需求。最后，从实践能力角度出发。习近平总书记在 2021 年秋季学期中央党校（国家行政学院）中青年干部培训班开班式上发表重要讲话强调，实践出真知，实践长真才。坚持在干中学、学中干是领导干部成长成才的必由之路。① 培育创新创业人才肯定会伴随艰苦的实践经历。从我们已经获取的许多科学成就来看，比如载人航天、"两弹一星"、杂交水稻以及其他许多创新创业实践活动，在提升我国综合国力的同时，也培养了一大批优秀的专业领域人才。创业需要积累大量实践经验，高校学子如果想成功，不仅要有理论知识，更要有实践经验。因此，高校培育创新创业人才，不仅要注重理论知识的教授，还要利用多种方法帮助他们积累创新创业实践经验。

（三）自我教育原则

高校在培育创新创业人才过程中，不但要重视其能力的发展，还要重视其创新意识的发展。因此，创新创业人才培养的评估体系要注重创业者

---

① 《习近平在中央党校（国家行政学院）中青年干部培训班开班式上发表重要讲话强调 信念坚定对党忠诚实事求是担当作为 努力成为可堪大用能担重任的栋梁之才》，"央广网"百家号，2021 年 9 月 2 日，https://baijiahao.baidu.com/s? id = 1709755193988354729&wfr = spider&for = pc。

的创新意识测评，单就这点而言，其包括了教育与自我教育两个方面。将创新意识与创业人才培养相结合。在实施过程中，高校一定要注重对学生创新思想与意识的培育，启发他们，引导他们从其他角度想问题，进而找到解决问题的关键点，而不是简单地将理论灌输给学生；还要注重加入创新意识，这样才能真正地构建相对合理与完善的创新创业人才培养模式。

第二节　建设内容

高校肩负着人才培养的重要使命，如何培养大学生的创新精神、创业意识，提升大学生创新创业能力，是所有教育工作者面临的重要课题。[1] 当前，高校创新创业教育已进入新的发展阶段，各高校逐渐认识到创业实践是创新创业教育的关键环节，纷纷通过建设大学科技园、众创空间等途径推进双创实践，探索符合自身特色的双创模式。[2] 本节主要阐释的是产教、科教融合与旅游创新创业教育实践的基本类型、主要内容与模式构建。

一　基本类型

产教、科教融合背景下创新创业教育实践体系涵盖实验教学、实习实训、社会实践、毕业设计、科技创新活动、创新创业活动等方面的内容。

（一）实验教学

学校制定实验室管理办法，形成文件，保证实验教学形式的多样性；针对不同年级、不同水平的学生开展基础性实验、综合性实验和研究性实验。实践形式包括校内实验、集中实习实训周以及独立的实验课程。实验中心需要维护保养实验仪器，及时做好实验场地安全卫生工作，及时更新实验耗材等必备用品，保证实验顺利进行。各学院应根据人才培养方案和

---

[1]　杨文涛、周会娟：《"互联网＋"与众创背景下高校创新创业实践平台构建研究》，《林区教学》2020 年第 5 期。

[2]　毛学斌、李玉、倪亮等：《高校创新创业教育平台建设探索与实践——以浙江大学农业试验站培养农科人才为例》，《今日科技》2019 年第 4 期。

教学大纲申报综合性试验和设计性实验器材，学校组织专家认定，由资产部门申购。学校要不断完善人才培养方案，撰写新教学大纲，更新实验教学内容，使实验教学紧跟科技进步的步伐。

（二）实习实训

学校根据企业需求，改革实习课程内容和安排，调整专业实习、生产实习、认知实习及毕业生实习。大学一年级的旅游专业学生应在酒店、客房等实训基地实习见习，了解与酒店、客房管理相关的具体流程和内容；大学二年级的旅游专业学生应参与课程实践实习、假期综合实习，进行专业课程实训；大学三年级的旅游专业学生应进入酒店、旅行社等企业进行实际实习实践，参与具体的旅游专业经营管理活动。

（三）社会实践

学校有多种学生实践团体，如团委下设的学生会、各社团、创新创业中心等。以这些学生团体为依托，学校组织学生开展志愿者活动、校园文化活动；协助学生积极联系寒暑假社会实践基地，获取社会实践机会。

（四）毕业设计

毕业设计选题来源增加了企业选题的比例，实现企业导师和学校导师联合指导学生进行毕业设计，增强学生的科研实践能力，加深旅游专业学生对一线旅游人员工作的了解，提高理论层次，增强实践效果，解决企业的典型问题。

（五）科技创新活动

以社团为载体，定期举办科技讲座，加强知识技能交流；以科技竞赛为导向，培养学生专业兴趣爱好，提升竞技能力和积累实战经验。

（六）创新创业活动

学校设有专门的创新创业实验室；紧密联系创新创业理论；配合学校的创新创业课程，联合校外的创新创业基地，积极参与各类创业大赛；学生创办企业，进入校外创新创业孵化基地。

二　主要内容

适应旅游创新创业教育实践体系的转型，是高等教育供给侧结构性改革的重要目标。旅游创新创业教育实践体系对高等教育人才培养提出了新要求，培养能够与旅游创新创业教育实践体系相适应的高素质、高质量的创新创业应用型人才，是高等教育供给侧结构性改革的重要任务与当务之急。因此，高等院校应该在找准人才培养定位，厘清人才培养层级，优化学科专业结构，促进多学科交叉融合，培育应用型、复合型与创新创业型人才方面寻求突破，从而适应旅游创新创业教育实践体系建设的动态需求。

（一）理念融合

"大众创业、万众创新"，核心在于激发人的创造力，尤其在于激发青年的创造力。青年愿创业，社会才生机盎然；青年争创新，国家就朝气蓬勃。[①] 高等院校应在教育理念上深刻理解创新创业教育与传统教育在各个方面的区别，旅游应用型人才培养与经典理论知识传播之间的诸多差异，促使学生在产教融合、科教融合协同发展背景下，在双创项目实践中学习双创知识，培养双创意识，提升双创能力，充分彰显"做中学"的教学理念，实现双创教育与旅游应用型人才培养在教学理念中的融合。以先进的创新创业教育理念为指导，由注重知识传授向注重创新精神、创业意识和创新创业能力培养转变，由单纯面向有创新创业意愿的学生向面向全体学生转变，切实增强学生的创新精神、创业意识和创新创业能力。

同时，以推进素质教育为主题，以提高人才培养质量为核心，以创新人才培养机制为重点，创新引领创业、创业带动就业，将创新创业教育纳入教学主渠道，贯穿旅游应用型人才培养全过程，树立科学的创新创业教育理念。基于创新创业教育理念，实现"课内课外相衔接、教育实践一体化"，着力促进全体学生创新创业素质的训练和提升，强化创新创业教育与旅游应用型人才培养深度融合的专业内涵建设，在人才培养方案制定、课程体系建设、实践教学改革、"双师双能型"师资队伍建设等方面全面深化创新创业教育改革。

---

① 《李克强五四青年节勉励清华学子：青年创业创新国家就朝气蓬勃》，中国政府网，2015年5月4日，http://www.gov.cn/xinwen/2015 - 05/04/content_2856705.htm。

（二）内容融合

要借鉴国内外先进经验，密切结合区域经济社会发展与产业转型升级需求，利用校内外优质的教育教学资源，深化高等教育供给侧结构性改革，优化学科结构与专业设置，促进学科专业结构与人才培养类型结构更加合理化。

首先，将创新创业教育融入相关专业课程，并纳入人才培养方案之中，科学合理地设置相应的创新创业学分，推动创新创业教育与旅游应用型人才培养有机结合。同时以专业教育为基础，对创新创业教育进行整体设计，形成在培养目标、课程设置、教学计划、实践活动等方面一体化的二者有机融合的人才培养方案。其次，建设三大模块优化课程体系，分别是创新创业基础知识模块、专业拓展模块、实践能力模块，形成分段递进式课程体系。根据学生所处的发展阶段和学生认知规律，循序渐进，制订创新创业类课程计划。自主建设双创教育资源共享课等在线课程，选课人数要达到一定规模，保持良好的教学效果，并出台相应的学分认定规定。再次，改革创新教学方法，全面实施探究式教学、过程化考核、非标准化考试等，通过"五进"（进社团、进课题、进企业、进实验室、进社区）和"四实"（实验、实习、实训、社会实践）引发教学方法变革，有效激发学生自主学习的内生动力。最后，改革考核内容和方式，探索实施非标准答案考试等。组织编写双创教育相关教材，建立教学案例库，总结双创教育与应用型人才培养融合的经验。

（三）过程融合

双创教育与应用型人才培养相融合，应贯穿学生的整个求学生涯。毕业生们认为，其在校期间所学的知识或能力中，对实际工作最有帮助的是"参加社会活动获得的能力"。因此，高校应积极组织开展大学生创新创业训练活动，并加强引导学生参加各类科技创新、创意设计、创业计划等专题竞赛，鼓励支持学生结合专业、结合课程以及结合企业实践拓展知识面，同时注重培养学生的系统科学思想，为学生提供资源，奠定发展基础。将产教融合、科教融合融入旅游创新创业教育的整个过程，从而使毕业生双创能力大幅度提高、服务区域经济社会发展的能力显著增强。

首先，各高校应制定较为完整且便于操作的创新创业人才培养方案，努力将第一课堂的双创理论学习与第二课堂的双创理论实践活动相结合，充分发挥校内优质师资与校外兼职导师的作用，突出对学生创新精神、创业意识与实践能力的培养。结合课程内容的融合，进一步拓宽学生自主创新创业渠道，引导学生积极参加各类社会活动。大力开展创新创业竞赛、专业竞赛和创新创业训练项目等，提高双创意识，营造双创氛围。其次，深入挖掘创新创业教育资源，切实有效地将创业知识、技能的培养渗透教学的整个过程中。一方面，以课堂教学为基础，引导学生掌握创新创业教育的理论知识；另一方面，以企业实践为基础，开展创新创业实践活动。同时，开展创新创业讲座、报告会等活动，指导学生参加创新创业项目及相关竞赛，如全国导游服务技能大赛、全国大学生网络商务创新应用大赛、全国大学生市场调查与分析大赛等，鼓励学生将创业创意转化为创业项目，积极推动学生的创业实践，为培养创新创业实践能力强、综合素质高的学生提供助力。最后，以旅游产业发展需求为导向，实施"专业＋平台（研究中心、校内实验中心）＋实体（校内实体、校外实践基地）"的"3＋3＋1"的人才培养模式。通过课堂学、平台练、企业干，培养高素质旅游应用型人才。将创新创业教育贯穿整个四年的学习计划，在专业教育课程中增加实践实验创新环节，增设创新创业课程，加大对学生创新意识的培养力度，提升学生的创新创业实践能力。同时，利用教师的科研项目、科研成果启发和鼓励学生创新创业，以科研带动学生创新，以科研成果鼓励学生进行创业孵化，最大限度地提高学生创新创业水平。

（四）平台融合

以校企合作为平台，进一步发挥校企合作共同育人的作用。与地方行业协会和企事业单位联合制定人才培养方案，从人才培养方向到具体课程设置，实施整体对接与融合，设计"学中做，做中学"交替进行的"平行式"人才培养模式。校内教学与校外实训相结合，产学研一体化，校企合作机制更加完善，使实践教学平台、生产性实习实训基地和技术服务平台满足教学需要，实现创新创业教育与旅游应用型人才培养在平台中的融合。

1. 校内平台

充分利用校内实践平台实现校内资源的整合利用，并积极搭建有利于产教融合、科教融合与创新创业教育培养有机融合的校内外实践平台，包括大学生创新创业实践教育基地、大学生实践教育基地、旅游管理虚拟仿真实验教学示范中心、旅游管理实验教学示范中心等，实现学校、企业、学生、教师协同发展。首先，构筑可以统一开展双创教育的校内主题实践平台，要求满足学生的需求。其次，依据各专业人才培养的不同特点，借助"大学生创业孵化基地"等机构，联合组建校内辅助实践平台。最后，积极鼓励学生自发成立"大学生双创之家"等双创社团。在这里，有过双创经历的学生可以为新人传授经验，协助指导教师发挥"传、帮、带"的作用，营造良好的双创氛围。

2. 校外平台

对于教学平台的建设，不但要构建科学系统的实验教学平台，还要开展校企合作，实现平台的灵活性、系统性与实用性，更好地实施双创教学，提高学生综合能力。培养的创新创业人才不仅要有实践能力、创新精神，更要有社会责任感。岗位实践能够使学生深入了解社会，深刻认识自我，不仅能获得书本以外的知识与技能，增长阅历与经验，同时也能够强化其社会责任感。因此，高校应与企业、行业联合，开展创新创业教育，在课程教学、实践教学、第二课堂等各个教育环节实现双创教育与应用型人才培养的深度融合，着重培养学生的社会责任感、创新精神与创业能力，大力提升高素质应用型人才的培养质量。同时，积极邀请行业专家开展专题讲座等活动，对学生进行专业知识技能及竞赛等方面的指导，开阔学生视野，提升学生实践能力，培养学生创新精神与创业意识。

（五）保障融合

1. 政策机制

首先，形成管理机制。为规范双创学分的管理，学校需要在培养计划中增设合理的双创学分，出台学分认定办法，规定学生必须取得人才培养方案中要求的相应学分，之后才准许毕业。同时，实施多维保障，不断优化各组织机构及管理制度，如校外实践基地管理规定等，以确保各项双创实践活动的有序运行。形成全面涵盖教学管理、课程建设、激励约束等人才培养各环节的制度体系，并构建创新创业教育质量监督评价体系，推动创新创业教育切实高效地开展。

其次，完善管理方法。设置多种获得创新创业学分的途径，包括通过高校承认的行业资格考试，参与各种竞赛、课题项目、社会实践等且获得成果，经由申请并认定即可取得规定的创新创业实践学分。此外，还要建立创新创业学分积累与转换制度，该学分可替代人才培养方案中公共或专业选修课的学分，获得较多创新创业学分的学生在评选优秀学生、评定奖学金、推荐就业单位时享有优先权。

最后，出台保障措施。要为有意愿有潜质的学生制订创新创业能力培养计划，并建立创新创业档案和成绩单。此外，要出台弹性学制相关规定，允许学生休学创新创业。还应尽快出台激励学生参加双创实践活动的相关办法，如设立创新创业奖学金，对学生的创新创业成果在评先评优、提前毕业、免试保研等选拔中予以认定加分。此外，双创实践基地应不断优化内部组织机构及管理制度，妥善管理好"人、财、物"，确保各项双创实践活动的有序运行。

2. 师资队伍

构建以双创教育师资队伍和双创教育实践基地为主要内容的双创教育支撑体系，以实现差异化发展。建立双创教育专职教师团队，培养和锻炼一支既懂教育又懂创业的"双师双能型"教师团队，建立创新创业教研室或研究中心，满足旅游应用型人才培养的需要。同时，聘请知名科学家、企业家以及创新创业成功的校友等优秀人才担任兼职教师，建立创新创业导师库，并制定相应的管理规范。此外，还要面向全体教师开展创新创业教育相关培训，鼓励教师到企事业单位挂职锻炼，深入企业、行业一线，开展与专业相关的实践活动，提升其教学实践能力。

充分发挥校内优质师资与校外兼职导师的作用，实现教师团队融合，

使学校教师与企业技术人员、管理人员进一步交流，取长补短。由指导教师负责指导学生合理选题，传授学生双创知识与技能，指导学生开展双创实践等工作。此外，适时介绍本专业的新知识、新技术等，根据学生的学习需要等实际情况，适当安排学生参与创新创业课题或进行辅助性工作，培养学生的创新精神与创业能力。

三　模式构建

2015 年 5 月，国务院办公厅下发《关于深化高等学校创新创业教育改革的实施意见》，提出鼓励各地区、各高校充分利用各种资源建设大学科技园、大学生创业园、创业孵化基地和小微企业创业基地，作为创业教育实践平台，建好一批大学生校外实践教育基地、创业示范基地、科技创业实习基地和职业院校实训基地。在"大众创业、万众创新"的时代洪流中，高校在实施创新创业教育过程中，应构建起面向全体学生的、贯穿教育教学全过程的、以"创新创业意识和精神培养、综合素质提升"为核心的教育实践体系。

（一）围绕"一个目标"

围绕立德树人根本任务，顺应时代潮流，坚持品行养成、知识传授、能力培养、思维创新"四位一体"的人才培养模式，发挥学科优势，细化分类指导，构建和完善旅游类专业大学生创新创业教育实践系统，形成全校关心支持旅游创新创业教育和学生创新创业的良好环境。

（二）做到"两个结合"

将旅游创新创业工作与教育教学评估指标体系和学科评估指标体系相结合，普及旅游创新创业教育，突出自身优势与特色，创新人才培养机制；将创新创业教育实践纳入人才培养体系。培养师生的创新创业意识，师风、教风、学风共同建设，将创新创业教育与终身学习相结合，提高人才培养质量；将创新创业教育实践融入教育教学全过程。

（三）夯实"三大保障"

1. 加强双创工作体制机制建设

组织实施保障机制：成立双创工作领导小组和专家指导委员会；建立

由教学办和科研办牵头，教研室、学工办、实验室等部门协同联动，齐抓共管、全员参与、全过程管理、全方位指导服务的双创工作机制；学院创新创业教育工作小组定期召开专题会议研究创新创业教育相关工作；学院班子成员利用教研室例会、党支部活动安排部署双创教育实践相关工作；构建创新创业导师库，强化双创教育指导，进行各级各类创新创业竞赛评审、作品打磨完善等。

教师层面的激励机制：将指导创新创业竞赛获奖纳入人才引进、岗位升级、职称评定以及年底绩效考核中；加强政策引导对创新创业教育的激励作用，提高对教师双创考核的要求及奖励。

学生层面的激励机制：加强对学生创新创业活动的经费和条件支持；在免试研究生推荐、综合测评和各类评优评先中加大对创新创业获奖的政策倾斜力度；选出创新创业典型并给予表彰。

2. 加强双创教育实践体系建设

创新创业课程体系：构建分层分类旅游创新创业课程体系，一年级着重进行创新创业基础教育，二年级进行创新创业能力提升，高年级学生进行创新创业实战，形成高年级带动低年级的双创课程与实践体系。同时加强双创教育宣讲，举办高水平讲座及论坛，依托各级各类学术讲座和论坛，营造浓厚氛围，不断探索和构建创新创业教育课程体系。

双创师资队伍体系：构建"专兼结合、校内外结合"的双创导师库，提升和培养双创教育师资队伍理论水平和实践能力，深化创新创业教育师资队伍体系建设；同时建立学院创新创业导师库。

创新创业实践体系：依托学院"3 + 3"学生综合素质培养体系，将双创教育实践融入教育教学的全过程；充分发挥第二课堂教育管理对双创教育实践的支撑和促进作用，构建全员参与、全过程管理和全方位指导服务的双创教育实践体系。

3. 加强创新创业教育实践平台建设

依托专业学科优势，推动校内外双创教育实践基地和平台建设，充分发挥国家级、省部级平台对双创教育实践的支撑作用，提高双创教育实践

的针对性和实效性。各平台基地之间互动联动，形成协同育人、互促增效的良性循环。

（四）落实"四项举措"

1. 深化组织管理，实现精准服务

成立工作领导小组以及竞赛指导委员会，对旅游创新创业教育工作进行研究、规划、指导和服务。建立由教学办和科研办牵头，教研室、学工办、实验室等部门齐抓共管、全员参与的创新创业工作机制。制定完善创新创业工作实施方案，明确创新创业工作的具体组织实施细则和相关奖励制度。将科研项目、大创项目（大学生创新创业训练计划项目）、SSRT项目（大学本科生科研训练计划项目）、社会实践及志愿者活动等与竞赛有机结合，实现不同项目间的互通联动。大创项目、SSRT项目等实施全过程管理，提升指导的针对性和实效性，实现精准管理、指导和服务。构建服务项目丰富的组织管理体系，最终达到深化组织管理的目标。针对创新创业竞赛，实行全过程管理，进一步提高获奖数量及层次。

2. 深化科教融合，催生双创成果

加强双创教育与专业教育及学科建设融合。把优质学科资源转化为双创教育资源，结合专业教育，依托学科优势，构建富有旅游类专业特色的人才培养模式，使双创教育与专业教育相融合，培养学生贯通专业和跨专业的创新能力。促进教师的科研项目与各级各类竞赛项目的精准转化和对接。确保教师在指导竞赛过程中，能够同时用专业知识指导学生科研和学习，以赛促课、课赛结合，从而实现双创教育和专业知识教育的相互促进，教学相长，吸引更多大学生参与教师的科研工作。

充分发挥第二课堂教育的作用。以各类竞赛作为创新创业教育实践平台，使学生在实践中积累创业经验；在竞赛过程中促进不同学段学生的互相交流学习，形成浓郁的创新创业文化氛围。学科负责人、学术带头人、院领导班子引领示范，辐射带动全体教师投身创新创业指导服务，催生高质量高层次的双创成果。

3. 加强产教融合，推进协同育人

加强校企合作，选派学生到企业进行实习和实训，学习和了解工作实践中遇到的实际问题，以及针对实际问题和难题的研究方法和研究思路。同时，让学生学习和了解企业是如何有效实现科技成果和技术的转化与商业化运作的，提高学生的创新创业能力和水平。推进协同育人，充分发挥企业的主体作用。学院主动集聚社会资源，创新人才培养方式，通过技术服务等环节促进企业发展，解决企业实际问题。协同育人，共建校内外生产性实训基地、创业教育实践平台等。在学生校外实践基地的建设方面形成"教学资源共享、专业特色突出"的特征。

4. 强化导师指导，精心打造品牌

强化创新创业活动的指导服务工作，学业导师、朋辈导师、校外导师三大导师制的实施进一步增加和加大了有效指导时间和力度，使学生能够及时有效地完成项目孵化与打磨提升。办好创新创业论坛，积极与其他高校共同主办全国旅游院校技能竞赛，承办全国旅游技能社会实践与科技竞赛校赛。

第三节 实施路径

创新创业教育是实施创新驱动发展战略的重要抓手，是推进供给侧结构性改革的重要体现，是培育新动能的有力支撑。在产教融合、科教融合背景下，旅游教育结合创新与创业，会使发展动力更加强劲。旅游创新创业教育显示出鲜明的实践性、方向性、前沿性等特征。培养高校学生旅游创新创业教育的实践能力，提升其创新创业水平，可以从更新教育理念、营造良好氛围、加强队伍建设、重视平台建设等方面进行措施优化。

一 更新教育理念，构建现代教育模式

当前，开展双创教育是各大高校面临的重要任务。双创教育是一项长期工程。因此，首先应该重点培养学生双创教育理念。新时期，旅游专业在双创教育过程中需要遵循应用型人才培养目标，依靠教育改革发展理念，一方面借助互联网等新媒体手段，加强双创相关知识宣传，向学生普及双

创教育的重要性及必要性，帮助学生构建双创意识；另一方面，可以开展双创专题学习活动，鼓励全校师生积极参与，帮助广大师生群体树立正确的双创教育理念，充分理解双创教育与综合素质教育的内在联系，为创新创业教育做好理论铺垫。此外，高校需要构建现代教育模式。积极借鉴美国等发达国家的双创教育理念，构建"五维度"的现代教育模式，包括课堂教学、案例分析、混合讨论、第二课堂以及企业实践等方面的内容，从理论与实践层面全方位完善现代教育体系。

高校应结合当今社会发展状况，在社会及政府各界协助下，转变毕业生就业方式及管理形式。结合机构革新，同抓管理，建设服务型学校管理队伍，为学生提供全方位咨询与服务。在准备过程中，侧重于培养其素养与思想理念，提高大学生整体素质及专业技术水平。在起始过程中，应给学生提供一定的资金保证及政策支持，同时，建立实习基地，为大学生实践提供训练场地，并配备专业老师为他们解惑，解决实践期间发生的各种问题。在中期发展过程中，对创业流程实施调查及跟踪，让行业朝着优质发展变化，同时帮助大学生询问探访，把发生的状况随时反馈给大学生，培养其创业激情与热忱。倘若遇到一些困惑，也及时鼓励其积极解决疑问、克服困境，使其切实投身于创业中，唯有如此，学生才可以在创业实践期间获得失败的教训与成功的喜悦。

二 营造良好氛围，实施创新创业活动

国家大力支持各高校开展双创教育，基于这一背景，各高校要积极响应时代号召，抓住政策优势，加快教育改革。首先，应在双创教育理念下迈出改革第一步，就是在校园内创建良好的双创环境。国家早在 2015 年，就已经出台关于就业创业的系列政策。为给学生营造良好的创业环境，高校可在校园内积极宣传双创教育理念，开展双创思想教育课程，积极邀请优秀企业到校内进行宣讲，增强学生双创意识。其次，应在旅游专业教育环境中，完善双创教育平台，比如创建双创固定场地、制订学校双创教育专项计划、完善资金规划等内容，鼓励学生积极参与双创项目。此外，还

可以利用互联网创建校园双创网站，建立微博双创账号、微信公众号等，开展线上线下多渠道双创教育，为学生营造良好的双创教育氛围。

为实施旅游创新创业教育实践活动，高校应注重有关教育宣传工作的实施，构建和谐的创业环境。当今网络技术的逐步发展为高校提供了一条有效的沟通渠道。因此，高校可构建一个专属的宣传业内人士创业经历及经验的平台。当大学生了解创业有关情况后，他们会利用微信及微博等进行互动探讨，说出内心真实疑问及看法，共同讨论。由于参与探讨的人均是有一定思想的青年人，他们相互交流可以提升大学生创新水准，还可以倾听此阶段每个人的想法。高校可按期开展创业技能竞赛活动，在充实大学生课余生活的同时，为其创新创业实践提供平台。高校可整合多方资源，为其提供技术与资金支持，让其创新实践活动更具物质保障，同时，可以使他们在轻松的状态下锻炼自身才能，提升自身见识。

三　加强队伍建设，完善创新创业师资

高校大学生对双创教育不太熟悉，因此，在开展双创教育工作过程中，高校需要完善自身师资队伍建设。这要求旅游专业教师既要具备丰富的创业理论知识，还要有相关创业经验。高校可以借助互联网平台，如 SPOC（小规模限制性在线课程）、MOOC（慕课）等形式，提升教师双创理论教学水平；也可以借助互联网等形式，加强对学生实践环节的指导。在师资建设方面，旅游教师需要转变教学理念，及时调整教学方法，在课程设置中融入双创教育相关内容，同时借鉴同类型院校的相关实践经验，结合本校实际情况，开展双创教师交流会或者为教师提供企业实习机会，增加教师双创经验。一方面，高校可以聘请企业双创成功人士到校为教师开展授课活动，增强和丰富教师双创意识和相关理论知识；另一方面，高校应该制定教师队伍方案，合理控制双创教师和专业教师配比，确保在不耽误专业课程的基础上，加强双创交流，满足学生多方面需求。

构建师资力量坚实的旅游创新创业指导团队，是创业活动实施的有效保证，教师在此期间应该设置适宜的教学课程，激起大学生创新热情与创

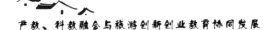

新意识。创业本就属于教学性与实践性较强的一门课程，倘若老师有充实的实践经验，能够有效引导大学生，势必会起到事半功倍的效果，大学生可以学到诸多实践技能，再融合理论学习，定会受益良多。因此，旅游创新创业教育实践对教学有更高需求，对专业师资队伍的构建十分迫切。在师资培养层面，高校应当培养专业人才及引入专业人才，构建兼职与专职人才融合的团队。专业队伍还应培养具有创新观念与创新意识的老师，兼职老师队伍应当由社会各领域知名人士、专业的理论老师及成功企业家构成，另外，高校还可聘用校外专家来校举办讲座，解决高校师资队伍匮乏的问题。

四　重视平台建设，深化产教、科教融合

学校应结合自身办学原则，选取相关实践基地或平台，注重加强校企双方交流合作，共同打造专业化的大学生校园创新创业教育基地，举办各类校园创业教育活动或竞赛，如"互联网＋旅游策划大赛"、旅游线路的设计制作大赛、旅游商品或文创商品的策划设计大赛等，鼓励学生组队参加创业比赛，并由学校给予一定的创业经费支持，培养学生的团队精神与社会实践的能力。成立专业的师资管理队伍，如创业成功的毕业生、成功的企业家和领导、已毕业的工作经验丰富的学长、具有一定资历的教授等，给学生提出创业意见和建议，有针对性地指导学生创业实践，让学生在学校阶段就能够对旅游企业的运作模式和行业发展有较好的了解，也为学生创业提供经验和指导方针。[①]

为了更好地提升高校学生旅游创新创业教育效果，高校应该踊跃与有关公司进行合作，为高校学生创建旅游创新创业的学习实践基地，让其能够进行创业实践活动训练，逐步积累创业经验。同时，高校应当谨慎择取诚信兼优的公司进行合作，并签订合作协议，让公司来充当大学生创新创业学习的实践基地，公司将接收他们到其内部进行锻炼学习，通过公司的

---

① 张莹莹：《高职院校旅游管理专业大学生创业能力培养模式的实践创新》，《佳木斯职业学院学报》2019 年第 2 期。

专业培训逐步提高自身经验水平。为了使大学生具有创业的踊跃性，高校应当逐步激励大学生和公司一同成长，体会公司从萌芽到成熟的整体过程，对创业有更深刻的感知。同时，为了提升大学生的创新创业效用，高校可以鼓励本校创业成功的学生带动在校大学生进行创业，激发大学生创新创业的心理动机。

第八章
产教、科教融合与旅游创新创业教育
协同发展的评价体系建设

在"大众创业、万众创新"的社会浪潮下，高校肩负着培养旅游创新创业人才的重要使命，提高旅游专业学生创新创业能力已成为我国高校旅游教育改革的重要方向之一。随着旅游创新创业教育的广泛开展和产教、科教融合，大量的资源被配置到旅游创新创业教育中，我国高校急需一套科学合理的旅游创新创业教育评价体系，以评估并提高旅游创新创业教育质量，优化资源配置。我国高校旅游创新创业教育质量评价体系研究起步较晚，目前已有的旅游创新创业教育评价体系尚不能满足其发展的要求，因而，基于产教、科教融合背景，从评价指标和模型构建多方面、多角度、多方位、有针对性地研究并探索科学、合理、高效的旅游创新创业教育评价体系，具有一定的现实意义。

第一节 建设思路

通常情况下，教育评价是对教育活动满足社会与个体需要的程度做出判断的活动，是对教育活动现实的或潜在的价值做出判断，以期达到教育价值增值的目的。科学合理的评价体系，是衡量高校旅游创新创业教育质量的基础，也是开展高校旅游创新创业教育的战略指导方针。因此，构建指标体系，首先要明确其价值和必要性，指明构建理论和原则，提出构建措施，为构建具有针对性的产教、科教融合与旅游创新创业教育协同发展的评价体系提供依据。

一 建设意义

作为实施旅游创新创业教育的主体，高校首先必须明确产教、科教融合与旅游创新创业教育评价体系构建的意义所在，形成正确的目标导向，进而在该目标导向下，构建旅游创新创业教育评价体系。

（一）价值导向

1. 明确高校旅游创新创业教育评价体系的评判价值

高校旅游创新创业教育评价体系最为直观的价值，便是其评判作用。完善且运行正常的评价体系可以从多个角度对旅游创新创业教育教学模式、教学方法等进行分析和判断，帮助教育主体及时了解教育过程中的不足之处。比如，高校通过评价体系分析旅游创新创业教育成效，通过多元化评价角度分析旅游创新创业教育落实情况，从而达到诊治判断的效果。只有通过教育评价体系准确判断旅游创新创业教育的实际情况，才能为后续教育工作提供实践参考。

2. 明确高校旅游创新创业教育评价体系的导向价值

利用评价体系进行旅游创新创业教育情况评判，可以帮助高校形成对校内教育开展现状的认知。因为"评价"传递的是一种客观信息，该信息包括专业、教师、班级、学生个体对旅游创新创业教育活动的反馈，而这些信息就是高校调整旅游创新创业教育措施的重要依据。高校要注重对旅游创新创业教育反馈信息的分析，在反馈信息的基础上进行教育改进活动，促使相关教育活动趋于合理化和科学化。也就是说，评价体系的构建将引导高校旅游创新创业教育不断向前发展，具有重要的导向价值。

3. 明确高校旅游创新创业教育评价体系的提升价值

旅游创新创业教育的开展，是一个长期且复杂的过程，在产教、科教融合背景下，不同年级开展旅游创新创业教育的内容、形式、途径等都有所不同。因此，高校要持续开展高质量的旅游创新创业教育，具有一定的

难度。这时，评价体系的提升价值便凸显出来。一方面，通过评价体系的导向作用，高校可以在评价反馈的基础上，对旅游创新创业教育进行创新发展；另一方面，评价体系的构建将形成激励效应，促使教师群体向既定的教育目标不断前进，最终使本校的旅游创新创业教育整体水平得到有效提升。

（二）应用导向

1. 构建旅游创新创业教育评价体系是人才培养战略的需要

党的十九大报告指出，鼓励创业带动就业；提供全方位公共就业服务，促进高校毕业生等青年群体、农民工多渠道就业创业。高校承担着人才培养的使命。目前创新创业已成为转变发展方式的重要因素，高校应以新形象、新态度来承担起培养创新型人才的任务。高校要适应人才培养战略的需要，激发和提高旅游专业学生的创新思维与创业综合能力，就要构建旅游创新创业教育评价体系。从人才培养战略来看，一是高校要积极投身创新型国家的建设浪潮中，根据实际需求开展旅游创新创业教育，培养旅游创新型人才，需要构建旅游创新创业教育评价体系。二是高校要进行技术创新和转移，将教学和科研相结合，促进创新成果的转化和输出，成为科技与经济的重要纽带，带动就业，需要构建旅游创新创业教育评价体系。三是高校要传承传播创新文化，从源头培养创新精神，承担起创新文化开拓传承的使命，需要构建旅游创新创业教育评价体系。四是高校要践行素质教育理念，结合旅游专业学生创新创业能力的提升，进而推动素质教育实施进程，需要构建旅游创新创业教育评价体系。

2. 构建旅游创新创业教育评价体系是人才培养终极目标的需要

相较于其他学院，高校旅游学院人才培养终极目标有其自身特色，创新创业能力是技术技能人才的重要衡量指标。从人才培养目标来看，一是构建旅游创新创业教育评价体系，可以解决当前旅游创新创业教育过程中的现实困难。与西方发达国家相比，我国的旅游创新创业教育起步较晚，培养机制、管理模式、质量保障等有待进一步探索，教育效果不尽如人意，并未真正实现培养目标，目前还不能满足现实需要。[①]一旦构建起旅游创新

---

① 谢志远：《高职院校培养新技术应用创业型创新人才的研究》，《教育研究》2016 年第 11 期。

创业教育评价体系，一些人才培养上的问题就会得到针对性的解决。二是构建旅游创新创业教育评价体系，能够提升高校旅游人才培养的质量。高校旅游专业的学生，能够适应新时代的新型人才需求，掌握提升或改进传统技术与产品的必备能力，可以为未来一线工作奠定坚实基础。构建旅游创新创业教育评价体系，在培养目标、课程设置、师资队伍等方面形成统一有机的整体，能够提升旅游创新创业教育的质量水平，有利于推动旅游专业学生就业创业。三是构建旅游创新创业教育评价体系是旅游专业学生实现全面发展的必由之路。当代社会需要具有创新意识和创新精神的复合型人才，这就要求高校旅游学院全面系统地开展创新创业教育，转变教学方式方法，不断提升学生的创新创业综合能力。[①] 旅游创新创业教育评价体系的构建，将不断地提升学生的学习主体地位，使理论学习与实践项目相结合，兼顾学科交融性，为全面发展奠定基础。

3. 构建旅游创新创业教育评价体系是提高学院核心竞争力的需要

高校旅游学院近些年进行了多次改革，但在一定程度上还存在自身特色不凸显、教育脱节、学用脱节、校企疏离的问题。作为创新型旅游人才培养的大本营，旅游学院应将创新创业纳入学院改革的各个方面，从而不断提升教学水平。从提高学院核心竞争力的角度看，一是构建旅游创新创业教育评价体系是拓展旅游学院建设发展的重要途径，高校旅游学院要提升水平，激发创新活力，就必须转化科技成果，获取外部资源，孵化高新产业，不断提升学院的创造力，所以构建旅游创新创业教育评价体系是实现高校旅游学院可持续发展的重要因素。二是构建旅游创新创业教育评价体系是当代高校旅游学院职能的拓展。旅游学院原本的教育职能是培养技术技能型人才，但随着时代的发展，曾经单一的教育职能已经不能满足学院和学生的未来发展，旅游学院职能随着社会发展而不断增加新的内容，它必须适应经济社会的发展规律。构建旅游创新创业教育评价体系，开展旅游创新创业教育，是高校旅游学院承担服务社会、传承文化任务的新要

[①] 高世洪、许文海、曹璟：《工学结合的高职创新创业教育模式探索——以山西警官职业学院为例》，《教育理论与实践》2015 年第 27 期。

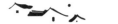
求。高校旅游学院依靠先进的创新科技，使科技和文化相互交流、补充和促进，担当促进科技和文化交流的重任。三是构建旅游创新创业教育评价体系有利于推动高校旅游教育的深化改革，科学的评价体系是高校旅游创新创业教育质量保障的重要条件，能够正确评价和指导旅游创新创业教育，客观上有益于旅游教育深化改革，更好地带动高校旅游教育的整体发展。[①]

二 建设要求

基于产教、科教融合背景，高校旅游创新创业教育评价应坚持以习近平新时代中国特色社会主义思想为指导，坚持以学生为中心的德智体美劳"五位一体"教育理论与创新创业教育相结合，坚持全面质量管理与创新创业教育相结合。总体来看，大多数高校旅游创新创业教育还是重认知能力、学科专业能力，沿用传统教学模式，缺乏实战能力训练，理论与实际、质量与数量脱节，教学基本处于低层次、低阶位、低质量水平，同质化问题严重。

中国国际"互联网＋"大学生创新创业大赛投入的资源较多，可以说是"面广量大"，但质量不高。2018 年，有 265 万人参加大赛，2200 多个创业参赛项目中仅有 300 个项目进入国赛，但高科技含量的项目极少。很多高校没有根据实践及产业升级的实际情况对旅游人才因材施教，理论与实践脱节。高质量旅游创新创业活动是理论与实践紧密结合的社会实践过程，需要掌握与旅游创新创业活动相关的系统理论知识。旅游专业学生通过在学校的系统性学习，掌握与创新创业相关的理论知识，并将这些理论知识付诸创新创业实践，为经济社会服务。因此，高校要培养理论应用能力强、社会实践能力强的"双强"旅游创新创业人才，需要将全面质量管理与创新创业教育紧密结合。旅游创新创业教育教学应是全面、全员、全过程的质量控制过程，培养"双强"旅游创新创业人才，高校的旅游创新创业教育质量显得尤为重要。因此，我国迫切需要构建高校旅游创新创业教育评

---

① 胡正明：《高职院校创新创业教育评价指标体系构建研究》，《中国职业技术教育》2018 年第 8 期。

价体系，从而全面反映高校旅游创新创业教育的实际情况，把握其发展方向。

三 建设理念

（一）指导思想

以激发学生的创新创业意识，培养和提高学生的社会责任感、创新精神、创业能力，促进学生创业就业和全面发展为目标，强化教育目标，强化教育内容，强化教育保障体系，全面提升旅游人才培养质量，真正实现以创业带动就业，促进高校旅游专业毕业生充分就业。

（二）基本原则

旅游创新创业教育评价是高校旅游创新创业教育过程中重要的环节，构建评价体系应当遵循教育客观规律，保证评价指标的科学性，检验评价体系的合理性。高校在构建旅游创新创业教育评价体系方面需要遵循以下原则。

1. 以人为本原则

学生是高校旅游创新创业教育的核心主体。以人为本的原则表现为，评价始终围绕旅游创新创业人才培养的初衷，无论是激发创业意识、降低创业风险，还是提升创业能力，都要基于学生发展的角度，审视创新创业教育的成效。这就要求高校建立针对不同层级、不同类别的旅游创新创业教育体系，满足学生个性化旅游创新创业需求。但在实践中，不少高校将创业率作为衡量旅游创新创业教育成效的单一标准，难免有失公允。一方面，创业率仅仅是一个数量指标，无法全面地反映旅游创新创业教育的整体质量；另一方面，旅游创新创业教育效果存在时滞效应，难以在短期内反馈旅游创新创业教育的成果成效。因此，高校旅游创新创业教育评价的研究者和实施者，应当将更多的关注点放在旅游创新创业教育对个人效能的影响上，而不是学生创办了多少企业和创造了多少就业岗位，这才是旅游创新创业教育评价回归教育本身的价值体现，也内在隐含了高校旅游创新创业教育评价体系在设计上应充分考虑长期评价。此外，从旅游创新创业教育评价的发展趋势来看，评价重点应逐渐由绩效性和可比性向诊断性和扶持性转变。

2. 定量定性统一原则

鉴于高校旅游创新创业教育成效的多维性，很难用单一定量或定性的方法来评价旅游创新创业教育的实践成效，而采用定量与定性统一的方式则有利于获取客观、合理和科学的评价结果。一方面，对于可量化的成效，如旅游创新创业课程覆盖率、旅游创新创业实战课程占比、旅游创新创业师资专兼结构、旅游创新创业专项经费支持等，具有便于操作、执行和应用的特点，应采用定量的方法，以充分展示高校旅游创新创业教育所取得的突出成就；另一方面，对于难以量化的成效，如创业意愿、社会评价等，则应采用定性的综合评定方法，本着宜粗不宜细的原则，给予客观评价。因此，只有兼顾主客观因素，将定量评价与定性评价相结合，才能建立契合发展实战需求，且相对科学、合理的高校旅游创新创业教育评价体系。

3. 动静结合原则

高校旅游创新创业教育本身是受诸多因素综合影响的、动态的旅游人才培养过程，这决定了其评价体系的构建需要在静态的基础上融入动态发展的要素。旅游创新创业教育评价是一种内涵式的发展性评价，而不是某一时间的结果评价，这就要求高校旅游创新创业教育在管理过程中，一方面注重内涵建设，特别是课程、师资和平台等关乎人才培养质量的核心要素，要有增量思维，即以静态存量为基础，注重纵向比较，侧重于考量动态性的发展成效；另一方面注重过程建设，建立全方位、具体化和系统化的旅游创新创业服务体系，为在校旅游专业学生创新创业活动提供前期咨询指导、中期过程监管、后期持续关注的全程服务。此外，高校旅游创新创业教育评价的对象，既包括在校生，也包括毕业生。建立毕业生跟踪调查长效机制，动态更新旅游创新创业数据库，有利于高校旅游创新创业教育活动的良性循环和可持续发展。

4. 系统可行原则

为全面、客观地呈现高校旅游创新创业教育现状，力求从不同侧面反映高校旅游创新创业教育的组织、管理、成效和保障等，必须结合旅游创新创业教育发展的特点，遵循从宏观到微观的思路层层深入，形成逻辑缜密、相互支撑的指标体系。特别是在综合分析影响高校旅游创新创业教育的多种因素时，一方面要考虑指标的独立性和指标之间的逻辑关系；另一方面要关注数据收集的可操作性，以保证后期数据量化、分析、比较的顺利进行，为优化高校旅游创新创业教育提供现实依据。

四　建设举措

（一）明确评价体系构建原则，促进评价体系研究系统化

重视和加强学生创新创业指导工作，已经是新时期每个高校的重点工作，但整体情况偏向实用性和功利性。深刻认识旅游创新创业教育的内涵，消除旅游创新创业教育中的功利意识，强化学生的创业主体价值，是高校旅游创新创业教育评价体系构建的基本思路。第一，坚持以人为本的旅游创新创业指导模式。随着自身的不断发展，经济社会对旅游人才的综合素质要求总体上呈现提高趋势。评价体系的目标定位于促进学生专业素养和创新能力相互协调和全面发展，在专业发展基础上培养学生的创新意识和实践能力，提升学生的综合素养，进而使之获得全面发展。第二，强调评价结果的定量定性统一原则。评价体系构建和运行必须围绕旅游创新创业教育的全过程，设计评价指标时注重可操作性、可获取性，基于层次分明、简单清晰的原则，遵循"定性—定量—定性"的评价规程，坚持"评价—再评价"的模式，逐步判断评价是否科学、合理。各高校在旅游创新创业教育时间、资源、专业水平等方面有着显著的差异，评价体系要通过降低差异化、提升可靠性，满足多层次的旅游创新创业教育需求。第三，凸显评价体系的激励导向性特征。学生在接受旅游创新创业教育的过程中，知识体系、心理素养都是动态变化的，评价体系的构建不能只注重学习结果，忽视过程，更不能只看重过程、忽视效果。要反映高校旅游创新创业教育体系的真实质量水平，重点围绕后期创新创业实践过程中的创业能力表现，依据学生在每阶段的学习情况，为实现预期的学习目标而努力。同时，要

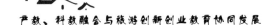

对学生毕业后的情况进行跟踪，诸如创业成功率、企业对创业人才的评价等，整理学生在就业、创业过程中所反馈的信息。引导政府、社会、企业构建公平、公正的良性竞争平台。调动在校旅游专业学生和其他创业人才参与旅游创新创业的热情，带动高校旅游创新创业教育的可持续发展。

（二）探寻创业意识激发效应，把握评价体系时效性因素

学生开始旅游创新创业行为前，需要经历漫长的过程和时间，评价体系要能够准确把握学生在旅游创新创业教育过程中的创新创业意识变化，促使评价内容更有实效性，引导政府、社会、高校共同打造一个切实可行的旅游创新创业内外部支持体系。现阶段，高校大多需要与当地政府进行密切的政策合作与资源交换，这决定了高校旅游创新创业教育与生俱来的价值是服务区域经济，要将当地经济社会发展特有的要素作为旅游创新创业教育内容，培养与区域经济相适应的旅游创新创业人才，传授学生在当地旅游创业必需的知识技能。第一，评价体系要围绕各地区在旅游创业支持政策等方面的具体情况进行判断，帮助高校旅游创新创业教育进行准确的目标定位，获取全方位的旅游创新创业教育条件，满足高校旅游创新创业教育的学习环境需求，这对激发学生内在旅游创新创业学习主动性极为重要。第二，评价体系要跟踪创新创业教育与专业课程体系的联系程度，在教学计划、课程安排、教学内容、教学方法等方面，二者的融合能够以日常学习生活开始，对学生产生潜移默化的影响，避免一味追求创新创业的高深理论，消除学生对创新创业的担心、误解，进而从专业知识、创业知识、法律、心理、创业技能等方面给予学生全方位、立体式的关注。第三，评价体系要围绕高校特色旅游创新创业教育规划，利用高校学生会、报纸、论坛、广播等多种途径，积极宣传，营造良好的校园创业文化环境，形成尊重人才、尊重创新、尊重创业、宽容失败的良好氛围，推动旅游创新创业理念的传播，激发学生的创新意识和创业热情。

（三）围绕创业精神培养机制，强化评价体系阶段性影响

创业精神培养是高校旅游创新创业教育的主要成果，也是旅游创新创业教育评价体系的重要因素。第一，围绕学生创业选择性、创业知识等方

面，培养他们对旅游市场机会的把握能力。创业过程中的创新思维是创业教育最重要的评价，反映的是学生即使未来不创业，也能够在自身职业生涯中不断进取、追求自我价值，这同样是旅游创新创业教育效果的体现。评价体系充分体现内容的定性分析，深入探究旅游创新创业教育在学生创新思维领域的培养情况。第二，潜在的旅游创新创业机会。这项评价指标反映了国家宏观政策和微观旅游创新创业人才之间的互动关系、高校学生所处的创业生态体系，政策衔接有效、快速落地，促进相关部门的政策形成整体性、系统性、协调性，诸如社会创业指导中心或者类似创业指导机构的数量、学生参加学校创业园学习之后真正实现创业的比例、学生能够获得学校提供的创业经费的覆盖率、学校和企业共同合作创建的创业实习基地已经接待学生的数量、学校在开展旅游创新创业教育过程中的创新成果转换为旅游市场技术的效率等，反映旅游创新创业教育的硬性环境条件，良好的创业环境容易造就更多的创业机会。深入影响学生的创业态度，强化创业人才的自尊，让学生实现由被动创业到主动创业转变，逐步推动高校旅游创新创业教育的良性发展。

（四）基于创业综合素质培养，理解评价主体变化性

高校旅游创新创业教育体系有别于社会旅游创新创业能力培训，其更加注重学生综合素质的培养，评价体系对学生综合素质的评价主要围绕以下几个方面。一是针对学生的身心素养和人文素养。学生在创业过程中的身心素养反映他们的创业把控能力，是旅游创新创业教育重点关注的内容。人文素养反映学生的价值观、人生观、世界观，是学生步入社会、实现创业的基础。评价体系要关注学生是否能正确认识自己、善于调节自己，针对评价反馈中的薄弱环节，开展各种心理疏导、挫折教育等，提升旅游创新创业教育效果。二是围绕学生的创业生涯规划。创业者不仅需要经验和资源，更需要规划。有规划的创业可以少走弯路。人格特征、能力、价值观、兴趣等因素，决定一个人是否适合创业及能否创业成功。评价体系要帮助高校旅游专业学生了解自己是否适合创业，是否具备创新创业应该具备的基本素养，是否有准确的创业定位、清晰的目标、合理的通道，引导

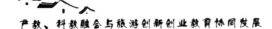
高校旅游专业学生在创业生涯规划的既定轨道上有序前进。三是协助梳理创新创业教育和专业教育的关系。完成基础专业教育是高校教育的首要任务，专业和创新创业要相互统一。评价体系必须兼顾学生在专业教育中的成绩。做好引导教育工作，完成理论联系实际的重要环节。四是关注真正的旅游创新创业行为。信息时代背景下，越来越多的人关注淘宝、微商、电商等，而这些仅属于重复性的劳动层面，其中获得的更多是经济效益，而非真正的创新创业。评价体系要针对此种背景，关注学生是否开展实实在在的旅游创新创业活动，了解学生能否将自身具备的专业知识与创新创业相结合，实现推陈出新。

旅游创新创业教育是高校旅游人才培养的重要途径，是完成"大众创业、万众创新"的关键环节，评价体系则是旅游创新创业教育发展的动力引擎。评价体系要全面、客观、准确地完成对学生旅游创新创业各相关因素的采集和分析，围绕学生创业意识、创业精神、创业能力等方面展开全方位、立体化评测，从而强化针对性培养，提升高校旅游创新创业教育的效果。

第二节　建设内容

一　评价主体

旅游创新创业教育对旅游产业和旅游行业发展都是至关重要的。通过旅游创新创业教育的开展，能够提升国家和区域旅游产业经济活力，促进旅游创新创业型人才培养，提升区域竞争力和产业竞争力。因此，在产教、科教融合与旅游创新创业教育协同发展机制的构建过程中，评价机制必须涵盖多元的评价主体，拥有多维的评价视角，设置科学的评价指标。

产教、科教融合与旅游创新创业教育协同发展是一项庞大的系统工程，这个系统的运行受到多方面因素的影响，其复杂性决定了高校产教、科教融合与旅游创新创业教育协同发展的评价主体必须是多元的，评价主体主要包括政府、社会、学校、行业和企业。

（一）政府评价

政府是高等学校最主要的投资主体和行政领导，政府对高校的创新创业教育经费投入、政策扶持都直接影响着旅游创新创业教育的发展。因此，在引导实施高校创新创业教育过程中，政府提供的科学的、合理的、有吸引力的、能帮助高校创新创业教育发展的政策、资金投入等，是高校创新创业教育评价体系的指导要素。2020 年由中共中央、国务院印发的《深化新时代教育评价改革总体方案》已经成为引导和规范教育发展、改进高等学校评价、健全职业学校评价的重要力量。不同类型的高校有不同的发展定位，应当办出自身的特色与水平，发挥特色专业优势，强化人才培养的中心地位，改进高校评价体系。创新创业教育在当前的评价指标体系中并未得到充分彰显，将创新创业教育作为自己的特色项目来接受评估的高校极为少见。对代表高等教育改革方向之一的创新创业教育，政府应采取不同的方式进行评价。[①]

（二）社会评价

社会评价一般是由政府之外的社会组织和社会舆论来承担。社会评价侧重于高校创新创业教育的外显状态，对高校的办学理念、教育方式方法等前期准备与过程性积累关注较少，而是更加关注育人成效。社会评价侧重于评价学生开展旅游创新创业的成效，将高校进行创新创业教育以来的毕业生的总体情况作为评价参考。

高校旅游创新创业教育需要社会的引导和支持。社会对高校旅游创新创业教育的评价主要从企业认可度和社会认可度两个方面进行，可以通过对毕业生进行跟踪调查，对用人单位进行走访调研和问卷调查等，整合多方资料，做出综合评价。企业认可度主要体现在用人单位对学生专业素养、工作能力、创新能力、团队精神、技术贡献等方面的考核与评价。社会认可度主要是学生在社会中的行为体现，如家庭关于学校对子女的创新创业教育满意与否，学生在社会上的职业道德体现、服务社会水平等是否得到社会认可等。

[①]　李喆：《地方高校创新创业教育研究》，山东人民出版社，2020，第 39 页。

（三）学校评价

高校是旅游创新创业教育实施的主体和主要力量，也是开展旅游创新创业教育的主要单位和场所。学校评价是高校创新创业教育的自我评价，其中对旅游创新创业教育实施过程的评价最为关键。

学校层面的评价，主要考核旅游创新创业教育的重视程度、具体做法及创新创业教育效果，从这些要素进行指标细化分析，对旅游高校创新创业教育评价体系建设起到了关键作用。

学校评价是学校的职能部门、教师和学生共同参与的活动，他们既是评价的主体，又是评价的客体。评价的主体和客体合二为一，实际也是内部性自我评价，具有主观性特征。当两者分离时，就是一种外部性客观评价。两者的功用相互补充，内部性自我评价起到的是反省、自律与自强的作用，而外部性客观评价起到的是规范、认可与激励的作用。评价的方式可以是随机的，也可以是定期的，评价的方法更是具有多样性的特征，因评价的主体、客体、目的的不同而转变。

改革考核评价制度，将旅游创新创业成果与教师评聘、绩效考核挂钩，激励教师主动学习创新创业教育理念，提升旅游创新创业教学能力，实现学校旅游创新创业教育工作和教师个人职业发展同向前进。

（四）行业评价

在产教、科教融合与旅游创新创业教育协同发展机制构建过程中，旅游行业组织承担了调查研究、组织协调、决策咨询、制度建设、监督评价等多重服务职能，发挥整合行业资源、服务产教融合的重要作用。构建产教、科教融合与旅游创新创业教育协同发展评价机制，重在引导行业组织充分发挥资源整合价值。①

第一，促进旅游创新创业过程中产教、科教融合的治理资源整合。产教、科教融合的治理资源是各相关参与主体可用于治理工作的所有资源要素。旅游创新创业教育与产教、科教融合的治理资源整合，涉及各相关参与主体的行为调适、管理创新与制度改革，是政府、学校、行业、企业协

---

① 李婷、徐乐乐：《职业教育产教融合质量评价体系构建研究》，《教育与职业》2022 年第 4 期。

同联动的集中体现，也是旅游行业组织发挥作用的主渠道。治理资源整合的程度和层次直接影响校企合作关系的维系和稳定，影响产科教融合的深度和成效，在产教、科教融合各项工作中居于关键地位。构建旅游创新创业教育产教、科教融合质量评价体系，能够对产教、科教融合治理资源整合的成效和水平进行系统考察，反映产教、科教融合各方主体协同效应的实际情况，为下一阶段提升产教、科教融合治理资源的利用效率指明方向。

第二，促进旅游创新创业教育与产教、科教协同发展的教育资源整合。教育资源是影响高素质技术技能人才培养质量的关键性因素。旅游行业组织作为旅游创新创业教育产教、科教融合的协调者和推动者，促进校企之间教育资源的整合是其主要任务。构建产教、科教融合与旅游创新创业教育协同发展质量评价体系，对旅游创新型人才培养质量进行监督评价，能够充分发挥行业组织的职能，有效促进教育资源整合。

（五）企业评价

在产教、科教融合与旅游创新创业教育协同发展的过程中，企业也属于核心参与主体。在产教、科教融合过程中，企业帮助高校旅游人才健全实践教学体系，建设实习实训基地，接纳教师挂职锻炼、学生顶岗实习，参与高校旅游人才培养方案制定、教材编制、日常教学、专业教研等育人工作，对产教、科教融合的整体推进发挥根本性的支撑作用。对企业而言，构建产教、科教融合质量评价体系的主要价值在于保障高素质旅游创新创业型人才供给。

第一，保障旅游创新创业教育与产教、科教融合人才供给的能力素质结构。知识结构优化、能力结构完备是高素质人才的必备条件。在产教、科教融合与旅游创新创业教育协同发展中，旅游企业尽管能够在很大程度上参与高校旅游人才培养全过程，尤其是帮助高校组织实施实践教学，但企业不是教育机构，高校人才培养质量根本上还是取决于高校自身的教学规划与教学实施水平。从企业的立场和视角来看，产教、科教融合与旅游创新创业教育协同发展的成效和质量如何，主要的衡量标准是校企双元育人模式下所培养的旅游创新创业型人才在能力素质结构方面是否足够合理、

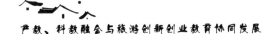
是否已经拥有成为一名旅游企业优质人才的坚实专业能力基础。因此，构建产教、科教融合与旅游创新创业教育协同发展机制的评价体系，应将保障旅游专业学生的创新创业型能力结构作为重要的指标方向。

第二，保障旅游创新创业教育与产教、科教融合其他人才供给的综合职业素质。基于旅游企业的行业属性和特征，旅游企业与产业融合发展互动较为密切，旅游创新创业型人才不仅需要具备扎实的专业知识、娴熟的实践技能，也要具备解决复杂问题的能力和较强的创新能力，还要具备对新生事物较快的学习能力、良好的环境适应能力、团队协作能力与纪律意识。旅游企业所需要的高素质技术技能人才是具有较高职业素质的复合型人才。旅游企业参与旅游创新创业人才的教育培养，内在动因就是降低企业在旅游创新型人才招聘和培养环节的成本，提高企业创新发展的内生动力，增强企业的市场竞争力。从企业的利益诉求来审视产科教融合的成效和质量，主要看产科教融合模式下旅游创新创业型人才供给的综合职业素养是否达到旅游企业生产和服务的岗位用人需求，是否能为企业带来长期的人力资源价值。对此，构建产教、科教融合与旅游创新创业教育协同发展的评价体系，需要将旅游创新创业教育与产教、科教融合人才供给的综合职业素质作为重要的价值维度。

二　评价内容

产教、科教融合与旅游创新创业教育协同发展的过程中，旅游创新创业教育评价要结合教育过程和绩效结果，对旅游创新创业教学课程开展、旅游创新创业教学师资队伍建设、旅游创新创业教学运行情况、旅游创新创业教育教学实践和旅游创新创业就业实效等方面，进行全方位的评价与指导。评价时注重产教融合、科教融合情况，注重指导教师创业知识传授和课题研究，注重大学生创业成功率和创业收益，也要注重基于本专业技能与本领域产业经济发展融合的创新创业理论与实践探索。[①]

---

① 刘振中：《高校创新创业教育与专业教育的深度融合——基于 L 学院旅游管理专业的思考》，《教育理论与实践》2018 年第 33 期。

（一）课程评价

产教、科教融合共建旅游创新创业课程，是产业、学校形成育人合力的重要方面。产教、科教融合与旅游创新创业教育协同发展评价体系的课程评价指标主要包括：产教融合校企共建的旅游创新创业课程数量；旅游创新创业课程设计体系、旅游创新创业课程开发队伍是否实现产教融合、科教融合；创新创业是否被纳入高校旅游人才培养方案；课程体系中是否包含旅游创新创业教育课程；学校是否开设创新创业教育核心课程；旅游类院系是否围绕产业、行业与经济发展需要在旅游专业教育中融入创新创业课程，是否开设多样化的创新创业课程，是否依托区域旅游产业、企业为学生提供创业实践课程；学校是否支持教师开发旅游创新创业课程，是否将产教、科教融合的创新、创造与创新创业教育融合起来，是否开展旅游专业的课程教育和实践教育，是否对创新创业实践进行全程指导与评价；等等。

（二）师资评价

产教、科教融合与旅游创新创业教育协同发展的师资评价体系，围绕教学师资和教学模式两个方面设计如下指标：企业是否派出有能力的技术或者管理人员加入学校的旅游创新创业教育师资团队当中，高校是否有专业化的旅游创新创业教育的师资团队和科研团队，旅游创新创业课程主讲教师是否接受过专业的创新创业教育培训，旅游创新创业课程主讲教师是否有产业实践经历，旅游创新创业课程主讲教师是否具有开展旅游创新创业的背景，创新创业课堂是否聘请有实践经验的旅游创业人士，教学中是否合理、恰当地使用参与式、探究式、案例式、讨论式教学方法，专业教师在授课过程中是否体现创新创业思想与内容，教师是不是"双师型"教师，等等。

（三）运行评价

产教、科教融合与旅游创新创业教育协同发展的运行评价指标体系，旨在了解高校创新创业教育的运行情况，其指标具体包括：高校是否通过制定相应的政策支持体系支持产教、科教融合与旅游创新创业教育协同发

展，高校是否有专设的由社会各界多方参与的旅游创新创业教育管理机构，高校是否实现校企常态化、制度化对接[1]，院系是否与产业或企业合作制定旅游创新创业教育课程计划和实施方案，学校是否允许跨院系选修创新创业课程，学校是否举办针对产业经济发展和区域经济发展的旅游创新创业计划大赛，学校是否资助学生开展旅游创新创业社团组织活动，学校是否建立校企创新创业联盟，学校是否吸引企业家资助高校创新创业活动，学校是否把提升对旅游产业发展、区域经济社会发展的贡献度作为考察旅游创新创业教育的重要指标，等等。

（四）实践评价

产教、科教融合与旅游创新创业教育协同发展的实践评价指标体系，旨在考察学生接受旅游创新创业课程教育后所开展的旅游创新创业实习实践、旅游创业扶持以及旅游创业辅导等活动情况。具体指标包括：产教融合过程中是否提倡校企共同开展实践性教学，接受旅游创业教育的学生是否有机会到企业开展实习实践，学校是否有产科教融合的旅游创业教育实习（或实践）基地，学校与旅游企业孵化器是否有联系，学校是否有旅游创新创业基金支持学生创业，学校是否提供旅游创新创业活动的辅导，学校是否提供旅游创新创业政策的咨询服务，等等。

（五）成果评价

产教、科教融合与旅游创新创业教育协同发展的成果评价指标体系涵盖以下内容。学生综合素质评价指标包括学生的创新创业意识、研究能力、创新成果、参加旅游创业教育实践活动的情况等，就业成效评价指标包括在校学生自主创业比例、创业效果、优秀创业校友的数量、创业成功率、科技园孵化企业累计数量、创业孵化器和高校创业园的数量等，社会反馈评价指标包括高校学生在各个级别的大学生创业计划大赛的获奖数量等[2]，

---

① 王慧霞：《基于 CIPP 模式的高职院校产教融合评价指标体系建构研究》，硕士学位论文，广东技术师范大学，2022。
② 赵静、田欢：《基于 CIPP 理论的高职院校创新创业教育评价体系研究》，《兰州职业技术学院学报》2022 年第 4 期。

科研成果评价指标包括科研成果的数量、科研成果的质量、科研成果被社会各界的采纳数量、科研成果的转化情况等。

三 评价方法

（一）"四位一体"评价体系模型

产教、科教融合与旅游创新创业教育协同发展的评价体系必须针对高校旅游人才培养目标，坚持科学发展观，围绕学生全面发展，对高校旅游创新创业教育进行科学规范、客观公正的评价和考核。它是包含多种因素的系统工程，是促进高校开展旅游创新创业教育取得成效的必备因素。根据高校旅游创新创业教育有关因素，本节从政府层面、学校层面、学生层面、社会层面选取14个评价指标进行评价体系构建。政府层面包括对高校旅游创新创业教育的政策扶持、经费投入等；学校层面包括办学理念、师资队伍、课程体系、校园文化、平台建设等；学生层面包括创新意识、创业能力、创新成果、实践活动、创业率等；社会层面包括企业认可、社会认可等。在高校旅游创新创业教育评价体系中，政府层面起指导作用，学校层面起关键作用，学生层面起核心作用，社会层面起引导作用。四个层面之间紧密相连，对高校旅游创新创业教育评价体系构建具有重要的科学意义。

1. 政府层面对评价体系起指导作用

政府作为高校的领导者，其对高校旅游创新创业教育的政策扶持、经费投入等直接影响旅游创新创业教育的发展。为此，政府在引导高校旅游创新创业教育的过程中，科学的、有吸引力的、能帮助高校旅游创新创业教育发展的政策、资金投入等是高校旅游创新创业教育评价体系的指导要素。

2. 学校层面对评价体系起关键作用

学校评价是旅游创新创业教育的自我评价，主要表现在以下几个方面。第一，高校办学理念。高校旅游学院对学生创新创业教育的定位、重视程度直接影响旅游创新创业教育的发展效果，高校旅游创新创业教育的相关制度建设、政策支持、领导重视是旅游创新创业教育实施的重要保障，制度的执行情况是旅游创新创业教育的重要评价指标。第二，高校师资队伍建设。高校对旅游创新创业教育的师资队伍建设投入是评价体系的重要考核内容。学校创新创业教育的师资配备，主要看有旅游创新创业经验的师资比例、从事过技术工作及企业管理的师资比例、专业创新创业教师的师资比例、学历结构的师资比例、职称结构的师资比例、研究成果转化为经济效益的师资比例、发明专利得到利用的师资比例等。第三，课程体系。高校旅游创新创业教育课程体系是旅游创新创业教育的理论基础，主要看旅游创新创业教育的理论课教学效果、实践课教学效果、专业基础课教学效果、专业核心课教学效果、接受旅游创新创业教育的学生覆盖率等，课程体系的建设是高校旅游创新创业教育评价体系的重要内容。第四，校园文化。高校旅游创新创业教育文化氛围是评价体系的重点考核对象，主要考核旅游学院创新创业社团建设情况、创新创业活动开展情况、创新创业的科研情况、学生参与创新创业的激情、校企合作的旅游创新创业教育情况等，建立旅游创新创业文化是培育旅游创新创业人才的关键。第五，平台建设。高校旅游创新创业教育平台建设主要指促进学生旅游创新创业教育的载体，或者看旅游创新创业教育的实践条件，考核内容主要有旅游创新创业的规章制度、旅游创新创业社团建设数量、创业大赛开展数量、创新活动开展次数、企业合作数量、创业中心数量、旅游创新创业活动的经费覆盖面、学生参加创新创业社团的比例、专业社团建设数量、孵化器及配套服务的使用率等。学校层面的考核评价指标，主要考核对旅游创新创业教育的重视程度、具体做法及旅游创新创业教育效果。从主观要素分析，其对高校旅游创新创业教育评价体系建设起着关键作用。

3. 学生层面对评价体系起核心作用

高校旅游创新创业教育的主要目的是培养创新创业型学生，主要体现在以下几个方面。第一，创新意识。其主要是通过旅游创新创业教育教学体现，考核学生学习方法创新、做事方法创新、自我管理创新、开展活动的构思创新等方面。第二，创业能力。这是评价体系的最核心要素，主要考核学生是否具备创办企业中的岗位必备能力、接受和理解与所办企业经营方向有关的新技术能力、知识掌握和法律法规运用的实际能力、捕捉市场能力、专业技术应用能力等。第三，创新成果。学生创新成果考核指标主要是其学习专业的体现，有专业科研成果数量、专业发明专利数量、产品创新数量、商业模式创新效果、管理创新效果、新技术创新情况等。第四，实践活动。主要指学生参与创新创业的有关活动，如学生参与旅游创新创业课程教学的次数、参与创新创业的讲座次数、参与创新创业的有关竞赛活动次数、参与社团建设的人数、参与旅游企业活动的人数、参与创业园内的活动次数等。第五，创业率。主要是考核自学校进行旅游创新创业教育以来，在校生和毕业生的创业数量，更专业的考核是看创业项目和专业融合度，以及创业者的创业规模、社会效益等。

4. 社会层面对评价体系起引导作用

社会评价一般是政府之外的组织和社会大众的观点评价，社会评价更多地倾向高校旅游创新创业教育的外在状态，它不但以学生旅游创新创业成效作为指标进行评价，而且更多是以高校进行旅游创新创业教育以来的毕业生的总体评价为参考。如企业对高校的评价是根据旅游专业毕业生的综合素养，家长对其子女的就业岗位及薪酬进行评价。高校旅游创新创业教育不能局限于政府、学校、学生，更重要的是要靠社会的引导。社会对高校旅游创新创业教育的评价主要从企业认可度和社会认可度两方面进行，通过对毕业生进行跟踪调查、对用人单位进行走访调研和问卷调查等，多方收集资料，做出综合评价。企业认可度主要体现在用人单位对学生的工作责任、团队精神、技术成就等方面的考核，创新能力高低由用人单位进行评价。社会认可度主要是学生在社会中的行为体现，如家庭关于学校对子女的旅游创新创业教育满意与否，学生在社会上的职业道德体现、服务社会水平等是否得到社会认可等。

总之，构建高校"四位一体"旅游创新创业教育评价体系模型，是复杂的系统工程。在国家提倡"大众创业、万众创新"的今天，高校建立"四位一体"旅游创新创业教育评价体系模型，对促进高校旅游创新创业教

育、培养旅游创新创业型人才及促进社会发展具有重要作用。

（二）AHP 法模糊综合评价模型

层次分析法（AHP 法）是应用较广的决策分析方法，其核心思想是将待决策的问题分解为不同的层次结构，构建判断矩阵求解特征向量，由此确定各层次结构中各个要素的权重，并将其进行加权，依据权重值的大小来选择最优的解决方案。层次分析法可以有效地深入剖析复杂决策问题的根源及其本质的内在联系，甚至探究其影响因素，与此同时，也能采用简便的方法及途径解决问题，由此可见层次分析法在解决问题时特有的优势。[①]

1. 指标体系构建基础

旅游创新创业教育是一项复杂的系统工程。按照系统的观点，本节从环境、投入、产出三个方面分析高校旅游创新创业教育活动。高校进行旅游创新创业教育活动，是依据国家相关部门关于创新创业的政策，在各级创新平台下，投入人力（师资力量）和财力（相关经费），组织课程教学活动，开展旅游创新创业教育，最终其教育效果体现在旅游创新创业产出上。因此，高校旅游创新创业教育效果的影响因素包含旅游创新创业环境、旅游创新创业教育投入和旅游创新创业教育产出三个方面，这也成为构建高校旅游创新创业教育效果评价指标体系的理论基础。[②]

（1）旅游创新创业环境

创新创业环境作为旅游创新创业形成的依托，能够为培植"大众创业、万众创新"提供必要的土壤。没有创业环境，诸多旅游创新创业活动将无法开展，因而，它是高校旅游创新创业教育效果的重要影响因素。高校旅游创新创业环境主要体现在创业平台和创业氛围两个方面。其中，创业平台是高校为实施和指导旅游创新创业活动创办的相关机构，它直接影响旅

① 冯霞、侯士兵：《双创视角下高校创业教育评价指标体系再探》，《学校党建与思想教育》2020 年第 8 期。

② 陈亮、任民：《论高职院校"四位一体"创新创业教育评价体系》，《教育与职业》2019 年第 14 期。

游创新创业教育活动效果。创业氛围能够体现高校的旅游创新创业意识及学生的创业热情，能间接体现高校旅游创新创业教育的效果。

（2）旅游创新创业教育投入

旅游创新创业教育活动的有序开展离不开创新创业教育各类资源的投入。高校旅游创新创业教育投入能够直接体现高校对旅游创新创业教育的重视程度，也是高校旅游创新创业教育效果的重要影响因素。高校旅游创新创业教育投入表现为师资建设、课程建设和经费投入三个方面。其中，师资是学生进行旅游创新创业活动的重要引导者，师资建设在一定程度上影响旅游创新创业活动的成败。课程建设是高校旅游创新创业教育活动的落实环节，对学生旅游创新创业知识的学习有重要影响，课程建设间接影响高校旅游创新创业教育效果。此外，各种旅游创新创业活动离不开经费的支持，充足的经费投入也是创新创业教育活动顺利开展的物质保障。因此，经费投入情况体现了旅游创新创业教育效果。

（3）旅游创新创业教育产出

在各类创业平台的环境下，高校投入各类资源开展旅游创新创业教育，其教育效果最终体现在产出上。高水平的旅游创新创业教育产出反过来又能激发学生的创业积极性，促使高校旅游创新创业教育效果进一步改善。因此，旅游创新创业教育产出也是高校旅游创新创业教育效果的关键影响因素。旅游创新创业教育的最终目标是为建设创新型国家提供源源不断的实用型人才，应以高校学生的视角从学生评价、学生成绩和实践成果三个方面来衡量旅游创新创业教育的产出水平。[①] 这主要是由于学生是旅游创新创业教育的接受者，学生评价以及掌握的知识水平都能够直接体现旅游创新创业教育的效果。此外，旅游创新创业教育的目标是创业实践，所以，创业实践也能直接衡量旅游创新创业教育的效果。

2. 指标体系构建

本节以旅游创新创业理论与实践结合为基础，突出旅游创新创业能力

---

① 李旭辉、胡笑梅、汪鑫：《高校创新创业教育效果评价体系研究——基于群组 G1 法的分析》，《教育发展研究》2016 年第 21 期。

与成果导向，构建旅游创新创业环境、旅游创新创业教育投入、旅游创新创业教育产出 3 个准则层、8 个一级指标和 20 个二级指标的高校旅游创新创业教育评价指标体系（见表 8-1）。

表 8-1　高校旅游创新创业教育评价指标体系

	准则层	一级指标	二级指标
高校旅游创新创业教育	旅游创新创业环境 A1	创业平台 B1	创业基地数 C1
			创业指导机构数 C2
		创业氛围 B2	校企合作项目数 C3
			企业家专题演讲数 C4
			创业比赛举办次数 C5
	旅游创新创业教育投入 A2	师资建设 B3	创业实践经历教师数 C6
			外聘创业导师数 C7
			学科交叉背景教师数 C8
		课程建设 B4	创新创业课程开设数 C9
			创业实践课时数 C10
			跨学科课程开设率 C11
		经费投入 B5	创业经费投入总额 C12
			创业经费投入周期 C13
			创业经费覆盖率 C14
	旅游创新创业教育产出 A3	学生评价 B6	课堂出勤率 C15
			课程满意度 C16
		学生成绩 B7	专业知识考核成绩 C17
			创业知识考核成绩 C18
		实践成果 B8	年度创业率 C19
			创新创业成果 C20

　　资料来源：李旭辉、胡笑梅、汪鑫《高校创新创业教育效果评价体系研究——基于群组 G1 法的分析》，《教育发展研究》2016 年第 21 期。

　　（1）旅游创新创业环境准则层

　　该准则层包含 2 个一级指标，分别是创业平台和创业氛围。其中创业平台采用创业基地数和创业指导机构数 2 个二级指标来衡量。创业基地数主要是指高校专门成立的创业孵化基地、创业孵化园的数目；创业指导机构数是指为旅游创新创业活动提供咨询、指导等服务的机构数。创业氛围采用3个二级指标来衡量，包括校企合作项目数、企业家专题演讲数和创业比赛举办次数。其中，校企合作项目数是指与企业合作的旅游创新创业项目数；企业家专题演讲数是指聘请具有成功创业经历的企业家发表相关演讲的次数；创业比赛举办次数是指学校举办的旅游创新创业相关的比赛次数，该指标可以较好地反映高校的旅游创新创业氛围。

（2）旅游创新创业教育投入准则层

该准则层包括3个一级指标，即师资建设、课程建设和经费投入。其中，师资建设采用3个二级指标，即创业实践经历教师数、外聘创业导师数、学科交叉背景教师数来衡量。创业实践经历教师是指具有旅游创新创业经历的老师，他们具有更为丰富的经验，指导旅游创新创业更具实践性和针对性；外聘创业导师主要是指聘请校外的企业管理者、专家或顾问；学科交叉背景教师数是指具有心理学、管理学、经济学、教育学等多个相关专业背景的教师人数。课程建设包括3个二级指标，分别是创新创业课程开设数、创业实践课时数和跨学科课程开设率。创新创业课程开设数主要反映了创业类课程在总课程类别中的比例；创业实践课时数是指开设的模拟创业、公司运营、市场调研等实践课程的课时数；跨学科课程开设率是指创业相关的财务、法律等课程的开设率。经费投入采用3个二级指标来衡量，分别是创业经费投入总额、创业经费投入周期和创业经费覆盖率。其中，创业经费投入总额是指高校为开展旅游创新创业教育课程以及扶持学生创业活动而投入的经费总数；创业经费投入周期是指高校提供资金帮助学生的创业项目发展与成长的动态轨迹，包括发展、成长、成熟、衰退四个阶段；创业经费覆盖率是指获得创业扶持经费的学生占创业学生总数的比例。

（3）旅游创新创业教育产出准则层

该准则层下设3个一级指标，分别是学生评价、学生成绩和实践成果。其中，学生评价下设课堂出勤率和课程满意度2个二级指标。课堂出勤率反

映的是学生出勤旅游创新创业相关课程的情况；课程满意度是学生对相关课程教学情况的评估。学生成绩包含 2 个二级指标，即专业知识考核成绩和创业知识考核成绩。专业知识考核是对学生本专业学习情况的考核，创业知识考核是对创业实践课程的考核，两者都取平均成绩。实践成果采用 2 个二级指标衡量，分别是年度创业率和创新创业成果。年度创业率是指旅游专业毕业生创业人数占毕业生总人数的比例，创新创业成果是指学生参加各类创新创业比赛的获奖数。

对高校旅游创新创业教育状况进行综合评价时，我们可以根据该部分构建的指标体系逐一收集数据，按照评价等级得出评价指标的评价结果，将评价结果与权重相乘并求和得到综合评价的量化结果。该评价结果可以较全面、客观、准确地描述高校旅游创新创业教育的整体状况，便于不同高校和机构间差异性的比较，也为政府或教育主管部门进行决策提供信息参考。

（三）CIPP 评价体系模型

1. CIPP 评价模型

CIPP 评价模型也称决策导向或改良导向评价模型，是美国教育评价家斯塔弗尔比姆倡导的课程评价模型。它认为评价就是为管理者做决策提供信息服务的过程，包括背景评价、输入评价、过程评价、结果评价。[1] 这种模型应能提供整体的、全面的信息，以帮助方案目标的确定、研究计划的修订、方案的实施以及方案实施结果的考核。

背景评价就是在特定的环境下评定其需要、问题、资源和机会，需要包括为实现目的所必需的事物，问题是指在满足需求时需要克服的困难，资源是指可以得到的服务，机会是解决相关问题的时机。输入评价是在背景评价的基础上，对达到目标所需的条件、资源以及各备选方案的相对优点所做的评价，其实质是对方案的可行性和效用性进行评价，对备选方案进行论证和评价。过程评价是对方案实施过程做连续不断的监督、检查和反馈，发现问题并根据获得的信息及时调整或改进工作。结果评价是对目

---

① 蒋国勇：《基于 CIPP 的高等教育评价的理论与实践》，《中国高教研究》2007 年第 8 期。

标达成程度所做的评价，包括测量、判断、解释方案的成就，确证人们的需要被满足的程度等。① 这四种类型的评价目的、方法与功效各不相同。CIPP 评价模型具有以下四个特点。

①以决策为导向。斯塔弗尔比姆认为，教育评价不应限于确定目标的达成，而应是为教育决策提供有用信息的过程。从这一评价模型与教育决策可以看出，教育评价不是以教学目标为导向，而是以教育决策为导向，为决策者改进教学服务。

②重视改进功能。斯塔弗尔比姆认为，评价最重要的意图不是证明，而是改进。② CIPP 评价模型正是建立在这种观点之上，强调教育评价的形成性功能，符合教育改革和发展对教育评价提出的要求，也是对教育评价认识深化的结果。

③多种评价有机结合。CIPP 评价模型在重视形成性评价的基础上，同时提出了诊断性评价和终结性评价，将两种评价综合体现在四类评价之中，突出了评价的发展性功能，对教学全过程进行评价，提高了人们对评价活动的认可程度。

④实施灵活。在运用 CIPP 评价模型时，评价者可根据需要采用不同的评价策略，既可以在方案实施前使用各种评价，也可以在方案实施中使用，还可以在方案结束后使用；可以是一种评价，也可以多种评价相结合，是一种非常灵活的模式。

2. CIPP 评价体系构建

CIPP 评价模型强调决策导向、过程导向和改进导向，是一种适合管理者的教育评价模型，同时 CIPP 评价模型的多种评价和重视改进等特点有效地解决了旅游创新创业教育的多样性、多变性等问题。③ 因此，CIPP 评价模型很好地适切于对高校旅游创新创业教育的评价。按照 CIPP 评价模型中的

---

① 董颖、郑友取、李俊：《高校创业教育 CIPP 评价模型体系构建及实证研究》，《中国软科学》2017 年第 1 期。

② 李甜甜、王颖：《C9 高校创新创业教育评价研究》，《高教学刊》2018 年第 8 期。

③ 葛莉、刘则渊：《基于 CIPP 的高校创业教育能力评价指标体系研究》，《东北大学学报》（社会科学版）2014 年第 4 期。

背景评价、输入评价、过程评价和结果评价，结合旅游创新创业教育的特点，本节选取了 4 个一级评价指标、12 个二级评价指标、35 个三级评价指标构建模型，为高校旅游创新创业教育质量不断提升提供量化标准。

（1）基于背景评价的旅游创新创业教育环境评价体系构建

背景评价的重点在于评价旅游学院及其专业的创新创业环境，包括创新创业实施的背景、创新创业已有的基础、创新创业发展的方向，判断现有的旅游创新创业人才培养目标是否符合发展实际。背景评价的核心是为旅游创新创业教育做好顶层设计，利用现有的数据和反馈设定好旅游创新创业教育目标，指导旅游创新创业教育工作方向。因此背景评价的重点集中在旅游人才定位、旅游创业环境和旅游技术背景三个方面。

旅游人才定位是指旅游专业人才培养定位，尤其是针对旅游创新型人才培养的顶层设计。高校旅游创新创业教育工作的重点在于人才培养，旅游创新创业教育的核心是将创新创业融入旅游人才培养的全过程，因此专业人才培养的定位决定了旅游创新创业教育的水平。旅游人才培养的定位主要体现在两方面。一方面是专业人才定位与国家需求的契合度，尤其是专业人才培养要面向国家紧缺领域和国家战略发展需要，这是高校人才培养的根本，也决定了国家政策对该专业创新创业的支持力度，该方面由同行专家进行评定；另一方面是专业人才定位与产业发展的适应度，关注专业是否以产业导向培养人才，决定了专业的创新创业成果是否有市场前景，该方面由产业专家和用人单位进行评定。

旅游创业环境是指旅游学院及其专业在创新创业方面的整体背景和氛围，由于高校内部旅游学院各专业特色存在差异，各个专业的社会需求、创业氛围和创业难度都存在不同，不能按照学校所在区域和学校学科特色简单地对各专业创业环境进行统一判断。为了方便判断旅游创业环境，避免统计数据冗余，减少旅游学院的工作量，可以利用该专业学生和教师的创新创业人数来整体判断旅游创业环境。教师数据需要统计学校离岗和兼职的创新创业教师数据，可以反映社会对该专业科研成果的需求和支持力度；学生数据需要统计毕业生创业人数，包括直接创业的毕业生和在初创企业担任核心职位的毕业生，可以反映以前旅游创新创业教育的实施效果，以及毕业生的旅游创业环境。

旅游技术背景是指旅游专业在创业基础和科研成果转化方面积累的技术。高校旅游创新创业教育的核心在于创新，提倡基于旅游技术创新的创业，因此旅游技术创新的成果决定了高校旅游创业的前景。在旅游技术背景方面主要关注三个方面的数据：一是学院专利的申请数量，尤其是发明专利的申请数量，反映了该学院和专业科技创新的活力；二是学院专利的授权数量，尤其是发明专利的授权数量，反映了该学院和专业科技创新的能力；三是学院科技成果的转化交易数量，反映了该学院和专业科研成果转化的整体情况。

（2）基于输入评价的旅游创新创业教育资源评价体系构建

输入评价的重点是对旅游创新创业教育资源配置和资源投入的评价，包括人、财、物、地等全方位资源。输入评价的核心是为旅游创新创业教育的开展做好条件保障，利用已有的资源支撑旅游创新创业教育工作的开展，主要包括旅游创新创业教育师资力量、经费投入和场地保障三个方面。

师资力量是指高校投入学生旅游创新创业教育中的教师数量。旅游创新创业教育不同于传统教育，既需要高校开展旅游创新创业理论方面的教学和专业技术的实践，也需要掌握产业的发展前景和市场需求，因此，旅游创新创业教育既需要校内专职导师的专业技术指导，也需要校外兼职导师的产业方向指导。旅游创新创业校内专职导师是从事为学生开设旅游创新创业课程、指导旅游创新创业项目、开展旅游创新创业报告等工作的教师，重点关注高级职称教师和高学历教师在其中的比重；旅游创新创业校外兼职导师包括企业界、产业界的投资人、企业家、校友、行业领军人物等，他们为学生提供旅游创新创业项目市场化指导，开展技术前沿知识讲座。

经费投入是指学院专门用于旅游创新创业教育的经费。高校旅游学院经费大多数来源于学校拨付，且拨付方式是按照学院的学生基数进行的，旅游学院相较于其他学院学生数量较少，评价旅游学院旅游创新创业教育

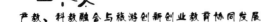

经费总量对旅游学院不太公平，因此，校内用于双创的经费投入主要考核用于双创的生均经费投入。除此之外，旅游创新创业涉及与政府、企业、众创空间的协同和合作，旅游学院可以依托自身学科和专业优势拓展外部资源，引入校外经费支持学生旅游创新创业，如政府的财政拨款、企业的孵化基金、社会的天使基金等，因此，校外引进投资经费总量也是经费投入的一个重要评价项目。

场地保障是指学院用于学生旅游创新创业教育的相关场地和设备支持。一方面是支持学生旅游科技创新和创意激发的校内双创实践平台，包括校内众创空间、创新实验室、企业联合实验室、创新创业中心和创新创业工程坊等；另一方面是支持学生旅游创业实践和成果转化的校外双创实践平台，包括校企共建校外基地、政府众创空间、异地研究院、企业科研平台等。

（3）基于过程评价的旅游创新创业教育实施评价体系构建

过程评价是对旅游创新创业教育实施过程进行评价，通过分析实施过程中的各项因素，对旅游创新创业教育进行全面评估和改进，并不断提高旅游创新创业教育质量。过程评价具有动态性、高效性和实时性等特点，是 CIPP 评价模型中最核心的环节。过程评价有利于决策者在第一时间发现问题并改进方案和实施细则，提高旅游创新创业教育质量。旅游创新创业教育过程评价主要包括旅游创新创业教学改革、培训活动和双创项目。

教学改革是指围绕提升旅游创新创业教育质量而做的教学改革工作。旅游创新创业教育的核心是人才培养，人才培养质量的提升需要根据教学内容、教学对象、教学载体和市场需求进行教学改革，旅游创新创业教学改革包括课程建设、学分认定、创业休学、课题研究和论文发表等方面。课程建设包括开设旅游创新创业课程数量和 MOOC 课程数量，旅游创新创业课程主要是为了促进专业教育与创新创业教育有机融合，包括研究方法、学科前沿、创业基础、创新创业指导等方面的课程；学分认定是建立旅游创新创业学分积累与转换制度，将学生开展创新实验、发表论文、获得专利和自主创业等情况折算成必修课或选修课学分；创业休学是实施弹性学制，放宽学生修业年限，鼓励学生保留学籍，休学创新创业；课题研究和论文发表是鼓励教师主要研究旅游创新创业教学方法和内容，提高旅游创新创业教育的研究水平。

　　培训活动是指围绕旅游创新创业教学、旅游创新创业项目指导和旅游创新创业氛围营造开展的师资培训和学生活动。师资培训作为提高旅游创新创业教师指导水平的重要渠道，在提升旅游创新创业教育质量中具有重要意义，主要关注两方面数据：一是学院举办旅游创新创业师资培训和研讨的次数，二是学院教师参加校内外旅游创新创业培训的次数。学生活动是学校提高学生旅游创新创业水平、营造创新创业氛围的重要举措，主要关注两方面数据：一是学院举办旅游创新创业活动和报告的次数，二是学生参加旅游创新创业活动和报告的次数。

　　双创项目是指学生主持或参与旅游创新创业项目实践，是衡量学生参加旅游创新创业实践活动的重要指标，反映了学生参与旅游创新创业项目实践的积极性。双创项目主要关注四方面数据：一是学院学生旅游创新创业项目数量，主要是学生的旅游创意项目；二是学生参加国家级大学生创新创业训练计划项目数量，主要是学生的旅游创新项目；三是学院学生报名参加中国国际"互联网＋"大学生创新创业大赛项目数量，主要是学生"待孵化"旅游创业项目；四是在校生注册创业公司数量，主要是学生"已孵化"旅游创业项目。

　　（4）基于成果评价的旅游创新创业教育绩效评价体系构建

　　结果评价是对旅游创新创业教育成果的总结性评价，通过汇总旅游创新创业教育取得的成果和不足，将其反馈到背景评价中并适当修正旅游创新创业教育的顶层设计，形成旅游创新创业教育质量的持续改进机制。结果评价作为 CIPP 评价模型中的最后一环，需要收集和结果有关的各种描述与判断，并与背景评价、输入评价和过程评价的信息联系起来，做出综合性的评价。旅游创新创业教育结果评价主要包括竞赛奖励、创业成效和评价反馈三个方面。

　　竞赛奖励是指学生在旅游学科竞赛中获得的奖励。学科竞赛的成绩为高校提高人才培养质量提供了服务性参考信息，更是检验高校旅游创新人

才培养质量的重要标准之一。作为学科竞赛中排名第一的中国国际"互联网+"大学生创新创业大赛已经成为覆盖全国所有高校、面向全体高校学生、影响最大的赛事活动之一，被纳入学校的各项考核指标中，此项大赛的国家级、省级和校级获奖得分被纳入旅游学院竞赛奖励考核。国家级大学生创新创业训练计划项目是改革人才培养模式、增强学生的创新能力和创业能力的重要举措，优秀结题项目数量是检验学院旅游创新人才培养的重要参考。除此之外，学生参加"挑战杯"全国大学生课外学术科技作品竞赛、ACM 国际大学生程序设计竞赛、全国大学生电子设计竞赛等科技活动获奖也被纳入考核指标。

创业成效是指从创业层面衡量学生旅游创新创业教育成效。高校旅游创新创业教育的核心是创新，刚毕业的旅游专业大学生在创业方面缺乏各方面的积累和资源，因此，本节将创业成效关注的时间点放到了毕业五年内。一是关注毕业五年内学生创业人数，直接了解毕业生在旅游创业方面的成效；二是关注毕业五年内学生创业方向与专业相关的企业数量，了解专业学习和创业之间的关联；三是关注毕业五年内学生加入初创企业的人数；四是关注毕业五年内学生旅游创业带动就业人数。

评价反馈是指在一轮旅游创新创业教育结束后从各方面收集的数据反馈。评价反馈主要关注两方面：一是毕业生和毕业五年内旅游创业学生的评价，从获得旅游创新创业知识能力和素质的角度评价旅游创新创业教育质量；二是用人单位和行业的专业评价，从国家战略、市场需求和学生利益相关者层面评价旅游创新创业教育质量。在收集评价的基础上将数据反馈到背景评价中，用于旅游创新创业教育顶层设计，形成旅游创新创业教育质量持续改进的闭环机制。

做好旅游创新创业教育质量评价是提高高校旅游人才培养质量和服务经济社会发展能力的重要抓手，也是新时代全面振兴旅游教育的关键做法。将 CIPP 评价模型引入旅游创新创业教育质量评价体系中，为高校构建了旅游创新业教育质量评价体系，重视数据的有效性和合理性，解决了评价方式较单一、评价结果少应用的问题，形成了旅游创新创业教育质量持续改进机制。下一步，为了提高旅游创新创业教育质量，我们应该重点对相关利益需求者进行评价，优化旅游创新创业过程管理和制度建设，引入更多校外资源服务于旅游创新创业教育。

第三节　实施路径

高校旅游创新创业教育是我国素质教育中至关重要的一部分，不断提升教育质量，也是缓解我国就业压力的重要举措。[①] 纵深推进"大众创业、万众创新"，是深入实施创新驱动发展战略的重要支撑，大学生作为最具活力的新生代主力军，提升其创新创业能力意义重大。在推动旅游创新创业教育的诸多实践中，旅游创新创业教育质量评价是深化高校旅游创新创业教育改革的必要一环。高校旅游创新创业教育评价体系的功能导向、关键环节、主要条件、对策措施，是对旅游创新创业教育质量的反馈，也是旅游创新创业教育质量提升的基本点。

一　功能导向

（一）指导与监督旅游创新创业教育的开展

在旅游创新创业教育评价体系构建的过程中，高校应明确评价目的，科学设置评价指标、标准与方案。当前，"大众创业、万众创新"已经上升到国家战略，高校旅游学院迎来了发展机遇，同时面临巨大挑战。部分高校在开展旅游创新创业教育过程中存在误区，实践活动流于形式，创业追求比较简单，忽略对学生旅游创新创业意识的培养。因此，高校在构建旅游创新创业教育评价体系时，要结合产教、科教融合的特点，改变以往的短浅眼光和错误思想，对高校旅游创新创业教育进行科学的评价和考核。

（二）加强评价主体之间的沟通与交流

高校应坚持把旅游创新创业教育贯穿旅游人才培养的全过程。在旅游

---

① 董蕾：《大学生创新创业教育质量内涵及评价指标体系研究》，《教育现代化》2018 年第 13 期。

创新创业教育评价体系构建的过程中，高校必须做好规划工作，对阶段性工作进行总结，收集并利用好反馈信息。因此，在开展旅游创新创业教育的过程中，各评价主体需积极沟通与交流。作为评价者，高校通过对评价内容的采集、分析、处理等，为评价对象提供有价值的资料，确保各项教育工作能够落到实处；评价对象根据评价结果，认识到自己在本阶段工作中取得的进步和存在的问题，促进自我认识、自我改进、自我提高。

二 关键环节

（一）树立正确的旅游创新创业教育理念

一是处理好创新教育与创业教育的关系。创新教育和创业教育是相互促进、相辅相成、辩证统一的关系。创新是创业的源泉，创新精神和思维是进行创业的基础，没有创新，创业很难成功；创业教育是实现创新教育的方式，是创新教育的深化拓展，正是通过创业，创新实现成果化。高校旅游学院在学生教育培养的过程中，要拿出得力的措施，促进创新教育与创业教育的深度融合。二是处理好理论知识与实践锻炼的关系。旅游创新创业教育既要给学生讲授理论知识，又要培养学生的实践能力。如果没有理论的支撑，实践就成了无源之水。实践锻炼是升华理论知识的方法，运用理论知识分析问题、解决问题，能够提高学生旅游创新创业能力和综合素质。高校旅游学院要重视理论知识的重要作用，引导学生将所学知识应用于实践，要将理论知识与实践锻炼有机结合，提高学生综合能力。三是处理好创新创业教育与专业教育的关系。创新创业教育能够促进旅游学院学生传统专业知识学习模式的改变，为专业知识的学习和应用注入新的活力。专业教育同时也能够作为创新创业教育的载体，提供相对专业的科学理论支撑。高校旅游学院要将两者融合，培养旅游创新型人才，而不是简单相加。要多层次、多方位地相互贯通，使学生具备多重素质和能力。四是处理好学生全面发展和个性发展的关系。二者既对立又统一，全面发展是素质教育和时代发展的要求，要促进学生在各个方面的发展；个性发展是指学生在全面发展的基础之上，有自身优势，有所特长。高校旅游学院既要培养学生的综合素质，又要助力学生的个性发展，遵循学生发展的规律和特点，把学生培养成为全面发展又有特长的旅游人才。

（二）明确旅游创新创业教育的培养目标

培养目标是衡量人才培养质量的根本依据，因此，构建旅游创新创业教育评价体系必须明确培养目标。主要目标包括 3 个层次：一是培养旅游学院学生的创新精神、创业意识，鼓励学生独立思考，勤于探索，不断创新；二是提升旅游学院学生的就业能力和创业能力，帮助他们实现顺利就业，具备旅游创新创业理论知识基础；三是培养旅游学院学生坚毅、果断的创新创业素养，提升学生旅游创新创业素质，使其终身受益。高校旅游创新创业教育应正确理解培养目标，准确把握目标导向，保障旅游创新创业教育的发展方向，以培养目标为依据，在师资队伍、课程设置、教学管理制度等各方面对标实施。

（三）开展旅游创新创业教育输入保障评价

旅游创新创业教育输入保障包含经费投入、师资队伍和课程设置。一是要评价旅游创新创业教育的经费投入。当前，高校旅游创新创业教育的经费主要来自财政拨款，资金来源单一，通过评价鼓励积极拓展教育经费渠道，发挥政府主导作用。增加资金投入，发挥社会参与作用，通过设立企事业单位大学生创业基金等形式，提供资金支持，发挥校友会的优势，多渠道筹集专门资金。二是通过评价建强师资队伍。通过评价体系的约束，促进专职旅游创新创业教育师资队伍建设，优化师资队伍结构，开展集体备课活动，定期开展教师培训，增强教师业务能力，安排教师到企业挂职锻炼，积累旅游创新创业实战经验，提高教学质量。三是通过评价完善教育课程体系。开设旅游创新创业基础理论课，完善课程体系，使学生掌握旅游创新创业的基本理论知识；开设多层次、渐进式的实践课，将创新创业教育和专业教育相融合，激励学生参与旅游创新创业实践活动。

（四）开展旅游创新创业教育的过程评价

旅游创新创业教育过程包含教学活动、组织支持和教育环境。一是要评价在教育活动中是否优化了旅游创新创业教育教学模式。要打破单一教学方式，转变陈旧教学模式，调动学生的积极性和主动性；要利用案例教学、模拟创业训练等教育方法，鼓励学生参与其中，调动学生主动性，促使学生发现、研究和解决问题。二是要评价在组织支持方面是否加强了旅游创新创业教育平台建设。要为旅游创新创业活动开展搭建实习实训平台，平台为学生开展旅游创新项目研究、孵化旅游创业项目和举办旅游创业竞赛提供相关硬件资源条件。三是要评价在教育环境方面是否营造出良好的旅游创新创业文化环境。要多渠道宣传旅游创新创业，积极开展与旅游创新创业相关的文化活动，通过营造旅游创新创业良好氛围，激发学生对旅游创新创业的兴趣。

（五）健全旅游创新创业教育的保障机制

评价是否有健全的旅游创新创业教育保障机制应包含三个方面。一是建立和完善旅游创新创业指导服务机构。要建立专门的机构指导旅游创新创业工作，指导中心可以协调相应工作，为其提供资金、人力与场地等资源，为与社会、企业建立沟通桥梁提供相应服务。二是开展产学研深度合作。旅游创新创业教育需要政府、企业、学校共同努力，高校旅游学院要在充分利用资源的同时寻找契合点，依托旅游创新创业助推各层面的共同发展，通过产学合作模式使学生能够实现理论与实践的结合。[①] 三是开展旅游创新创业教育信息化、智能化建设。要不断完善和升级旅游创新创业教育实践平台，建设开放式、多层次、智能化的旅游创新创业教育平台，为旅游创新创业实践提供多样化的服务；同时在"互联网＋"浪潮下，建立信息化服务平台，实现线上与线下的紧密结合，使更多学生受益，发挥其最大功效。

三　主要条件

（一）打造政府、企业、学校间的协同平台是构建评价体系的前提条件

构建产教、科教融合与旅游创新创业教育协同发展的评价体系，政府、

---

① 黄鹏、张宁：《基于产学研结合的视角构建高职创新创业人才培养体系——以广东省为例》，《黑龙江高教研究》2012 年第 8 期。

企业、学校三者都肩负着义不容辞的责任。具体而言，政府起着引领与桥梁的作用，主要体现在资金与政策扶持两方面。为此，建议把各级政府是否帮助学生旅游创新创业教育作为考核的内容之一。企业与学校合作共建旅游创新创业教育体系，主要体现在企业要有资金扶持与专业化指导帮扶。学校具体组织建设创新创业教育平台和实践平台，包括旅游双创教育机构设置、足额的经费投入、立体化的课程建设、专兼职的师资队伍建设、旅游创新创业基地建设与一定数量的旅游创新创业项目。

（二）构建全过程旅游创新创业教育课程体系是构建评价体系的核心条件

一是对大一学生开设旅游创新创业基础知识类课程。刚入校的学生进校时间短，加上高中时期存在文理分科，学生之间的文理知识存在差异。因此，高校很有必要开设旅游创新创业教育知识类的基础课程，主要包括人文地理知识、史学文学知识、营销财务知识、自然科学知识等。这类课程属于选修课，实行文理交叉，即文科生选修自然科学方面的课程，理科生选修人文科学方面的课程。二是设置旅游创新创业教育素质类课程。其对象是大二学生，属于必修课，主要包括创业基础、创业心理学、人际交往与沟通、商务谈判、管理学、战略管理、职业素质、经济法学等，其目的是培养学生的创业认知、创业意识、创业激情、创业责任。三是设置旅游创新创业教育能力类课程。进入大三，主要对学生进行旅游创新创业能力教育，开设就业指导课、创业指导系列讲座、创业成功学等课程。其主要目的是训练学生的实践操作能力、营运管理能力、团队协作能力、勤奋逆商能力、敏捷应变能力、人际交往能力等核心能力。四是旅游创新创业课程必须融入专业课程教育之中。在专业课程教育教学中，必须以培养学生的创新精神、创业意识为切入点和落脚点，力求在教育教学内容、教育教学手段与方式、教育教学绩效评价等所有教学环节凸显创新元素和创业素养，从而激发学生的创新精神和创业意识。

（三）建立一支旅游创新创业教育师资队伍是构建评价体系的保障条件

目前，高校旅游创新创业教育的师资队伍尚未健全，主要体现在以下

几个方面：一是师资构成单一，旅游创新创业课程多数来自学工系列，特别是辅导员队伍，专业教师和企业指导老师极其缺乏；二是旅游创新创业教育师资的理论素质较高，实践指导能力欠缺；三是旅游创新创业教育开展场所几乎局限在校园内，忽略校外实践操作场所。因此，必须改变现有状况，组建一支由专业教师、学工系列教师、企业导师、旅游双创实践指导教师等组成的多元化的、高素质的、理实一体的、专兼结合的师资队伍。因此，建议旅游双创必修课主要由专业教师讲授，便于将创新创业融入专业教学各个环节；旅游双创选修课由具有创新创业实践经验的教师和企业导师来讲授，旅游创新创业项目必须由社会成功人士、专业人士进行实践指导。

（四）改革学生学习绩效考核办法是构建评价体系的导向条件

传统的学业考核办法存在偏重理论知识测试而忽略实践技能掌握情况、注重期末集中测试而忽略平常教学活动的过程考核、强调闭卷考核而忽略开卷考评等问题。这些现状在很大程度上制约了学生创新精神和创业意识的形成与培养。因此，高校必须改革对旅游学院学生学习效果的考核办法，首先从考核的内容来看，注重突出能力素养，即重点考核学生提出问题、分析问题与解决问题的逻辑思维能力和动手能力；其次从考核的方法来看，将期末结果考核与平常过程考核相结合，重点强调过程性考核，即把考核放在教育教学的各个环节之中；最后从考核的形式来看，采取口试与笔试结合、小论文与调研报告结合、演讲与辩论结合等形式，着重激发学生的创新精神与创业意识，着重培育学生的责任感与事业心，着重熏陶学生的人格魅力与团队合作协作素养。

（五）转变学生学习的价值取向是构建评价体系的关键条件

在产教、科教融合和双创时代的背景下，学生学习的价值取向要发生根本改变，不能总是停留在只求考试过关的层面，而要着力提高自己的实践能力，积极参与旅游创新创业实践活动。因为旅游创新创业教育最终的落脚点是在学生自身的行为上，即旅游创新创业教育的效果究竟如何，还得取决于学生自身的行为因素。因此，学生一方面要向书本学习，学好相关的基础知识和基本原理，为旅游创新创业教育奠定基础；另一方面要向实践学习，即注重训练创新精神和创业意识，积极提升创新创业的能力素质和职业素质。具体而言，旅游学院学生一要打破传统思维的束缚，转变学习思维方式，寻求创新突破；二要积极参与相应的技能竞赛，掌握该领域的核心职业技能和提高素质；三要在教师的指导下，积极参与"挑战杯"全国大学生课外学术科技作品竞赛，提高自己的语言表达能力、沟通合作能力、社会活动能力等综合素质；四要在思想上和行动上认真对待顶岗实习。顶岗实习是一块"试金石"，既是对大学期间学习效果的检验，又是发现问题或不足的良好时机。抓住机会向师傅学习，向实践学习，向社会学习，不断积累实践经验，为毕业后的职业之路铺垫基石。

四　对策措施

（一）落实国家政策，明确教育目标

高校旅游创新创业教育是高等教育体系的重要组成部分，是落实高校以创业带动就业、促进高校毕业生充分就业的重要措施，是国家提高旅游人才培养质量、促进旅游专业学生全面发展的重要途径。中央文件和教育部相关配套文件的出台，特别是 2012 年教育部办公厅印发的《普通本科学校创业教育教学基本要求（试行）》，对高校提高旅游创新创业教育质量提出了明确的要求。高校应该切实贯彻执行各项政策，明确高校旅游创新创业教育的目标，通过教学使学生掌握旅游创新创业的基本知识和基本理论，熟悉创业的基本流程和基本方法，激发学生创业意识，培养和提高学生的社会责任感、创新精神与创业能力，促进学生旅游创业就业和全面发展。

（二）重视课程教学，优化教师队伍

在课程体系与课程教学方面，部分高校的旅游创新创业教育课程体系已初步成形，有的高校旅游创新创业教育的课程已经被评为国家精品课程或者网络公开视频课程。因此，在旅游创新创业教育方面比较弱的高校可以向其他高校学习借鉴，争取共享资源。同时，各高校应该结合本校的特色，从实际出发，注意交叉学科渗透，更好地树立学生旅游创新创业理念，

培养学生旅游创新创业思维。在旅游创新创业教育师资队伍建设方面，高校应与地方企业积极创造合作条件，聘请成功的企业家、专家学者担任旅游创新创业教育兼职教师，同时要注重教师专业能力的提升，比如定期组织教师参加各种旅游创业学术会议、旅游创业教育培训班、企业案例示范研讨会等。

（三）积极开展实践，提升创业能力

实践证明，学生旅游创新创业意识的形成和创业能力的提升，依赖最直观的实践活动。高校可以积极举办旅游创新创业讲座、旅游创业沙龙、模拟旅游创业大赛等活动，组织学生参加旅游创新创业论坛，鼓励学生积极参与不同的旅游创业实践公益活动，开展旅游创新创业科技作品展览会，组织学生参加"挑战杯"中国大学生创业计划竞赛，配备专业教师进行指导，丰富学生的创业体验，不断强化学生的创新创业意识，促使有兴趣创业的学生灵感激发，寻求创业机会。以高校旅游创新创业孵化基地、大学生科技创业园等创业服务机构为载体，打造大学生旅游创新创业团队，优化旅游创新创业项目，在旅游创新创业实践中不断开拓学生创新能力，不断挖掘学生创业潜能。

（四）推进平台建设，确立资金保障

政府、企业、高校需要通力合作，充分利用社会各界资源，搭建旅游创新创业教育平台。高校旅游学院可以成立大学生旅游创新创业联盟、大学生旅游创新创业指导中心等组织服务机构，利用板报、网络等媒体资源，大力宣传旅游创新创业政策、成功的旅游创新创业典型，将旅游创新创业理念蕴涵于校园文化中，培养学生创业意识，调动学生创业热情，指导学生创业实践。资金保障是推进高校旅游创新创业教育的关键因素，目前地方政府扶持资金和高校旅游创新创业教育专项资金是主要资金来源。地方财政的不平衡导致了各高校得到政府扶持资金的差距很大，直接影响到高校旅游创新创业教育。因此，社会企事业单位也是高校旅游创新创业教育资金的重要来源，其应该响应国家号召，产学研相结合，校企联合，优势互补，找到合作机会，为高校旅游创新创业教育提供更多的资金支持。

第九章
产教、科教融合与旅游创新创业教育
协同发展的协同机制建设

当今世界正在经历着前所未有的变化，这对科技创新和人才培养提出了新的挑战和要求。与此同时，我国已经全面建成小康社会，创新驱动发展和人民对高质量高等教育的期盼，对大学提出了更高要求。世界高等教育发展的历史经验表明，产教融合、科教融合是高校提升科技创新和社会服务能力、提供高质量教育的有效途径，是当代高等教育发展理念的重要内容，是对现代大学人才培养模式的深层次改革创新。探索产教、科教融合与旅游创新创业教育协同发展的机制，能为旅游创新创业教育人才培养提供参考和借鉴。

第一节 动力机制

动力机制是推进系统协同运行以及维持和改善协同过程中各种关系的动力因素的总和。在产教、科教融合与旅游创新创业教育协同发展的过程中，各主体之间通过契约合同、签订协议，进行校企合作、校地合作，各主体的战略决策、经济活动和教学活动受到推动力、内驱力、拉动力的影响。推动力支撑和促进协同目标的实现，内驱力源自高校内部的发展实力和主观能动性，拉动力引导协同行为的方向和目标。

在产教、科教融合与旅游创新创业教育协同发展动力机制构建的过程中，政府、高校、产业三个动力主体为产教、科教融合与旅游创新创业教育协同发展机制构建分别提供了推动力、内驱力和拉动力，在时代发展和市场要求下，形成了三种力量交叉影响的三螺旋关系。

产教、科教融合与旅游创新创业教育协同发展动力模型的建立，揭示了三个主体融合发展的规律，其终极目标在于寻求三个主体的思想共识，在宏观层面达成战略合作，搭建资源共享平台、协同育人平台，形成促进产教、科教融合与旅游创新创业教育协同发展的长效动力机制（见图 9-1）。

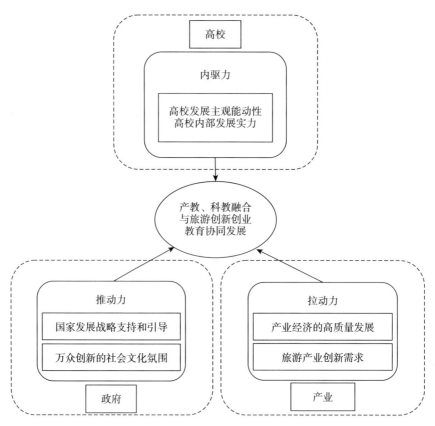

图 9-1　产教、科教融合与旅游创新创业教育协同发展动力模型
资料来源：笔者自绘。

一　动力来源

产教、科教融合与旅游创新创业教育协同发展，涵盖宏观、中观和微观等层次，包括物质层面、文化层面、结构层面、组织层面、制度层面和利益层面等。这些层面的动力相互作用，共同推动产教、科教融合与旅游创新创业教育协同发展，通过机制优化得到增强，以应对外部环境变化，抓住时代发展机遇，实现良性互动循环演进。

（一）物质层面

物质层面动力来源包括为产教、科教融合与旅游创新创业教育协同发展提供足够的经费支持，推动旅游专业建设、教师队伍建设，加强双创教育设施设备建设等。这是产教、科教融合与旅游创新创业教育协同发展顺利进行的必要条件。

资金是产教、科教融合与旅游创新创业教育协同发展的重要动力来源，资金来自政府、学校和社会。在资金支持下，高校可建设创新创业示范基地、创作工作坊，开展创业实践活动，支持学生创业社团活动和创业大赛。同时，金融机构可完善针对大学生创业者的信贷模式，为大学生创业提供多渠道融资途径，缩短大学生创业贷款审批流程，提高贷款额度，为学生创新创业提供资金支持。企业还可以借助旅游产业协会、旅游行业协会、旅游企业集团等平台，通过投资的方式，与高校合作开展多样化的创新创业公益基金项目，在开展校企合作的过程中，加强校企合作实训室、工作室、实训基地和创业孵化基地建设，为大学生旅游创新创业活动开展提供良好的空间场地支持。

（二）文化层面

创新是社会发展的必然要求，也是民族不断进步的动力，更是大学生成长成才的力量源泉。创新文化的宣传和传播，为产教、科教融合与旅游创新创业教育协同发展提供了良好的社会舆论环境，提供了文化层面的动力。文化层面的动力，主要体现在形成旅游相关产业、行业、企业和广大师生共同遵循认同的创新创业理念，对创新创业教育和创新创业实践形成

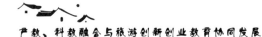
正向的价值引导。

首先，社会文化层面对创新创业的宣传和引导，通过创造积极正向的社会舆论环境，倡导鼓励更多地方旅游产业协会、旅游行业组织与高校旅游专业合作，将旅游创新创业活动与高校课堂教学相结合，鼓励师生共建科研创新团队，共同推动旅游创新创业教育发展；其次，通过社会媒体的宣传，如电视台新闻报道、各地政府官网宣传、创业就业类电视及网络综艺节目等，进一步提升大学生对创新创业的感知与认识，鼓励更多旅游专业大学生参与到创新创业中去，提升大学生开展旅游创新创业的信心；再次，使旅游行业、旅游企业与高校合作，定期开展创新创业宣传和讲座等活动，为大学生提供真实的创新创业经验分享，营造积极的旅游创新创业发展氛围；最后，加大对校园创新创业环境的营造力度，例如通过景观小品设计、宣传横幅悬挂、海报张贴等方式，推动高校校园创新创业文化的塑造，在潜移默化中营造校园浓郁的创新创业文化氛围，激励学生提升自身的创新创业能力和水平，鼓励学生积极参与旅游创新创业实践。

（三）制度层面

制度层面的动力来源是根据我国产教、科教融合与旅游创新创业教育协同发展的实际状况，从国家、地方、行业、学校等不同层次，制定和完善相关制度，保障产教、科教融合与旅游创新创业教育协同发展，能够适应社会经济发展的需要，实现产、科、教三方同频共振，促进创新创业教育进一步发展。

政府相关政策和法律法规对产教、科教融合与旅游创新创业教育协同发展有着强有力的推动作用。各级政府部门积极引导，带动产业、行业、企业与高校积极联动，促进产、科、教融合；针对大学生创业提供各项优惠政策，加大对旅游创新创业优惠政策的宣传力度；构建校、政、企高效交流平台，从制度体系、国家标准等方面对产教、科教融合与旅游创新创业教育协同发展进行指导，为大学生旅游创新创业打通道路。

高校通过教学制度的改革、人事制度的完善、薪酬制度的调整、科研制度的设定等方式，加快内部知识产权的转移转化，推动旅游创新创业教育师资队伍建设，激励双创指导教师在双创科研、双创大赛等方面取得好的成绩。通过高校制度引导，发挥管理机构、双创课程、双创教师队伍的积极作用，加大对双创型学生的培养力度，科学调整对学生的专创融合型培养模式，实现高校旅游创新创业教育的良性发展。

二　机制构建

（一）动力主体

在高校培养旅游创新创业人才的外部生态环境中，政府、产业与高校是最重要的动力主体，也是高校协同育人机制中的重要合作主体，是产教、科教融合与旅游创新创业教育协同发展机制得以建构与运行的动力因素。

1. 政府

在产教、科教融合与旅游创新创业教育协同发展机制建构的过程中，政府通过行政支持的方式，起到促使产业与高校两大主体沟通交流的作用。政府通过一系列创新和创业政策的制定，发挥导向作用，支持创新创业，推动"大众创业、万众创新"创客经济发展，为创新创业教育和创新创业人才培养提供良好的外部发展环境。[①] 此外，政府通过设置项目补贴，搭建产教、科教融合平台的方式，推动高校、企业与其他创新主体之间信息、资源等的流动与交换，为旅游创新创业人才培养机制提供稳定的外部运行环境保障。政府以引导、激励、协调、监督、保障等方式，影响产教、科教融合与旅游创新创业教育协同发展的运行过程。

2. 产业

产业是高校旅游创新创业教育的重要实践平台，是高校旅游创新创业型人才的重要输出地，是进行社会经济生产运营的重要场所。产业在产教、科教融合与旅游创新创业教育协同发展机制构建中起到了重要的平台作用。产业与高校进行师资互派、人才共育，为高校旅游创新创业型人才培养搭建了实习实践的孵化平台，促进了大学生旅游创新创业项目的孵化。根据

---

① 张冠蓉：《高校创新创业人才培养的协同机制研究》，硕士学位论文，山西大学，2017，第17页。

产业发展需求，以不同目标为导向开展创业竞赛，产业通过此类活动，辨析大学生创业意愿、遴选优秀种子项目，促进行业优化发展。例如，浙江旅游职业学院举办了全国大学生乡村振兴创意大赛研学旅行赛，以产业行业的发展需求引领旅游创新创业教育的发展。

3. 高校

高校是开展旅游创新教学、培养旅游创新创业人才的主要阵地，是"大众创业、万众创新"的人才培养基地，是创业教育的关键主体。随着国家和社会对创新创业型人才的不断关注，高校在创新创业型人才培养方面，得到了更多的资金、政策倾斜。高校要把握创业教育发展的潮流，以服务地方经济社会发展、服务产业行业企业发展为己任，提高教学科研能力水平，为学生提供优质的创新创业教育资源，在高校内部形成"大众创业、万众创新"的文化氛围和创业环境。通过制订具有前瞻性和导向性的旅游创新创业型人才培养计划，设置旅游类专创融合的课程，打造多方位的创新创业活动品牌，引导学生正确认识创业，掌握更多的旅游创新创业知识与技能，激励学生萌生更多的创业想法，培养更多具有创业意愿和创业能力的学生。激发高校的内生动力，促使高校以理念和行动自觉担负起创新创业人才培养的首要任务，这是促进产教、科教融合与旅游创新创业教育协同发展的关键环节。

（二）动力类型

1. 推动力

国家发展战略的支持和引导是促进产教、科教融合与旅游创新创业教育协同发展的外推力。"大众创业、万众创新"作为我国目前阶段发展的重大战略，有效支撑了创新型国家发展建设，强力推动了我国经济结构优化调整，形成创新发展新引擎、新动力，为我国经济社会高质量发展提供强劲动能。我国正处在建设创新型国家的关键时期，对高素质的创新创业人才有着迫切的需求，国家出台了一系列政策来指导高校创新创业教育的发展。

2016 年中共中央、国务院印发的《国家创新驱动发展战略纲要》提出，要提高自主创新能力，到 2020 年，使我国进入创新型国家行列。党的十九大报告提出，"创新是引领发展的第一动力"，将创新摆在了国家发展全局的突出位置，强调引领发展的第一动力是创新。《国务院办公厅关于深化高等学校创新创业教育改革的实施意见》（国办发〔2015〕36号）提出，"主动适应经济发展新常态，以推进素质教育为主题，以提高人才培养质量为核心，以创新人才培养机制为重点，以完善条件和政策保障为支撑，促进高等教育与科技、经济、社会紧密结合"。创新创业人才的培养是建设创新型国家的客观要求，高校是创新创业人才培养的土壤，时代的发展要求高校把创新创业人才培养摆在突出位置，为国家实施创新驱动发展战略提供重要的人才支撑。

我国目前正在纵深推进"大众创业、万众创新"。高校是推进大学生"大众创业、万众创新"的重要战场，是国家创新资源的重要发源地，大学生是推动"大众创业、万众创新"的生力军。产教、科教融合与旅游创新创业教育协同发展，是在国家大力推动"大众创业、万众创新"的时代背景下应运而生的一种协同发展的模式和理念。在政府政策推动力的作用下，加大对高校创新创业教育的支持力度，推动产、科、教三方进一步融合，落实大学生创新创业保障政策，推动高校不断深化创新创业教育改革，才能够更好地为旅游产业发展和行业发展培养具备国际视野、科学精神、创业意识和创造能力的双创型旅游人才。

2. 内驱力

内驱力源自高校内部的发展实力和主观能动性。高校作为组织开展旅游创新创业教育的责任主体，只有主动适应创新驱动发展战略的要求，将创新创业教育进行科学合理的定位，优化创新创业教育体系，结合新时代经济社会发展需求，通过开展高质量的创新创业教育，促进高校人力、智力、物力资源与行业、产业和企业的充分融合，才能为驱动经济社会高质量发展提供动力，从而实现高校自身教育体制改革。[①]

人才培养模式改革的需求、高校内部创新创业精神的宣传和创新创业

---

① 徐新洲：《产教融合和科教融合驱动高校创新创业教育研究》，《产业与科技论坛》2021年第21期。

文化氛围的影响作为内生性驱动力，推动了产教、科教融合与旅游创新创业教育协同发展机制的构建与完善。如何通过产、科、教融合，将教育链、人才链与产业链有机衔接，培养符合现代旅游产业需求的高素质创新创业人才，是当前高校人才培养亟待解决的问题。提升人才培养质量，是全社会对高等学校的期待，也是促进产教、科教融合与旅游创新创业教育协同发展的重要内驱力。旅游创新创业教育作为旅游产业、旅游行业、旅游科研领域提高人才综合素养的一种教育模式，能够提高高校旅游创新型人才培养的效率和质量，服务旅游产业发展。

高校内部的创新创业精神和文化氛围对协同发展机制的构建也产生了深刻的影响，包容开放的创新创业精神和文化影响高校人才培养教育理念，推动人才培养机制、培养模式的创新，驱动高校与产业、行业等融合发展，共同肩负起旅游创新型人才培养的重担。

3. 拉动力

拉动力引导协同行为的方向和目标，满足各主体的发展需求，寻求协同并希望协同效益高于非协同效益、协同成本低于非协同成本，或协同竞争力高于非协同竞争力。社会经济的高质量发展、产业行业的不断创新、产科教融合的不断深入发展是促进产教、科教融合与旅游创新创业教育协同发展的外生性拉动力，推动了产教、科教融合与旅游创新创业教育协同发展的资源流动和信息共享。

目前，我国经济发展进入新常态，对产业转型升级和经济高质量发展都提出了高要求，这种态势直接对高校旅游创新创业型人才的培养提出了更高要求，要求高校实现创新创业教育的发展转型，带动高校旅游创新创业型人才培养的供给侧改革。

产业是将科学研究成果实现技术应用的重要载体，产、科、教融合能够通过科技产业化推进创新型人才协同培养，实现产业、企业与高校的价值共创。产、科、教的融合发展拓展了高校协同育人机制的范围，为高校创新创业人才的培养提供了资金、技术、平台等资源支撑，拉动其探索协同培育创新型人才的多元路径。产业、行业与高校的协同合作能够帮助旅游企业降低新型产品的研发成本，加速高校旅游科研成果、技术的转化和市场化，实现产业、科研和双创教学的协同发展。

第二节 运行机制

构建产教、科教融合与旅游创新创业教育协同发展的运行机制，要注重以产教融合为基础，以产业需求为导向，提高旅游创新创业型人才培养与社会经济发展的契合度；以科教融合为保障，培养学生的科研能力、探究能力和实践能力，提升学生的创新能力和社会竞争力，进而打造促进旅游创新创业型人才培养的长效育人机制，为旅游产业和社会经济的高质量、高水平发展培养更多旅游创新创业型人才。

在产教、科教融合与旅游创新创业教育协同发展运行机制构建的过程中，产业、教育、科研三个主体通过融合发展，打造校内创新创业平台、校内科研教学平台和校内外创新创业实践基地，围绕旅游产业链不断优化创新创业课程设置。通过搭建资源共享平台、协同育人平台推动知识创新和实践创新，通过专业与创业结合的方式，用科研成果、创新创业教育成果更好地服务产业发展和教育发展，用技术研发和人才培养推动产业经济的发展（见图9-2）。

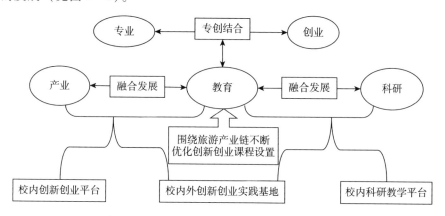

图9-2 产教、科教融合与旅游创新创业教育协同发展运行机制

资料来源：笔者自绘。

一　机制类型

（一）根据协同发展过程划分

协同是指协调两个或者两个以上的不同资源或者个体，一致完成某一目标的过程或能力。协同的结果，使每个个体获益，整体加强，共同发展。在分析产业、科研、教育与旅游创新创业教育多主体之间协同关系与发展方面，要对人才、资本、信息、技术等要素进行充分激活。应当根据协同发展的过程进行划分，分为战略协同机制、资源协同机制、利益协同机制和管理协同机制。

产教、科教融合与旅游创新创业教育协同运行机制的协同目标是推动旅游创新创业教育发展，激发人才活力，用好科技力量，推动产业发展。高校与产业、地方政府之间存在优势互补、资源共享需求。但是，不同主体有不同利益出发点，要采取多种协调方式，实现协同机制的运行，从而实现多方主体的价值共创、利益共赢。产教、科教融合与旅游创新创业教育协同发展是通过一系列的制度和活动安排来实现的，体现了异质性组织间的联结关系。

（二）根据协同作用主体划分

根据协同作用主体划分，产教、科教融合与旅游创新创业教育协同发展运行机制主要通过政府政策支持和市场需求驱动，共同发力。在政府政策支持和市场需求驱动下，要加大产教融合、科教融合的发展力度，依据地方产业经济发展情况，推动形成资源共享、项目合作、平台共建、人才共育的"政产学研用"利益共同体，为旅游产业发展培养更多的创新创业型人才，并完成专家团队、资源平台等方面的共建共享合作和环境建设，完善产教、科教融合与旅游创新创业教育协同发展的运行机制。从政府、市场、产业、高校等多元主体出发，寻求最大连接点、最佳连接点，设计融合方案，提出策略、路径、对策，探索推进产、科、教协同育人，以高水平科学研究支撑高质量旅游创新创业型人才培养。

从政府政策支持方面看，在产教、科教融合开展创新创业教育的过程中，政府部门起着重要的协调与支撑作用。通过政府政策支持，推动产教、科教融合发展，搭建产学研一体化平台，为旅游创新创业教育发展提供资金、信息、技术等方面的支持，能促进企业与高校之间的资源共享，切实提高高校旅游创新创业教育质量。政府针对产教、科教融合与旅游创新创业教育协同发展，不断完善相应法律法规体系，为创新创业教育实践活动的开展奠定坚实的法律基础。同时，出台创新创业实践优惠政策和资金政策，为旅游管理专业学生提供创新创业咨询与指导服务，调动旅游管理专业学生创新创业的积极性；通过设置专项创业基金，降低学生贷款门槛，为学生创新创业实践提供资金扶持。[①]

从市场需求驱动方面看，在市场需求的驱动下，通过市场化运作，提高融合效益，建立利益联结机制。通过产教、科教融合发展，降低旅游创新创业型人才的培养成本，加快高校旅游创新创业型人才的培养速度，提高旅游创新创业型人才的培养质量。首先，市场通过经济发展和技术变革产生的力量，对旅游创新创业教育改革产生影响力。市场通过"看不见的手"引导经济活动，符合国家社会发展战略与需求，而经济发展方向以及产业结构的调整趋势又对整个社会的人力资源需求产生新的要求。因此，按照产业发展、市场经济的引导和需求方向，旅游创新创业教育的人才培养模式、教师队伍建设、课程体系设置等就要发生一系列的变革。其次，市场通过优化资源配置对高校内部旅游创新创业教育产生影响。随着互联网时代的到来，旅游发展衍生出许多新业态和新模式，旅游产业大发展需要更多高素质的人才，需要更多具有创造力、想象力、营销力的人才。市场通过推动产业、教学和科研融合发展搭建多样化平台，推动高校旅游创新创业教育理念的更新、迭代与升级。

二 机制构建

在产教、科教融合与旅游创新创业教育协同发展的过程中，科教融合

---

① 余迪：《校企合作背景下应用型本科院校旅游管理专业创新创业教育的研究》，《江西电力职业技术学院学报》2022 年第 5 期。

侧重于培养师生应用技术研究的能力，产教融合侧重于培养师生应用实践的能力。[1] 通过产教、科教融合协同育才的方式，能够促使科学研究成果与社会经济运行相结合，促进知识增值，实现协同发展机制内部循环发展，拓展协同育人的范围，降低培育创新创业型人才的成本，为高校旅游创新创业人才培育提供新路径。

（一）沟通协调机制

产教、科教融合与旅游创新创业教育协同发展，本质上属于一种跨界的合作，这种跨界必然需要跨越组织边界，开展信息、资源、物质、人员等要素的沟通与交流，如存在沟通上的障碍或者阻隔，将很有可能导致双方在合作过程中产生间隙与矛盾，甚至有可能产生利益上的冲突，而导致合作关系的破裂。产教、科教融合与旅游创新创业教育协同发展涉及高校与产业和政府部门相互之间及内部的沟通、双方与各自上级主管部门之间的沟通、双方上级主管部门之间的沟通等，属于公共组织沟通。

高等院校和产业是相互独立的。高等院校与产业由于有着各自不同的发展主旨，不仅制度与政策不同，职能职责、管理模式与文化氛围也不同。因此，产教、科教融合与旅游创新创业教育协同发展作为一项科教管理活动，客观地、内在地需要进行各种思想上的沟通与行动上的协调。沟通协调机制全方位地贯穿产、科、教协同育人与旅游创新创业教育协同发展的整个过程。[2]

从横向维度来看，不同职能的政府部门之间需要打破政策和制度壁垒，打开和拓宽合作渠道，进行沟通与协调。高等院校和产业之间也需要就合作过程中的权利与义务、资源整合、平台共建共享、人才培养计划与具体方案、科研合作与成果归属、利益分配、人事与考核激励等方面的具体事项进行各种沟通与协调，并就相关事项达成协议。高等院校内部的各职能

① 王艳秋：《融合"产科教"，打造"小而美"——徐州工业职业技术学院的高水平专业群建设实践》，《江苏教育》2021 年第 64 期。
② 蒋文娟：《我国科教结合协同育人机制研究——基于科研院所和高等学校合作视角》，博士学位论文，中国科学技术大学，2018，第 21 页。

部门和教学院部之间，需要就产教、科教融合与旅游创新创业教育协同发展进行积极沟通、协调、配合，对产教融合、科教融合以及旅游创新创业型人才的培养进行工作的分工和部署。

从纵向维度来看，产教、科教融合与旅游创新创业教育协同发展中，各个实施主体与上级主管部门之间需要就相关政策或制度的传达与执行、实际执行情况以及遇到的各种问题或障碍的反馈等进行沟通，以便及时调整、修订相关政策条款，并解决各种问题。上级主管部门也需要定期或不定期地对下级实施主体进行监督、检查以及指导，保证相关政策畅通执行，同时还要对获取的有效信息进行科学决策。

高校、产业、政府等主体在相互合作过程中，需要沟通与协调的实际内容，可以通过正式沟通，即以下达或呈送各类规章制度、召开各类工作座谈会或汇报会、开展各项培训活动等形式，增进各组织间的交流、沟通与协调；也可以通过非正式沟通，即以组织成员之间私下交换意见、传递信息等形式，进行讨论、沟通与协调。总的来说，沟通与协调应从产教、科教融合与旅游创新创业教育协同发展整体的、长远的目标出发，通过合作主体及其内部之间齐抓共管、共同合作、有机协调，形成科学合理的沟通协调机制，进而推动产教、科教融合与旅游创新创业教育的协同育人活动更加顺畅地开展与进行。

（二）资源整合机制

按照资源的根本属性，可将资源分为自然资源和社会资源，其中社会资源主要包括人力资源、智力资源、技术资源、信息资源和管理资源（含政策资源）等；按照资源的性能和作用特点，可将其分为硬资源和软资源。产教、科教融合与旅游创新创业教育的协同发展，其实质归根到底是相关资源的整合，主要涉及政策资源整合、硬资源整合和软资源整合。

政策资源主要是政府部门制定的产业、科技与教育相关政策。由于涉及的主管部门职能不同，所以制定的政策具有相对独立性。政策资源整合，就是要最大限度地化解不同部门政策之间的矛盾与冲突、加强政策的相互匹配与衔接、提升政策体系的内在一致性。要实现政策资源整合，关键在

于优化顶层设计，强化主管部门之间的统筹与协调。

硬资源是指由产教融合、科教融合发展投资建设的校内科研创新平台、校内创新创业平台和校内外创新创业实践基地等教育、科研和教学设施。通过校企合作搭建产业学院、创业学院和混合所有制实训基地等方式，为旅游专业学生开展创新创业实践提供平台。在有形资源进行整合时，要注重产业实践基地和校内实训基地的相互开放、共同使用，旅游产业为高校学生提供真实的就业场景和就业技能，高校为产业提供技术培训等服务内容，使协同发展惠及企业人力资源建设和高校旅游创新创业型人才培养。

软资源主要指知识和人才，知识包括科学知识与技术，人才包括高校教学人员、科学研究人员、技术开发人员和产业工作人员。软资源的分布最为广泛，不仅分布于高等院校，还分布于企业研发机构。通过软资源的流动，实现产业和高校的师资互派、人才互聘，组建交叉团队，全面提升教学团队教研、科研水平，促进知识与技术等资源在高校与产业、企业之间无障碍地传播与扩散，实现资源的最优配置与价值最大化。在政策资源和硬资源整合的基础上，实现软资源整合的目的。

在产教、科教融合与旅游创新创业教育协同发展的过程中，资源整合就是充分发挥政策资源、硬资源以及软资源等各种资源的整合优势，形成资源共享合力，提高资源使用效益，推动旅游创新创业型人才培养教育的顺利运行。

（三）协同培养机制

高校的核心任务是培养人才，产教、科教融合与旅游创新创业教育协同发展的任务是多方协同，培养具有创新创业能力和素养的旅游类专业人才。协同不是简单的大学生到产业实习实践、参与教师的科研项目，而是需要发挥资源共享优势、人才信息优势等，从人才培养计划协同、师资队伍建设协同以及平台共建共享协同三个方面开展。

1. 人才培养计划协同

高校与产业双方要共同制定高起点、高标准的人才培养方案，不断优化课程设置体系和人才培养体系。依托科研创新平台、科研训练基地，展开科教互动。引导学生通过参与科研项目，进行针对旅游产业、旅游行业的自主学习和科学探究，实现科研与教学的相互融合及资源共享，培养学生的科技创新能力。立足实践育人，既要强调理论知识的传授、专业能力和素质的培养，又要重视对学生创新意识、创业思想及科学研究能力的培养。培养旅游专业大学生科研和科学发现能力，提升大学生创新思维，将科研、创新、实践的思维贯穿旅游创新创业教育的全过程。通过产业和高校师资互派、人才共育，大力推动专创融合，建立多主体、多因素、多途径、全过程协同育人机制，提高旅游创新创业型人才培养的质量和水平，进而提升旅游创新创业型人才服务旅游产业发展的能力。

在产教、科教融合的过程中，要以学生为中心，以产业需求为导向，以创新为引领，响应旅游产业发展需求，设立旅游创新创业型人才培养的目标，对人才培养方案进行修订，既要体现知识、能力、素质目标，又要体现人才培养的科研精神，构建基于产教、科教融合平台的旅游双创教育课程体系。构建基于产教、科教融合平台的旅游双创教育课程体系，既要为学生讲解专业理论知识，又要培养学生创新创业思维意识与实践能力，最终实现学生专业素质和创新能力的共同发展，提升学生综合素养和敢于拼搏、乐于钻研的创新精神，培养"科研＋理论＋实践"样样精通的旅游创新创业复合型人才。

2. 师资队伍建设协同

利用产教、科教融合的协同育人平台，实现高校与企业之间的师资互派、人才互聘，组建交叉团队，全面提升教学团队教研、科研水平，构建产、学、研一体化课程体系，共同介入旅游创新创业教育的全过程，构建培养平台共建，培养目标、教学计划共商，课程团队共建，实践教学共管，教学资源共享，教学质量共抓，科学课题共研，创新竞赛共导的虚实一体化教学实施机制。[1] 全力推进双创教师队伍的协同建设。一方面，扩大双创教师团队规模，积极从企业引进优质人才，聘请优秀的一线工作者作为创

---

① 郑海霞、窦雯桐、高鑫宇、万琳琳：《"科教＋产教"双融合下园林专业创新人才培养模式探索》，《安徽农学通报》2021 年第 19 期。

业导师，充分发挥其从业经验丰富的优势，为有创业意向的大学生提供培训指导，不断丰富创新创业教育素材，开拓学生创新思维，有针对性地指导学生开展旅游创新创业实践活动，提高学生创业实践能力。另一方面，积极鼓励高校创新创业专职教师前往企业挂职锻炼，使之通过一线岗位工作了解当前旅游业发展趋势，在实践锻炼中提高教师专业化水平与教学能力。

3. 平台共建共享协同

通过搭建平台的方式，不断促进教学资源的优化、整合，由产业与教育结合打造校内创业平台，由科研与教育结合打造校内科研平台，由产业、教育与科研共同结合打造融通校内外的创新创业实践基地，鼓励学生利用这些平台和基地锻炼自己分析问题、研究问题、创新创业的能力，实现理论与实践教学的双向促进。充分发挥学生的中心地位，以服务旅游产业行业发展需求为导向，进行教学方法的改革。聚集更多的企业、资本、人才和技术，不断完善产科教合作机制，创新运行模式，构建深度融合、开放协同、利他共生的旅游创新创业教育系统，推动建立更多高水平创新创业实践平台和科研平台，满足学生参与旅游创新创业实践教学的需求。

在旅游专业特色的现场教学、探究式教学、启发式教学的基础上，引入项目模拟教学、线上线下混合式教学模式，将创新能力培养根植于学生的思想中。全面深化教学改革，采取差异化教学提升教学效果，提高课程目标达成度。自建优质数字化和线上教学资源，开拓优质慕课资源，共建共享优质旅游创新创业教学资源。

加强政府、旅游规划院、旅游企业、各科研院校、研究机构的合作，创建共享资源平台，搭建"理论＋实践＋创新"的综合性平台。集合行业企业项目、教师旅游产业科研项目和教师高等教育教研项目，将新技术、新理念、新研究转换为优质教学资源，将教学科研成果、企业真实项目转化为具体的课程教学单元和实践项目，形成产业、科研、教学联动的旅游创新创业人才培养格局。

（四）利益分配机制

根据产教、科教融合与旅游创新创业教育协同发展在运行过程中所产生的利益特点，以利益能否量化为标准，将其划分为有形利益和无形利益。其中，有形利益主要是指能直接获得的、可量化的利益，包括科研成果、资金支持、专利奖励与经济效益等；无形利益主要是指难以量化的、短期内难以见到效应的利益，包括社会效益、社会声誉、品牌形象、荣誉名誉等。除此之外，按照受益主体，还可以将利益划分为集体利益和个人利益，即在产教、科教融合与旅游创新创业教育协同发展过程中产生的对高校的利益为集体利益，产生的对该集体所属范围内的科教人员、青年学生的利益为个人利益。

在产教、科教融合与旅游创新创业教育协同发展的过程中，主体利益不完全一致，可能导致协同发展实践的偏差，各方主体既有合作的意愿又有利益上的冲突。理论上，各实践主体具有一致的目标：提高教学、科研的水平和质量，培养具有旅游创新创业能力的人才，服务于产业发展。[1] 但不同的实践主体之间存在层次性，价值与利益追求存在差异性，基于经济理性假设，在实际的工作中，不同主体可能更多地偏重自己的利益与价值追求，主体的实践方向可能偏离理论追求的目标，因此，需要通过构建妥当的利益分配机制来调动各实践主体的积极性。

在利益分配的过程中，需要综合考虑各主体的资源投入、贡献大小、风险承担、相对重要性等因素。从资源投入来看，其既包括经费、科教人力、平台等有形资源，又包括知识、文化、技术、信息、专利、社会声誉等无形资源；从贡献大小来看，包括产科教融合带来的科研成果、科技创新、社会服务，协同育人的贡献主要有青年学生的旅游创新创业能力、科研兴趣、就业水平、服务社会的能力等；从风险承担来看，各主体主要涉及研发风险、培养风险和合作风险；从相对重要性来看，各主体具有不同的核心能力和影响力，重要性越高的主体在协同过程中发挥的作用越大。产教、科教融合与旅游创新创业教育协同发展是建立在各主体平等与互利互惠的基础上的。在利益分配的过程中，应当坚持资源投入与利益分配相一致的原则，资源投入越多，相应的获取的利益应该越多；应当坚持贡献

---

① 杨睿：《科教融合的实践主体及路径》，《中国高校科技》2017 年第 7 期。

大小与利益分配相一致的原则，贡献越大，相应的获取的利益应该越多；应当坚持风险承担与利益分配相一致的原则，各方承担的风险不同，其收获的利益也应有所体现。

在产教、科教融合与旅游创新创业教育协同发展的过程中，各主体应就各自的权利和义务进行约定，根据各自资源投入、贡献大小、努力程度以及承担的风险，进行最终的利益分配，尽可能地平衡各方利益，使各方利益诉求得到满足，实现利益最大化，实现协同发展机制的良性有序发展。

第三节　保障机制

构建产教、科教融合与旅游创新创业教育协同发展机制，实现旅游创新创业教育的良性发展，需要建立完善的保障机制。该机制能为利益相关者的合作提供物质和资金等方面的支持，包括管理保障机制、政策保障机制、师资保障机制、战略合作机制、资金保障机制、环境保障机制等。

一　机制概述

在保障机制构建的过程中，产业要发挥自身的社会功能，通过资金支持、智力支持等方式，与高校进行资源共享。构建产教、科教融合与旅游创新创业教育协同发展机制，其目标在于服务地方经济社会的发展。在构建产教、科教融合与旅游创新创业教育协同发展机制的过程中，应当以高校所在城市为依托，与城市旅游产业发展积极联动互动。地方旅游主管部门为高校旅游科研提供数据信息等资源，保障高校旅游科研活动的顺利进行；与高校签订相关合作协议，通过资源配置实现协同效率的提高；引导地方旅游主管部门、旅游行业、旅游企业为高校培养旅游创新创业型人才提供实践教学的空间与机会，进而实现产科教良性融合，有力保障产科教高水平融合发展。[1]

---

[1]　侯文东、任磊、张云鹏：《"三位一体"产教融合特色学院模式的创新实践》，《现代职业教育》2021 年第 27 期。

二　机制构成

（一）管理保障机制

高校应成立基于产教、科教融合与旅游创新创业教育协同发展的领导小组，全面领导协调创业教育工作。在高校内部层面设立融合机制，主动适应旅游产业转型升级和经济社会发展需要，推进高校内部组织管理制度融合，提升内部治理能力，深化产教、科教融合与旅游创新创业教育协同发展程度，优化校企合作的对接模式，构建行之有效的旅游创新创业人才培育长效机制。由高校牵头成立由专任教师、创业导师、企业兼职教师等组成的创业教育指导站，通过多种渠道为学生开展各类创业咨询、指导、顾问和培训等。不断强化创新创业教育过程中大学生的创业意识，加强创业教育，为大学生提供创业机会，给予创业帮扶，积极营造良好的创业环境。

从外部层面的制度融合来看，在高校与产业之间的制度体系相互交叉渗透的过程中，摒弃阻碍产教形成合力的制度，建立有利于产教融合健康发展、符合产教多元主体共同利益的制度体系，推进产教融合师资共培互聘制度、利益共享分配制度等具体制度的落地执行，筑牢高等教育产教、科教融合高效运行的体制基础。[①]

（二）政策保障机制

构建产教、科教融合与旅游创新创业教育协同发展机制的政策保障机制，需要从政府和高校两个层面展开。

在政府层面，应当针对产教、科教融合和创新创业教育进行顶层设计，制定相关发展规划，由立法机关颁布的法律和行政部门颁布的法规、条例等形成完备的法规体系，实现政府对产教、科教融合合作行为的有效调控。出台创新创业方针政策，为企业和高校的产教、科教融合提供资金、税收、

[①] 赵建峰、陈凯、蒋锦毅、闻振菲、齐冠：《"双高计划"背景下高职院校产教深度融合模式与机制研究》，《浙江交通职业技术学院学报》2022年第2期。

人员等多方面的政策支持，如针对企业接受学生实习，给予税收方面的优惠等。① 各地政府应成立专门的领导小组和组织机构，压实责任，协调工作，推进双创基地的基础设施建设，推动高校和产业的旅游双创师资引进，推动高校旅游创新创业教育品牌建设，推动社会"大众创业、万众创新"的文化氛围建设，提高大众对创新创业的认识与了解程度，鼓励大学生创新创业活动的开展，为大学生创新创业提供一个宽松、友好的社会环境。②

在高校层面，出台创新创业教育鼓励政策，有效形成正向激励机制。③围绕职称评定、职位晋升等，设计针对创新创业教育管理、教师、研究人员等的激励政策，围绕学分、奖学金、荣誉等设计针对参与创新创业教育课程的学生的激励政策。通过对创新创业教育生态系统中生产者与消费者的共同激励，增强创新创业教育供给侧的供给能力和需求侧的需求欲望，使供需两侧形成合力，形成创新创业教育生态系统供需两端协同推进的良好态势。

高校应与地方政府保持密切的合作关系，积极为学生寻找良好的制度环境和物质支持，充分运用政府政策帮助和孵化大学生团队，为大学生团队的创业提供各种资金、场地、技术、政策支持。在出台相关法律、法规、政策的同时，对政策的宣传介绍也十分重要。政府和高校应加大宣传力度，为学生提供政策介绍和指导服务。持续推进对大学生创业贷款、税收优惠政策的宣传，为大学生进行旅游创新创业提供专业政策指导④，确保政策落到实处。

（三）师资保障机制

教师队伍的创新创业教育水平决定了高校创新创业型人才培养的质量。

① 许敏华：《发达国家校企合作模式分析及启示》，《教育与职业》2015 年第 28 期。
② 刘云朋、周明芳：《基于产教融合视角的现代区域职教大综合体多维协同机制构建研究》，《科技创新与生产力》2021 年第 10 期。
③ 姚远、冉玉嘉：《高校创新创业教育生态系统构建研究——以"立德树人"为引领》，四川大学出版社，2019，第 58 页。
④ 程小康：《旅游高职院校学生创业现状调查及对策研究——以上海旅游高等专科学校为例》，《课程教育研究》2018 年第 28 期。

积极组建由旅游专业教师、创新创业教师、旅游行业教师组成的旅游创新创业教育师资队伍，提升师资队伍水平，是实现产教、科教融合与旅游创新创业教育协同发展的根本与保障。

在产教、科教融合的过程中，高校聘请旅游行业、企业的技术人才、管理专家到高校进行实践教学，打造由校企共同组建的"双师型"双创师资团队。教师通过在学校和企业教学工作的开展与挂职锻炼实践工作的开展，学习企业先进与丰富的创新创业经验，组织学生参加各类实践活动，在发挥专业优势的同时，提升自身的行业实践能力。专业教师应积极走进企业，创新创业教师和旅游行业教师要积极走进学校，共同指导学生参加各类旅游社团活动和创新创业大赛①，实现旅游双创教师团队的能力提升和素质提升。

高校应以服务城市旅游产业需求为主导，鼓励高校内部针对旅游行业开展科研活动，推动旅游创新创业教育教学研究与改革，打造具备高水平、高素质的双创教师团队。结合学校创新创业教育的实际情况及发展趋势，打造旅游创新创业教育的科研团队，完善奖励政策与鼓励政策，促进旅游双创领域内教学人员教研成果和科研人员科研成果的产出。注重与产业、行业、企业进行积极有效的互动、交流、合作，搭建旅游创新创业发展教育的双创孵化平台、师资培训平台，推进专家团队、资源平台等的共建共享合作和环境建设，保障校企融合的顺畅。

在提升教师创新创业教育教学能力方面，要建立针对教师创新创业教育能力的培训体系，注重强化高校教师创新创业教育教学能力和素质培训，改革教学方法和考核方式，推动教师把国际前沿学术成果、最新研究成果和实践经验融入课堂教学。完善高校双创指导教师到旅游行业企业挂职锻炼的保障激励政策。实施高校双创校外导师专项人才计划，聘请企业专家进入师资团队，探索实施驻校企业家制度，吸引更多各行各业优秀人才担任双创导师。支持建设一批双创导师培训基地，定期开展培训，为学校创

---

① 焦爱丽：《"一带一路"背景下旅游管理专业教育与创新创业教育融合研究》，《吉林工商学院学报》2021 年第 6 期。

业教育教研活动提供指导和帮助。

（四）战略合作机制

在产教、科教融合与旅游创新创业教育协同合作的过程中，应当制定共赢发展的战略合作机制，不断增强深化合作的思想意识。高校、政府、产业都应该提高思想觉悟，从服从和服务于地方经济发展与产业战略布局的大局出发，深刻认识到产教、科教融合与旅游创新创业教育协同合作的战略意义，进一步转变观念、提高认识，加强理解和信任，增进认同和包容，主动寻求合作机会，创造合作条件，成为产教、科教融合与旅游创新创业教育协同合作的主要推动者。

对于高校而言，要进行自我完善与自我提高，围绕旅游产业链，构建产教、科教实践教学平台，优化旅游创新创业课程设置，进行方案设计、项目学习、企业实践、科研实践、旅游创新创业训练、顶岗实习、毕业设计，多维度地提升旅游专业学生探究问题能力、实践动手能力、创新创业能力、独立思考和解决问题的能力，为学生进行科研开发、创业实践、创新训练等提供优质的资源，强化理论与实践的融合。培养更多具有创新创业意识、素养和能力的旅游专业人才，更好地服务旅游产业的发展。

对于产业而言，要进行战略调整，把建立产教、科教实践教学平台作为与高校进行科研交流、人才互派的机会，不断提升自身的创新能力，把握旅游行业发展趋势，与高校共同引领旅游创新创业教育的开展。

（五）资金保障机制

在产教、科教协同合作的过程中，充裕的资金来源、合理的资金使用与管理是该要素整合的重点。在合作过程中，高校相对于企业而言，在知识、技术、人才方面有较大优势，而以生产为主要任务、以营利为主要目的的企业在资金这一要素上明显优于高校。高校与产业双方合作的主要目的是培养能够为产业生产一线服务的高技能型人才，学校只有在吸纳了企业的资金投入后，才能更快更好地完成人才培养任务，从而满足校企双方的需求。因此，在产教、科教融合的资金管理方面，可以成立以企业为主，高校、地方政府财政部门为辅的资金管理委员会。该委员会成员要由企业财务部门、高校财务部门、地方政府财政部门的成员组成，并由学校、企业、地方政府负责校企合作的高级领导参与监管。

第一，保障对旅游创新创业实训基地建设的投入。在实训基地建设方面，学校以土地资源的投入为主，企业主要负责实训基地资金和设施设备的投入。在资金缺口较大的情况下，双方还可以通过联合申请政府的专项资金参与建设。高校和企业在旅游创新创业实训基地建设的前期必须做好建设过程中的责、权、利等相关方面的协商或协议工作。

第二，保障对技术创新项目的资金投入。在产教、科教融合发展过程中，高校作为技术创新项目承担单位，企业作为项目参加单位，应积极争取政府技术创新基金的支持，双方组织申请基金团队，向地方政府科技局提交校企合作基金申请书及相关材料（学校和企业校企合作协议书、技术创新项目可行性报告、项目阶段成果等），申请外部基金的投入，增加资金来源。在技术资金的合作过程中，资金管理委员会成员要定期召开会议，就校企合作双方在项目合作资金的利用、人员管理费用、实训基地建设资金、物资设备采购资金等予以公布与监督。[1]

学校应积极引入社会资本，加强与行业企业的合作，更好地弥补创业资源的不足，特别是鼓励旅游企业参与到学校学生创业大赛中，使学生创业项目能够符合行业企业需求、能够得到专业指导和资金扶持。[2]

（六）环境保障机制

旅游创新创业人才的培养和成长，离不开特定社会环境保障和管理服务支持。旅游创新创业人才的成长发展、效能释放，需要开放包容的社会心态，同时需要相应的服务保障，由此，也会对劳动法律体系、就业管理服务、技能教育培训等提出新要求。目前，我国从政策层面高度重视创新创业教育，在全社会营造尊崇创新创业的氛围，通过各种形式大力宣传、倡导创新精神、创业精神、科研精神，引导形成崇尚创业、热爱创业、参

---

[1]　祝春：《高职校企合作协同机制研究》，硕士学位论文，广东技术师范学院，2013，第24页。

[2]　程小康：《旅游高职院校学生创业现状调查及对策研究——以上海旅游高等专科学校为例》，《课程教育研究》2018年第28期。

与创业的浓厚氛围。

由产教、科教融合平台牵头，积极开展多种形式的创新创业计划竞赛，激发大学生的创业热情，训练大学生的创业思维，为大学生提供机会，落实他们的创业设想。为大学生提供完善的创新创业管理服务体系，设立大学生创业基金，为大学生增长才干、创新创业营造宽松的社会环境。

第十章

"双一流"建设高校产教、科教融合
与旅游创新创业教育协同发展实践

产教、科教融合培养创新创业人才，既是我国高等教育教学改革必须解决的重大教育理论和实践问题，也是提高旅游管理专业创新创业人才培养质量的核心理念和有效途径。"双一流"建设高校即"世界一流大学和一流学科"建设高校，是中共中央、国务院作出的重大战略决策，也是中国高等教育领域继"211 工程""985 工程"之后的又一国家战略，有利于提升中国高等教育综合实力和国际竞争力，为实现"两个一百年"奋斗目标和实现中华民族伟大复兴的中国梦提供有力支撑。深化"双一流"建设高校旅游管理专业创新创业教育改革和发展，有助于整合政府、行业、企业、科研机构等多方面的创新要素、教育教学资源和平台，形成多元要素参与、多元主体协同的育人机制，真正将科研育人和教学育人有机统一，提升"双一流"建设高校旅游管理专业创新创业教育的实效。

第一节 成都理工大学创新创业型
旅游人才培养实践

成都理工大学矢志报国，上下求索，风雨兼程，耕耘不辍，截至 2022 年 5 月，为社会培养了 26 万余名优秀人才，为我国经济建设和社会发展做出了重要贡献，涌现了一批知名学者、专家和管理人才。学校在长期的办

学实践中，形成了"艰苦奋斗、奋发图强"的优良传统、"不甘人后、敢为人先"的进取精神、"穷究于理、成就于工"的校训。成都理工大学坚守为党育人、为国育才，着力培养具有人文情怀、科学素养、责任担当、国际视野、创新精神和实践能力的高素质人才。

一 基本概况

成都理工大学是教育部与四川省共建的省属重点大学，是国家首批"双一流"建设高校。学校有成都和宜宾两个校区，占地面积3487亩，校舍建筑面积134.6万平方米。成都理工大学是以理工为主，以地质、石油、资源科学、核技术、环境科学为优势，以土木、化工、材料、电子、机械、信息科学、管理科学为特色，经、管、文、法等协调发展的多科性大学。成都理工大学有66个本科招生专业（类），其中，国家级一流专业23个，通过工程教育认证的专业10个，国家级特色专业8个，国家级专业综合改革项目4个，省级一流专业48个，省级特色专业12个，省级专业综合改革试点项目13个。学校是教育部"卓越工程师教育培养计划"高校，有国家级"卓越工程师教育培养计划"试点专业（含独立招生方向）7个。学校有4个国家级实验教学示范中心、3个国家级工程实践教育中心、2个国家大学生校外实践教育基地，是国家级大学生创新创业计划实施学校。拥有各类国家级一流课程11门，各类省级一流本科课程192门。截至2022年5月，学校有全日制在校生36388人，其中，本科生30392人，研究生5996人。学校共设有20个教学学院、1个沉积地质研究院、1个地质调查研究院、1个产业发展研究院。学校另有1所独立学院（成都理工大学工程技术学院）。①

成都理工大学旅游与城乡规划学院是在国家培育旅游支柱产业、建设社会主义新农村和统筹城乡发展背景下，于2010年，由地球科学学院、环境与土木工程学院、商学院相关专业整合组建的学院。学院现有旅游管理、建筑学、人文地理与城乡规划、风景园林4个本科专业，其中，旅游管理、

---

① 成都理工大学简介，参见 https://www.cdut.edu.cn/xygk/xxjj.htm。

建筑学、人文地理与城乡规划3个专业入选四川省一流本科专业建设点。学院拥有1个省级经济管理实验教学示范中心（与商学院共建）、1个四川省哲学社会科学重点研究基地（国家公园研究中心）、1个四川省高校人文社会科学重点研究基地（青藏高原及其东缘人文地理研究中心）、3个校级科研基地（旅游与城镇规划研究所、统筹城乡发展与规划研究所、生态资源与景观研究所）。截至2022年底，学院有教职工97人，其中，博士生导师4人，硕士生导师46人，有高级职称的45人，博士41人，四川省学术和技术带头人1人，四川省学术和技术带头人后备人选2人，四川省特聘专家1人，校级师德标兵2人，校级教学名师2人，校级"育人十佳"2人，四川省旅游业青年专家6人，具有海外研修经历的23人。[①]

学校秉承"穷究于理、成就于工"的治学理念，发扬"不甘人后、敢为人先"的进取精神，依托资源环境优势学科，全面建设以规划设计为特色的人居环境专业学科群，以大旅游、小城镇、风景园林和生态建筑为研究方向，强化人才培养、科学研究、社会服务、文化传承四大功能，培养地方经济社会发展急需的创新创业型旅游策划师、城乡规划师、建筑设计师、景观设计师和园林工程师，建设优势特色明显的旅游与城乡规划学院。

二　主要做法

（一）树立全新的"研究式教育"理念，确定创新型人才培养目标

"研究式教育"是一种全新的教育理念。21世纪社会和经济发展的信息化与全球化趋势，把人的创新意识与实践能力培养的重要性提到前所未有的高度。从教育改革的发展趋势来看，传统的"教师讲授、学生接受"的教育模式已不适应时代发展的需要。单纯的以传授知识为主的教学型大学也逐渐向研究教学型大学发展，培养创新型人才已成为大学教育的重要目标。实施研究式教育，是一种教育理念的创新性实践，是培养创新型人才的有效途径。为了准确定位成都理工大学旅游管理专业的人才培养目标，学院在对全国旅游院校和旅游企业进行充分调研的基础上（我国众多的旅

[①]　成都理工大学旅游与城乡规划学院简介，参见 http://www.turp.cdut.edu.cn/xygk1/xyjj.htm。

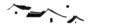
游院校主要培养旅游饭店、旅行社和导游方面的人才，旅游景区人才非常缺乏），积极发挥学院在资源环境、地理、园林、地质、测量和地理信息系统等方面的优势，以市场需求为办学之本，把本校的旅游管理专业培养目标定位为培养旅游景区开发与管理的创新型人才。

（二）培养一支高质量的"研究教学型"师资队伍

学院实施研究式教育改革，对师资队伍的建设提出了较高的要求，要求教师必须是既有深厚的理论科研能力，又有丰富的实际工作经验的"研究教学型"师资人才。为此，学院在旅游管理专业研究教学型师资队伍的建设上，集中精力做好以下几方面工作。

1. 内培外引

首先，学院积极鼓励本校具有较高理论水平与丰富实践（科研）经验的地质类专业教师，转行从事旅游专业的教学与科研；其次，有计划地送培素质良好的青年教师到校内、校外攻读硕士、博士学位，提升专业教师的综合素质；最后，从各大院校及科研院所引进品学兼优的旅游管理专业人才，提高专业教师的学历层次，改善师资结构，加速培养教学骨干和学科带头人，以推动教师教学科研水平的提高。

2. "产学研"一体化培养

除了内培外引，学院鼓励教师积极参加"产学研"实践，使教师能够将学科的最新研究动态及成果及时地展示给学生，运用"产学研"的成果推进"研究式教育"的实施。通过这一举措，教师的教学科研能力提高了，教学内容丰富了，学生的专业热情被调动了起来，学生的专业知识视野开阔了。

3. 聘任兼职教师

在师资队伍建设上，学院积极挖掘师资资源，不断从旅游管理部门、旅游企业聘请富有实践经验的人员担任兼职教师、客座教授和实践指导老师。同时，有计划地组织教师到旅游管理部门、旅游企业挂职培训和实习。通过这一举措，学院始终保持了和旅游管理部门、科研院所、旅游企业的良好沟通和合作关系，增加了企业和学校相互了解的窗口，使学校的专业培养更有针对性、方向性，使学生的就业选择更加客观、准确。

（三）精准实施"研究式教育"改革措施

1. 整合优化课程结构体系

优化课程体系，是实现培养目标、提高人才培养质量的核心所在。基于创新型人才的培养目标定位，课程体系既要遵循高等教育教学的发展规律，又要适应社会对人才的客观要求，要充分实现课堂教学内容与实际情景教学内容、常规教学方式与特殊教学手段、理论课程与实践技能培养课程的有机结合。学院要设置与社会需求对口的专业方向课，以满足不同层次、不同方向的专业人才需求。在教学计划的制订方面，学院从培养学生的创新能力入手，着力优化课程结构体系，努力构建一个有利于学生实现自主性学习和研究式学习的课程体系。在课程设置方面，学院力求以理为主、文理结合，并适当增加实践教学的比重。在课程的具体设置方式方面，学院采用"模块式"的设置方法，将旅游管理专业课程分为三大模块：公共基础课模块、专业基础课模块、专业选修课模块。其中，专业选修课模块又分为三大子模块：旅游区开发与规划子模块、旅游企业（景区）经营子模块、旅游商务信息管理子模块。结合培养目标，学院开设了旅游地质学基础、旅游景区规划与设计、旅游景区经营与管理和旅游环境保护等特色课程。

2. 实施课堂研究式教育改革

研究式教育，包含教师的研究式教学和学生的研究式学习两方面内容。实施研究式教育的过程，就是教师以事先设计好的板块化课堂教学内容为基础，围绕教学目的提出相应的"研究问题"，然后组织全体学生积极参与探讨和交流，让学生在教师的不断引导和启发下，积极寻求解决"研究问题"的方式、方法、手段和途径，最终形成解决问题的一个或多个方案。研究式教育模式使教师与学生双方在教学过程中形成了良好的互动关系。而学生通过研究式学习，自身的学习兴趣和创新意识得到了提高，自身分析问题和解决问题的能力也得到了加强。具体实施过程是：第一，教师向学生说明提出这一"研究问题"的理论意义和现实意义；第二，指导学生阅读，即预习相关的学习内容；第三，在预习的基础上，让学生查找、收集有关信息资料；第四，组织学生进行社会调查活动，通过人物专访和问卷调查让学生获得真实可靠的第一手资料，通过实地调查使学生亲身感受"研究问题"的必要性；第五，组织学生进行课堂讨论，教师要根据所掌握的调查资料和信息，如实介绍"研究问题"的研究动态，鼓励学生阐述自己的看法和感受；第六，在教师的指导帮助下，由学习委员负责组织学生分组完成课程设计报告。研究式课堂教学提倡案例式学习，学生通过对案例的分析、讨论，提炼出自己的观点和看法，做到理论与实践的统一。

为了提高课堂教学效果，旅游管理专业在全校率先使用了自行研制的多媒体课件，将现代化媒体，如投影、录像、计算机辅助教学、多媒体技术等运用到课堂教学中。这种教学由于其直观性、动态性和较大的信息容量，为学生自主学习及研究式学习创造了更好的条件。此外，学院还改革了传统的考核方式，采用开卷、半开卷、口试、课程设计等多样化考核方式，使考核不仅仅是检验教学效果的一种方式，同时更是锻炼学生发现问题、分析问题和解决问题能力的一次机会，是学生学习过程的继续。

3. 实施研究式实践教学

实践教学是本科教学的重要环节，也是使学生理论联系实际的根本保证。旅游管理专业新的教学计划科学地设计和优化了各个实践教学环节，创新了实践教学的内容和方法，增加了设计型、综合型、研究型、开放型等实验，建成了优良的实践教学基地。具体体现在两个方面。

第一，将研究式教育渗透到实习当中。为强化旅游管理专业的实践教学环节，学院设计旅游认知实习（4周）、生产实习（15周）和毕业实习（12周），建立起了"理论—技能—理论—实践"的全程培养模式。在实习中，把科研成果有选择地编入实习内容，而学生在每次实习之前，都要在教师指导下选择自己感兴趣的问题，然后在实习过程中认识、研究、解决问题，最后独立完成一篇研究式实习报告。这种实践教学模式使实习教学与研究式探索紧密地结合在一起。例如，学院曾选择世界文化与自然遗产地——峨眉山及卧龙熊猫自然保护区作为稳定的研究式实习基地。实习结束后，学生对相关问题的研究并没有结束。在教师的指导下，学生以峨眉山及卧龙景区为研究对象，申报了"峨眉山世界自然与文化遗产地保护性旅游开发研究""卧龙自然保护区生态旅游可持续发展研究""卧龙大熊猫自然保护区生态旅游开发研究"等课外科技立项课题，进行进一步研究。

第二，专业实验室的建设。成都理工大学旅游管理专业中80%的专业课程设置了相应的研究型实验课，实验课学时不少于总学时的1/3，以启发学生思路，激发学生的灵感。为此，本着突出特色与资源共享的原则，学校着重加强了专业实验室建设，先后建立了旅游规划实验室、旅游地学实验室、旅游综合实验室等。

4. 鼓励并支持学生进行课外自主研究

所谓自主研究，就是指学生独立从事和完成某项课题，包括提出问题、拟订研究计划、开展深入研究，到最后提交研究成果。学生可以通过对生产和流通领域的实际调研，自立项目，或参加指导老师的科研项目，或参与企业界设立的专题项目，或参与校团委科技立项活动等，以培养自己在自主学习中的创新意识，发掘创新潜能。

成都理工大学旅游管理专业学生的科技立项与四川的旅游开发紧密相连，项目题材广泛、热点性强，内容涉及世界遗产地的保护、大熊猫生态旅游开发、红军长征文化旅游、乡村旅游、地质公园建设等。

5. 开展与专业有关的第二课堂活动

第二课堂在人才培养中具有促进学生个性成长的特殊功能。教育改革的深化，要求打破传统教育观念的"桎梏"，积极开辟第二课堂，开阔学生的知识视野，激发学生的学习兴趣。与课堂教学相比，第二课堂涉及的知识领域更广泛。

旅游管理专业学生成立了探奇旅游协会，并成功组织了四姑娘山、夹金山、米亚罗、桃坪羌寨探奇旅游活动，成功举办了成都理工大学文化旅游节。同时，旅游管理专业学生还成立了导游社会实践队，组织了"暑期公交义务导游社会实践活动"，在成都市3、7、35路公交车上作沿途景点讲解。此外，还邀请了国外旅游专家及国内资深学者给学生进行学术讲座，邀请旅游界成功人士作创业报告，利用周末举办学术沙龙，以提高学生的综合素质。

6. 实行导师负责制

学院把研究式教育模式引入学生生产实习、毕业实习，本科生产实习、毕业设计，完全实行导师负责制，积极探索导师负责制下的研究式教育模式的实施问题。学院从学生毕业论文的选题、资料的收集、大纲的拟订、图表的制作到初稿的撰写等环节都实施研究式教育，培养学生独立分析问题和解决问题的能力。①

三　特色亮点

（一）发挥地学优势

成都理工大学旅游管理专业是在地球科学学院的专业学科基础上创办起来的，具有与其他旅游院校不同的明显的地学优势。旅游资源的形成、分布、开发和保护都与地学背景密切相关，是旅游开发的基础及依托。因此，旅游管理专业在办学思路上，把旅游科学与地球科学相结合，突出旅游地学的专业特色。在专业教学方面，学院开设了旅游地理学等地学及相关课程，增强了学生对旅游资源的成因及其开发的认识。在实践教学方面，学院依托峨眉实习基地，建立了旅游地学认识实习基地，使学生深刻了解地学与旅游的关系，培养具有大地学观的旅游开发人才。在教材建设方面，学院引入旅游学和旅游地学的最新研究成果，编写了《旅游地理学》和《旅游规划与开发》2 本教材。2015 年，在旅游地学创立 30 周年、中国国家地质公园诞生 15 周年之际，朱创业主编的《旅游地理学》教材被中国地质学会旅游地学与地质公园研究分会评为"优秀旅游地学著作"二等奖。

（二）强化创新创业教学

高校创新创业教育是一个以教学为中心的教育体系。强化创新创业教

---

① 朱创业、梅燕、李晓琴、鄢和琳、徐胜兰：《基于创新型旅游人才培养的"研究式教育"改革探析——以成都理工大学为例》，《成都理工大学学报》（社会科学版）2007 年第 3 期。

学就是要充分发挥课堂教学主渠道的作用，培养学生创新意识、创新思维和创业能力。学院主要从以下几方面强化创新创业教学。一是开展"三段"渐进的创新创业教学。学院在教学改革实践中把创新创业教学分为有机衔接的 3 个阶段：第一阶段针对大学一年级学生，开设旅游专业导论课程，培养学生创新意识；第二阶段针对大学二、三年级学生，以旅游专业课教学为主，重点培养学生创新思维，提高学生专业理论素养；第三阶段针对高年级学生，开展丰富多样的创新创业实践，重点培养学生的创新创业能力。二是加强"三基"特色精品课程建设。按照确定的培养创新创业型旅游开发人才的目标定位，学院立足于旅游地学特色，加强了"三基"特色精品课程建设，形成了以基本知识课程旅游学概论（省级精品课程）、基本理论课程旅游地理学（校级精品课程）、基本技能课程旅游规划与开发（校级精品课程）为代表的精品课程系列，并以点带面，推动课程体系的精品化建设。三是探索"三式"课堂教学改革。学院改变传统以教师为中心的课堂教学形式，积极探索基于创新创业教育的课堂教学改革，形成了"探究发现式""案例分析式""主题讨论式"三种充分体现学生主体地位的"三式"课堂教学形式。

（三）推动创新创业实践

创新创业教育是理论与实践的结合，搭建创新创业实践平台是创新人才培养不可或缺的条件。为此，学院构建了以产、学、研良性互动为主要内容，教学实践、科研实践和社会实践三环相扣的实践平台。一是在教学实践方面，旅游管理专业充分依托学院旅游科研基地，在苍溪县革命老区、安县灾区、泸定县和遂宁船山区等地建立多个校企合作、校地合作的实习基地，培养学生的创业能力，同时也分别为攀枝花盐边格萨拉生态旅游区、重庆建川博物馆、苍溪红军渡、船山区龙凤古镇、黄河九曲第一湾等景区编制规划，这些景区均已成功创建为国家 4A 级旅游景区，实现了校地双赢。二是在科研实践方面，学院制定了《旅游与城乡规划学院大学生课外科技项目推荐申报立项管理办法（试行）》及《旅游与城乡规划学院学生课外学术科技活动奖励办法》，创造条件让学生尽早参加课内外科技实践活动，促进了学生创业能力的提高。三是在社会实践方面，支持学生走出校园，开展与专业有关的社会实践活动。每年暑期，学院组织学生参加各种形式的社会实践队，实践队曾获得省级"暑期社会实践优秀团队"称号。

（四）营造创新创业氛围

营造创新创业氛围，有助于激发大学生的创新创业精神，培养他们积极探索、开拓创新的改革意识，锐意进取、敢为天下先的竞争意识和励精图治、自强不息的奋斗精神。结合专业特色，学院主要从三个方面着手，营造鼓励创新创业的校园文化氛围。一是以学生自己策划组织的旅游文化节为载体，激发学生的创新热情，吸引学生积极参与到创新创业的课外活动中来，培养学生的创新能力。目前，旅游专业学生已成功策划及举办了多届成都理工大学文化旅游节。二是充分发挥学生旅游社团——探奇旅游协会的作用，积极开展各种专题活动，如专业知识竞赛、导游风采大赛等，培养学生的创新创业能力。三是举办宽松自由的学术论坛，邀请校内外专家开展专题讲座活动，开阔学生的眼界，提高学生的创新创业意识和创新思维能力。

（五）强化师资保障

建设一支高素质的师资队伍是创新创业教育成功的关键因素。学院在旅游管理专业创新创业型师资队伍的建设上，搭建了"内培外引"的师资队伍建设平台。首先，内部培养。通过在职深造、优化培养、企业挂职、参与产学研课题等形式，加强专业教师创新创业教育的理论研究和实践锤炼。目前，旅游管理专业大部分老师参加了产学研实践活动，在直接为国家经济建设服务的同时，实现教学科研互动，运用产学研成果推进创新创业教育，将学科的最新研究动态及成果展示给学生，促进了创新创业教育的开展。其次，外部引进。针对创新创业教学需要，从企事业单位聘请一些具有创新创业经历的专家来学校从事创新创业教学活动，定期为学生开展专题讲座，传授创新创业技能，解答创新创业疑惑，激励创新创业信心。目前，成都理工大学旅游管理专业已建成了一支"数量适中、结构优良、专兼结合、素质过硬"的创新创业型教师队伍。[①]

第二节 海南大学旅游人才培养跨越式 改革创新实践

海南大学坚持突出"热带、海洋、旅游、特区"四大特色，学科涵盖哲、经、法、文、理、医、农、工、管、艺等十大门类。学校坚持"支撑引领、特色取胜、高位嫁接、开放创新"的发展理念，紧扣海南发展定位与科技需求，组建"热带高效农业""海洋科技""信息技术""生命与健康""生态文明""文化旅游""自贸港发展与制度创新"七个学科群。学校通过科教融合和人才培养体制机制改革，培养优秀人才，带动高水平学科发展，推进世界一流学科和国内一流高校加快建设、特色建设、高质量建设。

一 基本概况

海南大学位于海南省海口市，是由华南热带农业大学与海南大学于2007年8月合并组建而成的综合性重点大学，是教育部与海南省人民政府部省合建高校，被纳入教育部直属高校行列，是海南省"国内一流大学建设"重点支持高校、国家"双一流""211工程"重点建设高校。截至2022年10月，学校有海甸、城西和儋州三个校区，校园面积6066亩，全日制学生4.2万人，拥有36个二级学院，13个一级学科博士点和1个专业学位博士点，34个一级学科硕士点，21个硕士专业学位类别，69个本科专业，6个博士后流动站，45个国家级一流本科专业建设点，5门国家一流本科课

---

① 朱创业、梅燕、李晓琴、杨毅、唐勇、谢萍：《基于旅游地学特色的创新创业型旅游开发人才培养模式改革探索——以成都理工大学旅游管理专业为例》，《中国地质学会旅游地学与地质公园研究分会第29届年会暨北京延庆世界地质公园建设与旅游发展研讨会论文集》，北京，2014年9月。

程，2 门国家级精品课程，1 门国家级精品在线开放课程，2 门教育部课程思政示范课程。学科涵盖了哲学、经济学、法学、文学、理学、医学、农学、工学、管理学、艺术学等门类。专任教师 2600 多人。在科研平台方面，学校拥有 1 个省部共建国家重点实验室、1 个省部共建国家重点实验室培育基地、20 个省部级重点实验室、3 个省部级协同创新中心、2 个教育部国别和区域研究中心、15 个省部级工程研究中心、15 个院士工作站、11 个省级人文哲学社会科学重点研究基地。①

海南大学亚利桑那州立大学联合国际旅游学院（又称为"海南大学国际旅游学院""海大国际旅游学院"）的创办是贯彻落实习近平总书记视察海南时重要讲话精神，落实《国务院关于推进海南国际旅游岛建设发展的若干意见》要求，主动服务国家对外开放战略和海南国际旅游岛建设，推动海南大学"双一流"学科建设，加快提升国际化办学水平而采取的一项重要举措。学院于 2017 年 5 月获教育部批准成立，是国内首个旅游类中外合作办学机构，也是海南省第一个中外合作办学机构。学院于 2017 年 9 月开始招生，截至 2022 年底，有四届在校生 1100 余人。设置 3 个本科专业，即酒店管理、人文地理与城乡规划和行政管理；2 个硕士专业，即旅游管理、公共管理。旅游管理学科是海南大学重点学科及优势特色学科，在海南大学工商管理一级学科博士点中位列第一方向；美国亚利桑那州立大学为国际知名研究型大学，2015～2021 年连续七年被《美国新闻与世界报道》评为"美国最具创新力大学"第一名。

学院融合东西方教育理念，突出国际化、创新型、跨学科特色；采取"双学籍""双学位""4＋0"的培养模式；以服务于海南自贸港建设和海南大学"双一流"学科发展需求，培养通晓国际规则、具有跨文化交流能力及国际竞争力的行业领军人才为目标；努力建设更开放、更融合、更有韧性的高水平中外合作办学机构。②

---

① 海南大学简介，参见 https：//www. hainanu. edu. cn/hdgk1/hdjj. htm。
② 海南大学亚利桑那州立大学联合国际旅游学院简介，参见 https：//haitc. hainanu. edu. cn/gy-wm1/xyjs1. htm。

二 主要做法

（一）建设理论与实践相结合的课程体系

首先，海南大学国际旅游学院构建与专业素质培养要求相符合的理论教学体系。一是以掌握通用知识、形成基本能力为重点，构建基本素质与能力课程模块，如马克思主义、英语、体育、应用文写作、管理学原理、计算机基础等课程；二是构建旅游管理专业基础知识课程模块，包括旅游资源学、旅游文化学、旅游地理学、旅游经济学、旅游英语、旅游心理学、旅游法规、旅游市场营销等课程；三是以不同旅游专业方向的基础知识和技能为重点，构建专业素质与技能课程模块，包括酒店管理、旅行社管理、导游业务、景区管理、会展旅游管理等多个专业方向课程。此外，从提高学生职业拓展能力出发，构建专业选修课程模块，包括旅游服务管理、节庆旅游策划、旅游景观设计、旅游电子商务、旅游美学、海洋旅游开发、度假产品设计、ERP 沙盘模拟训练等课程。

其次，学院以职业技能培养为主线，构建与理论教学相适应的实践教学体系。一方面，按照旅游行业对从业人员的知识、能力、素质的要求，将企业管理与服务规范引入课程建设的内容中，构建旅游专业技术课程模块，如导游实务与技巧、客房管理、前厅管理、餐饮服务、饭店设备管理、旅游规划制图、营销策划等课程，形成与理论课程紧密配合的实践教学体系；另一方面，注重专业技术课程的实训教学，加强课外与课内实训、校外与校内实训、集中与分散实训的结合，加强学生专项技术能力与综合实践能力、基本业务技能与特殊操作技能的结合。学院形成了既相对独立又与理论教学体系相辅相成的实践教学体系。此外，学院把导游证、酒店英语等职业资格考证课程纳入专业教学计划，有效实施了"双证书"课程教育。[①]

---

① 陈海鹰：《应用型旅游管理专业课程优化建设的对策探讨——以海南大学应用科技学院为例》，《现代企业教育》2011 年第 16 期。

（二）创新育人模式①

在亚利桑那州立大学的支持下，海大国际旅游学院引进该校教学过程管理模式，注重课程教学过程管理，强调教学互动及团队协作、小组讨论、头脑风暴、团队作业等。除了直接引进亚利桑那州立大学学术英语基础等特色课程，学院实施"课程论文＋课堂表现＋期中考核成绩占比不低于总成绩的60%、期末考试占比不超40%"的考核方式，充分引导学生利用大量的课外时间用于学术写作和课堂表达的准备。

海大国际旅游学院引入北美研究导向型应用本科的教育模式，将本科毕业论文设计与毕业实习及就业相结合，实施"学术＋业界"双导师制。根据这一制度，学生团队可在实习期间，针对发现的企业问题设计研究方案（开题报告）并完成中/英文项目报告，最终由企业管理人作为未来"雇主"参加公开路演报告会（毕业论文答辩）。这在一定程度上打破了学校和社会的壁垒，使学生的学习更具针对性和思辨性，也为学生和用人单位之间搭建了供需平台。

海大国际旅游学院成立了创新创业中心及职业发展中心平台，精准摸排高年级学生升学、就业及创业意向，并针对学生个体的实际需求，提供留学、考研、就业导向等方面的精准咨询和支持，为实现学生高品质升学及高端就业上了"保险"。亚利桑那州立大学也给予特别支持——海大国际旅游学院学生申请该校研究生项目时可免考雅思、免提供成绩单、免付申请费用等。截至2020年12月，海大国际旅游学院已与50余家企业及2家境外高校建立联系，陆续有学生拿到了字节跳动、科大讯飞、中粮地产、融创地产等企业就业和实习的录用通知书。

（三）打造中外融合的国际化师资队伍

作为一所高度开放、深度融合的中外合作办学机构，与合作院校共同制定具有国际特色的培养方案，并大力引进优质师资和教育教学理念是核

---

① 以下内容参考《放眼国际谋发展 借智引力育新人》，海南省人民政府网站，2020年12月10日，https://www.hainan.gov.cn/hainan/5309/202012/316d7b3bd90842b9b5ef2af55cb1f481.shtml，不再一一标注。

心要务。以保障高效、有序地开展旅游管理专业课程建设，构建一支年龄、专业、学历、职称结构合理且具有团队合作精神的师资队伍，实现课程建设目标。海大国际旅游学院师资团队由合作方派遣、海南大学派遣以及全球招聘三个来源组成，正逐步形成一支以外籍教师与海外归国人才为主体、教学与科研能力强的国际化、高水平师资队伍。截至 2020 年 12 月，全院教师中有 1/3 来自亚利桑那州立大学、1/3 来自海南大学、1/3 来自全球招聘；60% 为外籍教师，92% 以上专业课教师拥有博士学位，100% 拥有海外知名高校学历。除了任课教师，该学院的管理队伍同样人才济济——全院高素质管理人员及国际事务部成员 100% 拥有硕士学位，70% 以上拥有海外留学经历，国际化的教学和科研氛围日益浓厚。

（四）拓展实践平台，促进产教双循环

旅游管理专业是一门应用性很强、实践性很强的专业，其培养应用型旅游管理人才的目标要求该专业不断深化实践教学建设与改革，提高人才培养质量。海大国际旅游学院是国内本科以上旅游学科办学规模最大的院校之一，从创办之初就以海南的独特旅游产业资源为依托，延展业界教育资源，鼓励通过第二课堂实现校内学习到社会实践的过渡，为社会培养高素质旅游人才。海南大学国际旅游学院通过加大投入力度来改善教学条件，加强教室、教研室等教学场所硬件建设，丰富现代教学设备及图书音像等教学资料；根据应用型旅游管理不同专业方向发展的要求，建设相关课程教学实验室。旅游管理专业实践性极强的特点使校内外实习实训基地建设变得尤其重要。为此，除了建设餐厅及客房模拟实验室、模拟酒吧、旅游企业信息管理实训室等校内实训基地，学院还积极与相关旅游企业进行协调互补型合作，建立一批与应用型旅游管理专业课程建设相协调、与学生就业需求相适应的校外实习实训基地，通过内外结合来增加学生实习实训的空间和机会。学院已与中国旅游集团、观澜湖集团（海口）等 30 余个旅游企事业单位建立了实习实践教学基地。

通过引入产业资源进行培养，海南大学国际旅游学院的学生能够快速地适应工作环境，实现从校园到工作岗位的转变。海南大学国际旅游学院

积极参与省里的"旺工淡学"活动,通过工学结合及校企联合培养等模式,培养旅游新型人才,为旅游人才培养开辟"快车道"。"旺工淡学"旅游业人才培养项目是 2020 年海南自贸港首批制度创新案例,鼓励从业者"旺季上班、淡季进修、工学交替",在旅游旺季时输送人才、淡季时储蓄并提升人才,以解决海南省旅游行业存在的人才"潮汐"现象。在海南省教育厅等部门的顶层设计和领导下,海大国际旅游学院人才培养已经从"普适化旅游人才"升级为"海南自贸港建设需要的人才",人才定位从创新科研型双创人才升级为创业型产业型"三创"人才,同时产教资源双向引进与输出,最终形成了产教双向循环。①

（五）规范教学管理,加强质量监控

海南大学教学管理建设与改革的步伐从未停止过,科学化、规范化和制度化建设一直是学校进行教学管理制度建设的重要目标之一。学校本着稳定教学秩序、深化教学改革、加强素质教育、强化质量意识、充分调动广大师生教与学的积极性的基本原则,坚持"以人为本""教书育人、管理育人、服务育人"的理念,贯彻《教育部关于进一步深化本科教学改革全面提高教学质量的若干意见》的精神,根据我国高等教育改革与发展的趋势和学校的实际,不断建立健全教学管理的各项规章制度,先后制定了一系列有关教学基本建设与改革、教学运行管理、教学质量监控、教材建设和学生管理的规章制度,形成了科学规范、完整配套的教学管理体系。海南大学国际旅游学院在认真执行学校教学管理规章制度的同时,结合旅游管理专业的特点和单位工作的实际需要,制定了教学管理部分更为细致的工作规程或实施细则,形成了校、院两级教学管理规范体系,切实保障了各教学环节的良好秩序。在加强课堂教学质量监控方面,旅游管理专业的建设力度较大,并取得了一定的成果。学生全员评教、教学督导组和院系领导听课、期中教学检查学生座谈会、教研办日常抽查等是该专业教学质

---

① 《海南大学:为旅游人才培养开辟"快车道"》,青年之声网站,2022 年 10 月 2 日,http://qnzs. youth. cn/tsxq/202210/t20221002_14038974. htm。

量监控的主要措施。①

三　特色亮点

（一）国际化办学理念

海南大学高度重视国际旅游学院建设和发展工作。自成立以来，学校就将该学院打造成为教育开放发展和中外合作办学的新标杆，面向世界，重点辐射东南亚；打造成为海南开展中外合作办学、扩大共建"一带一路"国家和地区留学生规模的重要基地，特别是吸引东南亚地区华侨华裔来琼求学、就业创业，以及开展共建"一带一路"国家和地区学术交流、文化交流，加强旅游合作、扩大旅游规模的重要平台，更好地服务于海南自贸港和国际旅游消费中心建设。在省委、省政府的关心支持，以及海南大学的全力推动下，海大国际旅游学院实现了当年申报、当年获批、当年招生的重大突破，内设的酒店管理、行政管理及人文地理与城乡规划3个本科专业同时对外招生，体现了高等教育阶段中外合作办学领域的"海南速度"。

在海大国际旅游学院就读，意味着新生在入学当天便能同时注册海南大学和外方学籍，享有亚利桑那州立大学的所有线上资源。同时，该学院还实现了中外课程无缝对接，不仅完全做到了不以出国学习为必要条件的"4+0"模式，还充分给予有意愿的学生自由选择阶段性到外方学校本部学习的机会。值得一提的是，该学院的专业课程实行全英文授课，引进的外方学校课程占到全部核心课程的50%以上，并实施与亚利桑那州立大学本部一样的课程教学过程管理。学生修完所有课程并顺利通过考核后，将同时获得中外两所大学的学位证书。"不出国门就可以享受国际优质教育资源"，这让海大国际旅游学院在成立当年，就吸引了大批优质学生报考就读。

（二）开展教学改革，实行完全学分制

坚持教学改革和研究，是课程建设与时俱进的关键。海南大学国际旅

---

① 余力力、王琳：《创新型旅游人才培养模式的探索与实践——以海南大学旅游管理特色专业为例》，《新教育》2011年第Z1期。

游学院一方面以教研室为单位、以课程为中心来配置旅游管理专业教师团队，定期开展教学研讨和教学经验交流活动，共同开发教学资源，解决"各自为战"导致的教学研究不足问题；另一方面，大力推动教学方式的改革，改革教学中"灌输式"教学方法，大力倡导角色扮演式、情景模拟式、启发式、讨论式、案例研究式、汇报展示式等教学方法，强调教学过程中学生能动性及师生互动性的发挥。此外，还进一步密切教学与科学研究、产业实践的联系，采取"请进来、走出去"等方法加强与学术界和产业界的互动。

海南大学提出了具有时代特色的完全学分制。完全学分制改革实施后，学生对专业和课程的选择有了很大的自主性，可以结合自身兴趣、爱好和特长在一定条件下自主选择专业、课程和授课教师。通过构建"一生一策"人才培养模式，学生由"要我学"转变为"我要学"，教师教学由"漫灌式"转变为"滴灌式"，实现因材施教，从本质上促进学校人才培养质量和教育教学水平提升。海南大学实施课程主讲教师负责制和挂牌上课制度，鼓励教师积极参与课程建设、教学研讨和教学改革。同时开展课程考核改革，采取"第三方命题""试题库随机拼题"等"教考分离"的方式，完善教学质量评价机制，以此杜绝教师在评分时"放水"、以打高分"吸引"学生选课的问题，全面提升教学质量。为此，海南大学还建立了本科专业责任教授制，为本科专业配备责任教授，推动专业规划建设、课程体系建设等人才培养关键要素落实。

（三）引导学生活动，突出专业特色

利用大学生参加校内外学生活动的积极性，海大国际旅游学院学生的活动紧密结合专业特色，引导学生将理论知识和专业技能与各类活动相结合，重在加强学生专业素质教育和创新能力的培养。一年一度的海南大学国际旅游学院特色文化活动"旅游风采节"创办于 2001 年 4 月，其中的鸡尾酒会、"导游之星"大赛、美食文化节等特色活动既丰富了校园文化生活，又提高了学生的专业素质，已成为具有一定影响力的品牌校园文化活动。旅游管理专业应用外语方向学生组织的"英语—日语圣诞晚会"也逐渐成为校园中具有持续吸引力的学生活动平台。

（四）办学成果显著，利好惠及四方

海大国际旅游学院通过探索创新取得的教育教学成果，不仅惠及全院师生，还为海南大学其他学院乃至其他高校提供了利好。海大国际旅游学院举办了多届海南国际模拟联合国大会，吸引了来自全国40多所高校和中学的近400人参加，逐步成为华南地区知名的模拟联合国会议品牌；组织了全国大学生"挑战杯"系列竞赛、"普译奖"全国大学生翻译比赛、"外研社杯"全国英语演讲大赛等专业竞赛活动，其办赛水平和服务质量广受社会各界好评，成为海南国际化办学的一扇示范窗口。2018年10月20日，美国驻广州总领事馆总领事李靖专程来信，认为学院不仅为学生打开了一扇大门，让他们看到更多的发展方向，同时也为中美两国的未来发展带来更多可能；2019年12月1日，首届海南国际模拟联合国大会在该学院举行，联合国秘书长古特雷斯发来贺信，预祝大会圆满成功。①

第三节 中山大学面向乡村振兴战略的旅游人才培养实践

中山大学坚持社会主义办学方向，坚持立德树人根本任务，以"面向世界科技前沿、面向经济主战场、面向国家重大需求、面向人民生命健康"为基本导向，树立了"三校区五校园"错位发展、合力支撑的发展思路。学校坚持以学生成长为中心，坚持通识教育与专业教育相融合，深入推动教学改革，全面推动德育与智育、学科与专业、科研与教学、本科生培养与研究生培养、第二课堂与第一课堂相融合，构建一流人才培养体系，落实"加强基础、促进交叉、尊重选择、卓越教学"人才培养理念，不断提升优质教学科研资源的投入，逐步形成"宽口径、厚基础、个性化"的人才培养特色，着力培养学生的学习力、思想力、行动力，服务学生的全面

---

① 《海南大学亚利桑那州立大学联合国际旅游学院打造海南国际化办学的一扇示范窗口》，澎湃网，2020年12月11日，https://m.thepaper.cn/baijiahao_10370009。

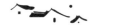

成长成才，培养能够引领未来的高水平复合型创新人才。

一　基本概况

中山大学位于广东省，由教育部直属，是教育部、国家国防科技工业局和广东省共建的综合性全国重点大学，是"双一流""985工程""211工程"建设高校。截至2022年9月，中山大学由广州校区、珠海校区、深圳校区3个校区、5个校园及10家附属医院组成；开设138个本科专业；有博士后科研流动站44个，一级学科博士点57个，一级学科硕士点64个，专业学位类别43种；有全日制学生67135人，其中本科生33224人，硕士研究生23125人，全日制博士研究生10163人；专任教师4771人。中山大学不断追求学术创新，以国际视野开放办学，现已形成了"综合性、研究型、开放式"的特色。入选国家"珠峰计划"、"111计划"、"2011计划"、卓越法律人才教育培养计划、卓越医生教育培养计划、国家大学生创新性实验计划、国家级大学生创新创业训练计划、国家建设高水平大学公派研究生项目、新工科研究与实践项目、全国深化创新创业教育改革示范高校、国家大学生文化素质教育基地、国家创新人才培养示范基地、国家国际科技合作基地、首批高等学校科技成果转化和技术转移基地、学位授权自主审核单位等，是环太平洋大学联盟、中国高校行星科学联盟、中国人工智能教育联席会、中国自由贸易试验区研究院联盟、大学通识教育联盟、粤港澳高校联盟、粤港澳大湾区物流与供应链创新联盟成员。①

中山大学旅游学院坐落在中山大学珠海校区，依山傍海，环境优美，是国内外知名的旅游教育与科研机构。旅游学院于2004年11月正式成立，是全国首批旅游管理博士学位和旅游管理专业硕士（MTA）学位授予单位、联合国世界旅游组织旅游教育质量认证（UNWTO TedQual）机构、国家旅游局中国旅游研究院"旅游影响研究基地"、联合国世界旅游组织（UNWTO）"旅游可持续发展观测点管理与监测中心"依托机构、中国旅游协会旅游教育分会会长单位。目前，旅游学院已经具有了从本科到硕士、博士研

---

① 中山大学简介，参见 https://www.sysu.edu.cn/xxg/zdjj1.htm。

究生在内的完整办学层次，并设有博士后流动站。旅游学院人才培养具有跨学科培养、国际化办学、研究型教学三大特色。学院下设旅游管理、会展经济与管理两个本科专业（含酒店管理方向）；招收工商管理（旅游管理）学术型硕士研究生以及旅游管理专业硕士研究生；招收旅游管理博士研究生。旅游管理专业现有教师28人，其中，教授9人，副教授16人，助理教授3人。研究方向涵盖了管理运营、规划设计、酒店管理、旅游可持续、遗产旅游、战略与财务管理、旅游营销与管理、康养旅游、旅游信息化与电子商务等。学院师资力量雄厚、科研能力突出、社会服务成效显著。教育部"长江学者"保继刚教授作为专业学科带头人，对旅游教育领域做出突出贡献。

中山大学旅游学院为了适应社会发展对旅游管理人才的需求，定位旅游管理和酒店管理专业办学优势和条件，服务国家战略发展需求，旨在培养有思想的行业精英，以及传播创新专业知识的旅游与接待业管理专业人才。①

二 主要做法

（一）响应乡村振兴战略，培育创新创业型旅游人才

中山大学旅游学院自创院以来，始终坚持立德树人根本任务，紧密围绕党中央和国务院提出的建设社会主义新农村、增强农村发展活力、全面深化农村改革、打赢脱贫攻坚战和接续推进乡村振兴等国家重大战略，积极引导学生探索乡村、服务乡村、扎根乡村、引领乡村，在培育旅游创新创业人才方面取得了丰硕成果。自2012年以来，旅游学院本科生多次参与联合国世界旅游组织旅游可持续发展观测点管理与监测中心（MCSTO）发起的中国乡村旅游调研活动，完成了对广西阳朔、皖南古村落、洛阳重渡沟、成都三圣花乡以及开平碉楼群等国家级乡村旅游目的地的系列研究报告。自2016年以来，旅游学院本科生以乡村旅游发展为主题，先后获批国家级和省级大学生创新创业训练项目9项，并获得大学生课外竞赛国家级奖

---

① 中山大学旅游学院简介，参见 https://stm.sysu.edu.cn/about。

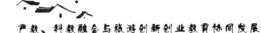
项 4 项和省部级奖项 5 项。此外，旅游学院大批校友主动选择前往乡村地区创业发展，并迅速成长为当地旅游业中令人瞩目的"中大力量"。

（二）建设一批"懂国情、爱乡村"的复合型教学团队

长期以来，我国高校的旅游管理专业人才培养模式过于偏重以旅游企业为中心的经管类课程教学，对学生的时代视野、扎根意识、家国情怀与人文素养的培育和训练明显不足。针对这一困境，旅游学院坚持贯彻"全员育人"理念，遵循"以资深教授为中心、以青年教师为骨干、善用一线专业人士、赢得学生家庭支持"的行动方略，全面激活学院教师群体与乡村振兴相关的科研成果与教学资源，广泛建立与长期深耕乡村一线的专业人士的产学研合作，积极深化学生及其家庭成员对"三农"问题和"脱贫攻坚"等国家战略的科学认知，从而激发了学生走向新时代中国乡村的使命感与奉献精神。

以保继刚教授主持的"阿者科计划"为例，在保继刚教授的带领下，旅游学院师生扎根云南省红河州元阳县阿者科村，通过助力发展特色乡村旅游，帮助当地贫困人口实现全面精准脱贫。该项目不但获评 2019 年教育部直属高校精准扶贫精准脱贫十大典型案例之一，获得《人民日报》等中央级媒体的广泛报道，而且入选了世界旅游联盟、世界银行与中国国际扶贫中心等权威机构共同发布的《2020 世界旅游联盟旅游减贫案例》，并成为 2021 年全国高考中的实践考题。

（三）激励学生"认识乡村、研究乡村、融入乡村"

近年来，旅游产业开始加快与农林牧渔等传统乡村产业的融合，与乡村振兴、遗产保护、文化传播与民间外交等事业的衔接也越来越紧密。然而，现有的高校旅游管理专业教学，仍停留于传统的"旅游管理高级人才"培养定位，缺乏对新时代人才培养目标的"大局观"思考。鉴于此，旅游学院坚持贯彻"全程育人"理念，践行"上好乡村振兴第一课、确保课程体系全覆盖、鼓励论文选题下乡村、构建终身育人大闭环"的教改思路。大学一年级伊始，学院组织全体新生以见习实习形式实地考察典型乡村旅游目的地，建构有关旅游与乡村振兴关系的直观经验。进入大学三年级后，

学院开始实行本科生导师制，组织学生开展乡村振兴专题调查，鼓励学生从事与乡村振兴相关的学年论文和毕业论文研究。更重要的是，在整个本科教学周期中，学院要求不同类别课程均需合理安排与乡村振兴相关的理论教学和实践学习环节。而在学生毕业后，学院仍继续坚持对返乡入乡毕业生的智力支持，从而建立起"连帮带传"的终身教育闭环。

在全程育人理念的指引下，"认识乡村、研究乡村、融入乡村"正逐渐成为旅游学院本科生的学习新风尚。自 2010 年开始，旅游学院学子积极参与大学生世界遗产保护提案大赛、全国大学生红色旅游创意策划大赛、中国青年旅游创意设计大赛、"万名旅游英才计划"和大学生团队实践扶持培养项目等，在与乡村振兴相关的国家级竞赛中，多人次获得大赛冠军和一等奖，而与乡村振兴有关的研究也日益成为学生攻读硕士学位阶段的学位论文热门选题。

（四）将乡村振兴内容嵌入旅游实践教学各环节

当前，国内高校的旅游实践教学普遍流于形式，与时代背景和国家战略需求结合不紧密，并面临实践学习岗位受制于企业用工需求、旅游双创训练占比偏低、实地教学指导缺乏系统性以及实习体验负面影响学生专业态度等突出难题。针对这一挑战，旅游学院坚持贯彻全方位育人理念，逐步建立"贯彻交叉学科思维、提供优质实践机会、强化多元综合能力、适应不同现实需求"的实践教学体系，充分依托学院居软科世界一流学科排名前列的综合科研实力，用好用足联合国世界旅游组织旅游可持续发展观测点管理与监测中心等优势平台，不断优化"调查—研究—策划"和"执行—沟通—评估"等实践教学模式，积极引导学生参与承担与乡村经济增长、乡村社区发展、乡村文化繁荣和乡村环境保护相关的实践任务。

在践行全方位育人理念的过程中，学院主导建立的"1＋1＋N"实践教学平台发挥了关键作用。其一，通过建立多学科交叉的教研室平台，不断优化与乡村振兴相关的课程体系设置、课程内容设计、教学案例编撰等工作，帮助学生提升集经济学、管理学、社会学和地理学等多学科知识于一体的基本科研素质。其二，以 MCSTO 平台为基础，建立了与全国六大乡村类旅游发展观测点的长期深度合作关系，年均派出 50 人次以上的本科生参与乡村旅游监测活动，人均接受 10 天左右的乡村实地调研训练。其三，响应国家的脱贫攻坚和乡村振兴战略，开辟以云南"阿者科计划"和重庆石柱康养基地等为代表的一线实践教学平台，鼓励学生以调查、研究和参与运营等多种形式帮助落后乡村改变现状，从而实现"以行动实现理想、以扎根凝聚价值"的思政教育目标。①

三　特色亮点

（一）丰富的教学资源

1. 教学设施资源

一是校内教学设施资源。旅游学院在中山大学珠海校区海琴 6 号楼拥有超 3000 平方米独层办公地点，建设了旅游规划实验室、文旅中心、会展实验室、脑电实验室、摄影实验室以及图书资料室。实验室配置了全方位的行业前沿教学软件，如 ArcGIS 空间分析系统、Opera 酒店管理系统、3DMeeting 与 3DShow 教学软件和景区 3D 虚拟可视化操作平台等。二是校外教学设施资源。学院利用联合国世界旅游组织旅游可持续发展观测点管理与监测中心的平台优势，利用地方政府的资金，分别在广西桂林阳朔等 10 个监测点建设实体教学实践基地，在长隆、张家界、元阳哈尼梯田和惠州艾美酒店建设 4 个校级本科生教学实习基地。

2. 教学课程资源

该学院拥有国家精品课程旅游地理学和省级精品课程酒店经营管理。已经编写完成核心课程教材近 20 本。

3. 科研平台资源

学院拥有 8 个核心科研教学平台，包括中山大学旅游发展与规划研究中

---

① 《教学成果｜旅游学院：面向新时代乡村振兴国家战略的旅游人才创新创业培养体系》，"中山大学教务部"微信公众号，2022 年 6 月 6 日，https：//mp. weixin. qq. com/s?＿＿biz = MzI2MjQ2MjI5MA = = &mid = 2247498300&idx = 1&sn = 21546e8da4316df4d88a960e9db03a33& chksm = ea487401dd1ff0a1761f8f0b295c0bd380c7c0c2f4706b2f6709ddc3a1e40976a0547d3f919d2 &scene = 27。

心（中山大学，2000 年）、中国旅游研究院旅游影响研究基地（中国旅游研究院，2010 年）、联合国世界旅游组织旅游可持续发展观测点管理与监测中心（联合国世界旅游组织，2010 年）、现代旅游业发展协同创新中心（南开大学、国家信息中心、国家旅游产业科技创新工程中心，2011 年）、旅游休闲与社会发展研究中心（广东省社会科学界联合会，2020 年）、可持续旅游智能评测技术文化和旅游部重点实验室（文化和旅游部，2021 年）、联合国教科文组织名录遗产地可持续旅游教席（联合国教科文组织，2020 年）、新疆历史文化旅游可持续发展重点实验室（与新疆大学共建，2020 年）等，为学院本科教学提供了丰富的资源平台。

4. 社会资源

学院依托联合国世界旅游组织，在黄山、桂林、张家界、西双版纳、成都、河南等地建设了长年稳定、有持续经费支持的监测基地。此外，与华住、万豪、东呈、岭南等酒店集团保持着长期的教学科研合作关系。这为学院师生的实践教学与科研研究提供了较好的进入性和旅游与接待研究的天然实验室。同时，学院为中国旅游教育协会会长单位，常年与国内知名的旅游龙头企业（如华侨城集团、中国旅游集团等）、相关行业的优秀代表企业（如华为、腾讯、美团、百度、阿里巴巴、移动、联通等），保持密切丰富的交流与合作，为专业人才培养提供了丰富的社会资源。

（二）产学互动、教学内容与实习内容对接

学院改革传统办学模式，聘请旅游行业专家对专业设置和教学计划提出指导意见。建立有效的教学管理机制，以促进与行业发展接轨。学院有1/8 的课程邀请业内专家来教授，部分专业课程完全聘用行业内具有较高水平的专家教授。改变传统的培养机制，培养行业需要的高素质人才。学院遵循"选择一流旅游企业、明确培养目标、制订培养计划、与教学改革相结合"等原则，与广州花园酒店、白天鹅宾馆、广之旅股份有限公司、广州长隆集团、中国进出口商品交易会、广东现代会展管理有限公司签署了联合培养计划。

实践教学系统化，提高学生动手能力。学院面向行业发展，注重实践

环节教学改革，强调实践教学环节的重要地位，将实践教学作为独立的、渐进的教学环节，整个环节包括：安排大一学生到实践基地进行实地参观，让学生对旅游企业和专业知识有更为直观的认识；安排大二学生开始进行专业课学习，除了在实训室直接学习专业技能，部分课程直接由实习企业的经理人授课，使学生可以接触企业一线的培训内容和经营管理案例，假期推荐学生到实习企业进行短期实践；安排大三学生在上学期在专业实训室进行模拟运营，下学期开始专业实习和毕业论文选题及写作；安排大四学生完成专业实习和毕业论文答辩。在专业实习之前，专业课程内容均与实习企业有一定对接，使学生和企业在工作内容、工作环境以及用人要求上实现互通，帮助学生选择适合自己的实习企业，形成合理的岗位预期，并在进入实习企业后迅速适应和胜任工作。

（三）提供多元化的实习企业

无论是职业认知还是专业素质的培养，学生都需要通过专业实习这一环节来加以落实。而实习企业则是实现这一环节的关键平台。为了实现对学生国际视野、创新思维和就业能力的培养，中山大学旅游学院不拘泥于传统的酒店、景区实习，而是提供国际化、多元化的旅游企业供学生自主选择，包括国际餐饮集团、喜达屋酒店、洲际酒店集团、国际旅行社、旅游文创企业、旅游电子商务企业。这些企业提供给学生的实习岗位不仅有一线服务岗，还有销售、行政、营销、产品设计、网络服务等岗位，全面覆盖了旅游管理专业教学课程，为学生提供了更广阔的施展空间，避免学生因实习企业的局限性而对旅游行业产生狭隘的认识，进而影响学生以后从事旅游业的信心。

（四）国际化融合培养模式

引进先进的办学理念、教学思路与管理模式。学院积极向联合国世界旅游组织申请教育质量认证，在办学思路、管理模式（包括学生管理模式）、教学体系、教学质量评估体系等方面引入国际先进理念，并结合中国实际特点进行改革。注重师资队伍建设的国际化。学院在人才引进中，十分注重教师的国际化背景，注重教师之间不同文化的交流与融合。在专业教师中，具有海外学习和交流经历的教师占专职教师总数的75%。此外，学院还有来自韩国、德国、加拿大、澳大利亚、日本、法国、英国的教师。学院每年会聘请国际知名学者来院开设选修课程和开展学术讲座。

创造机会，让学生积极参与国际交流。学院积极寻求对外交流合作，努力提高教学和科研水平，包括联合项目、海外实习、交换项目、访问交流等。学院已与法国昂热大学、澳大利亚昆士兰大学、日本立教大学、德国西海岸应用科技大学、奥地利因斯布鲁克管理中心、美国密歇根州立大学等签订了合作协议，建立了经常性联系，增进相互之间的了解，拓宽学生的国际视野。学生在海外实习时，可选择日本文化旅游与遗产调研实习，美国主题公园实习，新加坡、巴厘岛等多元风俗文化实习等项目，提升对国外特色旅游资源的了解。同时，学院利用欧洲旅游教育的先进资源，与法国昂热大学联合打造"3＋1"项目，该项目以培养掌握旅游管理基本理论、具备第二外语技能、拥有国际化视野的中高级旅游专业人才为目标，安排学生在完成中山大学三年旅游管理基础教育后，赴法国昂热大学进行学习，学生毕业时可获得中山大学管理学学士学位和法国昂热大学服务工程领域学士学位。

第四节 暨南大学旅游产业化背景下高素质
人才培养创新实践

作为中国历史最悠久的大学之一，暨南大学在中国高等教育史上有着重要地位——第一所由国家创办的华侨高等学府、校名一直沿用的百年名校之一、全国首批试行学分制的高校之一、最早在综合性大学里开办医学院的大学、最早设立华侨华人问题研究机构的大学、最早创设商科的大学等，素有"华侨最高学府"之称。暨南大学恪守"忠信笃敬"之校训，注重以中华民族优秀的传统道德文化培养造就人才。学校积极贯彻"面向海外，面向港澳台"的办学方针，建校以来，共培养了来自世界五大洲170多个国家和地区的各类人才40余万人，堪称桃李满天下。

一　基本概况

暨南大学是中国第一所由政府创办的华侨学府。学校目前是中央统战部、教育部、广东省共建的国家"双一流"建设高校，直属中央统战部管理。暨南大学是中国历史最悠久的大学之一。截至 2022 年 3 月，学校在广州、深圳、珠海三地设有五个校区，校本部在广州市石牌。校园占地总面积 214.30 万平方米，校舍建筑面积 181.01 万平方米，学生宿舍面积 45.18 万平方米。学校图书馆藏书 405.89 万册。学校设有 10 所附属医院，其中三甲医院 4 所。学校学科齐全，文理工医兼备，设有 38 个学院，58 个系，27 个直属研究院（所）；有本科专业 105 个，一级学科博士学位授予点 26 个，一级学科硕士学位授予点 41 个，专业学位授权类别 32 种；有博士后流动站 19 个，博士后科研工作站 1 个。学校有全日制学生 45180 人，其中，本科生 29127 人，研究生 16053 人；在校港澳台侨及外国留学生 13580 人。学校校园文化丰富多彩，社团活动精彩纷呈，创新创业氛围浓厚，学生在国内外高水平赛事中屡创佳绩，暨南健儿苏炳添、陈艾森、谢思埸等在奥运会等重大国际赛事上为国争光。学校入选全国首批深化创新创业教育改革示范高校。暨大毕业生深受海内外用人单位好评，就业率一直位居同类院校前列。①

暨南大学深圳校区坐落在世界知名的旅游文化城区深圳华侨城，是暨南大学在深圳办学的基地，拥有境内首家通过联合国世界旅游组织旅游教育质量认证的旅游学院，旅游管理专业是广东省高校名牌专业。学院下设旅游管理、电子商务、英语、酒店管理四个系，旅游管理系设有旅游管理本科专业，另设有高尔夫管理方向、旅游规划与景观设计方向、酒店与会展管理方向三个专业方向。旅游管理专业继 2000 年获批硕士点，2003 年获批博士点，成为学科体系齐全的专业。2001 年、2004 年，暨南大学旅游管理专业两次通过了联合国世界旅游组织旅游教育质量认证体系的评审。该校成为联合国世界旅游组织的 26 个成员之一，也是国内第一家获得该

---

① 暨南大学简介，参见 https://www.jnu.edu.cn/2561/list.htm。

组织认证的大学旅游教育机构。2005年6月，旅游管理专业通过了广东省名牌专业的评估。学院拥有一批专业师资队伍，截至2021年10月，专任教师60人，其中有博士学位者45人，高级职称者25人，在校本科生近1500人。[①]

暨南大学经过20多年办学积累，形成了"名校＋名企"的独特办学模式，办学成绩斐然，赢得社会各界赞誉。旅游管理系本着求实创新的精神，以教学工作为中心，教学科研相互促进，加强基础，突出应用，着重学生能力的培养。经过十多年的建设，旅游管理专业在广东省内高校同类专业中独树一帜，在全国高校旅游专业中颇具影响力。

二 主要做法

（一）实行"三三三制"人才培养模式

暨南大学突破传统的办学模式，创新"三三三制"人才培养模式。具体内容如下。一是强化"三语"教学，三语指汉语言、英语、计算机语言。汉语言容纳了中华文化博大精深的五千年文明；英语作为交流工具，具有国际使用的广泛性；计算机语言涉及网络和多媒体技术的现代化应用。这些是高素质旅游管理人才要掌握的。强化"三语"教学，旨在夯实学生的基本功。二是实行三个学期。1999年，暨南大学在国内率先实行三学期制，压缩原有的两个长假期，在6月下旬到9月上旬安排一个为期8周的第三学期，用于教育实践，让学生接触社会现实，培养学生一定的专业技能。三是实行三个不断线，即英语教学、计算机教学、实践教学贯穿学生从进校到本科毕业四年学习的始终。四是以学生为中心开展教学，探索实行"教学内容模块化、教学过程活动化、师生关系互动化"的3M教学法，使学生在学习时培养自订计划、自主学习、自由思考和自己独立解决问题的能力。

（二）教育教学反映国际化特征

旅游业的国际化特征具体表现为：旅游出入境人数迅速增加，旅游客源国及旅游目的地国家不断增多，各种各样的旅游市场运作方式、旅游产

[①] 暨南大学深圳校区简介，参见 https://sz.jnu.edu.cn/lsyg/list.htm。

品种类以及旅游文化等在国际交往的平台上相互交融、不断丰富。因此，旅游管理的本科教育高度重视理论教学与实践的关系，不让大学生囿于校园和课堂，而是尽可能让他们贴近社会现实，掌握和了解旅游业的国际化发展动态。暨南大学旅游学院不但在理论教学上反映旅游业的国际化发展，而且主要依托华侨城集团的实践基地，鼓励学生到行业实践中亲身感受和体验，达到"三个结合"。

1. 理论与实践相结合

该院在加强实践方面有得天独厚的条件。除了自有的二星级饭店燕晗山酒店以外，因地处华侨城社区，周围有世界之窗、锦绣中华、中国民俗文化村、欢乐谷等著名的主题公园，有深圳威尼斯酒店、深圳湾大酒店、海景酒店等一流的星级酒店，还有华侨城中旅社、华侨城高尔夫俱乐部等。其中，中国民俗文化村、深圳威尼斯酒店、深圳湾大酒店接待的外国游客特别多。华侨城各旅游企业有关旅游市场营销的方式方法也特别丰富多样。每年，学院的学生在实践教学的学期中要取得旅游企业的实践评价，并写出实践的报告或论文，经教师审阅评分通过，才能取得这一项的必修学分。

2. 知识与技能相结合

在实践中，学生不是以旁观者的角色见习，而是作为旅游企业员工顶岗工作。专业技能的学习和磨炼，使之对理论知识有了进一步的理解，对旅游业的市场运作及行业的最新发展有较深刻的认识和思考，并且积累了经验，尤其是锻炼了心理素质和各种能力。像本书所提到的旅游管理人才要求的"专业行政能力"和"社会责任能力"方面都不同程度地得到了加强，大大提高了学生的专业素养。

3. 人才培养与市场需要相结合

根据旅游业的国际化发展和人才市场的需要，该院发挥自身优势，灵活及时地调整专业和课程。在专业拓展方面，与地处高尔夫教育发源地的英国苏格兰爱姆伍德学院合作，在旅游管理本科专业增设高尔夫与休闲管理专业方向，依托华侨城高尔夫俱乐部及深圳地区一批良好的高尔夫基地，培养高尔夫管理与休闲业管理的本科专业人才。华侨城集团在 20 世纪 80 年代末成功开发的一批主题公园的基础上，在北京、上海、深圳三洲田大力实施主题公园＋房地产模式的规划建设，学院依托这些基地，在旅游管理本科专业增设旅游规划与景观设计方向，培养社会需要的实用型人才。在课程设置方面，学院根据市场的需要调整和开设了一些特色课程，如主题公园景区管理、国际礼仪、休闲业管理等。

（三）完善校内校外教学实践基地

暨南大学旅游学院拥有的校内实验室教学硬件设施包括教学实践使用的二星级旅游饭店，另有酒水服务管理实验室、教学互动电子智能教室等实验室，旅游规划与景观设计实验室，高尔夫运动机理教学实验室等。该学院拥有的高新仪器设备价值约 417.4 万元。学院开设了酒水管理、餐饮管理、景观规划、高尔夫运动技巧等实验课。

旅游管理系利用旅游学院地处深圳华侨城，拥有全国一流景区、一流酒店群、一流高尔夫企业群的优势，依托许多国内著名的旅游企业，建立了系统化的旅游教学实践基地，充分满足了旅游管理专业办学的要求。教学实践基地包括以深圳威尼斯酒店、深圳湾大酒店等星级旅游饭店为代表的多个旅游饭店，以世界之窗、锦绣中华、中国民俗文化村、欢乐谷等全国知名旅游景区为代表的多个旅游景点，以深圳市中国旅行社、深圳华侨城中国旅行社等品牌旅行社为代表的多个旅行社，以深圳高尔夫球场、深圳名商高尔夫球会、深圳碧海湾高尔夫球会、华侨城高尔夫俱乐部等品牌高尔夫球场为代表的多个教学实习基地。旅游管理系与这些实习基地进行校企共建、企学研一体化。经过多年的调整，旅游管理专业学生的课程实习、专业实习和毕业实习能完全按计划合理组织安排。另外，学院还邀请行业知名人士和国内外专家成立了旅游管理专业教学指导委员会、高尔夫专业教学指导委员会，指导旅游管理系的教学改革工作。

（四）打造具有侨校特色的创新创业教育体系

暨南大学于 2011 年 11 月成立创业学院，为国内最早成立创业学院的高校之一，并于 2016 年 11 月挂牌成立 "WE 创港澳台侨青年众创空间"（简称"WE创空间"），WE创空间为全国首个专为港澳台侨青年设立的众创空间。暨南大学建立了"三创"课程体系，全部课程均已 MOOC 化，获得2项国家级精品课程，创业基础列入学习强国课程。学校开设四门创新创业类通识课程，为学生接受"广谱式"创新创业教育提供保障，2021年便有近4000名学生参与。同时，学校持续打造侨校特色的创新创业教育体系，致力于将WE创空间打造为国家级众创空间，并在深圳前海、广州南沙等开放前沿设立港澳台侨学生实习创业基地。2021年12月，为推进港澳台侨学生创新创业人才培养，暨南大学在暨南大学WE创港澳台侨青年众创空间起航仪式暨创业学院建院十周年大会上揭牌成立了"WE创空间与香港工联会、香港新华集团创新创业基地"，并举行了"WE创空间与香港工合空间、专创空间合作签约仪式"。自2016年挂牌成立以来，WE创空间先后孵化创新创业团队200余个、注册公司70多家。截至2021年12月，WE创空间在孵创业项目共有41个。[①]

（五）多形式多途径进行旅游管理教育

旅游业是服务行业，旅游管理专业教育要走出课堂，多形式多途径地进行。在各种教育活动中，学生要以中华民族五千年文化为根基，面向世界吸纳人类文明的一切优秀文化，正像一些教育专家提出的"背靠五千年，坚持三面向"，使大学生在陶冶情操中树立正确的世界观、人生观和价值观，具备开阔的视野、良好的修养、儒雅的气质、高尚的品格。

1. 开展校园文化与旅游企业文化之间的交流

高校要充分地与优秀旅游企业发展良好密切的合作关系，利用双方的便利条件，多方面地进行校企文化交流，潜移默化地对大学生进行人文方面的教育。例如，旅游学院让学生在锦绣中华、中国民俗文化村、世界之窗、欢乐谷实践的第三学期里，在各个村寨、各类景区、各种场合、各种表演中充分领略和了解各种民风民俗，并参与旅游企业每年举办的狂欢节、泼水节、啤酒节、火把节、樱花节等一系列形式多样的各民族风情节日节

---

① 《暨南大学打造创新创业教育"示范点"》，新浪财经网，2021年12月19日，https://finance. sina. com. cn/jjxw/2021－12－19/doc-ikyamrmy9849177. shtml。

庆活动。首届中国国际高新技术成果交易会的开幕式在深圳世界之窗举行，旅游学院组织了300人的大学生队伍认真参与企业的排练，为开幕式的文艺晚会助演。旅游学院与华侨城企业的活动和交流都很密切，校企文化的交流使大学生亲身感受到旅游企业进行活动运作过程的苦辣酸甜，体验组织工作的严密性、纪律约束的严格性，进而领悟企业精神和企业文化的魅力。

2. 开展不同高校校园文化之间的交流

旅游学院学生主动与深圳地区、广州地区的高校学生开展文化交流，如联欢晚会、四校卡拉 OK 歌手大赛、球类比赛等。此外，还与国外的一些大学生文艺团体开展文化交流。[①]

三 特色亮点

（一）着力创新，启动创新创业人才培养双引擎

暨南大学全面启动创新创业人才培养模式改革，倡导全员创新，探索符合现代大学制度、以学生创新发展为核心的"三三三"本科教学治理体系。借助产教融合，打造众创空间，培植自由探索、勇于创新的土壤，将创新元素全方位根植于课程、项目、平台，逐步构建"卓越未来"创新创业人才培养体系。

（二）扎实推进，实现创新创业教育体系全覆盖

学院以"广谱式"教育观念为指导，以人才培养方案、第一课堂教育、第二课堂教育、创新创业训练、创新创业孵化五大环节为抓手，由浅入深、逐步递进，构建创新创业人才培养体系，将创新创业教育融入人才培养全过程。

（三）全面融入，打造创新创业人才培养双课程

旅游学院以课程体系改革为抓手，在第一课堂全面融入创新元素，将创新创业教育与学科专业教育有机结合，构筑集创新创业元素的通识教育课程、"专业+创新创业"式专业课程、创新创业转向精品课程于一体的创

---

① 何建伟：《旅游产业化国际化背景下高素质人才培养创新探索——兼谈暨南大学深圳旅游学院的教育改革与发展》，《社会科学家》2006 年第 1 期。

新创业课程体系；以创新创业活动为载体，在第二课堂教育中强化创新创业元素。

（四）整合资源，构建多层次创新创业实践与孵化平台

学院组织实施"卓越未来"创新创业人才孵化项目，开展人才培养模式创新和协同育人实践，建设 WE 创空间、"WE 创港澳台侨青年众创空间"等大学生众创平台，组织开展"赢在创新"本科生创新大赛等活动，探索优才优育和个性化培养模式，促进创新创业人才不断涌现。①

---

① 《暨南大学加强创新创业人才培养》，华龙网，2017 年 9 月 28 日，http://education. cqnews. net/html/2017 - 09/28/content_43005995. htm。

第十一章
省属本科高校产教、科教融合与旅游创新创业教育协同发展实践

面临"大众创业、万众创新"的局面，旅游教育的发展也需要紧跟国家政策与产业需求，进行供给侧的教学改革，关注创新创业型人才的培养，保障旅游业的发展质量和效率。省属本科高校的旅游类专业有旅游管理、会展经济与管理、酒店管理等，这类专业实践性强，对人才的实践能力要求比较高。而旅游类企业作为劳动密集型企业，对人才的需求量很大，人才流动率又高，因此经常出现"用工荒"等问题。为了解决这一问题，旅游类企业，如旅行社、酒店及会展公司、旅游景区等都希望与地方本科高校建立稳固的合作关系。同时，各旅游类专业也在努力推进产教融合、科教融合，在办学机制、人才培养模式等方面进行了深入探索，并积累了有创新性、有成效的丰富经验。

省属本科高校旅游管理专业办学要适应旅游市场对旅游人才需要的变化和要求，需要立足区域经济发展实际和旅游产业发展需求，在明确培养目标和培养定位的基础上，凝练专业特色，走特色化发展之路。通过实施特色化发展战略，高校可以提高专业人才培养的针对性和专业办学的核心竞争力，更好地满足地方经济社会发展对旅游管理专业人才的需求。

第一节　四川旅游学院双创教育探索实践

四川旅游学院是四川省人民政府主办，国内第一所以"旅游"命名的

全日制普通本科高校。学校是全国 100 所"应用型本科产教融合发展工程项目"建设高校、四川省"三全育人"综合改革试点高校、四川省本科院校整体转型发展改革试点高校。学校植根四川，面向旅游，立德树人，强旅报国，坚持"地方性、应用型"办学定位，明确"一主线四坚持"的办学思路，肩负"强旅报国"的历史使命，不断深化教育教学改革，传承中国优秀旅游、烹饪文化，培养适应经济社会发展的应用型人才。

一　基本概况

四川旅游学院是教育部于 2013 年 4 月批准设立的一所新建地方本科院校，位于四川省成都市龙泉驿区红岭路 459 号，占地面积 67.2 万平方米。学校将峨眉、青城、九寨、黄龙、岷山、岷江、乐山大佛、都江堰等风景名胜浓缩进校园，已建成国家 AAA 级旅游景区——休闲美食文化园，形成校园在景区、景区在校园的独特格局，课堂与实景无缝对接，文化与旅游相得益彰。学校建有能够满足各学科、专业教学科研需要的各级各类实验室，建成教学、科研、竞赛、双创、培训、观光、休闲、美食、健身"九位一体"的格局。截至 2022 年 5 月，学校有全日制在校生 10080 人，其中本科生 9294 人。设有烹饪学院、食品学院、希尔顿酒店管理学院、运动与休闲学院、旅游文化产业学院、经济管理学院、信息与工程学院、外国语学院、艺术学院、大健康产业学院、大数据与统计学院、继续教育学院、马克思主义学院、创新创业学院等 14 个二级学院。①

旅游文化产业学院始建于 2004 年，开设有会展经济与管理、旅游管理、文化产业管理三个本科专业，其中旅游管理学科已被学校确定为重点建设学科。学院教学科研实力较强，建有四川省文化和旅游厅重点科研基地旅游标准化研究基地、四川旅游学院旅游农业发展研究中心，四川省 2011 计划"川藏旅游产业竞争力提升协同创新中心"办公室和四川省旅游学会秘书处设在旅游文化产业学院。学院拥有一支高学历、高水平、结构合理、行业工作经验丰富的师资队伍，截至 2023 年 3 月，有教职工 52 人，其中有

---

① 四川旅游学院简介，参见 http://www.sctu.edu.cn/xxgk/xxjj1.htm。

硕士学位及以上的 50 人，占比为 96.15%，在校生近 1300 人。

学院对接国家和省市发展战略，围绕现代旅游产业要素，重点建设旅游管理类特色优势专业群，充分利用专业优势，践行学校"强旅报国"目标，依托"川旅融同"计划，重视转变人才观念，创新体制机制，以"本科旅游院系应用转型的先导，文旅项目运营管理人才的摇篮"为奋斗目标，凝练形成"学、训、赛、创、用"五位一体的专业教学模式，以文旅项目、会展项目工作流程和能力需求为主线，构建了"专业与行业融合、学业与职业对接"的课程体系，开展特色文化旅游人才工程建设。①

二　主要做法

（一）构建双创教育课程体系

四川旅游学院将双创教育有效纳入通识教育和专业教育教学计划和学分体系，建立了多层次、立体化的双创教育课程体系，该体系包括通识类必修课程、专创类融合课程和通识类选修课程。

首先，通识类必修课程是学生创新创业的启蒙课程，目的是培养学生创新、创业意识，了解创新创业活动最基本的课程。四川旅游学院开设的通识类必修课程分别为大学生创新创业教育、就业指导和职业生涯规划，共计 4 学分，其中，大学生创新创业教育主要教授学生有关创业团队组建、创业项目调研和选择、创业计划书撰写、新创企业成立模拟、新创企业经营模拟、大学生创业园实地参观等内容。其次，四川旅游学院开设有 20 个本科专业和多个专科专业，学院实施差异化战略，结合专业教育开设众多专创类融合课程，在双创教育上凸显特色，再结合学科优势，将双创教育与专业教育深度融合，在专业教学中提升学生的创新创业能力。最后，学院面向有创业潜质和意向的学生开设通识类选修课程，包括 SYB 创业培训和创新思维与创新技术等课程，为学生创新精神的培养和创业能力的提高奠定基础，为学生未来创造职业、专业和事业统一之"业"埋下种子。

---

① 四川旅游学院旅游文化产业学院简介，参见 http://www.sctu.edu.cn/lyx/xygk/xygk.htm。

（二）搭建双创实践教育平台

四川旅游学院明确双创教育的地位，将创新创业落实到教育实处，为培养创新创业人才搭建三大实践教育平台，切实培养学生的创新精神，提高学生创业实践能力，重视学生的兴趣，促进学生的全面发展（见图11－1）。

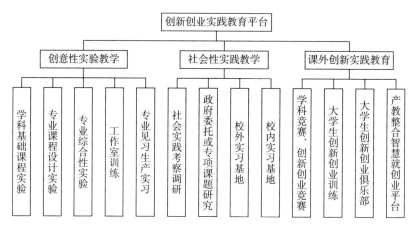

图 11－1　四川旅游学院创新创业实践教育平台

资料来源：王鹏、杨娟、杜丽洁《应用技术型本科高校"双创"教育模式探索——以四川旅游学院创新创业教育模型建构为例》，《黑河学刊》2020 年第 3 期。

1. 创意性实验教学

实验教学是培养学生理论联系实际、提高创新能力的重要教学环节。建于 2013 年 6 月的智慧旅游技术应用创新实验教学中心致力于培养具有创新精神和实践能力的智慧旅游复合型人才。该中心围绕各专业、课程和实验项目目标，构建智慧旅游"学科基础课程实验、专业课程设计实验、专业综合性实验、工作室训练、专业见习生产实习"的创新性实验教学体系，应用创新智慧旅游技术，训练学生创新创业，开展校企合作与服务社会活动。体系中的工作室训练是以特有的公司化运营管理机制，培养学生团队合作、创业能力、业务操作能力、与人沟通能力、项目管理运营等创新创业能力。现有的实验教学环节与行业发展紧密结合，能够参与企业实际项目，引入真实的产业外包项目。在工作室训练时，企业项目经理指导由学生构成的开发团队完成外包项目。通过外包项目的开发，学生向工程师转化，在工作室的最后阶段从事大型综合外包项目开发工作或直接到行业企业工作（见图 11 - 2）。

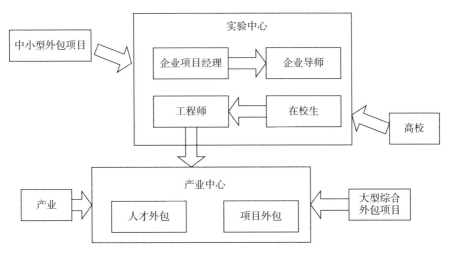

图 11 - 2 四川旅游学院实验教学的产学研联动

资料来源：王鹏、杨娟、杜丽洁《应用技术型本科高校"双创"教育模式探索——以四川旅游学院创新创业教育模型建构为例》，《黑河学刊》2020 年第 3 期。

2. 创新性实践教学

双创教育应当跨越"书斋式"教育的藩篱，建构研究学习与实践探索深度融合的综合载体。学生在校参与科研工作，不仅可以增强专业素质，还可以培养创新精神。在科研成果转化中，学生能够学习实践知识、感受市场的巨大魅力，甚至可以直接充当科研成果转化的骨干力量，开始自己的创业之路。以特色专业校内外教学实践基地为依托，学院通过在校内外实习基地的见习，培养学生对本专业的认识，提高学生对各项知识和技能的综合设计和应用能力。

（三）多元课外创新实践教育

1. 以赛促创

学校组织引领大学生积极参加各类科技创新、创意设计、创业计划等专题竞赛；将学科专业竞赛与课程平时成绩挂钩，鼓励学生参加各种系级和校级专业大赛，并组织学生参加省级以及国家级相关专业大赛；同时，通过"互联网＋"大学生创新创业大赛、"创青春"全国大学生创业大赛、"挑战杯"系列竞赛等提升学生的创新创业能力。

2. 参与大学生创新创业训练计划

学校按照四川省教育厅要求，组织学生参加大学生创新创业训练计划的申报，每年有 100 个创新创业训练计划项目获批省级立项，超过 50 个项目获批国家立项。对所有立项项目，四川旅游学院配套 1 万元/项的专项建设经费，将有潜力的优质项目挑选入驻校内创业孵化园进行培育。大学生创新创业训练计划项目的实施，不仅能让学生真实体验创业中可能遇到的问题及风险，总结适合项目的销售模式，还能在提高其专业技术知识和技能的同时，使其了解公司注册、工作室运营等流程，使其创新、创业及管理的综合能力得到显著提高。

3. 创业预孵化平台建设

大学生创新创业俱乐部是创业预孵化平台，由四川旅游学院与成都市龙泉驿区促进普通高等学校毕业生创业就业服务中心共同创建，是大学生校内创业教育、创业实践基地，具有孵化器的产业功能。俱乐部以"校内创业项目＋校内平台预孵化＋校内平台孵化器孵化＋校外创业园区"为项目发展路线。依托专业特色，四川旅游学院以科技创新、文化创意等为主，建立专业化的孵化服务体系，推动创业项目顺利落地。俱乐部拥有专家导师团为创业者提供技术辅导、实践指导，更好地服务创业者。

4. 创业孵化平台建设

2017 年建立的四川旅游学院产教融合智慧就创业平台占地面积 1200 平方米，是四川旅游学院就业（创业）实习指导中心领导的一个面向学生开展就业创业服务和项目孵化的专门场所，也是实现产教融合、校企合作办学的重要平台。产教融合智慧就创业平台由创研平台、创富平台、创教平台、众创空间四类构成（见图 11-3），平台每学年遴选优秀项目入驻众创空间，并为每个项目配套 1 万元的启动资金，为成功入驻的创业项目免费提供办公场地和设备，为入驻创业项目提供免费的专业创业培训。

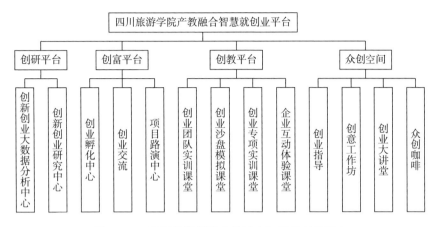

图 11－3　四川旅游学院产教融合智慧就创业平台

资料来源：王鹏、杨娟、杜丽洁《应用技术型本科高校"双创"教育模式探索——以四川旅游学院创新创业教育模型建构为例》，《黑河学刊》2020 年第 3 期。

三　特色亮点

（一）高精尖"双师双能型"教师队伍保障

四川旅游学院把教师送到行业企业接受培训、挂职工作和实践锻炼，培养了一批理论功底扎实、专业技能强、实践经验丰富、能胜任教学科研和生产实践双重职责的"双师双能型"师资队伍；定期邀请各界成功人士、创新创业专家对教师进行双创教育能力培训，推动教师思维方式的转变，提高教师将创新融入专业课程教学的能力。四川旅游学院引进外部教学资源，聘请了企业优秀专业技术人才、管理人才和高技能人才作为专业建设带头人，担任专兼职教师；聘请国内外专家学者、企业家开展学术、技术讲座，感召和带动学生创新创业，为学生提供实用的创新创业指导；利用校友资源优化创业指导教师结构。

（二）校企合作平台资源保障

四川旅游学院以应用学科建设为基础进行国际化教学改革和人才培养模式改革，最直接的表现是建立了校企合作、产教融合、国际合作的四川旅游学院希尔顿酒店管理学院，与希尔顿集团共同制定人才培养目标，突

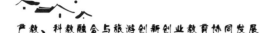
出相关实践应用能力的培养，并对酒店管理核心实践课程体系进行了设计。在教学开展方面，学院为学生提供了为期一年的企业学习，让学生在实践中学习，将学校的人才培养延伸到企业一线。学院和众多企业建立合作关系，开展咨询服务及产品研发工作，取得了较大的社会效益和经济效益。

（三）激励政策保障

学校大力鼓励学生创新创业实践，并给予政策和资金支持。面向对象包括全日制大学生和毕业 5 年内的校友。具体措施包括创业培训补贴、创业补贴、省级创业大赛获奖项目前期孵化补助、创业担保贷款贴息、创业吸纳就业奖励、青年创业基金贷款、新型职业农民培育、税费减免、创业典型补助、科技创新苗子补助。

（四）四维联动机制组织保障

学校双创教育采用分权式扁平化管理，就业（创业）实习指导中心、教务处、学生处和团委、院系等多个主体相对独立又分工协作，分头实施创新创业教育，形成四维联动机制。就业（创业）实习指导中心成立创新创业教研室，承担全校创新创业课程教学。为有创业想法的大学生提供创业咨询服务、创业技能培训、创业条件保障等全方位服务，确保每一名大学生都能得到优质、高效、细致、深入的指导。教务处牵头进行课程改革和教学改革，修订完善应用型人才培养方案重构课程体系，积极推进教学方式方法改革。学生处和团委负责开展创新创业第二课堂教育和创新创业苗圃项目。同时，各院系也积极开展双创教育，培育创新创业典型，形成遍地开花的局面。①

第二节　河北经贸大学"新旅游"创新型人才培养实践

河北经贸大学强调"人才强校、创新驱动、开放办学"发展战略，坚

---

① 王鹏、杨娟、杜丽洁：《应用技术型本科高校"双创"教育模式探索——以四川旅游学院创新创业教育模型建构为例》，《黑河学刊》2020 年第 3 期。

决落实立德树人根本任务，坚持走内涵发展之路，牢固树立教学的中心地位，大力推进教育教学改革，努力提高教学质量。学校积极推进"新财经"人才培养改革，提出了"家国情怀＋专业知识＋信息技术＋职业素养＋国际视野"的"五维度"人才培养规格，建立多元联动协同育人模式。

一　基本概况

河北经贸大学是河北省重点建设的骨干大学，至 2022 年已有 69 年的办学历史。学校分北、南、西三个校区。其中南、西校区为独立学院——经济管理学院，坐落于石家庄市西南高教区。北校区是校本部，主要实施本科、研究生和留学生教育，地处石家庄市西部生态区滨水景观带，占地2630 余亩，被授予"全国绿化模范单位"称号。学校还曾获"全国创先争优先进基层党组织""全国五一劳动奖状""河北省先进基层党组织""河北省文明单位"等多项荣誉称号。河北经贸大学是一所以经济学、管理学、法学为主，兼有哲学、文学、理学、工学和艺术学的多学科财经类大学。学校有 16 个本科学院、3 个教学部（中心）以及研究生学院、马克思主义学院、继续教育学院、经济管理学院（独立学院）；有全日制本科生 18840余人、硕士研究生 2650 余人，独立学院学生 9240 余人。[①]

河北经贸大学旅游学院是河北省本科院校中成立最早、专业最齐全的学院，是河北省旅游管理类本科教学指导委员会主任单位和秘书长单位，旅游管理为国家第一批一流专业建设专业。学院不断深化校企合作，与国际高端企业集团、大型旅游企业、科研机构建立稳定的合作机制，建立有"中国华油集团有限公司旅游管理实践教学基地"、"希尔顿大中华区酒店集团实训基地"、"河北旅游投资集团股份有限公司实践教学基地"、"河北省地理科学研究所"、"国家会议中心"以及"富力集团"、"华强方特集团"等实践教学基地，通过吸纳社会优质资源参与人才培养，实现产教融合、科教融合，以品牌运营理念打造"旅享"社会服务和企业品牌。学院有硕士研究生教育和本科教育；旅游管理学术硕士点 1 个，旅游管理专业硕士

---

① 河北经贸大学简介，参见 https://www.hueb.edu.cn/xxgk.htm。

（MTA）点 1 个，旅游管理、会展经济与管理、酒店管理、房地产开发与管理（旅游地产方向）4 个普通本科专业以及市场营销、旅游管理、酒店管理3 个对口招生本科专业；在校学生人数 1700 余人，专职教师 54 人，其中，教授、博士 28 人。

学院依托河北经贸大学建设国内知名的高水平财经大学的办学定位和"新财经"教育改革理念，秉承立德树人、育人为本、全面发展的基本原则，坚持"人才建院、科研强院、特色兴院、质量立院、改革治院"五个治院理念，深化"教育教学改革、管理机制改革"两项改革，实现"学生成才成长、教师教育教学能力、专业建设水平"三个提升。根据现代技术革命与文化和旅游行业发展变革对创新型旅游人才的需求，河北经贸大学旅游管理专业形成了具有鲜明特色的"1335"的"新旅游"创新型人才培养模式，即"一主线、三环节、三平台、五融合"，为区域文旅产业发展培养信念坚定、品德优良、知识丰富，具有社会责任感、创新精神、创业意识和实践能力的高素质应用型新时代旅游管理行业专业人才。[①]

二　主要做法

（一）"新旅游"创新型人才培养"1335"模式

随着旅游消费和需求的转型升级，我国旅游业已经进入新的发展时期。而"新旅游"专业人才培养就是要培养掌握专业技能，熟悉了解大数据和人工智能等相关知识，具有较强管理能力、现代信息技术应用能力、人际沟通和跨文化交流能力以及较深厚的人文素养的高素质应用型旅游业专门人才。河北经贸大学旅游管理专业经过多年的教学实践，形成了具有鲜明特色的"1335"的"新旅游"创新型人才培养模式，即"一主线、三环节、三平台、五融合"。"一主线"指适应产业需求的人才，只有将创新创业教育融入专业教育的全过程，才能培养"新旅游"需要的创新型人才；"三环节"指创新精神培养阶段、创业意识养成阶段、创新创业能力锤炼阶段；"三平台"指教学平台、实践平台和创新创业平台；"五融合"指专业融合、

---

① 河北经贸大学旅游学院简介，参见 https://ly.hueb.edu.cn/info/1036/2803.htm。

师资融合、课程融合、资源融合、实习和就业融合（旅享湃）（见图 11 - 4）。

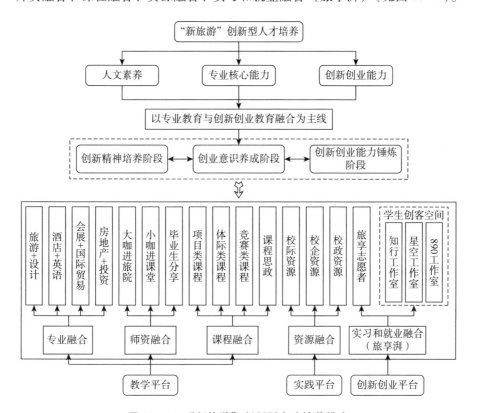

图 11 - 4　"新旅游"创新型人才培养模式

资料来源：王彦洁、庞笑笑、高宏《"新财经"教育改革理念下"新旅游"人才培养模式研究——以旅游管理类专业为例》，《河北经贸大学学报》（综合版）2021 年第 2 期。

（二）遵循学生对创新创业的认识规律，搭建三大育人平台

"新旅游"创新型人才培养模式的核心是将创新创业教育融入育人全过程，要培养学生的创新精神、创业意识以及创新创业能力，要遵循"培养创新精神→养成创业意识→锤炼创新创业能力"三个环节。因此，河北经贸大学相应地建立了三个平台。第一，教学平台。以专业融合为人才培养指明方向，以师资融合为专业发展提供有力保障，以课程融合为人才培养的有效路径，共同搭建专业与双创教育融合发展的特色育人平台。第二，实践平台。以资源融合为基本目标，搭建"线上＋线下"互动的实践平台。

线上平台指以专业项目发布为主要形式的互联网平台。以微信小程序形式将企业和社会的用人信息、项目招标信息发布到网上平台上，学生自主参与实习、项目实践，实现实习就业市场的供需信息畅通、透明；线下实习实践平台为各类校外实践实习基地，覆盖旅游行业全产业链，类型多样，全面支撑学生专业素质提升。截至 2021 年 6 月，旅游学院拥有校内外实践教学基地 26 个，社会导师 50 余人。第三，创新创业平台。以学生自主创立、运营的创客空间为载体，全方位提升学生创新创业素养，以活动宣传、公众号运营、店铺实体运营以及各类社会服务等形式为学生与行业社会对接提供平台。旅游管理、会展经济与管理、酒店管理三个专业均设有学生创客空间，分别为知行旅游策划工作室、星空会展工作室和 890 工作室·大益爱心茶室。各工作室均由学生自行组织运行，举办一系列活动，如比赛及定期的学习心得分享会、发布微信推文等，为学生提供交流与实践的机会。截至 2021 年 6 月，知行工作室微信推文已超过 250 条，关注人数超过 1000 人。

（三）探索"五融合"培养路径，培养创新型旅游管理人才

"新旅游"创新型人才培养模式的"五融合"，包括专业融合、师资融合、课程融合、资源融合以及实习和就业融合。

1. 专业交叉融合

学院根据市场需求，促进"专业 +"的交叉与融合，形成"旅游 + 设计""酒店 + 英语""会展 + 国际贸易""房地产 + 投资"等专业交叉融合模式，拓展专业方向，培养复合型特色专业人才。

2. 校内外师资融合

学院推行"大咖进旅院、小咖进课堂"计划。"大咖进旅院"是学院邀请行业内大咖走进校园，为全体师生做专题报告，分享行业前沿信息，展望未来发展，从行业顶端视角为师生展示行业发展热点问题，解答困惑；"小咖进课堂"是每个学期，学院根据每门课程邀请行业内一线从业者走进专业课课堂，分享一线从业经验，并定期邀请优秀毕业生回母校举办"优秀毕业生分享会"，为学弟学妹分享学习感悟、工作经验，为在校生更好地

谋划未来人生发展提供建议。

3. 各类课程融合

课程融合主要体现在项目类课程、体验类课程、竞赛类课程和课程思政的开发和维护上。项目类课程的设计围绕一个具体活动或项目展开。例如，旅游规划实务课程与企业建立紧密联系，课程围绕企业具体案例进行内容跟进，以完成一个规划项目的方式，带领学生逐步掌握旅游规划的具体流程与技术规范。体验类课程的设计是以学生为中心，让学生体验专业涉及的各项工作。对接行业发展新趋势，为学生创设情境，在实情实景实境中锻炼学生的创新创业能力。例如，旅游管理专业开设的旅游管理创新与实践课程以"专题教学＋实践"的形式，在讲授旅游领域相关理论、发展趋势及方法后，将课堂移到景区，让学生到不同类型和级别的景区内学习并发现问题。竞赛类课程的设计围绕国际和国内重要的专业赛事进行。例如，旅游管理专业的旅游产品策划与项目运营课程要求学生课堂组队，按照全国大学生红色旅游创意策划大赛等相关赛事规则，在教师指导下完成参赛作品。课程思政将"思政教育"元素融入专业课教学，促使教育与育人同向同行，思想与技能共同提升，构建协同育人机制。例如，旅游资源开发与规划课程在专业课堂教学中将"两山理念""以人为本"等融入专业教育，结合实际案例，引导学生树立专业担当意识，培养专业服务社会技能。

4. 教学资源融合

融合校际、校企、校政三大类资源，形成"校内＋校外""线上＋线下"多类型立体化实习实践资源。第一，校际资源融合。河北经贸大学旅游学院会展经济与管理专业作为发起单位，与天津商业大学、南开大学、北京第二外国语学院相关专业成立"京津冀会展教育联盟"，开放办专业取得新突破。第二，校企资源融合。通过校企合作制定人才培养方案，确保学院人才培养定位与行业发展一致，人才培养特色与市场需求一致；吸纳企业优质资源参与专业人才培养的全过程，行业领导者、业内专家走入课堂，讲前沿，授经验。第三，校政资源融合。学院以服务社会为办学宗旨，

积极融入行业发展，参与政府组织的各项各类活动，打造了旅游学院良好的社会口碑。

5. 实习和就业融合

实习和就业在学生专业学习的过程中不再是分裂的两个阶段。旅游学院与科技公司联合打造了"旅享湃"专业实习就业网络平台。学院通过整合企业资源，将企业专业诉求以项目的形式发布在互联网平台上；专业学生可以个人或团队形式与企业进行直接对接，实现学生专业实习浸入成长全过程；企业可以在平台发布各类岗位招聘信息。从实习到就业，平台可以记录专业学生实践成长全过程，为实习实践经历的学分转化、作业认证等提供技术保障。专业实践带动专业实习，专业实习引领行业内就业，最终提升就业的精准性和有效性。

三　特色亮点

（一）创建了一支理论与实践互补的特色教学团队

通过一系列的专业教育和创新创业教育融合手段，旅游学院形成了一支专兼职结合的师资队伍，获得了丰硕的教学科研成果。目前，学院已形成多个特色教学团队，组建了一支社会导师队伍，行业精英参与人才培养全过程。教师社会服务能力显著提升，为鹿泉、故城等多地进行旅游咨询服务。

（二）研发了一批具有专业特色的创新实践课程

学院建立了"知识构建＋能力培养＋人文素质提升"的课程体系，该体系包括"专题教学＋实践"的旅游管理创新与实践创新创业示范课程、"以酒店文化为中心"的酒店经理人形象塑造体验式课程、"理论＋案例＋实践＋实操"的主题会展课程、"因节造课"的节事活动策划与管理课程等，其中旅游管理创新与实践和节事活动策划与管理两门课程为省级一流专业建设立项的实践类课程。

（三）积累了一批具有"旅游＋"特色的教学资源库

学院充分利用各种资源为教学所用，成功引入高校、旅游行业管理部门、旅游景区、酒店、旅行社等，共同沟通交流，为人才培养提供真实的市场环境、智力和空间，形成丰富的"校际—校企—校政"多类别、多平台的教学资源库。

（四）学生创新创业能力和就业质量显著提升

通过专业人才培养与创新创业教育融合，学院的专业人才培养能力显著提高。2020～2021年，学生获国家旅游局"万名旅游英才计划"立项4项，在中国国际"互联网＋"大学生创新创业大赛、"挑战杯"系列竞赛、"创青春"全国大学生创业大赛和全国性学科竞赛中共获奖60余项。创新创业教育为旅游管理类专业的学生提供了大量实践机会，有效提高了学生的创新实践能力。近年来，河北经贸大学旅游学院的就业率实现显著提升，用人单位对毕业生的满意度较高，特别是对学生表现出的政治素养以及交流表达、礼仪规范、与人合作等核心能力给予了高度评价。①

第三节　洛阳师范学院国家战略需求导向旅游人才培养实践

洛阳师范学院以培养具有家国情怀、扎实学识、实践能力、创新精神、现代理念的高素质应用型人才为目标，提出国家战略需求导向"知识传授—技术应用—能力提升"三位一体的旅游管理应用型人才培养新理念；以教育部发布的《普通高等学校本科专业类教学质量国家标准》为依据，建构了以学生发展为中心的"文化＋旅游""数字＋文旅""产业＋教育"应用型高阶人才培养新模式；按"学术后备人才、创新创业人才、行业管理人才和专业技能人才"培养本科人才，按"行业应用人才、硕博高端人才、国际视野人才"协同育人，探索了跨学科专业和校政行企的协同育人新机制，构建全方位校企合作机制、多元化人才培养模式、立体式合作育人体系（见图11－5）。

---

① 王彦洁、庞笑笑、高宏：《"新财经"教育改革理念下"新旅游"人才培养模式研究——以旅游管理类专业为例》，《河北经贸大学学报》（综合版）2021年第2期。

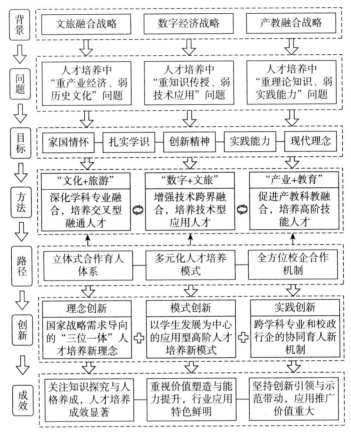

图 11 – 5　洛阳师范学院人才培养模式

一　基本概况

洛阳师范学院是一所省属普通高等本科院校，位于河南洛阳。学校前身是始建于 1916 年的河洛师范学校，于 2018 年以优异成绩通过了教育部本科教学工作审核评估，赢得了"有活力、有品位、有温度、有颜值、有潜力"的"五有"高校美誉。2020 年，学校被列为河南省特色骨干学科建设高校。截至 2022 年 8 月，学校有马克思主义学院、文学院、历史文化学院、国土与旅游学院、电子商务学院等 22 个学院，2 个公共教研部，72 个本科专业，涵盖文学、理学、工学、经济学、管理学、法学、历史学、教育学、艺术学、农学等十大学科门类；有全日制在校生28000余人，各类成人教育学生10000余人。学校占地2850亩，建筑面积近74.5万平方米。[①]

洛阳师范学院国土与旅游学院成立于2014年，旅游管理专业开设于1994年，2003年开始招收本科生。旅游管理学科是河南省特色骨干学科、河南省优势特色学科、河南省第九批重点学科。旅游管理专业是首批国家级一流本科专业建设点、河南省专业综合改革试点专业。学院拥有河南省黄大年式旅游管理教师团队1个，河南省科技创新团队2个；拥有智慧旅游河南省协同创新中心、中国旅游研究院文化旅游研究基地、河南省旅游公共服务大数据产业技术研究院等10多个省部级科研平台，承担国家重点研发计划政府间国际科技创新合作重点专项"中意智慧城市合作研究室"项目、联合国教科文组织"善行旅游——有效促进遗产保护与人的发展"项目等国家级项目7项，省部级项目30余项。学院教师在SSCI、SCI、CSSCI、CSCD期刊发表论文60余篇，出版著作30余部。截至2023年3月，旅游管理专业有教师39人，教授4人，副教授12人，博士（含在读）21人。[②]

二 主要做法

（一）培养适应文旅融合时代的交叉型融通人才，深化学科专业融合

洛阳师范学院以"优化学科知识体系"为目标，关注传统文化，弘扬人文精神，厚植家国情怀。以旅游管理、历史文化和艺术设计专业为基础，面向资源融合、市场融合、产品融合、产业融合，构建契合文旅融合行业需求和业态发展的人才培养体系（见图11-6）。一是开设特色学科专业。围绕产业链、创新链调整学科专业设置，基于学科方向凝练专业特色方向，进行模块化教学设计。二是形成交叉融合的专业课群，增加人文素养类、运营管理类、创意设计类课程，形成"基础＋核心＋拓展"分类组合课程。三是采用学科协同教学模式，通过多位不同学科教师协同完成一门课的教

---

① 洛阳师范学院简介，参见 https://www.lynu.edu.cn/xxgk/xxjj.htm。

② 洛阳师范学院国土与旅游学院简介，参见 https://sites.lynu.edu.cn/gtly/xygk.htm。

学，或一位教师通过多学科融合、多教师共研独立承担专业课教学，培养学生多层次、多视角、多方向解决问题的意识。

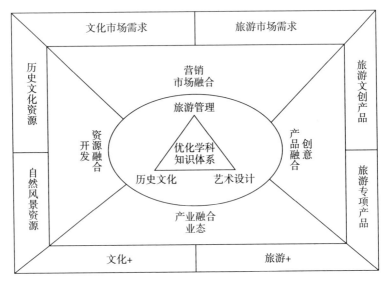

图 11-6 洛阳师范学院文旅融合培养交叉型融通人才

（二）培养适应数字文旅时代的技术型应用人才，增强技术跨界融合

洛阳师范学院按照"数字技术赋能文旅"的培养思路，掌握数字技术，讲好文旅故事，服务美好生活。围绕数字经济国家战略导向和数字文旅行业现实需求，以计算机应用能力培养为核心，从数据分析、数字营销和数字展示层面，通过课程设置、学科融合、分层递进和合力育人，培养"懂旅游、会技术"的复合型、技能型人才。一是完善课程设置，通过智慧旅游相关课程学习，增强学生数字文旅知识储备。二是推动学科融合，组建跨学科师资队伍，讲授大数据技术、数字化营销和新媒体应用。三是强化平台带动，通过智慧旅游协同创新中心、虚拟仿真实验教学项目和数字文旅大数据平台，淬炼学生数字文旅应用能力。四是创新实习实训，设置数据分析处理、数字营销策略、数字产品设计、数字管理技术等实践内容，增强学生数字文旅行业适应能力（见图 11-7）。

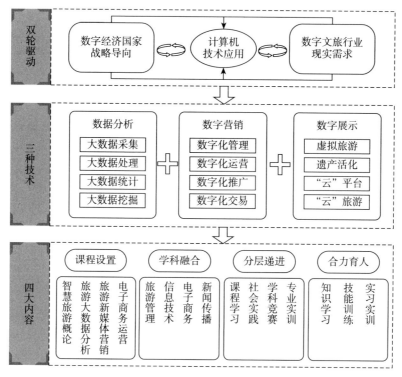

图 11 - 7　洛阳师范学院数字文旅培养技术型应用人才

（三）培养适应产教融合时代的高阶型技能人才，促进产教、科教融合

洛阳师范学院以"产教融合、服务地方经济"为遵循，激发人才活力，转化科技成果，破解瓶颈难题。围绕行业发展对管理、技能和创新人才的需求，聚焦营销策划、规划开发、战略统筹等高阶型实践能力提升，实施项目驱动和创新驱动，推进实践体系重组、实践平台整合和实践内容优化，促进教育教学与行业发展无缝衔接，形成供需一体化教学模式。一是项目驱动"做中学"。带领学生参与规划项目、决策报告、行业标准规范、政府绩效评估等横向项目，让学生与行业发展对接并进行高阶实践。二是创新驱动"创中学"。以横向、纵向科研项目为基础，带领学生参与学术研究、学科竞赛、创新大赛、创业训练等，让学生与学科前沿对接并进行创业实践（见图 11 - 8）。

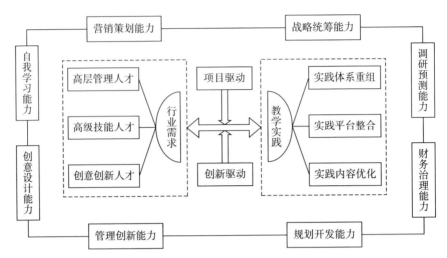

图 11 - 8　洛阳师范学院产教融合培养高阶型技能人才

三　特色亮点

（一）国家战略需求导向的"三位一体"人才培养新理念

学院探索了旅游管理应用型人才培养中"培养什么人"和"如何培养人"的核心问题，明确了文旅融合、数字文旅、产教融合三大国家战略对高阶型技能人才的需求，指出了应用型人才培养中存在的"重产业经济、弱历史文化""重知识传授、弱技术应用""重理论知识、弱实践能力"三大现实问题，通过知识探究与人格养成、价值塑造与能力提升、创新引领与示范带动，有效弥合了现行人才培养模式与国家战略需求的鸿沟，破解了人才培育中知识传授—技术应用—能力提升的"隔离"，提出了面向国家战略需求的"知识传授—技术应用—能力提升"三位一体的旅游管理应用型人才培养理念。

（二）以学生发展为中心的应用型高阶人才培养新模式

学院围绕产业链、创新链调整文旅学科专业体系，柔性化设计专业方向与模块课程。巧妙设计了适应文旅融合时代交叉型融通人才培养模式，将"文化＋旅游＋艺术"有机结合起来，深化学科专业融合，拓展知识面，适应文创策划需求。创新设计了适应数字文旅时代"数字技术＋文化旅游"

的技术型应用人才培养模式，增强技术跨界融合，增强硬技术，拓展人才适应面。科学设计了适应产教融合时代"产业＋教育"的高阶型技能人才培养模式，促进产教、科教融合，聚焦实际问题，服务地方社会经济发展。

（三）跨学科专业和校政行企的协同育人新机制

学院聚焦文旅融合、数字文旅、产教融合等国家战略对应用型高阶人才的需求，坚持立德树人、价值塑造、人格养成，促进人才培养、课程建设和实践教学与产业发展无缝衔接，构建了"校政行企"多方联动、"产学研用"四位一体的协同育人机制。牵头高校与协同高校深度合作，以高度开放、合作共赢、优势互补为原则，以解决人才培养与国家战略需求错位问题为目标，以教研成果推广应用和实践检验为纽带，通过资源整合与成果共享，形成"核心层＋紧密合作层＋一般协作层"相互协作、共同参与的体系化任务型创新协作系统。

第四节　湖南工程学院旅游管理专业创新型人才培养实践

湖南工程学院弘扬"锲而不舍、敢为人先"的校训精神，秉承"团结、严谨、诚信、创新"的优良校风，坚持以立德树人为根本任务，不断深化应用型本科办学定位，坚定不移贯彻新发展理念，以推动高质量发展为主题，以改革创新为根本动力，坚持质量立校、人才强校、特色兴校。全校师生员工积极进取，开拓创新，全面推进内涵式发展和特色发展，加强"双一流"建设和新工科新文科建设，不断提高人才培养质量、科技创新水平和社会服务能力，为全面建成特色鲜明的高水平工程应用型大学而努力奋斗。

一　基本概况

湖南工程学院坐落于湖南省湘潭市，是湖南省人民政府主办的本科院校。截至 2022 年 6 月，学校有主校区和南校区 2 个校区，校园占地面积

1830 亩，建筑面积 56 万平方米。学校依江傍湖，环境幽雅，墨韵书香，是湖南省"园林式单位""文明高等学校""文明校园"。学校紧密对接区域经济和机电、纺织行业发展需要，以培养高素质应用型人才为目标，形成了电气、机械、纺织、化工、管理、信息等优势专业群，涵盖工、管、文、理、经、艺六个学科门类。设有 20 个教学科研单位、53 个本科招生专业、2 个硕士专业学位类别。拥有湖南省"双一流"建设应用特色学科 8 个；教育部"卓越计划"实施专业 8 个；国家级、省级特色专业 8 个，国家级、省级专业综合改革试点专业 6 个，国家级一流本科专业建设点 6 个，省级一流本科专业建设点 24 个。学校坚持人才强校工程，有教职工 1384 人，其中专任教师 1198 人，高级职称教师 399 人；具有博士、硕士学位教师 996 人，博士生、硕士生导师 178 人。①

湖南工程学院管理学院成立于 1988 年，是湖南工程学院最早成立的院系之一，经过几十年的发展，学院综合办学实力显著提升，在学科专业领域形成了鲜明的办学特色。学院有市场营销、人力资源管理、工商管理、物流管理、会计学、旅游管理、电子商务、大数据管理与应用 8 个本科专业。旅游管理专业属于优势专业群管理类下的一个特色专业，实行"3 + 1"人才培养模式，多年来为地方经济发展培养了大批专业人才。② 管理学院基于地方经济发展和旅游产业对专业人才的需求，从旅游管理专业定位与人才培养方案的修订、课程体系建设和人才培养模式的实施，探讨新工科背景下地方本科院校旅游管理专业创新型人才培养模式，为新工科背景下以工科专业人才培养见长的地方应用型本科院校的文科类专业人才培养提供启示与借鉴。

基于能力本位教育（Competency Based Education，CBE）理念，湖南工程学院以培养适应新形势下服务地方经济社会发展需要的复合型旅游管理专业人才为目标，重视对学生创新思维能力的培养，基于培养目标，对旅游企业核心岗位能力需求进行了充分的市场调研，依托高等教育人才培养

---

① 湖南工程学院简介，参见 https://www.hnie.edu.cn/xxgk/xxjj.htm。
② 湖南工程学院管理学院简介，参见 http://glxy.hnie.edu.cn/info/1010/1021.htm。

方案，以市场需求为导向，结合学生的认知规律，充分利用政校企合作资源，在一线专业教师反复论证的基础上，构建了由理论教学、实践教学、创新创业 3 个模块组成的旅游管理专业课程体系。

二　主要做法

（一）重构课程体系，凸显旅游产业需求

为紧跟专业前沿与社会发展，提升毕业生岗位适应力，针对旅游行业对旅游管理专业人才的要求，湖南工程学院以"校企政互动、工学创交替"为主要路径，基于 CBE 理念，采用"行业、职业、岗位"一体化的人才培养模式，紧跟行业发展、紧密贴合企业需求，对旅游管理专业人才培养课程体系进行重构，设置了通识教育课程和专业教育课程。通识教育课程主要包括思想政治类、体育类、外语类、信息技术类、素质教育类、数理统计类和创新创业类等。专业教育课程分为专业必修课程与专业选修课程，其中，专业必修课程有旅游学概念、旅游心理学、管理学、旅游财务管理、微观经济学、宏观经济学等，强调旅游管理专业核心能力的培养，同时又突出了旅游管理专业特色；专业选修课程在突出专业特色的基础上满足学生的个性化发展需求，依据学科发展动态与技术应用手段，不断满足社会发展变化带来的相应需求，对旅游管理专业方向进行调整，进行"旅游 + 方向"的课程设置。旅游管理专业人才培养的"旅游 + 方向"课程设置不仅体现了"一专多能"的培养目标，使培养的人才拥有更丰富的文化知识和专业素养，拥有更宽的知识面和更广的视野，适应"旅游 +"和"+ 旅游"的发展需要，而且能很好地满足地方旅游企业的旅游管理专业人才需求。

（二）构建实践教学体系，注重专业能力培养

为了有效提升旅游管理专业毕业生的综合能力与专业素养，在进行实践教学体系构建时，湖南工程学院以社会职业岗位的实际需求为依据，强调学生综合能力和实践能力培养，有针对性地对学生进行指导、训练、强化。旅游管理专业人才实践能力的培养离不开实践教学的开展。湖南工程

学院旅游管理专业充分利用校内外的教学资源，将实践教学分为校内实训、校外实训、校内校外相结合实训、课程实训4种形式。为了提升实践教学效果，湖南工程学院在不同的学期开展不同的实践教学，以实现理论教学与实践教学完美衔接。各教学环节均与专业综合素养与专业能力培养密切相关，这些实践教学环节的设置体现了新时代旅游业发展的实际需要。在新工科背景下，为了提升教学质量，湖南工程学院旅游管理专业改变了传统的先理论学习再实践学习的教学模式，将理论教学和实践教学环节进行完美融合，实行校内实训、校外实训、校内校外相结合实训和课程实训，实践教学内容安排由浅入深、从单一到综合，采用理论学习与实践学习相结合的模式，建立课程实践、校内实训、专业实习、毕业实习的阶梯式循环机制与完善的实践教学体系。同时，为了凸显旅游管理专业的实践性，学院按照"3＋1"的人才培养模式进行教学安排。多年的跟踪与回访表明，这种教学模式可以有效提升学生的综合能力与专业素养，教学效果良好。

（三）以未来职业为导向，培养创新创业能力

为了使旅游管理专业毕业生更好地适应社会经济的发展，湖南工程学院以未来职业为导向，从以下几个方面对旅游管理专业学生进行创新创业能力的培养。首先，充分利用学校的工程院校背景，积极与政府、企业合作，深化产学研融合，定期邀请相关行业专家到校举办讲座和进行实践课程指导，让学生了解最新的行业动态，以便更好地规划未来职业发展方向，培养学生的创新思维与工程实践能力；其次，创新教育与学科发展相融合，利用学校的优势专业群，致力于丰富已有工科的内涵，结合旅游管理专业的应用学科特性，对旅游管理专业进行跨学科发展，积极搭建多元化、综合性通识教育课程平台，在丰富与拓展旅游管理专业学生跨学科获取知识渠道的同时，拓宽学生的认知视野，提升与完善旅游管理专业学生的知识体系和能力结构，培养学生的综合能力；再次，以学科竞赛为牵引，以赛代练，以赛促学，赛教融合，鼓励学生积极参加旅游管理专业学科竞赛，全面提升学生的创新创业能力；最后，价值引领，突破专业限制，促进学生的全面发展，丰富学生的精神世界，在教学过程中，教师积极挖掘学科

专业知识与课程要素的内在价值，积极发挥旅游交叉学科的优势，鼓励学生将课堂中所学的理论与社会实践相融合，提升综合能力。

三　特色亮点

（一）深化产教融合、科教融合，共享"三维协同"政校企合作平台

旅游管理专业是应用性很强的专业。湖南工程学院在进行旅游管理专业人才培养过程中，改革传统的旅游管理专业人才培养模式，树立共赢理念，深化产教融合、科教融合，以产业需求为导向，利用学校建立的"四链融通"多主体协同育人机制，积极推动深化政校企三维协同联动，建立旅游管理专业人才"开放、融合、协同、共享、共赢"的政策激励和良性运行机制。运用产、学、研、创、转、用"六位一体"的人才培养理念，与旅游企业合作，加强对与企业协同培养人才模式的研究，主动对接长株潭国家自主创新示范区建设，利用株洲希尔顿、株洲方特、湘潭华天等合作实习基地，强化旅游管理专业学生工程实践能力培养，创建政校企协同旅游管理实训室，充分利用合作企业的行业优势与影响，为实践教学提供平台，开展各种课程实习、模拟实训、技能竞赛等。同时，不断开拓新的实习基地，在企业内设立实习岗位，为学生创造顶岗实习机会，从而实现实践教学社会化、实践教学课程化、实践教学平台化，强化对旅游管理专业学生的工程实践能力培养。

（二）实现理工文交叉，创新教育与学科发展相融合

结合新形势下国家对旅游管理专业人才的需求，湖南工程学院培养创新型、复合型的旅游管理人才时，充分考虑每一个学生的个体差异，在课程设置上与时俱进，将成果导向教育（Outcomes-Based Education，OBE）理念融入旅游管理专业新工科教育全过程，加强旅游管理专业跨界知识交叉融合的教学，注重旅游管理专业学科发展的前沿，灵活选择实践课程的开设场所，增加实践训练课程的比重，延长实践课程的课时，提升学生解决复杂管理科学工程问题的能力，形成以 OBE 理念为指导的旅游管理专业新工科人才培养模式。依据学生的职业规划与专业兴趣，丰富"旅游+方向"

的课程设置，以满足不同学生的个性化需求。

（三）搭建双创教育平台，开展创新创业实践教育

湖南工程学院开展创新创业实践教育，结合旅游管理专业创新创业训练项目以及不同平台的创新创业竞赛，实现创新创业思维训练。利用校企合作的资源优势，联合企业，搭建双创实践教育平台，为学生的创意实现提供平台，保障学生实现"创意—创新—创业"，培养学生创新创业能力。同时，为了加强对学生创新创业能力的培养，鼓励具有创新创业能力和实践能力强的教师承担实践环节的教学和指导工作，加强双师双能型教师队伍组建，满足旅游管理专业应用型人才培养的需求，提高旅游管理专业人才培养质量和服务地方的能力。

（四）发挥思政课程的引领作用，强化管理工程类课程思政建设

湖南工程学院明确旅游管理专业人才的培养目标与培养方向，在原有的课程上深度挖掘思政元素，加强旅游资源（微观、中观）＋旅游开发（微观、中观）＋旅游管理（微观、中观、宏观）课程思政建设，构建旅游资源开发管理充分融通的新型特色课程思政群。在"生态旅游""景区管理""旅游地理""旅游规划与开发"等旅游方向课程中，整合理论课、实践课等多种课程类型的思政元素，积极抓住机遇来激发市场潜力，迎接旅游新时代。①

第五节　福建农林大学安溪茶学院校地合作办学实践

福建农林大学是农业农村部、国家林业和草原局与福建省政府共建大学，是福建省一流大学重点建设高校。学校前身是1936年私立福建协和大学设立的农科和1940年创办的福建省立农学院。学校秉承"研究农业高深学术，造就专门人才"的办学传统，牢记"强农兴农"的报国使命，扎根

---

① 周子英、张维梅：《新工科背景下地方本科院校旅游管理专业创新型人才培养模式研究——以湖南工程学院为例》，《旅游纵览》2022年第12期。

八闽，根植"三农"，积累了丰富的办学经验，形成了鲜明的办学特色，成为一所学科门类多样、培养层次完整、师资力量雄厚、学术影响广泛的研究教学型大学。办学 80 多年来，学校在培养高质量人才、开展高水平科学研究、提供高效益社会服务等方面取得了丰硕成果。

一　基本概况

福建农林大学地处福州，是一所以农林学科为优势和特色，理、工、经、管、文、法、艺等多学科协调发展的省属重点大学。截至 2022 年 6 月，学校设有 20 个以全日制本科生和研究生培养为主的学院以及 1 个独立学院，有在校学生 3.2 万余人，其中本科生 2.2 万余人，研究生 1 万余人（其中博士研究生 950 余人）。现有本科招生专业（类）65 个，获批卓越农林人才试点专业 8 个、国家一流本科专业建设点 18 个、国家级实验教学示范中心 2 个、国家级一流本科课程 36 门。学校入选教育部首批创新创业 50 强高校、全国高校实践育人创新创业基地。福建农林大学校园三面山林环绕，风景秀丽，鸟语花香。学校连续三届获评全国文明单位，2020 年被评为全国文明校园。校园产权占地 4500 余亩，非产权占地 1200 亩，另有科教基地 1200 余亩，教学林场 5.5 万余亩，资产总值 46.87 亿元。[①]

安溪茶学院成立于 2011 年 5 月，是福建农林大学与安溪县合作创办的特色学院，系福建农林大学下属二级学院。截至 2022 年底，学院占地面积 1200 亩，总投入 7 亿多元，总规划建筑面积 25 万平方米，已建成 18 万平方米。学院采取"政府、高校、民资"三位一体、优势互补、协作办学的模式，是福建省高等教育办学模式改革试点和创新人才培养模式的试验田。学院提出围绕国家、地方和"海西"发展战略和需求，充分与茶产业结合，建设成为培养茶产业高端人才的教学实践基地、校地合作协同创新与成果孵化基地、服务区域需求的农科教结合示范基地和对外交流的国际茶文化传播基地。2011 年，安溪茶学院依托安溪县茶文化旅游和根据茶产业链发展需求设置了旅游管理专业，于 2012 年开始招生，为福建农林大学创新创

---

① 福建农林大学简介，参见 https://www.fafu.edu.cn/5244/list.htm。

业教育改革试点专业。

安溪茶学院旅游管理专业遵循"厚基础、宽口径、重实践"的人才培养原则，坚持理论与实践相结合、学校与企业相结合的理念，为适应社会发展需要和人才市场需求，建立以茶文化与休闲旅游为主线的专业培养方案，注重培养适用茶文化旅游产业和现代休闲旅游服务业发展需要，具备较高的现代休闲服务业管理理论素养和系统的旅游管理、茶文化等专业知识，具有人文素质、国际视野、创新意识、创业精神和实践能力，能在各类旅游相关企事业单位以及旅游教育和研究机构，特别是茶文化产业和休闲旅游业等从事经营、管理、策划、咨询、服务等工作的复合应用型人才。安溪茶学院旅游管理专业自设立以来，充分发挥校地合作办学机制优势，已在科教实践基地建设、产教融合、校企协同育人、多元化实践教学、专题报告学分制、专业基本技能综合考核等方面进行了多种创新实践。

二 主要做法

（一）立足地方，建立稳定的科教实践基地

安溪茶学院于 2013 年入驻安溪县后，就与安溪县旅游系统建立了旅游合作发展平台和旅游人才培养基地，先后与安溪县旅游局、清水岩旅游区、洪恩岩旅游区、凤山旅游区、茶都管委会、安溪中国茶博汇、志闽生态旅游园、尤俊农耕文化园、李光地故居、魏荫茶文化休闲驿站、安溪永隆国际酒店、安溪悦泉行馆、安溪航空假日旅行社有限公司、安溪高建发茶叶庄园、八马茶业现代茶庄园、高建发生态旅游茶庄园等各类旅游企业签订科教实践基地共建协议，建立稳定的校企合作关系。这些科教实践基地涵盖茶庄园、茶文化史馆、旅游景区、星级酒店、旅行社、会展企业、旅游局等单位，能够满足旅游管理专业主干课程开展实习实训的需求，为学院旅游管理专业实践的开展提供了可靠保障。

（二）依托产地优势，实施旅游管理专业产教融合

依托安溪县优势产业，安溪茶学院坚持"产、学、研、用"人才培养模式，充分发挥科教实践基地功能与作用，实施产教融合的旅游人才培养。

在产教融合的实施过程中，学院以训练学生的专业实践技能和培养学生的创新能力为核心，将专业课程的实践教学环节对接安溪县茶文化旅游产业的有关企业，深入产业一线开展实践教学。同时，引导学生的毕业论文选题立足于服务地方旅游经济发展，特别是以安溪县涉茶旅游为研究出发点展开相关问题的研究，为安溪县茶文化旅游产业的提升发展提供思路和对策。

（三）优化"双师"结构，实施校企协同育人

为加强"产、学、研、用"结合、提高人才培养质量，旅游管理专业通过与涉茶涉旅企业签订校企合作协议，逐步建立一支理论与实践并重、专职与兼职结合的多元化"双师型"师资队伍，实施校企协同育人。邀请旅游企业帮助调整、优化旅游管理专业培养方案和教学大纲，使专业人才培养定位和传授的专业知识、技能更能符合行业需求；同时，聘请具有丰富实践经验又能从事教学工作的旅游行业或旅游企业专业技术人员和经营管理人员担任旅游管理专业兼职教师、校外指导教师，不定期地为学生开设各种形式的讲座及承担部分课程章节的授课任务，共同指导和考核学生专业实习。

（四）重视学生主体地位，实施多元化实践教学

为培养学生的创新精神、学习能力和问题解决能力，激发学生自主学习的兴趣，安溪茶学院在专业认知实习、专业课程实训、专业综合实习、毕业实习等实践教学环节中重视学生的主体地位。指导教师根据实践教学大纲要求，设计和布置相应的实践内容，引导学生自主实践。例如，在专业认知实习的前期准备阶段，学生在专业教师的指导下就实习地点、线路安排等相关事宜自主与安溪航空假日旅行社有限公司协商确定；在实习过程中，学生根据实习任务主动与实习景区、酒店、旅行社等旅游企业进行深入沟通交流，获取信息资料；实习结束后，学生按照实习任务要求撰写实习报告，总结汇报实习成果和体会。

（五）设立茗苑讲堂，实行专题报告学分制

安溪茶学院为培养学生的学术兴趣和创新创业意识，设立了茗苑讲堂，

积极引进境内外教学名师、学术专家、商界精英为学生开设专题报告，建立本科生专题报告学分制（1学分）并纳入旅游管理专业人才培养方案，要求每名学生四年在学期间必须参加不少于8场次的各类专题报告，并及时提交专题报告学习体会，才能获得相应学分。

（六）强化学生的专业基本技能综合考核

安溪茶学院通过专业基本技能综合考核，以培养学生的实际操作技能为主线，着重考查学生对旅游管理与茶文化等专业知识、专业核心技能的掌握程度，以及沟通服务能力、创新设计能力、创业发展能力等专业核心能力的情况。专业基本技能综合考核共设三个模块，包括模拟导游讲解、中餐宴会摆台或西餐宴会摆台、茶文化旅游策划。其中模拟导游讲解和茶文化旅游策划为必选考核项目，中餐宴会摆台和西餐宴会摆台两个项目任选一项参加考核，每个考核项目均设计了详细的评分标准。专业基本技能综合考核采用现场讲解、汇报和操作的形式进行，每名学生每个考核项目的考核时间不少于10分钟。

三 特色亮点

（一）构建旅游管理专业一体化实践教学体系

安溪茶学院旅游管理专业建立了阶梯递进式、模块化的多层次旅游实践教学体系。在整体实践教学目标的设定、内容的设计、过程的监控、考核的实施、实践教学等方面，学院旅游管理专业突破传统实践教学模式，调整实践教学方案和整合实践课程，构建与实施内容前后衔接、过程循序渐进、结构层次分明的一体化实践教学体系，而且该实践教学体系能够把实践教学与理论教学有机融合，使两者相互补充配合。

（二）建立科学规范的实践教学协同管理与考核机制

学院旅游管理专业为了规范和保障实践教学质量，建立了科学规范的实践教学协同管理与考核机制。设立由学院教学部门、指导教师、实习单位三方共同组成的实践教学管理机构，负责实践教学过程的监控管理、实践教学资源的配置安排、实践教学的考核评价等工作。采用学生自我评价、学生互评、指导教师评价、实习单位考核、实习单位顾客评价等方法构建全方位的实践教学考核评价机制。此外，实践教学效果的考核评价不是单纯重视结果的评价，而是重视过程的评价，即根据学生实践过程的表现、实习工作内容和性质、学生职业素质及专业能力的提升等方面进行综合性评价。

（三）推进专业实践教学与创新创业教育相融合

在"大众创业、万众创新"的背景下，安溪茶学院正在逐步从"复合应用型"人才培养模式走向以"创业型"为目标的新型产教融合发展模式。当前旅游业对人才的需求重点已经转向了对高素质、复合型、创业型人才的需求。在这样的背景下，旅游管理专业实践教学紧贴市场和产业，从教育理念、内容、过程、平台等方面推进专业实践教育与创新创业教育相融合，培养具有创业意识、创新精神和创业能力的旅游人才，以适应旅游行业发展的需要。学院旅游管理专业在实践教学方面进一步重构调整实践教学目标、实践教学内容、实践教学平台、实践教学保障。学院在推进专业实践教学与创新创业教育相融合的过程中，依托安溪县茶产业产地优势，充分利用现有的科教实践基地，深化产教融合，强化校地合作，构建"产、学、研、用"合作教育平台，把提升学生的创新创业能力贯穿每个实践教学环节，在实践教学中逐渐提升学生的创新创业能力。①

---

① 纪金雄、洪小燕、李云珠：《校地合作办学下的旅游管理专业实践教学创新研究——以福建农林大学安溪茶学院为例》，《大众科技》2017年第9期。

第十二章
高职（高专）院校产教、科教融合与旅游创新创业教育协同发展实践

我国教育部门在提出双创战略之后，逐渐增强了产科教融合在高职院校教育教学中的作用。高校通过产教、科教融合与旅游创新创业教育协同发展，不仅可以促进旅游职业教育深化改革，对现有人才培养机制进行优化，从根本上提升学生的综合素质能力，还能够全面落实和执行国家战略，促进国家经济发展，本章从高职院校产教、科教融合与旅游创新创业教育协同发展的角度，梳理有代表性的发展案例，选取旅游双创人才联合培养、旅游双创教育体系构建和旅游双创实践平台搭建的典型案例，介绍概况、总结做法、提炼亮点，以期为我国高职（高专）院校的产教、科教融合与旅游创新创业教育协同发展和新时代旅游创新创业型人才的培养提供经验借鉴与思考。

第一节　浙江旅游职业学院旅游双创人才
联合培养实践

根据李作聚关于职教联盟相关概念的分析，本章认为产教融合联盟是指以某一职业院校为牵头主体，联合其他有共同需求的院校或企业所组成的非法人治理结构，基于资源共享，通过协议结成的优势相长、风险共担

的非约束性合作竞争组织。[①] 通过建立产教融合联盟，职业院校能够深化拓展与产业企业、区域政府的战略合作，创新校地、校园合作模式和对接落实机制，建设服务于创新创业型人才培养的实践平台，促进创新创业型人才培养机制的完善，不断提升学校服务地方经济社会发展的能力。通过充分发挥产教融合联盟的资源优势，产教融合联盟内各单位在实验实训实习基地、专业课程设置、师资力量、人才培养、技术研发等方面共建共享，提升优势平台基地的利用率和建设水平，满足职业院校学生的创新创业实习实践需求，提升创新创业的实践育人成效。浙江旅游职业学院牵头组建浙江省旅游产业产教融合联盟，依托产教融合联盟探索创新创业型人才的联合培养模式，着力培育了复合型、多能力的创新创业师资队伍，聚焦服务乡村振兴，构建具有旅游专业特色的创新创业课程体系，打造创新创业人才的孵化基地。本章总结浙江旅游职业学院探索双创人才联合培养的实践经验，能为其他高职（高专）院校的产教、科教融合与旅游创新创业教育协同发展提供经验借鉴。

一 基本概况

浙江旅游职业学院是中国特色高水平高职学校和专业建设计划建设单位、全国旅游类唯一国家优质专科高等职业院校、国家示范性骨干高职院校、国家旅游局首批旅游标准化示范单位、教育部首批教育信息化试点优秀单位，连续四年荣获全国高职院校"服务贡献50强"、连续三年荣获全国高职院校"国际影响力50强"，并荣获首批全国高职院校"育人成效50强"。

浙江旅游职业学院是一所特色鲜明的旅游类高职院校，截至2023年3月，学校设有酒店管理学院、旅行服务与管理学院、旅游规划与设计学院、厨艺学院、旅游外语学院、艺术学院、工商管理学院、千岛湖校区管委会（千岛湖国际酒店管理学院）、徐霞客创新创业学院、继续教育学院、国际教育学院、公共教学部、马克思主义研究宣传中心（马克思主义学院）等

---

① 李作聚：《京津冀协同发展视域下职教联盟的内涵、现状及路径》，《教育与职业》2017年第18期。

13个教学单位，开设了导游、酒店管理与数字化运营、研学旅行管理与服务、西式烹饪工艺、空中乘务等30个旅游类专业，其中，有国家高水平专业群1个，国家示范性骨干重点建设专业8个，中央财政支持建设专业2个，联合国世界旅游组织旅游教育质量认证专业11个，教育部现代学徒制试点专业3个，全国职业院校旅游类示范专业点2个，省级示范重点建设专业4个，省级优势专业7个，省级特色专业5个。

浙江旅游职业学院坚持"依托行业、产学结合、接轨国际"的办学理念，办学水平和综合实力已稳居全国旅游类高职（高专）院校前列。学校拥有国家职业教育示范性虚拟仿真实训基地培育项目1个，建成并投入使用中央财政支持职业教育实训基地1个、省级实训基地13个，其中省"十三五"高等职业教育示范性实训基地6个。建有全国唯一的旅游类专题博物馆——浙江旅游博物馆，是浙江省旅游产业产教融合联盟的牵头单位，是首批13个联盟中唯一一家高职院校的牵头单位。在校企合作方面，学校先后与全省60多个县（市、区）和开元酒店集团、乌镇旅业等180多家国内外知名企业签订合作协议，与凯悦、开元、蜗牛等企业共建产业学院9个，建有现代学徒制班级15个，形成以省部共建为重点、局校共建为支撑、"1+6"校企（地）合作工程为平台的多方联动式办学机制。①

浙江旅游职业学院高度重视创新创业教育工作，将创新创业教育工作作为"中国品牌""中国服务"旅游职业人才培养的重要载体，列入"双高计划"（中国特色高水平高职学校和专业建设计划）建设的重要内容。2020年9月，浙江旅游职业学院成立独立建制的徐霞客创新创业学院，按照"创新创业教育生态体系"进行系统规划和建设，为创新创业教育工作做好顶层设计，真正实现"高起点建设、高标准设计、高质量推进"。截至2022年10月，学院累计举办81期"创新创业教学工作坊"，不断深化教育教学改革；成立"创业校友俱乐部"，开办"徐霞客创客班"，探索新型孵化平台，为在校生和校友提供实践孵化服务；累计开展28期"创旅沙龙"，为在校生和应届生提供自主创业资金支持，鼓励师生参加创新创业实践，以

① 浙江旅游职业学院简介，参见 https://www.tourzj.edu.cn/xygk/xyjj.htm。

赛促教，以赛促学，举办大赛集训营；指导各个二级学院成立专创融合工作室，使工作室成为课程建设、课题研究、项目孵化、师生校企校友共创的平台。①

二　主要做法

（一）成立产教融合联盟探索双创教育模式

2020 年 11 月 28 日，浙江旅游职业学院牵头组建浙江省旅游产业产教融合联盟，并设立浙江北大数字文化和旅游联合中心实验室。联盟由 10 所本科高校、13 所职业院校、36 家行业龙头企业、11 家科研机构、16 家行业协会、69 个地方政府等组成，旨在推动产教融合联盟内各单位在实验实训实习基地、专业课程设置、师资力量、人才培养、技术研发等方面共建共享，依托产教融合联盟做强一批行业龙头或者骨干企业，形成旅游行业专业特色显著、人才支撑有力、产业链条完整、市场规模庞大的优势产业群。

浙江省旅游产业产教融合联盟成员单位一直积极推动多方合作，已与省内 69 个旅游重点县（市、区）签订合作协议，与 7 个国家级和省级旅游综合改革试点市（县）开展全方位合作，建立产学合作工作站 42 家；与中国旅游集团、乌镇旅业、开元集团、洲际集团、迪士尼等 624 家国内外知名企业开展战略合作。浙江省旅游产业产教融合联盟的成立有力地促进了教育链、人才链与产业链、创新链的有机衔接，让人才培养精准匹配产业需求，为旅游创新创业型人才的教育、培养提供了有力支撑。②

浙江旅游职业学院注重发挥联盟作用，在成立产教融合联盟的基础上，构建政府支持、行业指导、校企深度融合的协同育人机制，建立创新创业型人才校内外联合培养机制，推动产教融合联盟范围内师资互派、人才共育，打造人才培养新高地和产教融合样板地，搭建旅游创新创业型人才培

---

① 浙江旅游职业学院徐霞客创新创业学院简介，参见 https：//cyxy. tourzj. edu. cn/xygk1/xyjs. htm。

② 《浙旅院喜事多！"政校行企协"多方联动，助推产教融合高质量发展》，腾讯网，2020 年 11 月 28 日，https：//view. inews. qq. com/k/20201128A0E8XM00？ web_channel＝wap&openApp＝false。

养的多方合作沟通的纽带和桥梁，围绕创新创业培训，建立校、政、行、企四方共育人才机制，形成校企联合、校地结合、国际合作的协同育人新模式。由校政企协同共建名师名导工作坊，与阿里飞猪旅行合作共建实训中心，与浙江省文化和旅游厅共建智慧旅游体验中心和文旅大数据中心等。学院通过平台建设和模式创新，为技术赋能、跨界融通的创新型旅游产业人才联合培养提供实践教学新范式。

（二）科教融合加强旅游人才创新能力培养

浙江旅游职业学院拥有浙江省文化和旅游发展研究院、浙江省文化和旅游智库、浙江省文化和旅游厅统计数据中心、中国旅游研究院旅游标准化研究基地、浙江省乡村振兴与乡村旅游应用技术协同创新中心、浙江旅游科学研究院、浙江省旅游发展研究中心有限公司、浙江旅游培训中心、浙江省文化和旅游标准化技术委员会以及浙江省智慧旅游体验中心等十大研究平台，在旅游领域有着丰富的科学研究成果，积极服务于产业经济和地方经济的发展，同时以高水平科学研究支撑和引领旅游人才培养，全面提升学生的旅游专业知识水平和创新创业能力。

浙江旅游职业学院结合自身办学定位与特色优势，以旅游类学科为主线，推动旅游类专业全面发展，促进不同学科交叉融合，坚持科教融合，以徐霞客创新创业学院为载体，积极打造多方位的创新创业实践活动品牌，深化创新创业育人体制机制改革，将学校的科研优势转化为旅游创新创业教育的人才培养优势，不断提高学生和教师的创新创业能力。

（三）着力培育多能力的创新创业师资队伍

浙江旅游职业学院加大投入以进行创新创业师资队伍建设，组织教师参加创新创业师资培训，新成立创新创业教研室，持续开展创新创业教学工作坊，积极开展创新创业教学研讨和交流活动，邀请国内外学者建立"专任教师＋校内外创业导师"结合的专兼职师资团队，不断提高教师创新创业教育能力。鼓励教师参加线上"互联网＋"大学生创新创业大赛指导教师培训，培训涵盖了大学生创新创业大赛竞赛规则、参赛项目创建与指导、商业计划书撰写、路演 PPT 制作内容及创业项目转化落地等内容。

截至 2022 年 10 月，通过线上或线下的方式，浙江旅游职业学院已累计举办 81 期创新创业教学工作坊。教学工作坊是浙江旅游职业学院教师发展中心和徐霞客创新创业学院联合开展的双创教研活动，每期工作坊将围绕一定的教学主题和目标，通过教师共同参与、共同体验、共同演进、共同对话，提升教师教学能力和水平。教学工作坊作为开展课程建设、提升师资水平的有效载体，通过送培内训，为教师赋能，打造"1＋N"多能力师资队伍，即 1 个核心能力教学能力，以及科研能力、指导竞赛能力、指导创业能力、服务社会能力。

2022 年 3 月，浙江旅游职业学院与中国创业教育工作者网络（EECN）合作成立了浙旅·EECN 创新创业虚拟联合教研室，针对高校创新创业教师职业发展等问题展开创新创业虚拟联合教研活动。通过开展虚拟联合教研活动的形式，帮助高校创业教师提升教学水平，既是对标教育部虚拟教研室建设的一次尝试，又以教学工作坊为连接，通过推动创新创业教师的空中联合教研，突破线下的空间限制，提升教师教学能力，打造高校创新创业教师"孵化器"。

浙江旅游职业学院与企业合作建立了"麦扑智慧旅游产业学院""蜗牛产业学院""森泊产业学院"等 10 余个产业学院。建设"名师名导工作坊""智慧旅游体验中心"等融合产业工作场景的智慧化场所，促进产教深度融合。构建校企合作共建机制，通过校企师资发展共同体、产业学院、浙江省旅游产业产教融合联盟、"双师型"教师培养培训基地和大师工作室等项目载体，推进校企共育师资，打造"校企师资发展共同体"，着力培育多能力的创新创业师资队伍。

浙江旅游职业学院每年精选 10 家企业作为合作企业，通过投入专项资金，实行学校、院部、企业共管的管理模式，聚焦培养高管、研发、公关等高层次、高技能人才，形成全方位、多层次、立体化的校企合作机制，提升"双师型"教师队伍整体水平，不断推动创新创业导师等选拔培育机制。截至 2022 年 12 月，浙江旅游职业学院"双师型"教师占比在 90% 以上，共有各级各类行业名师 60 余名，其中，文化和旅游部优秀专家 1 名，

教育部高职高专教学指导委员会专家 2 名，国家旅游业青年专家 5 名。浙江旅游职业学院深化兼职教师培养，促进产教融合、校企师资互促提高，每年企业高管在校兼职任教的人数达 400 余人。

（四）积极打造多方位的创新创业活动品牌

浙江旅游职业学院打造多方位的创新创业实践活动品牌，开展"创在旅院"大学生创新创业大赛，以赛促教、以赛促学、赛教融合，为"互联网＋"大学生创新创业大赛等各级各类赛事培育项目；开展创客集市、"一院一品"、创旅沙龙等创新创业实践活动，在全校营造创新创业文化氛围。

2021 年 12 月，浙江旅游职业学院承办了首届全国大学生乡村振兴创意大赛研学旅行赛，通过"以赛促学""以赛促练"的运营模式，充分调动了学生团队的工作积极性，为未来乡创空间学生团队提供更多实践和展示平台，推动学校创新创业教育改革和乡村振兴人才队伍建设。

以"一院一品"创新创业实践活动为例。浙江旅游职业学院工商管理学院实施双创教育实践引领计划，培育应用型创新人才，建立"从 0 到 1"创客坊，组织师生服务万村景区化、微改造精提升、文化基因解码工程等文旅工程，让学生在乡村、在田野、在绿水青山中磨砺锻炼，并把实践成果应用到自身的创新创业项目中，打磨出一个个立意高、创意新、项目优、落地实的优秀作品。组织学生参加创新创业项目实战训练营，通过多种途径提升创新创业教学质量，培养学生勇于探索的创新精神，培育孵化优秀项目，全面服务旅游应用型创新人才培养。

浙江旅游职业学院工商管理学院为学生提供了全方位的实习、实训平台。在校内有完善的实训条件，校内设有企业经营管理沙盘实训室、创业创新工作室、信息化企业全景体验中心、会计综合实训室、HR 管理系统实训室、营销 CRM 实训室等实训设施。通过在虚拟仿真实训中心进行学习训练，学生为将来的创新创业打下了坚实的基础，掌握了更多的实践操作技能，提升了创新型旅游人才的培养质量。浙江旅游职业学院工商管理学院 2019 届的会计专业毕业生闻杭苑，在学校和学院的帮助下，创办了杭州众旅会计服务有限公司，入驻徐霞客创业园。在校期间，闻杭苑考取了初级会计师、普通话等级证书、SYB 创业结业证书、人力资源管理等各方面的证书，为毕业后的创业打下了坚实的基础。浙江旅游职业学院工商管理学院通过双创教育孵化创业项目，使学子创业率位居学校前列，在各类大学生创新创业比赛中屡创佳绩。

三　特色亮点

（一）专创融合打造旅游创新创业课程体系

浙江旅游职业学院高度重视创新创业课程体系的规划与建设，在课程体系建设的过程中格外注重办学特色和专业优势的发挥，不断强调旅游类大学生创新创业能力的个性化培养，分层分类全面覆盖开展创新创业教学，在各专业学生专业课中建设"专创融合"创新创业课程。

浙江旅游职业学院面向低年级学生开设创新创业基础通识课程，面向准备创业学生开设创业方法论系列课程，面向正在创业的学生开设创业管理系列课程，将创新创业教育与专业教育进行紧密结合，构建了专业职业技术教育、通识教育和第二课堂（素质教育专项）三位一体、有机融合、层次分明、比例协调的课程体系。[①] 在"专创融合"创新创业课程方面，学院为酒店管理专业的学生开设酒吧经营管理课程，为烹饪专业的学生开设美食包装、保存、销售等方面的课程，为外语专业的学生引入外贸相关的课程，为导游专业的学生开设旅游 IP 运营与打造、旅游短视频制作等课程，邀请在相关领域创业成功的校友回校进行指导，并提供相应资源。

通过改进创新创业课程体系，浙江旅游职业学院促进创新创业人才培养与行业发展需求相匹配，提升学生创新能力和岗位迁移能力；鼓励学生在顶岗实习阶段以大学生自主创业代替实习，实习期结束，由学生出具营业执照、创业计划书、合同、盈利证明等相关材料，学院进行相应实习考核；鼓励学生在校创业，由专业教师对学生创业进行指导，并为学生创业

[①]　蒋杭玲：《大学生创业认知及创业意向研究——以浙江旅游职业学院为例》，《现代职业教育》2018 年第 31 期。

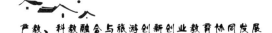

充分提供有利条件。

浙江旅游职业学院推动专创结合，打造趣说文旅创业精品慕课。趣说文旅创业课程主要针对旅游类院校和旅游类专业学生开展相关的创新创业教育。课程包含文旅新时代、文旅创思维、文旅新模式、文旅创案例、文旅创营销和文旅创未来这六大模块。学院将创新创业教育主要内容和文旅相结合，为旅游类院校和旅游类专业学生提供了更加精确的文旅背景分析、商业模式解读、创业案例展示和未来文旅创业机遇分析等内容。课程旨在以创新创业助推文旅融合，为旅游景区及旅游企业培养更多高素质、高技能的文旅创新人才。

（二）聚焦乡村运营人才培养打造创客空间

为响应乡村振兴国家战略，浙江旅游职业学院充分挖掘乡村振兴和乡村旅游资源，联动乡村运营相关企业，举办徐霞客创客班（乡村运营方向），打造浙江旅游职业学院乡创空间。以乡创空间为载体，由与学校合作的乡村运营相关企业提出需要的创意和设计命题，定向招募学生团队并进行孵化，探索乡村运营人才培养新模式，引导广大学生返乡入乡创新创业，提高大学生创新创业能力和职业素养。

浙江旅游职业学院徐霞客创客班主要针对有志于返乡入乡创新创业的在校生及毕业五年内校友，或正在从事乡村运营的在校生及毕业五年内的校友。根据个人报名和学院推荐情况，学校统一进行面试选拔。学生本着自愿的原则参加徐霞客创客班，签订协议后需按照要求完成课程内容及相关考核，中途不得无故退出。徐霞客创客班培养期为半年，分集中培训和项目实践两个阶段，即一周集中课程＋六个项目实践，以创新创业项目贯穿全程，强化实践，着力提升创业者能力。创业项目优先推荐参加中国国际"互联网＋"大学生创新创业大赛、浙江省大学生乡村振兴创意大赛，优先推荐入驻校内未来乡村创客空间，优先获得创业资金支持及与投资公司洽谈机会。学生完成规定学习内容且创新创业实践达到考核要求，可获得浙江旅游职业学院徐霞客创客班结业证书。

浙江旅游职业学院乡创空间主要包括成果展示区、路演教学区、创业孵化区、乡村电台区（直播室）。其中，成果展示区主要展示学校研究项目和孵化项目的成果，包含村镇改造效果、研究奖项等；路演教学区主要为学生培训、比赛实践、项目路演使用；创业孵化区用于学生团队进行专项主题比赛招募，帮助学生团队对接专业辅导企业，由企业对学生团队进行辅导实训；乡村电台区（直播室）可以通过短视频和直播的形式帮助乡村实现带货和营销推广。浙江旅游职业学院为入驻乡创空间的学生团队提供一系列优惠政策，如学生团队在空间内落地注册公司并享受孵化服务和政策申报服务。

浙江旅游职业学院乡创空间的运营方式依托校企共建的新模式，企业全程参与空间的规划方案设计、装修建设、运营管理等环节。2022 年，学院招募了首批乡创空间合作运营企业，依托服务乡村振兴的经验和资源优势，以"企业出题""师生团队答题"的形式对村镇项目进行承接，为企业出谋划策，为企业提供技术和业务支持。同时，企业对学生团队进行选拔入驻，定向培育学生团队，对学生进行辅导和实训，辅导学生参加比赛及后续项目，也可吸纳优秀学生进入企业体系。浙江旅游职业学院通过校企合作打造乡村创客空间，培养乡村运营人才，助力乡村振兴。

（三）校企合作构建新旅游人才孵化基地

浙江旅游职业学院与企业合作，打造校企合作共同体与产教融合基地，在订单式培养、顶岗实习、共建实训基地等基础上，鼓励企业更多地参与到教育教学管理和学生培养中来，校企共同制订教学计划、共同组建教师团队、共享教学资源、共同管理培养质量。

浙江旅游职业学院与国内知名的电子商务企业开展深入合作，选择阿里巴巴、同程艺龙、携程作为主要实习和就业基地。学院与阿里巴巴共同出资 500 余万元成立校内新旅游人才孵化基地，该基地占地 600 余平方米，作为学生在学校学习期内重要的生产性经营实践场地。基地开设 120 个工位，每年组建两个师徒制创新班，招收学员 90 人，开展工学结合的技能实训，基地的商品交易总额超过 3 亿元。新旅游人才孵化基地常驻企业教师 5 人，此外，不定期地从阿里巴巴等知名企业聘请中高级管理人员和技术人

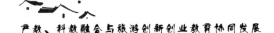
员作为兼职教师和实训指导师。学院通过重点培养学生的自主创业能力，提升了毕业生收入和学生创业率。

<h1 style="text-align:center">第二节　南京旅游职业学院旅游双创
教育体系构建实践</h1>

随着双创教育的深入开展，高职院校的旅游双创教育如火如荼地开展起来，许多高职院校通过引进创业导师、建设创业课程、培育创业团队、孵化创业公司等活动，初步构建了院校的旅游创新创业教育体系。旅游创新创业教育体系的构建，需要高职院校在教育教学活动开展的过程中，特别是在专业教育中，充分融入创新创业教育的课程和实践活动，运用双创教育的思维模式和理念，使旅游创新创业教育贯通融合进学校的人才培养体系中，对旅游创新创业型人才培养充分发挥作用。南京旅游职业学院作为旅游类高职（高专）院校，将双创教育理念融入旅游人才培养全过程，在构建旅游双创教育体系方面进行了一系列的探索和实践，取得了一定的成效，为新时期高校双创教育改革发展提供借鉴。

一　基本概况

南京旅游职业学院是江苏省文化和旅游厅主管的全日制公办普通高等学校。2011 年，南京旅游职业学院顺利通过教育部高职高专人才培养工作水平评估。2018 年，南京旅游职业学院通过江苏省教育厅验收，成为江苏省示范性高等职业院校。南京旅游职业学院在"创新创业＋"的教育体系建设过程中，将高职院校学生特点与职业教育专业特色有机结合，多方联动，积极发挥政、行、校、企、教学单位和职能部门优势，充分发挥各方面的智慧和能力，摆脱高职院校旅游创新创业教育的"孤岛效应"，共同将创新创业的理念和措施深入教育教学的各个环节，深入学校的各个方面，有效提升学生的综合素质和创新创业能力，解决在创新创业教育过程中学生兴趣、师资能力、实训条件、企业困境等瓶颈问题，取得了可复制、可推广的一系列成果和经验，并首先在旅游类专业院校宣传推广。

南京旅游职业学院开设 20 余个与文化旅游行业密切相关的专业，建有 50 个校内实训基地。学院高标准建成并运营的教学酒店——御冠酒店，作为"创新创业 +"教育教学体系的硬件建设，成为学院探索创新人才培养模式以及推动产教、科教融合与旅游创新创业教育协同发展的孵化载体。南京旅游职业学院充分发挥江苏中心旅馆管理咨询公司、江苏紫金旅游规划设计研究院有限公司等校办企业的服务优势和酒店、烹饪、非物质文化遗产等研究所的智力优势，紧密依托文化和旅游行业，积极探索校企合作、工学结合的育人模式。南京旅游职业学院与南京旅游集团、洲际酒店集团、金陵饭店集团、北京广慧金通教育科技有限公司、蓝蛙餐饮管理（上海）有限公司、美心集团、吉祥航空公司等国内外知名旅游企业签署了战略合作协议，为学生提供涉及旅游全产业链的创新创业实践基地，形成了一系列富有成效的产教、科教融合与旅游创新创业教育协同发展的育人模式。

此外，南京旅游职业学院创立大学生创新创业中心，搭建学生创新创业平台；创立大学生职业素质养成中心，搭建学生职业素质提升平台；创立旅游咨询服务中心，搭建专业服务社会平台；打造集人才培养、生产经营、技术服务、社会培训、创业孵化于一体的互利共赢合作平台，充分发挥御冠酒店（基地）的生产、教学、实习、科研、服务、师资培养、文化辐射等独特作用，增强学校的综合服务能力；注重校园创新创业文化建设，通过创新创业成果展示活动、创新创业文化节、职业教育活动周等活动，营造立体化、全方位、品牌化的创新创业校园文化氛围。

二　主要做法

（一）构建旅游创新创业教育体系

南京旅游职业学院围绕国务院和教育部的相关文件精神，借助创建江苏省级示范院校的契机，开展一系列的"创新创业 +"教育教学改革工作，多方通力合作，初步构建了集"一基地（御冠酒店综合实训基地）、一网站

(中国厨师网)、一课程（创新创业理论与实践课程）、创新创业指导中心、各类技能竞赛专业社团系列活动"于一体的"创新创业＋"的教育教学体系（见图 12－1），以适应经济新常态下"旅游＋"时代对旅游人才培养的需要。

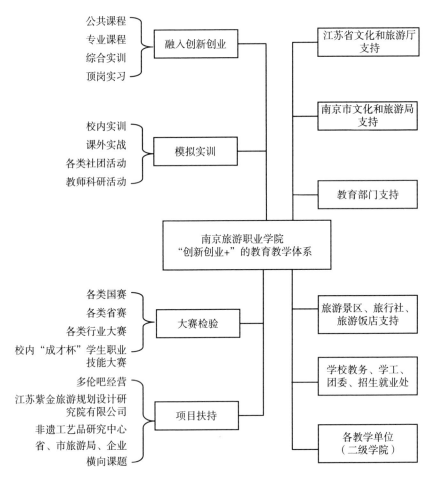

图 12－1　南京旅游职业学院"创新创业＋"的教育教学体系

资料来源：方法林《多中心理论视阈下"创新创业＋"的教育体系构建与实践——以南京旅游职业学院为例》，《西部素质教育》2016 年第 7 期。

　　南京旅游职业学院在构建旅游创新创业教育体系的过程中，稳步推进"创新创业＋"的教育教学改革过程，特别重视教学方法和考核方式的转变。学校积极采取措施，改变教师教学"满堂灌"的传统方式，开展各类教学方法的研讨活动，广泛开展启发式、讨论式、翻转课堂等参与式教学；开展"以研促学、以赛助学"活动，将学生带入教师的科研课题中学习，带入各类大赛里学习，注重培养学生的批判性和创造性思维，激发创新创业灵感；根据不同学生的需求开展分类分层学习，充分利用现代信息技术开展在线学习，鼓励学生自主学习，并创造条件将学生参与的各类活动和在线学习、自主学习纳入学业成绩考核中。

南京旅游职业学院高度重视学生的就业创业工作，系统进行创业教育的探索与实践，大力加强创业教育课程、师资队伍和创业实践基地建设，开设职业生涯规划、就业创业指导等必修课程，定期举行创业辅导讲座，邀请中国国际"互联网＋"大学生创新创业大赛评委、教育部万名优秀创新创业导师人才库导师等专家学者进行创新创业的专题报告。每年4～5月举办"互联网＋"大学生创新创业大赛暨大学生创新创业训练计划项目校级选拔赛，遴选优秀项目并推荐进入省赛，同时通过专家一对一指导等形式进一步培育项目。南京旅游职业学院以每次创新创业大赛为契机，加强对创新创业工作规律的研究，加强对创新创业实践平台的建设和项目的培育孵化，实现以赛促教、以赛促创，引导大学生扎实了解国情、省情、民情，在创新创业中增长智慧才干。

（二）合作建立产科教创融合平台

南京旅游职业学院向南京市申报成立科技众创空间，打造了以生产性实习基地御冠酒店为一个大平台，与江苏紫金旅游规划设计研究院、江苏中心旅馆管理咨询公司、烹饪研究所、酒店研究院、创新创业学院、非物质文化旅游纪念品研究中心、创越会、好厨师网、教师教育发展中心相结合的创新创业实践平台，并以此作为大学生孵化基地，支持学生参加各类志愿服务，建设新一轮省级大学生创新创业教育示范校和省级大学生创新创业示范基地，在学院教务处的配合下组织遴选一批校内校外联动的省级大学生创新创业实践教育中心，推动了南京旅游职业学院的创新创业理论教学、学科竞赛、"互联网＋"大学生创新创业大赛、校内"成材杯"学生

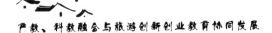
职业技能大赛、"烹饪美食节"等项目实践活动见实见效。①

南京旅游职业学院酒店管理学院和广州问途公司合作建立产科教创融合平台。推动校企深度合作，通过研发产学研合作平台提高学生酒店运营及创新规划能力；丰富酒店管理人才培养内涵，提高专业人才的培养规格。通过全方位深化产教融合，建立紧密型校企合作办学机制，形成了"人才培养有效衔接、岗位实践相互支持、校企互聘取长补短、科技服务相互借力、就业创业协同推进"的校企合作共赢共同体。双方积极进行专业建设规划的研讨、拟定，公司配合教学专业设置可行性社会调研，接纳专业教师进企业挂职锻炼，参与教师专业能力培养。目前，已经共建了酒店在线营销实训室，接待专业教师挂职锻炼，参与修订课程标准，联合制定专业能力达标标准，配合完成教学视频等教学资源制作。通过全方位深化产科教创融合，建立紧密型校企合作办学机制。

广州问途公司参与酒店管理专业人才培养方案的制定、修订，共同制定人才培养目标，承接酒店管理专业的学生顶岗实习。自合作以来，接待实习生300多人次。多次举办酒店在线营销课程师资研修班，帮助教师改进或者提升市场营销课程的相关教学水平，开展酒店在线营销课程教学，合作培养师资。公司参与在线营销教学内容的安排，共同建立实际操作环境下的收益管理预订引擎、社交型会员运营系统、内容管理系统、酒店官方网站、酒店移动应用软件、酒店微信服务平台等技术，为学生掌握实操技能搭建平台。与酒店管理学院共同建设酒店经营管理虚拟仿真实训平台，依托平台夯实创新创业教育与旅游专业教育的融合基础，实现创新创业教育和实践活动的有效对接，培养创新创业人才。②

（三）完善人才培养质量标准方案

南京旅游职业学院现有20余个专业。学院整合多部门单位，在认真研读国务院和教育部在新形势下对创新创业人才培养的指导意见后，开展充

---

① 方法林：《缝合创新创业教育与专业教育——以南京旅游职业学院为例》，《教育教学论坛》2018年第44期。

② 洪涛：《高职院校产教创一体化的实践与探索》，《文教资料》2019年第15期。

分调研，经过多轮的反复讨论和修改，认真听取专家和行业知名人士的意见，将"创新创业＋"理念融入新一轮人才培养方案的修订中，使创新精神、创业意识和创新创业能力成为评价人才培养质量标准的重要指标，并结合南京旅游职业学院的办学定位、服务面向长三角地区以及创新创业教育目标的要求，制定了符合南京旅游职业学院的专业教学质量标准和"创新创业＋"的人才培养方案。

（四）形成创新创业人才培养机制

南京旅游职业学院主动顺应国家"一带一路""长江经济带""互联网＋"等发展战略，全面规划，系统设计，以建设高水平的旅游人才培养基地为抓手，创新校企合作办学体制机制，全面提升办学水平，为全面构建"畅游江苏"体系、实现旅游强省目标提供智力支撑和人才保障。创新性地建立了"人才培养、科技服务、人员互聘、岗位实践、就业创业"五位一体的校企合作机制，完善工作机制，创新发展平台，推进合作育人、合作发展。与校外合作单位组建南京旅游职业学院理事会，创建混合所有制旅游交通学院、户外休闲服务与管理专业、蓝蛙订单式人才培养、"双师型"教学团队等，构建"专业共建、人才共育、过程共管、责任共担、成果共享"的紧密型校企合作机制。

在学生创新创业培养方面，南京旅游职业学院以指导大学生开展实践创新计划项目为辅助手段，系统训练学生创新创业的思维和能力，构建创新创业教育的实践载体，设立帮扶基金，在校内开设学生自主经营、自负盈亏的多伦吧、创越汇等创业基地。创业教育有力地促进了内涵建设，提升了学生的就业能力，毕业生年底就业率保持在98％以上，专业对口就业率和境外就业率居同类院校之首。

（五）提升教师双创教育教学能力

在教师双创教育教学能力的提升方面，南京旅游职业学院充分发挥教学酒店的经营实体作用，出台《教师进店实践管理制度》，制定《教师进店挂职锻炼计划》《双师素质师资培养计划》《"四师"（行业培训师、项目策划师、企业咨询师、大赛指导师）培养计划》，实施"双岗双职双薪"的激

励政策和落实全体教师创新创业教育责任，完善专业技术职务评聘和绩效考核标准，加强对创新创业教育的考核评价，采取有目的、有计划、有岗位、有责任、有考核的研岗、跟岗、顶岗、轮岗等措施。通过教师在学校与酒店的双向岗位流动、职务互换，实现由教师向师傅、师傅向教练、教练向导师的能力转变。同时，通过以老带新、项目驱动等措施，着力培养教师产学服务能力和协同创新能力，建设一支高水平的创新创业教师队伍。

三 特色亮点

（一）开发建设创新创业课程体系

为适应"创新创业+"的人才培养模式，南京旅游职业学院根据人才培养定位和创新创业教育目标要求，促进专业教育与创新创业教育有机融合，调整专业课程设置，挖掘和充实各类专业课程的创新创业教育资源。在通识课程中加入创新创业基础知识，培养全体学生创新创业意识；在传授专业知识的过程中加入创新创业课程实务和方法，提高学生创新创业的能力；引入行业企业职业标准、岗位标准、对接课程标准，并把岗位技能需求、职业资格证书的内容与课程相融合；优化和改造核心岗位能力课程，共同制定"岗课、证课"融通的课程标准；组织各专业学科带头人、行业领军人才联合编写具有行业特色、适应业态变化、可操作性强的创新创业教育重点教材，研发系列产学教材；构建集"通识能力、专业能力、综合能力和创新创业能力"于一体的创新创业课程体系。

在课程开设方面，南京旅游职业学院开设了一批创新创业教育专门课程，如创业基础教育课程等，并不断完善课程标准。与多家院校及企业联合开发创业视频课程体系。课程内容涵盖创新与哲学、创新方法论、创业心理学、互联网商业模式基因、创业风险管理、精益创业、创业价值观，还包含教育部创业基础。创业基础教育课程基于全媒体在线平台，采用案例教学的形式，深入解析知识点，帮助学生全面掌握学习内容。改革考试考核内容和方式，注重过程考核，加大对学生发明创造、实习实训、实践经历的考察力度，探索非标准答案形式的考试；将可行性报告、商业计划书、创业计划书等纳入期末考核内容范畴，将创新创业成绩纳入学生综合测评体系。教师根据创业教育课程特点、教学要求和不同学生特点采取灵活多样的形式进行考核，科学评价学生对创业知识的理解和综合应用能力、实践和创新能力。[①] 同时，教师面向南京旅游职业学院 20 余个专业的全体学生开发研究方法、学科前沿、创业基础、就业创业指导等方面的必修课和选修课，提升学生的科研能力和水平，并将其定性定量地纳入学分管理，建设循序渐进、有机衔接、结构合理的创新创业教育专门课程群，积极开展创新创业教育优质课程信息化建设，推动高职院校产科教的深入融合。

（二）构建创新创业实训基地体系

校企融合强化实训基地建设，形成相对完整的"校内实训基地、校外实训基地、海外研修基地"三轮并转的实训教学培养体系。横向上，打造"从单项实训到综合实训"的路径，依托校内外实训基地，根据旅游类专业人才培养方案设置专业综合实训周，提升学生对专业知识的综合运用能力，以此完成从单一课程实训到专业综合实训的转变。纵向上，在开展校内实训的基础上，使学生赴企业进行顶岗实习。同时，选拔部分学生到海外研修基地进行顶岗实习，实现"从校内实训到校外实习/海外研习"的完整衔接。以此构建"从单项实训到综合实训""从校内实训到校外实习/海外研习"的递进式、交替型合纵连横学生实训体系。

在创新创业实训基地体系构建的过程中，学院格外注重实训平台的软硬环境建设，增强职业技能训练和职业素养教育的有机融合，发挥企业文化育人功能。以烹饪专业创新创业型人才培养为例，学校按照"专业基础＋核心课程＋人文素养＋智能烹饪＋创业创新"模块重构实训课程体系，通过校企合作重点建设的餐饮创业与经营（模拟沙盘）、奶酪时光企业文化、VR 烹饪学习中心和智能烹饪等课程，同步完善课程虚拟实训资源包，推进"虚拟仿真＋实体门店"的创业育人实践活动，全面提升学生综合素养与

---

① 洪涛：《高职院校产教创一体化的实践与探索》，《文教资料》2019 年第 15 期。

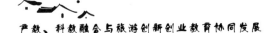

能力。①

（三）改革教学学分积累与转换制度

南京旅游职业学院通过多年实践与学工处、招就处、团委、科研开发处、教务处共同研发，建立了南京旅游职业学院创新创业学分积累与转换制度，将学生开展社团活动、创新实验、发表论文、获得专利和自主创业等情况折算为学分，将学生参与教师的课题研究、社会调查实践等活动认定为课堂学习，进一步激励学生参与创新创业活动。学工处与教务处合作为有意愿有潜质的各专业学生制订创新创业能力培养计划，建立创新创业学分制银行，客观记录并量化评价学生开展创新创业活动的情况。对积极参与创业的学生给予优先转专业、放宽学生修业年限、允许调整学业进程的弹性学制等福利，并拿出一定的资金构建优秀创新创业学生的表彰机制。

（四）举办创新创业成果展示活动

南京旅游职业学院开展丰富多样的创新创业实践活动，举办各类技能大赛，组织学生参加科技创新、创意设计和创业计划等各类专项竞赛。历届学生在江苏省大学生职业生涯规划大赛、大学生就（创）业知识竞赛等活动中表现突出。学院以专业文化节为载体，深化产教融合和校企合作；以专业文化节为抓手，践行助力"大众创业、万众创新"的教育教学思想理念，推动专业建设和专业教育教学改革。教师通过指导学生参加社团活动，借助学院举办的各种创新创业实践活动，在教学中发掘有创业潜力和有创业意向的学生，通过开展创新创业实践活动，进一步激发其创新创业兴趣、助其提高创新创业能力、探索创新创业项目、研讨孵化创业项目等。

2017年，南京旅游职业学院烹饪与营养学院举办"创新创业实践周暨第六届美食文化节"活动。在活动过程中，该学院360名烹饪专业的学生通过市场调研后，自创餐饮主题，自主组建创业团队，增强了创业实战性。活动共推出了46个创业项目，累计展出192道菜点。在"仿真创业"项目中，学生依托主题设计、菜点包装设计等内容，与人文艺术系师生跨院系

---

① 吕慧：《烹饪专业人才培养模式改革与产教深度融合机制构建研究——以南京旅游职业学院为例》，《湖北开放职业学院学报》2021年第17期。

协作，充分将烹饪与学校艺术、会展等专业有机整合。通过此类活动，学院有效培养了学生创新创业能力，优化了学生注重创新创业的思维方式。

2019 年，南京旅游职业学院烹饪与营养学院举办了第八届"夜上海"烹饪创新创业美食文化节，以红色为美食节的主题元素。各实践项目组在专业教师指导下，将美食与红色文化相结合。该活动充分调动了学生自主学习、自我实践、自觉创造、自我发展的积极性和创新意识，既培养了学生为消费者提供美食佳肴的烹饪专业技能，又培养了学生的工匠精神等职业素养，使其在技能创新上追求精益求精，将其培养成德才兼备的高技能人才。

2021 年，南京旅游职业学院举办了专业文化节暨大学生创新创业成果展，要求各二级学院以专业文化节为载体，深入推进"职业技能和个人素养认同""职业教育和优秀企业发展"的融合发展，帮助学生提升创新创业技能和职业技能。学院邀请校友代表、创业导师进行专题讲座分享。各二级学院展台及展区参观交流设置有烹饪与营养学院举办的"国风汉韵大美中华"汉文化宴饮体验活动，人文艺术学院结合专业特色举办的手绘、剪纸、陶艺等体验活动，酒店管理学院举办的民宿文化推介展，旅游外语学院举行的中外文化交流展等。

第三节　河南职业技术学院旅游双创
实践平台搭建实践

双创成果的最终落地，需要双创实践平台结合市场环境进行检验和把关。高职院校在构建旅游双创实践平台的过程中，应注意引入市场化运营机制，充分利用地方政府政策、金融和市场等的服务支撑，发挥公共资源和社会资源的资源效益，激发双创新动能，促进高职（高专）学生创新创业，促进社会为双创主体提供坚实的基础。河南职业技术学院文化旅游学院构建了"1＋2＋N"双创实践平台，推进了创新创业教育引领工程，为其他高职院校的旅游创新创业人才培养和双创实践平台建立提供了经验借鉴。

一　基本概况

河南职业技术学院高度重视创新创业教育工作，大力推进"创新创业教育引领工程"，连续获得"全国高校创新创业典型经验高校""全国高校就业创业工作典型案例""河南省创新创业教育改革示范校""河南省高校就业创业先进集体""河南省高校就业创业课程体系建设优秀高校""河南省大学生创新创业教育实践示范基地"等荣誉称号。2022 年，河南职业技术学院入选首批国家级创新创业教育实践基地建设单位。学院为河南省酒店管理产教融合专业联盟理事长单位。

河南职业技术学院文化旅游学院开设有旅游管理、旅游管理（中外合作办学）、酒店管理与数字化运营、旅行社经营管理、研学旅行管理与服务等 5 个专业，主要培养旅游、酒店、餐饮等行业急需的高素质技术技能型旅游专门人才。其中，旅游管理专业为全国职业院校旅游类示范专业、河南省"双高工程"专业群核心专业；酒店管理专业是国家级现代学徒制试点专业、教育部国家级骨干专业、河南省综合改革试点专业和学校品牌专业。

河南职业技术学院旅游管理专业是全国职业院校旅游类示范专业点和河南省"双高工程"旅游管理群的主专业。该专业立足中部地区、面向全国，致力于为文旅产业及现代服务业培养具有旅游管理专业知识，适应智慧旅游和文旅融合新业态发展，满足旅游运营管理、营销策划、高级别服务等工作需求，能够在各级旅游行政管理部门、旅游企事业单位和各类企业从事旅游管理与现代企业管理的高素质、复合型、高技能人才。毕业生主要面向各类文旅产业园、大中型旅游集团、5A 级旅游景区、国际知名酒店（集团）、会议会展公司等企事业单位的服务与管理岗位就业。

在专创融合教育方面，学院累计获得中国国际"互联网＋"大学生创新创业大赛国赛银奖 1 项、铜奖 1 项，省赛金奖 4 项、银奖 4 项、铜奖 1 项，其中在 2021 年第七届中国国际"互联网＋"大学生创新创业大赛国赛中"小集优选——壹站式生鲜供应服务商"项目获得国赛银奖，创造了河南省创业组历史最好成绩（见表 12 - 1），创业团队曾受到国务院原副总理胡春华、河南省原省长尹弘的接见，其创业事迹于2021年被中央电视台《朝闻天下》栏目报道。

表 12 - 1　河南职业技术学院文化旅游学院学生双创大赛获奖情况

序号	项目名称	获奖情况
1	小集优选——壹站式生鲜供应服务商	2021年第七届中国国际"互联网＋"大学生创新创业大赛国赛银奖
2	珍"硒"菌　筑梦行——富硒灵芝菇精准扶贫项目	2020年河南省"互联网＋"大学生创新创业大赛职教赛道比赛省赛银奖
3	赶小集果蔬鲜——专注农产品原产地供应链	2021年第七届中国国际"互联网＋"大学生创新创业大赛河南赛区选拔赛省赛金奖
4	仙花逸品	2021年第七届中国国际"互联网＋"大学生创新创业大赛河南赛区选拔赛省赛银奖
5	觅景启程	2021年第七届中国国际"互联网＋"大学生创新创业大赛河南赛区选拔赛省赛银奖
6	富"硒""菇"事——基于废菌棒再利用种植技术，助力乡村振兴	2021年第七届中国国际"互联网＋"大学生创新创业大赛河南赛区选拔赛省赛铜奖

资料来源：《2020、2021年文化旅游学院创业大赛获奖情况》，河南职业技术学院文化旅游学院网站，2022年6月25日，https：//lyx.hnzj.edu.cn/info/1141/1824.htm。

二　主要做法

（一）构建"1＋2＋N"双创实践平台

河南职业技术学院在创新创业教育发展过程中，充分发挥人力资源和社会保障工作战线优势，积极整合产业、科研、教学、政府、社会的优势资源，构建了"1＋2＋N"创新创业实践平台，为师生创新创业奠定了坚实的基础。其中，"1"为中国中原大学生创业孵化园，"2"为学院创客空间和大数据双创基地，"N"为各专业创新创业实训中心。

中国中原大学生创业孵化园坐落于河南省郑州市郑东新区平安大道210号河南职业技术学院西侧，是由河南职业技术学院与河南省人力资源和社会保障厅、郑州市郑东新区管理委员会、启迪控股股份有限公司四方共同建设的。该孵化园总建筑面积2.5万平方米，与省内外20多所高校、10多家知名中介机构达成合作，吸引了百余家创业企业入驻，目前正朝着以郑州为中心、辐射各市的"一中心多基地"的总体目标，打造河南省创业培训孵化示范基地。在中国中原大学生创业孵化园内，河南职业技术学院自筹自建学院大学生创客空间。学院出资 400 万元建造了集创业苗圃、创业培训、创客咖啡、创业服务、创业孵化于一体的 3400 平方米的创客空间和创业培训中心，可提供 160 个创业实训工位，截至 2017 年 12 月，有 90 个项目入驻接受孵化。此外，学院建设 4500 平方米的创客公寓，于 2018 年底投入使用，为学生创新创业提供完善的配套支持。2 万平方米的各专业创新创业基地为各专业学生就业创业提供了有力保障。

（二）推进创新创业教育引领工程

河南职业技术学院高度重视创新创业教育工作，自 2016 年起将"创新创业引领工程"作为学院的三大工程之一列为重点工作，并纳入学校的"十四五"规划之中，出台了《河南职业技术学院创业教育引领工程实施方案》和双创升级版实施方案，进一步细化实施路径，明确各部门岗位职责。同时，学校改革了人才培养方案，将学校培养目标定位于创新创业型人才培养。

河南职业技术学院文化旅游学院明确将创新创业教育融入人才培养全过程，要求每位专业课教师必须拿出 1~2 个模块进行创新创业教育。为将工作落到实处，该学院还建立了双创工作考评体系，形成了全员参与工作机制，将"专创融合"作为重要考核指标，形成了具有旅游特色的创新创业人才培养方案。

（三）健全多部门联动的管理机制

河南职业技术学院成立了以校长为组长，分管副校长为副组长，教务处、团委、学生处、科技开发处、创业学院等相关部门负责人以及二级学院党政领导为成员的创新创业教育工作领导小组，分工明确，定期研究部署相关工作，2017 年成立了创业学院，统筹全院的双创工作。创业学院管理层由院长、支部书记、教学副院长、行政副院长、教学秘书、行政秘书、教研室主任等 8 人组成，岗位职责清晰，协调机制规范。

河南职业技术学院文化旅游学院建立了由党总支书记和院长为主要负责人、创业专干为主要工作人员、专业课教师和辅导员全员参与的工作队伍，实现了机构和人员的保障。在工作过程中，河南职业技术学院落实出台的《河南职业技术学院创新创业教育工作考评与奖惩办法》《河南职业技术学院创新创业工作经费管理办法》《河南职业技术学院帮扶大学生创新创业实施办法》等管理文件，成效显著。

（四）强化创新创业教育课程建设

为培养学生的创新创业意识，河南职业技术学院强化创新创业课程建设，形成了分层次培养模式。面向所有专业开设创业基础、创新创意思维等课程，进行创新创业意识普及教育，并充分发挥作为全省创业培训定点机构的优势，开展多期 SYB（Start Your Business）和 GYB（Generate Your Business）培训，提高学生创新创业能力。河南职业技术学院自主建立了创新创业教育精品在线开放课程，教学效果良好；自编《大学生创新创业实务》等创新创业教育校本教材，开发慕课和视频，建设学校原创的创新创业教学案例库。

（五）打造分层创业人才培养模式

文化旅游学院挑出创业意愿强烈、具备一定创业基础的积极分子，举办为期 10 天的创业精英训练营活动，形成了"普及教育＋意向教育＋精英教育"分层次教育模式。首先是面向全院学生开设了创新创业教育（32 学时，公共必修课，2 学分）、职业发展与就业指导（38 学时，公共必修课，2 学分）课程，实现了普及教育；然后对有创业意向的学生（占学生人数的30%）开展了 SYB 和 GYB 培训，实现了意向教育；最后每年举办一期创业精英班和创业专业实验班，实现精英教育。

SYB 和 GYB 培训为启发式、讨论式、小班化教学，同时每年在暑期开展为期 10 天的创业精英训练营，其培养模式均为日常养成＋任务驱动，而考核方法以项目完成情况来确定，不断提升学生的学习动力，取得了良好效果。河南职业技术学院根据出台的《大学生创业体系建设引导资金扶持项目管理办法》，对已获得营业执照、在校创业的学生给予 5000 元/项的开业补贴（截至 2022 年 10 月，已为 60 个项目，221 名学生发放了开业补贴），①配套政府项目补贴，设立奖学金，对成绩突出的学生在评优评先中给予优先表彰，全方位支持大学生创新创业。

三　特色亮点

（一）大数据人职匹配实现创业就业精准培养

河南职业技术学院开发了人职匹配大数据平台。学生完成一套学生专业与职业匹配测评后，会得到一份《大学专业与职业性向评估报告》，报告里有适合度最高的专业以及相应的简介，同时对学生的职业风格和匹配职业做出初步分析和建议。学生专业和职业匹配测评依托学校技术平台自动抓取学生的基本信息、图书借阅、兴趣爱好、学习情况、社会实践等多维度信息，形成学生职业性向大数据库，对学生进行测评画像和综合分析。②

河南职业技术学院还根据学生学习进度，开发了辅助职业生涯规划的学生职业能力大数据分析系统，以及为学生推荐高匹配度就业岗位的学生智慧化精准就业系统，形成综合支撑人才分类精准培养的人职匹配大数据平台，助力实现学生"入学教育阶段—专业学习阶段—求职择业阶段"的全过程匹配。通过大数据，学院帮助学生选定合适的专业和人生发展方向，实施精准施教和事业规划引导，并相应地引荐实习就业岗位或提供创业实践平台。河南职业技术学院根据市场需求，已在实践中形成了"专业+创业""专业+创新""专业+管理""专业+营销"四种学生培养模式。运用大数据技术进行人职匹配，为因材施教、精准施教提供依据，从而实现人才分类培养，效果显著，该成果已被30余所职业院校采纳实施。

以文化旅游学院 2017 级学生张文博为例，该生入校后不久进行了测评，结果显示，他具有务实勤奋、洞察力强、不怕吃苦的创业特质。于是，学

---

① 《河南职业技术学院：打造双融分阶全覆盖教育体系 构建开放式双创生态链》，河南省教育厅网站，2022 年 11 月 14 日，http://jyt.henan.gov.cn/2022/11 – 14/2639224.html。
② 《依靠大数据实现"人职匹配"》，光明网，2022 年 5 月 30 日，https://m.gmw.cn/baijia/2022 – 05/30/35773055.html。

院因材施教，在梳理项目、注册公司和品牌、企业运营等各方面予以指导。如今，张文博及其团队共同打造了生鲜农产品供应链项目"小文鲜生"，从卖生鲜到保障生鲜供应链，在助力农产品降损耗方面持续发力，并先后帮助 8 个团队复制该模式成功创业。

张文博同学从大一入学开始就萌生了创业的念头。在校期间，他系统接受了创新创业教育系列课程的理论学习和专项训练，参加了学校组织的第四期创业精英训练营活动。2018 年，在学校和老师的帮助下，张文博成立了小文鲜生创业团队，获得了 5000 元创业开业补贴并成功入驻学校创客空间。2019 年 3 月，张文博及其团队成立公司，通过互联网电商平台帮助家乡优秀的农产品"走出去"。在学校创新创业氛围的滋养下，在老师们的帮助下，这个电商助农项目最终成长为一个明星公司，为电商卖家、社群团购、生鲜网红直播等近 600 家电商企业提供服务，成功打造柘城三樱椒、水果黄瓜、宁陵金顶谢花酥梨等 20 余个"土字号""乡字号"爆款产品。公司累计销售额超过 1.1 亿元，带动了一大批农村闲散劳动力就业。①

在第五届中国"互联网 ＋"大学生创新创业大赛中，张文博团队的"小文鲜生——专注于农产品供应链"项目先后取得了校赛金奖、省赛金奖和国赛铜奖的好成绩。张文博创业先进事迹是河南职业技术学院文化旅游学院创新创业教育的典型成果。

（二）成立创友会搭建资源共享、互联互通平台

河南职业技术学院每年都举办创业政策宣讲会、创业项目巡回展、创业典型经验报告会等活动。每年定期举办创友大讲堂，邀请校外创业导师为在校学生分享创业故事和心得体会，连续举办了四届校园大学生创新创业大赛、两届大学生科技创新创意大赛活动以及三期创业精英班，参与学生达 2 万余人，在全校形成了良好的创业文化氛围，激发了学生创新创业意识。

为搭建资源共享、互通互联、合作共赢的平台，推动河南职业技术学

---

① 《中央电视台报道河南职业技术学院大学生创业先进事迹》，中华网，2020 年 9 月 18 日，https://henan.china.com/edu/gx/news/2020/0918/2530109909.html。

院实践教育理念与"创新、创业、创投"时代大潮的融合，吸引更多校友投入创新创业中，助力学校创新创业工作的开展，经过积极筹备，河南职业技术学院旅游学院成立了旅游创友会分会。旅游创友会分会为河南职业技术学院的校友、创友与学院之间搭建了一个资源共享、互通互联的平台，为河南职业技术学院文化旅游学院与校友之间开展交流和合作提供了有力的支撑和组织保障。

河南职业技术学院文化旅游学院的创友代表出自该院历届优秀毕业生，这些毕业生在酒店、旅行社、旅游电商、休闲旅游服务等行业中取得了优异的成绩，他们也希望通过创友会的平台积极参与河南职业技术学院旅游学院创新创业的各项工作，为学院创业创业工作的开展贡献自己的力量。

创友会成立伊始，推选了该院 1999 级毕业生赵宁（时任河南天地粤海酒店副总经理）担任创友会分会会长、2000 级毕业生河南康辉国际旅行社经理张燕和 2004 级毕业生郑州美盛喜来登酒店餐饮部经理张威担任副会长、河南欢喜住酒店管理有限公司经理刘鑫担任秘书长、金鹭鸵鸟游乐园营销事业部经理周金勇担任副秘书长。

文化旅游学院共同召开创友理事会与学院的双创教学研讨会，由行业创友与校内教师共同讨论、商定，就对接企业人才需求开展专业实践教学任务等问题开展讨论，进而优化专业课程设置，并对在校生创新创业教育提出了可行性极高的意见和建议，为文化旅游学院的创新创业教学发展提供了新思路和新方向。

（三）设立系列实训室提升学生创新创业技能

河南职业技术学院文化旅游学院设立了智慧酒店实训室、OTA（在线旅行社）旅游电子商务实训室、茶叶审评实训室、智慧旅游实训室、智能实训室和调酒实训室等系列实训室。通过这些实训室的设立，学院模拟真实的工作场景，开展旅游 B2B 仿真教学和生产性实训，拓展了学生的专业技能，培养了适应信息化时代一专多能的高技能、高素质人才，真实、直观地向学生展示了就业、创业场景，为学生创新创业技能的提升提供了支撑。

以 OTA 旅游电子商务实训室为例，该实训室通过旅游 B2B2C 商城系统、同行分销系统、旅行社模拟实训系统，完成基于目的地旅游市场调研、旅游需求分析、旅游产品设计、旅游产品分销的实操训练，让学生全面了解旅游 B2B 操作流程，全面提升需掌握的旅游 B2B 电子商务服务操作技能。实训室紧密联系"互联网＋旅游"发展趋势，依托信息技术将旅游 B2B 产业链进行数字化仿真设计，将旅游企业的真实业务、真实运营引入实训教学，通过模块化的实训教学培养学生的操作和运营能力，完成知识向能力的高效转化。

河南职业技术学院的 OTA 旅游电子商务实训室由以下四个功能模块构成。[①]

一是商城系统和分销模块。该模块主要开展 B2B 分销管理实训任务。模块设计多个角色，赋予各角色相应权限，学生分角色进行实操，通过旅游产品、管理门店、旅行社分销环节的管理操作，进行旅游线路设计、发布和管理，实现旅游电子商务从理论走向实战化。

二是旅行社模拟实训模块。该模块通过 ERP 系统对旅行社内部进行信息化管理，具备旅游市场调研、旅游市场需求分析、旅游产品设计和发布、销售订单管理和财务管理等功能，为学生提供旅行社业务仿真实训。

三是智慧教学互动模块。教师可通过信息化手段实现教学任务、实际业务的可视化展示，使教学更直观、更丰富，提升教学的临场性和沉浸性，增强教学体验感。实训室提供真实互动的教学与实践环境，让使用者在亲身实践电子商务的过程中学习提高。

四是培训考证模块。实训室为文创产品数字化设计、跨境电商 B2C 数据运营、旅游大数据分析、旅行策划、研学旅行课程设计与实施等"1＋X"职业技能等级证书提供培训和考试服务，也可对接旅游电商企业实现深度产教融合，助力地方经济发展。

OTA 旅游电子商务实训室采用旅游行业真实管理系统，抓取行业真实数据信息建立数据库，构建 B2B 旅游产业链虚拟仿真环境，与旅游企业深

---

① 《OTA 旅游电子商务实训室简介》，河南职业技术学院文化旅游学院网站，2022 年 3 月 15 日，https://lyx.hnzj.edu.cn/info/1101/2121.htm。

度合作共同开发配套实训教学模块，引入旅游企业真实运营项目，增强学生对真实就业场景的体验，提升学生的创新创业能力，实现对学生创业项目的孵化和推进。

（四）定期举办创友大讲堂引领学生创业方向

河南职业技术学院每年定期举办创友大讲堂，邀请校外创业导师为在校学生分享创业故事和心得体会，聘请各行业头部企业的创始人或高管为导师，给河南职业技术学院的大学生带来最前沿的创新思维和感人至深的创业故事，同时还让学生领略到不同创业者的个人风采，提高他们对双创的认识，指引他们未来创业的方向。

河南职业技术学院文化旅游学院通过举办创友大讲堂，大力弘扬创新创业精神，引领在校大学生创新创业，充分发挥校友创业示范带动作用。2021年10月20日下午，河南职业技术学院文化旅游学院通过腾讯会议在线上举办创友大讲堂活动，邀请优秀创友张文博作为主讲人，为在校生分享了创业经营经验。

创友大讲堂的举办，极大地激发了学生的创新创业热情，培养了学生的创业意识和企业家精神，引导学生更好地学习创新创业知识，拓宽创业新视野和新思路，不断通过学习来增长新本领。这对学生未来的创业之路有着积极的指导意义。

参考文献

本刊编辑部：《深化产教融合笔谈会》，《中国职业技术教育》2018 年第
　1 期。

〔美〕彼得·F. 德鲁克：《创新与创业精神》，张炜译，上海人民出版社，
　2002。

蔡瑞林、李玉倩：《新时代产教融合高质量发展的新旧动力转换》，《现代教
　育管理》2020 年第 8 期。

曹丹：《从"校企合作"到"产教融合"——应用型本科高校推进产教深度
　融合的困惑与思考》，《天中学刊》2015 年第 1 期。

曹勇、秦玉萍：《日本政府主导型产学官合作模式的形成过程、推进机制与
　实施效果》，《自然辩证法通讯》2011 年第 5 期。

陈春晓：《地方高校创业教育师资队伍建设的困境与机制创新》，《高等工程
　教育研究》2017 年第 3 期。

陈海鹰：《应用型旅游管理专业课程优化建设的对策探讨——以海南大学应
　用科技学院为例》，《现代企业教育》2011 年第 16 期。

陈解放：《合作教育本质与特征浅析》，《教育发展研究》1999 年第 2 期。

陈静：《"双创"角度下的旅游管理专业实践教学体系构建探讨》，《河南教
　育（高教）》2019 年第 9 期。

陈凯云、谢晓芹：《新时代高校创新创业教育三融合模式研究》，《继续教育
　研究》2020 年第 3 期。

陈亮、任民：《论高职院校"四位一体"创新创业教育评价体系》，《教育与
　职业》2019 年第 14 期。

陈年友、周常青、吴祝平：《产教融合的内涵与实现途径》，《中国高校科技》2014 年第 8 期。

陈淑玲：《新疆昌吉职业技术学院校企合作教育研究》，硕士学位论文，天津大学，2011。

陈澍：《英美国家工学结合人才培养模式及其特点》，《浙江树人大学学报》（人文社会科学版）2009 年第 9 期。

陈薇薇：《澳大利亚 TAFE 教育对我国新时代职业教育的启示》，《北京经济管理职业学院学报》2018 年第 33 期。

程小康：《旅游高职院校学生创业现状调查及对策研究——以上海旅游高等专科学校为例》，《课程教育研究》2018 年第 28 期。

戴静：《科教融合视角下的农业院校大学生创新能力培养研究——基于武汉某农业高校的实证调查》，硕士学位论文，华中农业大学，2014。

董蕾：《大学生创新创业教育质量内涵及评价指标体系研究》，《教育现代化》2018 年第 13 期。

董颖、郑友取、李俊：《高校创业教育 CIPP 评价模型体系构建及实证研究》，《中国软科学》2017 年第 1 期。

方法林：《多中心理论视阈下"创新创业 +"的教育体系构建与实践——以南京旅游职业学院为例》，《西部素质教育》2016 年第 7 期。

方法林：《缝合创新创业教育与专业教育——以南京旅游职业学院为例》，《教育教学论坛》2018 年第 44 期。

方化民：《国外职业教育概览》，《教育与职业》2005 年第 28 期。

冯霞、侯士兵：《双创视角下高校创业教育评价指标体系再探》，《学校党建与思想教育》2020 年第 8 期。

冯智恩：《浅议高校创新创业教育体系构建——以燕山大学"一体两翼三结合"创新创业教育体系为例》，《教育探索》2016 年第 7 期。

付佩、文超：《创新创业教育国内外研究综述》，《科技资讯》2018 年第 7 期。

高飞、姚志刚：《产教融合的动力与互动机制研究》，《淮南职业技术学院学报》2014年第6期。

高世洪、许文海、曹璟：《工学结合的高职创新创业教育模式探索——以山西警官职业学院为例》，《教育理论与实践》2015年第27期。

高向军：《天津市中等职业教育校企合作发展研究》，硕士学位论文，天津大学，2012。

葛莉、刘则渊：《基于CIPP的高校创业教育能力评价指标体系研究》，《东北大学学报》（社会科学版）2014年第4期。

龚琳、芦惠、李想：《基于产教融合的旅游管理专业酒店实习问题研究》，《实验技术与管理》2020年第1期。

关旭：《大学生创新创业现状研究》，《商业文化》2021年第20期。

韩瑞平、乔彪、孙玉伟：《基于国外创新创业视角下我国高等学校大学生创新创业教育研究》，《内蒙古农业大学学报》（社会科学版）2020年第3期。

韩巍：《产教融合背景下旅游管理专业教学改革探索——评〈旅游管理概论〉》，《科技管理研究》2022年第2期。

何建伟：《旅游产业化国际化背景下高素质人才培养创新探索——兼谈暨南大学深圳旅游学院的教育改革与发展》，《社会科学家》2006年第1期。

何康、邓晓、柳和生等：《大学生创新创业意识培养路径探寻》，《东华理工大学学报》（社会科学版）2017年第4期。

何蕾：《海南高职旅游专业校企合作长效机制研究》，硕士学位论文，福建师范大学，2017。

何郁冰：《产学研协同创新的理论模式》，《科学学研究》2012年第2期。

和震：《建立现代职业教育治理体系　推动产教融合制度创新》，《中国职业技术教育》2014年第21期。

贺星岳等：《现代高职的产教融合范式》，浙江大学出版社，2015。

贺耀敏、丁建石主编《职业教育十大热点问题》，中国人民大学出版社，2015。

〔德〕赫尔曼·哈肯：《高等协同学》，郭治安译，科学出版社，1989。

〔德〕赫尔曼·哈肯：《协同学——大自然构成的奥秘》，凌复华译，上海译文出版社，2013。

洪涛：《高职院校产教创一体化的实践与探索》，《文教资料》2019年第15期。

侯文东、任磊、张云鹏：《"三位一体"产教融合特色学院模式的创新实践》，《现代职业教育》2021年第27期。

胡正明：《高职院校创新创业教育评价指标体系构建研究》，《中国职业技术教育》2018年第8期。

黄斌、毛青松：《规范兼职教师管理 推进"双师型"队伍建设》，《中国职业技术教育》2007年第10期。

黄鹏、张宁：《基于产学研结合的视角构建高职创新创业人才培养体系——以广东省为例》，《黑龙江高教研究》2012年第8期。

黄远飞：《产教融合办学模式的制度创新与启示——基于广州技工院校现代产业系的考察》，《湖南农业大学学报》（社会科学版）2015年第2期。

纪金雄、洪小燕、李云珠：《校地合作办学下的旅游管理专业实践教学创新研究——以福建农林大学安溪茶学院为例》，《大众科技》2017年第9期。

季跃东：《基于产教融合的高职创业教育机制研究》，《现代教育管理》2015年第1期。

蒋国勇：《基于CIPP的高等教育评价的理论与实践》，《中国高教研究》2007年第8期。

蒋杭玲：《大学生创业认知及创业意向研究——以浙江旅游职业学院为例》，《现代职业教育》2018年第31期。

蒋文娟：《我国科教结合协同育人机制研究——基于科研院所和高等学校合作视角》，博士学位论文，中国科学技术大学，2018。

焦爱丽：《"一带一路"背景下旅游管理专业教育与创新创业教育融合研究》，《吉林工商学院学报》2021年第6期。

教育部高等教育司、中国高教学会产学研合作教育分会主编《必由之路：高等职业教育产学研结合操作指南》，高等教育出版社，2004。

金本能、强晓华：《基于体演文化教学法的高职旅游管理专业人才培养模式研究》，《职教论坛》2017 年第 8 期。

鞠志宇、陈新华等：《应用型本科高校创新创业教育课程体系的构建》，《创新与创业教育》2015 年第 1 期。

柯雅婷：《澳大利亚 TAFE 的特点及对我国高职教育的启示》，《职教论坛》2014 年第 30 期。

孔宝根：《企业科技指导员制度：深化职业教育产教融合的新路径》，《教育发展研究》2015 年第 3 期。

蓝洁：《职业教育治理体系与治理能力现代化的框架》，《中国职业技术教育》2014 年第 20 期。

黎青青、王珍珍：《创新创业教育综述：内涵、模式、问题与解决路径》，《创新与创业教育》2019 年第 1 期。

李爱民、马海泉：《科教融合高校必须解决的时代命题》，《中国教育报》2012 年 10 月 26 日，第 6 版。

李昂：《中职学校创新创业教育与旅游类专业融合研究》，硕士学位论文，山东师范大学，2020。

李冬艳：《"互联网＋"时代管理类专业学生创业的基本路径》，《经济师》2017 年第 12 期。

李虹：《四力导向、四轮驱动 O2O 活动链仿真的创新创业教育体系探究》，《现代教育技术》2017 年第 5 期。

李建锋：《构建"四位一体"工作格局，努力培养创新创业型优秀人才——河南工业大学创业教育工作纪实》，《河南教育（高教）》2015 年第 10 期。

李俊婷：《新加坡职业教育的发展及其启示》，《中国成人教育》2010 年第 13 期。

李素君、魏丽丽、田太福：《应用型本科院校学业教育与创新创业教育协同耦合发展》，《教育与职业》2019 年第 13 期。

李甜甜、王颖：《C9 高校创新创业教育评价研究》，《高教学刊》2018 年第 8 期。

李婷、徐乐乐：《职业教育产教融合质量评价体系构建研究》，《教育与职业》2022 年第 4 期。

李玮炜、贺定修：《"双高计划"背景下高职产教融合的基础、需求与路径》，《中国职业技术教育》2019 年第 30 期。

李晓红：《我国高职院校创新创业教育发展的现状、问题与对策》，《中国管理信息化》2012 年第 5 期。

李旭辉、胡笑梅、汪鑫：《高校创新创业教育效果评价体系研究——基于群组 G1 法的分析》，《教育发展研究》2016 年第 21 期。

李玉光、王谢勇：《大连大学"三层次、四平台"创新创业教育模式》，《中国高校科技》2017 年第 Z1 期。

李喆：《地方高校创新创业教育研究》，山东人民出版社，2020。

李作聚：《京津冀协同发展视域下职教联盟的内涵、现状及路径》，《教育与职业》2017 年第 18 期。

梁礼明、林元璋、吴健等：《"新工科"背景下地方本科院校改革发展路径探析》，《江西理工大学学报》2017 年第 6 期。

林伟连、吴伟：《以"IBE"为特色的全链条式创新创业教育体系构建——浙江大学创新创业教育与人才培养实践》，《高等工程教育研究》2017 年第 5 期。

林晓玲：《创新创业视角下高校跨学科创新课程体系的构建探析》，《大学教育》2017 年第 1 期。

林燕茵、陈昕、谢嘉泳、杨湛欣：《大学生创新创业教育存在的问题、影响因素及对策》，《太原城市职业技术学院学报》2022 年第 9 期。

林育真：《德国的"双元制"教学模式在旅游职业学校的应用研究》，硕士学位论文，厦门大学，2007。

刘春生、柴彦辉：《德国与日本企业参与职业教育态度的变迁及对我国产教结合的启示》，《比较教育研究》2005 年第 7 期。

刘风彪：《借鉴德国"双元制"职业教育模式加速我国职业教育的改革与发展》，硕士学位论文，河北大学，2004。

刘福才、王发明:《高校创新创业教育:理性反思与实践路向》,《国家教育行政学院学报》2016年第8期。

刘国瑜:《论世界一流学科建设与研究生教育高质量发展的协同推进》,《研究生教育研究》2019年第5期。

刘海明、谢志远、刘燕楠:《高职教育人才转型的战略思考:推进产教融合,服务产业发展——兼谈高职院校"新技术应用"人才培养方略》,《高等工程教育研究》2018年第2期。

刘菊、戴军、解月光:《自组织理论及其教育研究应用前景探析》,《远程教育杂志》2012年第1期。

刘均贤、张秀芳、林磊:《德国职业教育的启示》,《中国冶金教育》2017年第1期。

刘开振、刘海峰、殷伟等:《新时代高校科教融合创新育人的着力点》,《中国高校科技》2019年第S1期。

刘丽丽、陈涛:《基于学生职业素质培养的高校创新创业教育研究》,《科技资讯》2018年第13期。

刘龙和:《乾盛传媒基于校企合作的实践教学培养体系研究》,硕士学位论文,中南大学,2012。

刘珊珊:《中职学校旅游工艺品设计与制作专业生产性实训基地教学模式研究》,硕士学位论文,贵州师范大学,2019。

刘涛、徐福英、王绚丽:《旅游类高职专业产教融合的诉求、模式与载体》,《教育与职业》2021年第17期。

刘云朋、周明芳:《基于产教融合视角的现代区域职教大综合体多维协同机制构建研究》,《科技创新与生产力》2021年第10期。

刘振中:《高校创新创业教育与专业教育的深度融合——基于L学院旅游管理专业的思考》,《教育理论与实践》2018年第33期。

吕慧:《烹饪专业人才培养模式改革与产教深度融合机制构建研究——以南京旅游职业学院为例》,《湖北开放职业学院学报》2021年第17期。

吕吉勇、刘宇飞、陈德明:《基于社会需求视角下的大学生创新创业能力培养的探索与实践——以哈尔滨体育学院运动科学与健康系为例》,《哈尔滨体育学院学报》2015 年第 2 期。

罗汝珍:《市场经济背景下高等职业教育产教融合机制研究》,《教育与职业》2014 年第 21 期。

罗向阳、杨铭:《加强融合创新 培养一流人才》,《中国高校科技》2018 年第 9 期。

马芳财、胡玉华、沈吉雨等:《大学生创新创业科技服务机构现状及标准化建设研究》,《质量探索》2018 年第 6 期。

马世洪:《以供给侧改革破解大学生就业市场结构性矛盾》,《中国高等教育》2016 年第 10 期。

马永斌、柏喆:《大学创新创业教育的实践模式研究与探索》,《清华大学教育研究》2015 年第 6 期。

毛学斌、李玉、倪亮等:《高校创新创业教育平台建设探索与实践——以浙江大学农业试验站培养农科人才为例》,《今日科技》2019 年第 4 期。

聂劲松、胡筠、万伟平:《多元化与集成化:产教融合组织形态的实践演进》,《职教论坛》2021 年第 2 期。

欧阳恩剑:《论我国职业教育法的基本制度》,《职业技术教育》2016 年第 30 期。

潘海生、程欣:《新时代职业教育产教融合治理体系和治理能力现代化的现实内涵和行动路径》,《中国职业技术教育》2021 年第 12 期。

潘玲珍:《基于产教融合的高职教师专业发展研究》,《高等工程教育研究》2015 年第 2 期。

齐勇、王崇臣:《科教融合视域下拔尖创新人才培养模式的实践与探索》,《北京教育(高教)》2017 年第 Z1 期。

祁占勇、王羽菲:《改革开放 40 年来我国职业教育产教融合政策的变迁与展望》,《中国高教研究》2018 年第 5 期。

秦斌:《产教深度融合是现代职业教育发展的重要方向》,《广西日报》2014 年 8 月 5 日,第 11 版。

秦立春、胡红卫：《发达国家政府重视校企合作发展高职教育的启示》，《理论前沿》2006 年第 13 期。

尚大军：《大学生创新创业教育的课程体系构建》，《教育探索》2015 年第 9 期。

尚晓丽、龙凌：《长株潭地区高职院校旅游管理专业办学效率研究》，《职教论坛》2016 年第 26 期。

沈雕、胡幻：《以"产学官"合作为代表的日本现代学徒制研究》，《职教论坛》2018 年第 9 期。

沈洁、徐守坤、谢雯：《我国高等教育产教融合政策的逻辑理路、实施困境与路径突破》，《高教探索》2021 年第 7 期。

沈云慈：《地方高校创新创业教育支持体系的构建——基于产学研协同全链条融通视角》，《中国高校科技》2020 年第 12 期。

沈重耳、涂品、徐亮：《中国大学科技园创新创业教育现状分析》，《科技风》2018 年第 16 期。

石国亮：《时代推展出来的大学生创新创业教育》，《思想教育研究》2010 年第 10 期。

石培华、李成军：《我国旅游人才队伍建设的问题与对策思考》，《旅游科学》2011 年第 1 期。

苏金豹、那守海：《本科院校旅游管理专业实践教学师资队伍建设研究》，《经济师》2017 年第 5 期。

苏松能：《高职院校创新创业教育发展问题及对策》，《创新科技》2017 年第 9 期。

苏志刚、尹辉：《科教产教融合 建设高水平应用型本科师资队伍》，《中国高校科技》2018 年第 11 期。

苏重来、马永玲：《基于"三全育人"理念的高职院校人才培养体系构建——以新商科教育为例》，《职业技术教育》2021 年第 29 期。

孙建：《论协同育人视角下高校思想政治工作机制及实践反思》，《学校党建与思想教育》2014 年第 24 期。

孙玲：《协同学理论方法及应用研究》，硕士学位论文，哈尔滨工程大学，2009。

覃成强、冯艳、于娜：《论高校创新创业教育与专业教育的融合》，《中国成人教育》2013 年第 3 期。

王丹中、赵佩华：《产教融合视阈下高职院校协同育人机制探索》，《中国高等教育》2014 年第 21 期。

王辉：《校企协作助推产教融合：美国社区学院校企协作"项目群"的兴起》，《高等教育研究》2015 年第 3 期。

王慧霞：《基于 CIPP 模式的高职院校产教融合评价指标体系建构研究》，硕士学位论文，广东技术师范大学，2022。

王嘉颖：《中国产学研合作教育研究二十年的热点与前沿——基于文献的关键词分析》，《教育学术月刊》2018 年第 11 期。

王洁、蒋灿华：《创新创业背景下大学生自主学习能力与综合素质培养》，《高教探索》2016 年第 11 期。

王鹏、杨娟、杜丽洁：《应用技术型本科高校"双创"教育模式探索——以四川旅游学院创新创业教育模型建构为例》，《黑河学刊》2020 年第 3 期。

王荣明、陈学慧、牛珩、范玉妹：《科教融合理念下的创新人才培养》，《中国高等教育》2018 年第 10 期。

王树国：《深度推进产教融合 协同育人创新工程——西安交通大学"百千万卓越工程人才培养项目"的探索与实践》，《学位与研究生教育》2022 年第 7 期。

王希：《高校创新创业教育与专业教育融合路径研究——以 H 大学为例》，硕士学位论文，河北大学，2019。

王贤芳、孟克：《论高校创新创业教育体系之重构》，《教育教学论坛》2012 年第 2 期。

王晓麟：《产教融合和校企合作背景下高职院校图书馆服务转型》，《图书情报工作》2014 年第 10 期。

王歆玫：《中国大学生创新创业教育发展历程及阶段特征研究——基于2008—2017年〈中国教育报〉的文本分析》，《高教探索》2018年第8期。

王兴：《大学生创新创业教育改革探讨》，《现代商贸工业》2019年第36期。

王彦洁、庞笑笑、高宏：《"新财经"教育改革理念下"新旅游"人才培养模式研究——以旅游管理类专业为例》，《河北经贸大学学报》（综合版）2021年第2期。

王艳秋：《融合"产科教"，打造"小而美"——徐州工业职业技术学院的高水平专业群建设实践》，《江苏教育》2021年第64期。

王永斌：《教学也是学术》，《文摘报》2020年3月12日，第6版。

王媛：《沈阳国际科学技术学院学生培养方案的再设计及其实施》，硕士学位论文，东北大学，2010。

王媛媛：《以校企合作为依托的高职教育发展路径研究》，硕士学位论文，苏州大学，2011。

王月：《北京市体育休闲旅游人才需求现状及人才培养的研究》，硕士学位论文，北京体育大学，2011。

王占仁：《创新创业教育的核心要义与周边关系论析》，《国家教育行政学院学报》2018年第1期。

王章豹、黄驰、李杨：《理工科大学生创新创业意识和创新创业教育满意度测评及分析——基于H大学的调查数据》，《南京航空航天大学学报》（社会科学版）2019年第2期。

王哲英、邱克强：《产教融合协同创新的育人机制研究》，《中国市场》2019年第19期。

王志平、衣翠珊、王树彬：《构建"五位一体"创新创业教育新体系——内蒙古大学创新创业教育改革的探索与实践》，《中国大学教学》2017年第6期。

翁伟斌：《从追随到引领："双高计划"背景下高职院校创新创业教育的转向》，《教育与职业》2021年第10期。

吴伯志、唐滢、葛长荣等：《"三融合、五驱动"创新创业教育模式建构与探索》，《中国高等教育》2017 年第 18 期。

吴卫红、陈高翔、张爱美：《"政产学研用资"多元主体协同创新三三螺旋模式及机理》，《中国科技论坛》2018 年第 5 期。

吴学松：《应用型本科院校创新创业教育现状、问题与对策》，《教育与职业》2020 年第 5 期。

夏海兰、杨华玲：《我国科研体系存在的问题探析》，《云南教育》2002 年第 30 期。

夏伟：《职业教育的国家战略：对澳大利亚 TAFE 的思考》，《中国高教研究》2012 年第 1 期。

夏晓婷：《协同学理论视阈下的大型活动组织研究——以上海市大型活动组织为案例的研究》，硕士学位论文，上海交通大学，2013。

谢志远：《高职院校培养新技术应用创业型创新人才的研究》，《教育研究》2016 年第 11 期。

邢楠、杨雅迪、张海潮：《产教融合视角下财经类大学生创新创业能力培养研究》，《吉林省教育学院学报》2020 年第 12 期。

徐红罡、张朝枝：《中外旅游教育比较分析与启示》，《旅游学刊》2004 年第 S1 期。

徐新洲：《产教融合和科教融合驱动高校创新创业教育研究》，《产业与科技论坛》2021 年第 21 期。

徐新洲：《产教融合驱动行业高校双创人才培养的内涵、机理与路径》，《教育与职业》2021 年第 9 期。

许敏华：《发达国家校企合作模式分析及启示》，《教育与职业》2015 年第 28 期。

许世建、魏立君：《企业参与职业教育办学的政府注意力演化——基于 1978—2021 年国家产教融合政策的文本分析》，《职教论坛》2022 年第 6 期。

薛帅：《国务院印发〈"十四五"旅游业发展规划〉》，《中国文化报》2022 年 1 月 21 日，第 1 版。

严旭阳：《旅游教育的困境和旅游学科的使命》，《旅游学刊》2022 年第

4 期。

杨红玲：《市场需求导向下职业教育产教融合育人机制的重构》，《职教论坛》2020 年第 10 期。

杨丽芳、卢卫中：《深化产教融合校企协同育人——混合所有制二级学院的探索与实践》，《中国高校科技》2019 年第 Z1 期。

杨丽婷：《基于校企联盟的高校旅游管理专业创新创业人才培养模式研究》，硕士学位论文，沈阳师范大学，2018。

杨睿：《科教融合的实践主体及路径》，《中国高校科技》2017 年第 7 期。

杨善江：《产教融合：产业深度转型下现代职业教育发展的必由之路》，《教育与职业》2014 年第 33 期。

杨卫武：《论大旅游格局下的旅游高等教育》，《旅游科学》2010 年第 5 期。

杨文涛、周会娟：《"互联网+"与众创背景下高校创新创业实践平台构建研究》，《林区教学》2020 年第 5 期。

杨院、许晓芹、连晓庆：《新中国成立 70 年来职业教育产教融合政策的演变历程及展望》，《教育与职业》2019 年第 19 期。

杨运鑫、罗频频、陈鹏：《职业教育产教深度融合机制创新研究》，《职业技术教育》2014 年第 4 期。

姚弋霞、张文舜、何久钿：《"双一流"战略视域下一流本科师资队伍建设的问题与思考》，《江西师范大学学报》（哲学社会科学版）2018 年第 2 期。

姚远、冉玉嘉：《高校创新创业教育生态系统构建研究——以"立德树人"为引领》，四川大学出版社，2019。

叶正飞：《基于产教融合的地方高校创新创业教育共同体构建研究》，《高等工程教育研究》2019 年第 3 期。

尹金金：《德、美、日职业教育校企合作制度比较研究——基于历史视角与特征的分析》，《职业技术教育》2011 年第 19 期。

游旭群、靳玉乐、李森等：《新时代教师教育高质量发展大有作为》，《高校教育管理》2022 年第 5 期。

游艺、李德平：《创新创业教育融入专业教育的实践教学改革探讨》，《社会科学家》2018年第2期。

余迪：《校企合作背景下应用型本科院校旅游管理专业创新创业教育的研究》，《江西电力职业技术学院学报》2022年第5期。

余江、陈凤、方元欣：《面向世界科技强国建设的科教融合新体系初探》，《科教发展研究》2022年第3期。

余杰：《"政校行企"协同视域下高职院校专业建设路径及策略——以重庆电子工程职业学院旅游管理专业为例》，《职教论坛》2019年第8期。

余力力、王琳：《创新型旅游人才培养模式的探索与实践——以海南大学旅游管理特色专业为例》，《新教育》2011年第Z1期。

负聿薇：《法国学徒培训中心与高等院校联合培养模式分析——以巴黎第一大学旅游高等研究院旅游和酒店管理专业为例》，《南方职业教育学刊》2019年第2期。

原哲：《基于旅游人才市场需求下的旅游高等教育改革研究》，硕士学位论文，辽宁师范大学，2010。

〔美〕约瑟夫·熊彼特：《经济发展理论》，何畏等译，商务印书馆，1990。

曾博伟、吕宁、吴新芳：《改革开放40年中国政府推动旅游市场优先发展模式研究》，《旅游学刊》2020年第8期。

曾骊、张中秋、刘燕楠：《高校创新创业教育服务"双创"战略需要协同发展》，《教育研究》2017年第1期。

张朝枝：《"十四五"时期旅游教育基本背景及其发展路径思考》，《旅游学刊》2020年第6期。

张承斌：《高职教育产学结合人才培养模式若干问题研究》，硕士学位论文，天津大学，2005。

张弛、赵良伟、李蔚佳：《高职院校专创融合的多元价值、实施困境与模式构建》，《教育与职业》2021年第9期。

张飞龙、于苗苗、马永红：《科教融合概念再构及研究生教育治理》，《中国高教研究》2020年第11期。

张赓：《国际高职产学合作教育的比较研究》，《中国职业技术教育》2006
年第 6 期。

张冠蓉：《高校创新创业人才培养的协同机制研究》，硕士学位论文，山西
大学，2017。

张红：《高职院校"双创"教育现状及对策研究》，硕士学位论文，河北师
范大学，2020。

张金鸥：《基于大学生实践创新能力培养的旅游管理专业校企合作研究》，
《现代商贸工业》2019 年第 31 期。

张蕾、王凤芹：《"政、校、生、企"多维协同的创新创业教育模式研究》，
《中国职业技术教育》2017 年第 28 期。

张莉、尹龙、谢红燕等：《基于创新创业能力培养的"五位一体"实践教学
模式研究》，《实验技术与管理》2018 年第 4 期。

张楠：《我国旅游人才市场需求与供给现状分析》，《旅游纵览》（下半月）
2017 年第 24 期。

张澍军、王占仁：《作为理念和模式的创新创业教育》，《光明日报》2013
年 3 月 14 日，第 11 版。

张彦：《高校创新创业教育的观念辨析与战略思考》，《中国高等教育》2010
年第 23 期。

张莹莹：《高职院校旅游管理专业大学生创业能力培养模式的实践创新》，
《佳木斯职业学院学报》2019 年第 2 期。

张云峰、徐颖、李文：《论应用型本科院校师资队伍建设——以"双师型"
师资建设为例》，《当代教育实践与教学研究》2015 年第 3 期。

张云、郭炳宇：《拥抱行业：跨入深度产教融合 2.0 时代》，《中国高等教
育》2017 年第 22 期。

赵建峰、陈凯、蒋锦毅、闻振菲、齐冠：《"双高计划"背景下高职院校产
教深度融合模式与机制研究》，《浙江交通职业技术学院学报》2022 年
第 2 期。

赵静、田欢：《基于 CIPP 理论的高职院校创新创业教育评价体系研究》，《兰

州职业技术学院学报》2022 年第 4 期。

赵学瑶、卢双盈：《德国"双元制"培养模式在我国职业教育中应用的再思考》，《职业技术教育》2015 年第 10 期。

郑海霞、窦雯桐、高鑫宇、万琳琳：《"科教＋产教"双融合下园林专业创新人才培养模式探索》，《安徽农学通报》2021 年第 19 期。

郑岩、宿伟玲：《旅游管理专业创新创业教育课程体系建构研究》，《对外经贸》2017 年第 1 期。

职芳芳：《澳大利亚高等职业教育国际化办学模式研究》，硕士学位论文，河南大学，2013。

钟秉林：《推进大学科教融合 努力培养创新型人才》，《中国大学教学》2012 年第 5 期。

周光礼、姜嘉乐、王孙禺等：《高校科研的教育性——科教融合困境与公共政策调整》，《高等工程教育研究》2018 年第 1 期。

周光礼、周详、秦惠民等：《科教融合 学术育人——以高水平科研支撑高质量本科教学的行动框架》，《中国高教研究》2018 年第 8 期。

周劲松、温宇：《区域职业教育产教结合的政策需求与机制创新》，《职业技术教育》2010 年第 10 期。

周详、杨斯喻：《从"科教分立"到"科教融合"：大学功能的结构、变迁与实现》，《首都师范大学学报》（社会科学版）2017 年第 3 期。

周应中：《新中国 70 年职业教育产教融合政策变迁逻辑——历史制度主义的视角》，《职业技术教育》2019 年第 33 期。

周子英、张维梅：《新工科背景下地方本科院校旅游管理专业创新型人才培养模式研究——以湖南工程学院为例》，《旅游纵览》2022 年第 12 期。

朱创业、梅燕、李晓琴、鄢和琳、徐胜兰：《基于创新型旅游人才培养的"研究式教育"改革探析——以成都理工大学为例》，《成都理工大学学报》（社会科学版）2007 年第 3 期。

朱创业、梅燕、李晓琴、杨毅、唐勇、谢萍：《基于旅游地学特色的创新创业型旅游开发人才培养模式改革探索——以成都理工大学旅游管理专业为例》,《中国地质学会旅游地学与地质公园研究分会第 29 届年会暨北京延庆世界地质公园建设与旅游发展研讨会论文集》,2014。

祝春:《高职校企合作协同机制研究》,硕士学位论文,广东技术师范学院,2013。

卓毅:《旅游产业转型视域下协同育人平台的升级路径》,《社会科学家》2021 年第 7 期。

Allan Gibb,"Entrepreneurship: Unique Solutions for Unique Environments. Is It Possible to Achieve This with the Existing Paradigm?" *International Journal of Entrepreneurship Education* 5(2007): 93 - 142.

Amy C. Brodkey,"The Role of the Pharmaceutical Industry in Teaching Psycho-pharmacology: A Growing Problem," *Academic Psychiatry* 29(2005): 222 - 229.

Bryan Gopaul, G. A. Jones, J. Weinrib et al.,"The Academic Profession in Canada: Perceptions of Canadian University Faculty about Research and Teaching," *Canadian Journal of Higher Education* 46(2016): 55 - 77.

Colin Jones, Jack English,"A Contemporary Approach to Entrepreneurship Education," *Education + Training* 46(2004): 416 - 423.

David R. Cole, *Educational Life-Forms: Deleuzian Teaching and Learning Practice* (Sense Publishers, 2011), pp. 109 - 121.

Donald S. Siegel, David A. Waldman et al.,"Commercial Knowledge Transfers from Universities to Firms: Improving the Effectiveness of University-Industry Collaboration," *The Journal of High Technology Management Research* 14 (2003): 111 - 133.

Harald Knudsen, A. Frigerio,"Teaching the Sensitive Stuff: Does Industry Matter? Issues in Corporate Social Responsibility and Sustainability," in Hans Chr. G. Johnsen, S. Torjesen, R. Ennals, eds., *Higher Education in a Sustainable Society*(Switzerland: Springer International Publishing, 2015), pp. 147 - 175.

Jerome A. Katz, "The Chronology and Intellectual Trajectory of American Entrepreneurship Education: 1876 – 1999," *Journal of Business Venturing* 18 (2003): 283 – 300.

Joel Yager, J. J. Silverman, M. H. Rapaport, "Adapting to Decreased Industry Support of CME: Lifelong Education in an 'Industry-Lite' World," *Academic Psychiatry* 35 (2011): 101 – 105.

John Fien, Rupert Maclean, Man Gon Park, *The Role of Partnerships Industry Skills Councils and Training Package* (Springer Netherlands, 2009), pp. 279 – 293.

Kari Laine, M. Leino, P. Pulkkinen, "Open Innovation between Higher Education and Industry," *Journal of the Knowledge Economy* 6 (2015): 589 – 610.

Kathleen K. Abowitz, "Democratic Communities and Business/Education 'Partnerships' in Secondary Education," *The Urban Review* 32 (2000): 313 – 341.

Kumiko Tsukamto, "The Interconnection between Australian's International Education Industry and Its Skilled Migration Programs," *Education across Borders* 51 (2009): 49 – 60.

Michael D. Santoro, A. K. Chakrabarti, "Firm Size and Technology Centrality in Industry-University Interactions," *Research Policy* 31 (2002): 1163 – 1180.

Miriam Hoffman, Joanne E. Wilkinson, Jin Xu, John Wiecha, "The Perceived Effects of Faculty Presence vs. Absence on Small-Group Learning and Group Dynamics: A Quasi-Experimental Study," *BMC Medical Education* 14 (2014): 1 – 7.

Muhammad Emad-ud-din, S. J. Ansari, "Impact of University Education on Software Quality Skill-set of HR in Software Outsourcing Industry of Pakistan," in Magued Iskander, ed., *Innovations in E-learning, Instruction Technology, Assessment, and Engineering Education* (Springer Netherlands, 2007), pp. 351 – 354.

Peter Lindelöf, H. Löfsten, "Proximity as a Resource Base for Competitive Advantage: University-Industry Links for Technology Transfer," *The Journal of Technology Transfer* 29 (2004): 311 – 326.

Sándor Huszár, Szabolcs Prónay, Norbert Buzás, "Examining the Differences between the Motivations of Traditional and Entrepreneurial Scientists," *Journal of Innovation and Entrepreneurship* 5 (2016): 1 – 22.

Stenphen Billett, A. Clemans, T. Seddon, *Forming, Developing and Sustaining Social Partnerships* (NCVER, 2005), p. 15.

Tae Jun Bae, Shanshan Qian, Chao Miao, James O. Fiet, "The Relationship between Entrepreneurship Education and Entrepreneurial Intentions: A Meta-Analytic Review," *Entrepreneurship Theory and Practice* 38 (2014): 217 – 254.

Y. Austin Chang, "Phase Diagram Calculations in Teaching, Research, and Industry," *Metallurgical and Materials Transactions A* 37 (2006): 273 – 305.

图书在版编目（CIP）数据

产教、科教融合与旅游创新创业教育协同发展 / 程
金龙等著. -- 北京：社会科学文献出版社，2023.6
ISBN 978 - 7 - 5228 - 1917 - 4

Ⅰ.①产… Ⅱ.①程… Ⅲ.①职业教育 - 产学合作 -
研究 - 中国②旅游教育 - 研究 - 中国 Ⅳ.①G719.2
②F590 - 05

中国国家版本馆 CIP 数据核字（2023）第 105396 号

产教、科教融合与旅游创新创业教育协同发展

著　　者 / 程金龙 等

出 版 人 / 王利民
责任编辑 / 仇　扬
文稿编辑 / 陈丽丽
责任印制 / 王京美

出　　版 / 社会科学文献出版社·当代世界出版分社（010）59367004
　　　　　　地址：北京市北三环中路甲 29 号院华龙大厦　邮编：100029
　　　　　　网址：www. ssap. com. cn
发　　行 / 社会科学文献出版社（010）59367028
印　　装 / 三河市尚艺印装有限公司

规　　格 / 开　本：787mm × 1092mm　1/16
　　　　　　印　张：28.25　字　数：419 千字
版　　次 / 2023 年 6 月第 1 版　2023 年 6 月第 1 次印刷
书　　号 / ISBN 978 - 7 - 5228 - 1917 - 4
定　　价 / 168.00 元

读者服务电话：4008918866